惠州学院出版基金

(Supported by Huizhou Universit

法|学|研|究|文|丛

宪法学

乡村振兴视域下的农民生存权法治保障研究

谢文俊◎著

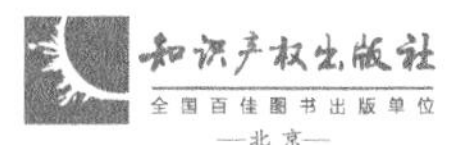

图书在版编目（CIP）数据

乡村振兴视域下的农民生存权法治保障研究／谢文俊著．—北京：知识产权出版社，2023.3

ISBN 978－7－5130－8548－9

Ⅰ.①乡…　Ⅱ.①谢…　Ⅲ.①农民—社会保障法—研究—中国　Ⅳ.①D922.504

中国国家版本馆 CIP 数据核字（2023）第 002215 号

责任编辑：彭小华　　**责任校对：**王　岩

封面设计：智兴设计室　　**责任印制：**孙婷婷

乡村振兴视域下的农民生存权法治保障研究

谢文俊　著

出版发行：知识产权出版社有限责任公司　　**网　　址：**http：//www.ipph.cn

社　　址：北京市海淀区气象路 50 号院　　**邮　　编：**100081

责编电话：010－82000860 转 8115　　**责编邮箱：**huapxh@ sina.com

发行电话：010－82000860 转 8101/8102　　**发行传真：**010－82000893/82005070/82000270

印　　刷：北京九州迅驰传媒文化有限公司　　**经　　销：**新华书店、各大网上书店及相关专业书店

开　　本：880mm×1230mm　1/32　　**印　　张：**15.375

版　　次：2023 年 3 月第 1 版　　**印　　次：**2023 年 3 月第 1 次印刷

字　　数：400 千字　　**定　　价：**98.00 元

ISBN 978－7－5130－8548－9

目录

CONTENTS

绪　论

第一节　研究背景、选题意义与研究价值

一、研究背景

长期以来，农村弱势群体的扶持问题、乡村教育与医疗问题、进城农民工问题、社会保障问题、失地农民问题、新农村建设问题、城镇化问题……这些都是现阶段乡村发展之中所存在和面临的迫切需要解决的疑难问题，即“三农”问题是现代化进程中最难解决的基本问题，换言之，“三农”问题事实上既是农民的生存和发展问题，也是关系国计民生的根本性问题。

党的十九大报告中明确指出：“中国特色社会主义进入新时代，我国社会主要矛盾已经转化为人民日益增长的美好生活需要和不平衡不充分的发展之间的矛盾。”这一矛盾在广大农村地区表现得更为明显和突出，为了破解这种矛盾，国家提出了要实施乡村振兴战略。这是基于中国特色社会主义进入新时代和社会主要矛盾转化作出的重大判断和战略安

排。坚持农民问题优先解决是乡村振兴的核心理念。随后，2019年年底十九届四中全会要求在推进城乡基本公共服务均等化上持续发力，注重加强普惠性、兜底性、基础性民生建设。普惠性、基础性、兜底性民生建设作为新时代民生建设的重要内涵。“兜底”一词具有“提供最后保障”的含义。兜底性民生建设（以下简称兜底）是指，国家要保障每一个人能够获得生存和发展的最基本条件，满足每一个人生存和发展的最基本需求，其体现了底线公平的福利理念，是把人的生存权和发展权放在优先位置的社会主义人权观的重要体现。兜底既是每个公民的基本权利，也是政府必须履行的福利责任。[1] 要切实兜住困难群众基本生活底线。兜底性民生是整个民生保障体系的最后一道防线，是社会安全网体系最下面的一层网，它承担着对各类困难群众兜底保障的作用。

兜底性民生保障则是指在整个民生保障体系中一类发挥兜底作用的保障方式。民生建设的“兜底性”又具体体现在最低工资制度、社会救助和精准扶贫三方面。兜底性民生保障法律、政策以生存权作为核心内容。“民生问题从表面上看是一个社会、经济问题，但本质属于权利问题”。[2] 即农民问题的本质主要是权利问题。从表面看，农民问题指农民的经济收入不足和经济贫困。从本质上看，农民问题是农民权利的贫困，尤其是生存权里的贫困，即农民权利问题的关键在于农民生存权法治保障。农民权利体系的社会结构障碍依然存在，权利贫困现象仍然较为突出，政治参与权的虚化、利益表达权的阻滞、社会保障权的弱化、罢工自由

---

[1] 蔡禾：“共同富裕的兜底标准与底线公平”，载《探索与争鸣》2021 年第 11 期，第 18 页。

[2] 付子堂、常安：“民生法治论”，载《中国法学》2009 年第 6 期，第 26 页。

权的缺位、土地财产权的失衡、自由迁徙权的不足等问题体现于农民生活的各个领域。故此，农村社会治理的治本之道应是初步消除农民权利贫困状况，并依此推进农村治理现代化的健康发展。❶ 因此，兜底性民生是保障困难群体在维持基本生存状况下的体面尊严生活，是新时代民生保障体系的重要组成部分，同时也是民生保障工作的底线，在农村民生建设工作中发挥着托底、保底作用。

现代生存权制度以国家责任为法理节点，但其蕴含的“政府介入”逻辑表明，生存权本质上应是国家与个人责任的耦合。社会法中预设的常态“人的形象”是可以自力负担生活风险、遵从社会连带责任并享受安定生活水准的独立自主个体。❷ 实现完全个人自我负责需有前提，即个人在其所处空间内生存保障无虞，或保有顺利获得有效生活之资的可能性。❸ 个人有权享有维持健康和福利所需生活水准，国家也应尊重公民对不同生活方式的选择权利。一方面，即便“社会弱者”也不应且不能被定位于需家长式保护的客体，否则必将招致个人尊严与人格独立受损，与制度初衷相悖。公民社会救助权的主体性立场要求国家救助措施聚焦于对个人责任实现的帮扶，促成人格自立生活。❹ 由此可见，关于中国农民生存权法律保障机制构建问题，既是当前我国乡村振兴建设中面临的重大理论与现实问题，也是兜底性民生保障的固有之义。农民生存权法律保障建设有维护农民生存、实现人性尊严和自由的必要性，在确保社会公平、实现社会利益和促进社会发

---

❶ 刘同君等:《农民权利发展》，东南大学出版社 2018 年版，第 5 页。

❷ 蔡维音:《社会国之法理基础》，正典出版文化有限公司 2001 年版，第 63 页。

❸ 陈新民:《公法学札记》，中国政法大学出版社 2001 年版，第 51 页。

❹ ［日］菊池馨实:《社会保障法制的将来构想》，韩君玲译，商务印书馆 2018 年版，第 194 页。

展方面有其存在的合理性。生存权要求国家积极作为，为兜底性民生建设提供制度支撑。农民生存权从应然向实然转化的过程中，依赖于生存权的国家义务的承担和生存权法治保障制度的完善。

二、选题的意义

本书主要在对我国农民群体生存需求情况分析、社会保障需求预测、生存权法治保障供给情况探究以及对我国农民群体生存权不足、有待大幅提升的基础上，借鉴国际经验，提出健全农民群体生存权法治保障的实现路径和对策建议。

（一）理论意义

（1）从理论上看，农民生存权研究嵌入兜底性民生建设，有利于完善社会安全网的基本要求。一方面，农村兜底性民生建设是整个社会安全的最后一个环节，是保证整个社会保护体系“安全性”的最后防线；另一方面，筑牢兜底性民生保障制度体系更能够体现政府在整个民生建设中的责任和作用。

（2）如何构建农民生存权法治保障体系是本书研究的内容。本书通过对农民生存权的基本内涵和基本特征、权利构成等的分析、阐释以及研究，进一步丰富农民生存权的理论研究。农民生存权是农民首要的基本权利。尽管近年来，学术界对生存权作过一些阐释，但是农民生存权的基本理论体系尚未建构起来。本书的首要目的就是构建农民生存权的基本理论体系。

（3）农民生存权法治保障模式研究，是推进乡村全面振兴和乡村发展的重要抓手。本书探索在我国目前情况下，如何构建更加有效保障农民生存权的基础模型，并在此基础上分析乡村振兴过程中可能影响以生存权为基础的社会保障权的因素，探索国家为保障农民生存权而融入乡村振兴的正当性。尊重和保护基本权利既是法治国家的核心特征，也是乡村振兴法治化的内在机理，关键是要破除公权力对农民人身、政治和财产权利的侵犯。

（二）实践意义

（1）农民生存权法治保障研究，是提升农民生活质量的关键。从法律角度界定生存权的概念、性质、价值以及权利结构体系，不仅可以深化基本权利理论，为中国在国际人权领域的交流与合作提供理论支持，而且有利于国际条约的真正实施，有利于将宪法术语“国家尊重和保障人权”的应然图景变成实然图景，有利于对农民群体生存的保障。

（2）在实证调查的基础上，探讨农民生存权子系统的权利体系和具体法治保障机制。农民生存权是一项母权利（权利束），具体包括社会保障权、受教育权、劳动权、发展权、健康权和环境权等权利。农民生存权这些子系统社会权利的内在逻辑机理和运作机制如何？本书在实证调查的基础上力图对这些社会权利具体的法治保障机制进行探索。

（3）本书的研究有助于为农民生存权的实现提供有力的法治保障路径。农民生存权法治保障是一个系统工程，一方面，基于农民社会保障权、受教育权、劳动权、发展权、健康权以及环境权等具有各自的特性，其法治保障机制具有个性差异；另一方面，农民生存权作为权利束，其发展具有共性路径。如政府作为农民基本权利的保护神，如何在赋权的同时又限制公权力的腐败？本书既要探索农民生存权子系统的法治保障机制，更要探索和建构农民生存权整体保障和实现的法治化路径。

三、研究价值

作为契合新时代需求的学术研究，本书不仅具有十分重要的理论意义，有利于中国特色农民生存权法治保障理论体系的建设与完善，而且能为中国生存权保障建设提供实践参考。将农民生存权的法治建设置于乡村振兴视域下考量，既是一个新的理论与学术问题，也是一个具有鲜明时代性的现实问题。因此，深入研究乡村振兴视域下农民生存权的法治建设便具备了理论与现实的双重意义。

（一）理论价值

从理论方面看，本书研究的意义主要在于以下方面：

（1）本书的研究将有助于深化乡村治理法治化理论的研究。农村法治问题是中国特色法治研究的重要内容。传统农村法治研究的主题侧重于村民自治、乡村治理等法治化问题。在乡村振兴的新时代背景下，如何利用法治手段推动产业振兴，保障农民的生存权，成为乡村振兴和农村法治研究的重大课题。

（2）本书研究对于乡村全面振兴和新农村建设具有基础理论价值。乡村全面振兴是一个系统工程。理论是行动的先导。乡村振兴的根本在于发挥农民的主体性、创造性和积极性。解决“三农”问题的根本在于农民的权利保障问题，尤其是农民生存权的法治保障问题。对农民生存权法治理论的研究必将丰富和发展乡村振兴和农业现代化理论。

（3）通过对农民生存权的研究，拓展了宪法规定的社会保障权的研究视阈。生存权是天赋的基本权利，将农民生存权与农民社会保障权、平等受教育权、劳动权、发展权、健康权以及环境权等有机融合，必将拓展和深化农民生存权研究的理论视域。

（二）实践价值

全面综合地研究乡村振兴视域下农民生存权的法治建设，具有为乡村全面振兴、农业农村现代化发展提供实践参考的现实意义。从实践方面看，进行本书研究的意义主要在于以下几个方面：

（1）本书研究有利于“三农”问题的解决。“三农”问题的关键在于农民问题，是中国现代化、法治化进程中的关键问题。而农民问题的核心又在于农民权利保障问题，而权利保障问题的关键在于农民生存权的保障问题。解决好“三农”问题，尤其要解决好“三农”问题中的核心问题——农民生存权问题，本书对农民生存权问题的理论研究和法治化对策必将为“三农”问题的最终解决提供有益的对策和措施。

（2）本书研究将有助于改变城乡二元化结构，完善生存权保障，促进乡村振兴。该研究是置于我国城乡经济、政治、社会、文化等多重二元结构背景下的研究，而农民身份的产生本身就是多重二元结构矛盾的缩影，因而该研究是对我国城乡统筹发展、城乡公共服务均等化等破解二元结构矛盾重大战略思想的有益补充。

（3）农民生存权法治保障研究有利于促进农民主体性发展。农民发展主要在于如何发挥农民的主体性，激活广大农民的主体意义。本书在分析农民生存权基本理论的基础上，探讨了农民主体意识和农民生存权、发展权之间的辩证关系。此外，本书研究能为我国城乡生存权保障一体化建设夯实理论基础，有利于农民生存权法治保障体系的完善。

第二节 国内外研究现状分析

一、国内研究现状评述

中国农民的生存状况不太理想，农民生存权容易被忽视，尤其是边远贫困地区。在今天，农民生存权的法治保障依然任重道远，对农民生存权保障的研究非常必要。

第一，从法学角度研究生存权的内涵。20 世纪 90 年代初期，国内法学学者陆续开始研究生存权。比较知名的代表作包括徐显明教授《生存权论》[1] 和李龙教授的《论生存权》[2]。近年来有关生存权内涵的研究，代表性的有汪进元教授的《论生存权的保护领域和实现途径》[3] 和马岭的《生存权的广义与狭义》[4] 等论文。上官丕亮教授在《究竟什么是生存权》[5] 一文中界定了生存权的内涵，并主张对生存权加以保障的必要性，认为应建立起完善的社会保障制度。姚岚在《论我国公民生存权的法律保障》[6] 中认为对公民的保障不应局限在物质上，还要保障人的尊严，即既要保障生存权也要保障发展权。张扩振博士的《生存权保障的体系化研究》专门研究生存权保障体系化。[7] 另外有数篇有关生存权的硕士

---

[1] 徐显明："生存权论"，载《中国社会科学》1992 年第 5 期。
[2] 李龙："论生存权"，载《法学评论》1992 年第 2 期。
[3] 汪进元："论生存权的保护领域和实现途径"，载《法学评论》2010 年第 5 期。
[4] 马岭："生存权的广义与狭义"，载《金陵法律评论》2007 年第 2 期。
[5] 上官丕亮："究竟什么是生存权"，载《江苏警官学院学报》2006 年第 6 期。
[6] 姚岚："论我国公民生存权的法律保障"，载《法制与社会》2008 年第 36 期。
[7] 张扩振：《生存权保障》，中国政法大学出版社 2016 年版。

论文也有一定的参考价值，如龚向田的《生存权的法哲学解析》[1]和丁艳波的《生存权：免于匮乏的权利》[2]。虽然在探讨生存权的含义等问题时略显单薄，但是意识到这一问题并提出也是难能可贵的。

第二，从法学角度研究农民生存权制度。除了上述学者研究生存权的内涵，还有一些学者陆续发表有关于农民生存权制度的论文和著作。在我国台湾，学者对社会权方面的研究比较多，如我国台湾法学界蔡维因等认为，学者们对作为基本权利之生存权的内涵基本达成共识，即生存权是一种保障人民基本生活之所需的权利。[3] 又如陈新民教授在专著《法治国公法学原理与实践》的研究。[4] 我国大陆学者也有人在认真思考农民生存权的保障问题，如相蒙博士主要从家庭承包经营权入股的角度来探讨如何实现农民生存权保障。[5] 王炎的硕士论文《农民生存权问题研究》[6] 集中研究农民生存权问题。不过，对于农民生存权的探讨，仅停留在农民生存问题上，而忽视了农民的发展问题。由此观之，这些著作和论文无疑意识到农民生存的艰辛而分析造成农民生存权的保护现状的原因，探讨影响农民生存权的各种障碍因素，从而提出行之有效地解决农民生存权问题的具体路径。

第三，从农民社会保障制度的角度研究对生存权的保障。从对传统城乡二元社会保障制度的比较中，发现农民长期没有享受

---

[1] 龚向田：《生存权的法哲学解析》，中南大学2007年硕士学位论文。

[2] 丁艳波：《生存权：免于匮乏的权利》，厦门大学2007年硕士学位论文。

[3] 蔡维音：《社会国之法理基础》，正典出版文化有限公司2001年版。

[4] 陈新民：《法治国公法学原理与实践》（上、中、下），中国政法大学出版社2007年版。

[5] 相蒙：《农民生存权法律保障研究》，辽宁大学2012年博士学位论文。

[6] 王炎：《农民生存权问题研究》，扬州大学2013年硕士学位论文。

到与城市居民相同的医疗、养老以及各种福利的客观事实。由此，许多学者分别从不同角度对农民的社会保障制度进行了研究，如曹建民教授等从西北贫困地区的农村社会保障制度展开实证研究，建议建立中国特色社会主义农村社会保障制度。[1] 樊晓燕博士从农民工社会保障制度的两难困境，提出了农民工社会保障制度建设路经。[2] 肖新喜博士对农民社会保障制度的历史变迁、文本解读、社会实证分析以及现实困境展开论述，之后提出了重构农民社会保障制度和完善农民集体社会保障职责制度的主张。[3] 江维国等学者主要从农民（工）社会保障问题的演变历程、农民进城务工的风险、乡村振兴与农民工社会保障的内在关联等角度，提出了乡村振兴背景下农民工社会保障制度的完善措施。[4] 由此可见，社会保障对每一个人都具有不可或缺的价值，构建城乡均等的社会保障制度是大势所趋。

第四，从农民（工）权利保障视角研究农民生存权的保障。许多有识之士认识到，乡村贫困不是简单的农业不发达和收入低，而是农民权利贫困问题。基于不同研究视角对农民贫困问题展开研究，如季建业教授指出，应探讨农民权利缺失的现状与问题，在新农村建设背景下保障实现政治权利、村民自治权、土地产权、劳动权、社会保障权以及受教育权等权利。[5] 谢建社教授从社会学视角就农民工劳动权、社会权、教育权、政治权等方面的现状与

[1] 曹建民、龙章月、牛剑平：《中国农村社会保障制度研究》，人民出版社 2010 年版。

[2] 樊晓燕：《农民工社会保障制度的困境与破解》，中国社会科学出版社 2015 年版。

[3] 肖新喜：《中国农民社会保障制度研究》，中国政法大学出版社 2019 年版。

[4] 江维国、胡杨名、于勇：《乡村振兴战略下的中国农村残疾人社会保障研究》，中国社会科学出版社 2018 年版。

[5] 季建业：《农民权利论》，中国社会科学出版社 2008 年版。

完善途径进行了对策研究。❶ 王佳慧博士从农民生存状态开启探寻农民问题的真正根源，再从确立农民主体地位、国家的角色定位以及构建制度性系统工程出发研究保护农民权利。❷ 杨海坤教授主张运用公法保障农民权利，在分析农民政治参与权、自治权等保护现状的基础上，对城乡一体化背景下农民权利公法保护之前景进行了展望。❸ 刘同君教授对农民权利发展的文化阐释、农民权利体系的结构呈现与制度创新、农民权利发展的实践状况与实现机制、农民权利发展与农村社会治理的法治转型以及农民权利发展与农村扶贫法律机制的构建进行了研究。❹ 周忠学博士从城市化进程中失地农民社会保障权的国家义务入手，具体论证国家对失地农民社会保障权应该履行尊重、保护和给付义务，最后阐释与论证失地农民社会保障权国家义务的缺欠和立法完善、行政履行以及司法路径之重构。❺ 实际上，对农民权利缺失问题进行分析探究，进一步触摸到了“三农”问题的核心，更有利于深入探讨如何解决农民权利困境问题。近年来，与生存权相关的研究比较丰富，对社会权、社会保障权的研究逐渐增多，目前比较具有代表性的著作有郑贤君教授的《基本权利研究》一书❻，夏正林教授的博士论文《社会权的规范研究》❼，学者程亚萍的《人权视域下的社会权研究》❽ 一书。另外我国台湾地区学者有关社会权方面的研

❶ 谢建社：《中国农民工权利保障》，社会科学文献出版社 2009 年版。
❷ 王佳慧：《当代中国农民权利保护的法理》，中国社会科学出版社 2009 年版。
❸ 杨海坤：《农民权利的公法保护》，北京大学出版社 2015 年版。
❹ 刘同君等：《农民权利发展》，东南大学出版社 2018 年版。
❺ 周忠学：《失地农民社会保障权的国家义务研究》，中国政法大学出版社 2017 年版。
❻ 郑贤君：《基本权利研究》，中国民主法制出版社 2007 年版。
❼ 夏正林：《社会权的规范研究》，山东人民出版社 2007 年版。
❽ 程亚萍：《人权视域下的社会权研究》，中国社会科学出版社 2019 年版。

究也比较多，比如陈新民教授在《法治国公法学原理与实践》[1] 中的一些论文，蔡维因教授的《社会国之法理基础》[2] 一书，等等。这些研究为生存权的保障研究提供了一定的启发，但相对于生存权的地位而言，仍然有着不相匹配的问题。

第五，探讨生存权保障的义务主体。近年来，国内学者也开始重视生存权保障的义务主体问题，张妹和陈众光等认为国家对公民生存权负有保障义务，尤其是对经济危机中的弱势群体更加应当给予倾斜性的保护。龚向和教授在《民生之路的宪法分析》中认为民生问题关乎社会成员的生存需求及生活尊严，涉及教育、就业、医疗、住房、社会保障等方面的利益。[3] 何士青在《通过法治迈向民生保障》中认为民生问题与法治密切相关，民生保障依赖于法治，法治通过保障权利以保障民生，从法治视角看，民生保障表现为对社会成员享有的劳动权、受教育权、社会保障权等社会权利的保护[4]。

二、国外研究现状评述

通过检索，暂未发现国外学者与农民生存权直接相关的研究成果，但有以下与生存权有关的文献。门格尔在 1886 年的《全部劳动史论》中认为，生存权是个人按照生存标准提出的，并由国家提供物质保障的权利；劳动权、劳动收益权、生存权是造成新一代人权—生存权的基础；劳动权作为生存权的一部分应当得到法律保

---

[1] 陈新民：《法治国公法学原理与实践》（上、中、下），中国政法大学出版社 2007 年版。

[2] 蔡维音：《社会国之法理基础》，正典出版文化有限公司 2001 年版。

[3] 龚向和：“民生之路的宪法分析”，载《学习与探索》2008 年第 5 期。

[4] 何士青：“通过法治迈向民生保障”，载《政治与法律》2008 年第 5 期。

障。❶ 英国社会学家马歇尔在1950年对英国17世纪以来的公民权发展历程及其构成要素角度进行了系统的梳理，将公民权利分为公民基本权利、政治权利和社会权利。从卢梭提倡“天赋人权”，到马歇尔强调权利保障的组织基础，表明权利研究从抽象的哲学思辨走向经验主义，这是作为社会学家的马歇尔对公民权研究的重大贡献。❷ 作为一种福利要求权，它具体包括收入维持、劳动就业、医疗健康、受教育、住房等再分配和经济补偿的权利，而教育体制和社会公共服务体系是其担纲者。❸ 而他眼中的社会权主要就是指向公民的生存权利。作为生存权领域的集大成者，日本学者大须贺明系统地研究了生存权的性质、内容、保障等方面的内容。他将生存权进一步定义为请求权，更加侧重于生存权权利的实现，他认为生存权系个人按照维持生存标准而向国家请求提供相应物质保障条件的权利。❹ 另一日本著名学者三浦隆则从实践宪法学角度研究生存权，他认为，生存权的实质就是人为了像人那样生活的权利，是保全作为人的尊严而生活的权利。❺ 而新生代的菊池馨实教授从社会保障法的角度研究生存权。❻ 尤其值得我们关注的是印度著名学者阿马蒂亚·森，作为一名诺贝尔经济学奖获得者，他的研究成果对研究农民生存权问题有重要启示和借鉴价

---

❶ 徐秀义、韩大元主编：《现代宪法学基本原理》，中国人民公安大学出版社2001年版，第631页。

❷ 胡杰容：“公民身份与社会平等——T. H. 马歇尔论公民权”，载《比较法研究》2015年第2期，第164页。

❸ ［英］T. H. 马歇尔、安东尼·吉登斯等：《公民身份与社会阶级》，郭忠华、刘训练编，江苏人民出版社2008年版，第10-18页。

❹ ［日］大须贺明：《生存权论》，林浩译，法律出版社2001年版。

❺ ［日］三浦隆：《实践宪法学》，李力、白云海译，中国人民公安大学出版社2002年版。

❻ ［日］菊池馨实：《社会保障法制的将来构想》，韩君玲译，商务印书馆2018年版。

值。与此同时，国外学者针对社会保障、社会救助以及低保制度等的研究可为本书提供些许思路。费边（Fabivs）认为必须保证国民最低生活标准，提高人们的生活水平，以解决贫困问题和贫富悬殊过大的问题。❶ 庇古（Pigou A. C）提出了收入均等化和边际效用递减理论，国民收入总量越大，社会福利也越大。完善社会保障体系可以在一定程度上缩小贫富差距，解决贫困问题。❷ 英国经济学家凯恩斯于1936年提出了通过国家干预，扩大公共福利支出和建设公共基础设施等，促进经济增长，实现充分就业。❸ 哈维（Harvey S. Rosen）提出社会保障应由政府提供财政帮助，社会保障是准公共物品，只有这样才能够保持社会的稳定发展。❹ 因此，财政支出对贫困人口脱贫有较强的政策指引和促进作用。总体而言，国外并没有类似城乡二元结构下的农民生存权保障问题，对社会保障法以外的农民生存权保障的研究非常有限。

三、国内外研究简要述评

西方国家因为不存在城乡二元对立的农民阶层，故缺少关于农民生存权法治保障问题的研究，对社会弱势群体的社会福利保障问题的专题探讨并不少见，其对福利权等问题的研究，同样对我国乡村振兴中农民社会保障和生存权保障问题的研究具有启示意义。国外学者综合运用法学、经济学与社会学等多学科知识研

---

❶ ［英］玛格丽特·柯尔：《费边社史》，杜安夏、杜小敬等译，商务印书馆1984年版。

❷ ［英］阿瑟·塞西尔·庇古：《福利经济学》，朱泱、张胜纪、吴良健译，商务印书馆2006年版。

❸ ［英］约翰·梅纳德·凯恩斯：《就业、利息和货币通论》，高鸿业译，商务印书馆1994年版。

❹ ［美］哈维·S. 罗森（HarveyS. Rosen）：《财政学（第十版）》，中国人民大学出版社2015年版。

究上述问题的分析范式及其取得的研究成果对我国相关问题的探究具有重要的参考价值。而国内关于农民生存权保障问题的研究虽然起步较晚，但近些年来随着反贫困理论与实践和乡村振兴的不断深入，呼吁保障农民权利的声音不断增加，农民权利缺失引发一定的社会问题，国内对这些问题的研究边界也在不断拓展，研究内容也在不断创新。从总体上讲，对农民生存权的研究还比较欠缺，特别是对农民生存权的法律保障问题的研究更是如此，最主要的表现是缺乏对农民生存权较为系统的研究，尤其是对我国生存权法治保障的体系性研究更是少见，即对农民生存权法治保障的体系性研究明显不足。

综观国内外已有研究成果，关于我国乡村振兴和农民生存权法治保障问题的研究还存在亟待深入探索的领域。目前，还未见有学者将农民生存权的法治保障与乡村振兴融合在一起进行深入研究。（1）国内学者对生存权的部门法研究还集中在劳动法、社会保障法等部门，更多地重视对生存权的落实，却并未重视利用法律手段来实现生存权的具体保障功能，使得生存权保障研究始终被局限于如何规范国家对弱势群体的救济层面，阻碍了弱势群体通过参与市场竞争摆脱困境的努力。在涉及农民生存权方面，国内学者注意到城乡二元结构是导致对农民权利保障不足的主要原因，但多数学者认为这种地位的形成原因是国家物质投入不足，强调国家要加大社会保障投入，却忽视了我国人均国民生产总值和国家财力不足的现实情况。（2）虽然个别学者已经将农民社会保障置于乡村振兴建设背景下展开研究，但这类研究还比较少，且没有对两者的内在关联进行深入阐述，而实际上两者存在高度的内在契合性。如乡村振兴的发展理念、城乡关系一体化等本身就有纾解农民社会保障不足的内部驱动要素。（3）许多学者比较注重经济层面的研究，关注农民生存权，但对其生活质量提升、可行能力发展以及权利保障方面却较少关注，尤其是缺少对生存权受侵害的救济途径，因而，对农民生存权的法律保障机制的研究，在某种程度上更重要。综上所述，限于篇幅，笔者主要从乡村振兴战略的视角，将农民生存权的法治保障融入乡村振兴战略之中进行探究，从而构建农民生存权法治保障体系。

第三节　创新点、研究思路与方法

一、本书研究的创新点

本书在借鉴前人研究成果的基础上，对中国农民生存权法治保障现状进行了较全面的实证分析，与已有研究相比，本书具有一定的创新，在以下几个方面作了有价值的探索与尝试。

（一）研究视角的创新

为了实现乡村振兴，拓宽农村贫困问题的研究视野，试图以阿马蒂亚·森的可行能力理论[1]解读农民生存权保障，力求跨越学科边界，在吸纳法学、政治学、社会学、经济学以及其他人文社会科学成果的基础上寻求农村贫困治理和乡村振兴新的理论生长点，为中国农村生存权法治保障研究打开全新的研究视角。本书将乡村振兴战略与农民生存权保障进行了统筹研究，而以往同类研究大多是将两者分开分析。同时，以往同类研究提出的解决对

[1] ［印度］阿马蒂亚·森：《以自由看待发展》，任赜、于真译，中国人民大学出版社 2002 年版。

策，比较注重农民生存、生活等经济层面的保障，而对其生活质量提升以及能力发展与权利保障等非经济层面的保障较少关注，而本书对农民经济、社会和文化权利给予了同等重视。因而，本书在一定程度上延伸了该领域的研究视角。

（二）研究内容的拓展

回避实际问题的理论可谓“空疏之学”，缺乏理论的实践研究可称“饾饤之学”。为了避免空泛地谈论农民生存权法治保障问题，本书力图在以下方面寻求突破：其一是让研究具备理论的深度。为了厘清农民生存权法治保障困境的理论基础，抓住农村贫困的本质及其规律，本书的切入点着眼于对阿马蒂亚·森权利贫困理论进行阐释与挖掘。本书认为农村贫困治理遵循了阿马蒂亚·森理论的价值内核，是对传统贫困治理理论的继承与创新，并把这种理论的厚重逻辑化地体现和熔铸在后续章节中。其二是让研究具备历史的厚度。本书的着力点放在对历史问题的研究和思考上。为了能够基本上概括中华人民共和国成立以来农民生存权法治保障、农村贫困和乡村振兴交织在一起的全貌，本书将以农民生存权法治保障的历史尺度去回顾和考察农村贫困和农民生存权法治保障实践的历史轨迹，动态地、系统地梳理其他国家以及中国农村贫困治理、农民生存权法治保障历史协同生成的过程，按照时序对不同时期有关农村贫困治理的主要政策措施的制定和实施进行概要性描述，通过考察和比较研究其他国家和中华人民共和国成立至今所遇到的农民生存权法治保障理论困惑和实践问题，并对中国农民生存权法治保障的历史进程作出实事求是的分析和评价。

（三）研究模型和研究概念的拓展

在总结农民生存权保障的相关理论和实践基础上，设计出保障农民生存权法治保障的理论模型，并归纳出该模型的相关适用条件，并结合中国特殊的历史和现实国情，推演出适合我国农民生存权法治保障的相应模式。与此同时，本书在辨析乡村振兴、农民、城镇化、农村救助、农村最低生活保障、农村养老保障等概念的基础上，从法学、管理学、经济学、社会学等交叉学科视角对“农民”“贫困”“反贫困”“生存权”“农民生存权”等概念进行了重新界定。

二、本书研究的基本思路

以乡村振兴法治化视域下农民生存权法治保障建设为研究主题，首先从农民生存权的基本理论体系的构建出发，系统阐明了贫困和农民贫困、农民权利贫困、反贫困、乡村振兴法治以及农民生存权法治保障建设等相关概念和基本特征的界定、权利体系的构成、理论基础以及价值定位等；在此基础上，对农民生存权保障制度的变迁进行回溯性历史考察，深入探讨了乡村振兴战略与农民生存权法治保障建设的内在契合性。再具体探索农民生存权利子系统，即农民社会保障权、发展权、农民平等受教育权、农民劳动权、农民健康权和农民环境权等的基本内涵、保障现状以及法治保障路径。最后探索农民生存权保障实现的总体构想，以“赋权—增能”模型来构建具体实施路径，从而形成基本理论—子系统—实施路径层层递进的研究思路。

CHAPTER 01 >>

第一章

生存权与农民生存权

对相关研究领域概念的界定是一项研究的基础，系统梳理并明确与本书相关的概念至关重要。生存权是基本权利体系中最重要的基本权利，生存权是首要的基本权利。无论各国是否将生存权确认为法律上的基本权利，都不能改变生存权的重要性和基础性。在某种意义上，生存权蕴含着免于贫困与基本权利之间的同一性，是一种必须摆脱贫困才能享有的基本权利。

基于目前生存权研究在路径选择与理论模型上存在的偏误与疏漏，理论界对农民生存权的系统性研究阙如，首先，有必要对生存权的基本概念、法哲学依据、生存权的法律性质以及生存权的权域范围进行探究；其次，分析生存权在宪法体系中的地位；最后，探讨农民生存权的特殊内涵与价值定位等。

第一节　生存权保障的法理透视

基本权利是法治建设和发展的终极目标。几乎无人否认，生存权很重要，但是，生存权的具体含义是什么呢？这是个歧义重重的问题。生存权属于基本权利范畴，但又不仅仅是基本权利中普通的一项具体权利，生存权在基本权利体系中居于主导地位，是其他基本权利的必要前提。

一、生存权概念的界定

目前国内学界对生存权概念的界定，可谓见仁见智，学者们在生存权的内容、标准等方面远未达成共识，甚至在很多方面还存在曲解。

（一）生存权的历史含义和性质

哈特指出，"有时，一个词的定义能够提供这样一张地图：在同一时间范围内，它可以知道我们如何用词的潜在原则得以明确，并可以使我们用该词所表示的现象与其他现象之间的关系得以显现"。[1] 因此，生存权的定义自然十分重要。

一般来说，生存权的保障从其历史来看，主要是从经济方面的保障开始的。由于资本主义的弊端，除劳动力之外一无所有的劳动者和生活贫困者，完全陷入了不能享受自由与权利的状态。为了改善这种状况，使他们实际上能享受自由与权利，生存权便

---

[1] ［英］哈特：《法律的概念》，张文显等译，中国大百科全书出版社 1996 年版，第 15 页。

作为自由权的补充开始受到保障，保障主要是限于经济生活方面。在当时的社会状况下，只要有了这样的保障，可以说就获得了确保像人那样的生活的最低条件。因而生存权理论是作为解决经济贫困问题的理论开始的，后来向着新的方向即确保人的尊严的方向发展，但基本宗旨还是停留在上述范围内。否则，人类创造出来的东西，反过来将支配控制人类自己，最重要的特征是将导致人性的丧失。❶ 确保人性尊严，不做自我异化，追求人生意义，就是指生活的质的方面。

目前，国内学界对于生存权的内涵究竟统摄哪些具体内容并无统一的口径，本书比较认同下述概念，生存权包括生命权和与生存相关的权利。生存权是与公民社会生活息息相关的权利，其属于社会权的范畴，其权利内容包括社会保障权、适当生活水准权和健康权。❷ 考察生存权的性质，应该意识到：一方面，个人以共同体成员的身份享有社会权。现代社会的富足生活是世世代代努力积累社会财富的结果，并不是现世少数社会精英独力而为。既然继承于前辈，就没有理由让少数人在贫困面前自生自灭，他们有分享人类文明与发展成果的资格。另一方面，穷人以其独特的方式为经济发展做出贡献。他们往往分担了发展过程中绝大多数社会风险和苦难，回过头来给予他们最低的生存保障，本身已经很是吝啬与不公，如果连这一点都无法做到，这个世界就没有任何人性可言了。❸ 因此，生存权优先于其他各种基本权利，是首要的基本权利。

---

❶ ［日］大须贺明：《生存权论》，林浩译，法律出版社2001年版，第26－27页。

❷ 龚向和："生存权概念的批判与重构"，载《学习与探索》2011年第1期，第102－106页。

❸ 程亚萍：《人权视域下的社会权研究》，中国社会科学出版社2019年版，第120－121页。

（二）生存权的基本特征

决定一项基本权利是否具有独立性和个体性的因素在于它是否具有不同于其他权利的特殊内涵，判断的基准是基本权利的主体、行为和法益。❶ 从上述对生存权的内涵和性质的阐释中，我们基本可以从逻辑脉络推导出生存权有以下特征。

（1）生存权在基本权利谱系中处于基础地位。众所周知，生存是人类的第一需要。洛克认为，“人类一出生就享有生存权利，因而可以享用食物、饮料以及其他自然所供应的以维持他们的生存的其他物品”❷。生存是基础，发展是保障。人民若要享受各项具体的政治权利和自由，如选举权与被选举权，言论、结社、游行和信仰等各项自由，必须以人的生存作为基础，首先必须吃饱、穿暖和有房子住，这是最起码的生存条件。❸ 的确，“作为个人的每一位国民，要使自己的生存得以维持下去，即为了延续生命的需要，必须需要一定数量的食物、衣物和居室等物质性条件，以果腹、蔽体和抵御风雨之侵”❹。基本权利的具体内容多种多样，但各个内容的价值和效用都不尽相同。生存是人谋求发展的前提，是人们要求享有各种权利的前提，而人们享有和行使权利的目的不外乎是为生存服务，使自己获得人格完善和人性尊严。故而，生存权被誉为首要的基本权利，足见生存权在整体权利体系中所处的核心位置。

（2）生存权具有独有的特征：人的尊严。与动物和其他生命

---

❶ 汪进元：《基本权利的保护范围》，法律出版社 2013 年版，第 266 页。

❷ ［英］约翰·洛克：《政府论》，叶启芳、瞿菊农译，商务印书馆 1982 年版，第 39 页。

❸ 董云虎、富学哲：《从国际法看人权》，新华出版社 1998 年版，第 100 页。

❹ ［日］大须贺明：《生存权论》，林浩译，法律出版社 2001 年版，第 298 页。

形式不同，人是有尊严的。尊严，是人所特有的，是独立而不可侵犯的身份和权利。人性尊严被置于《德国基本法》价值秩序的根本地位，“其自然会成为实证法的界限及实体基础，其实质内容不是来自于事先的假定或者一种形而上学的哲学基础，而是来自于全社会的伦理共识。人性尊严作为法秩序的基点，成为连接实证法与社会伦理观的媒介”❶。作为人存在的一种状态，人的自我价值实现是人的尊严实现的外在表现。人的尊严是基本权利最根本的价值。人的尊严是各项基本权利共同的伦理基础和法理基础，这一点得到了几乎所有关于基本权利的国际文件的承认。人的尊严是基本权利的来源，而基本权利则是人的尊严的实体性内容。❷人的个性就是在尊严权不断实现的过程中获得发展的。尊重人的尊严和基本自由正是基本权利教育的根本目的之一。“尊重和保护人性尊严是所有国家权力的义务”，已是法治国家宪法的基本原理之一。国家有保障个人基本权利及自由的任务，源自基本权利的保障功能。❸《德国基本法》第1条第1项规定，尊重及保障人性尊严是全体国家权力的义务；第1条第3项规定，基本权利条款可直接拘束行政、立法及司法权力。由此可知，国家即是基本权利条款的执行者。❹

（3）生存权具有可诉性。生存权在当代体现为制度性权利。这方面，国内学者一般比较认同大须贺明的具体性权利说，认为生存权不仅是一种抽象的宪法性权利，同时也是一种部门法权利，

---

❶ 张翔主编：《德国宪法案例选释（第1辑：基本权利总论）》，法律出版社2012年版，第750页。

❷ 张雪莲：《中国人权教育研究》，东南大学出版社2012年版，第21－22页。

❸ 陈新民：《宪法基本权利之基本规范（上册）》，三民书局1992年版，第8－9页。

❹ 同上书，第14页。

是一种请求权，即向国家请求司法救济的权利。[1] 生存权的行为方式是积极的请求和消极的受益。生存权的主要意义在于，向国家要求确保生存或生活上必要条件之权利，属于基本权利体系中社会权之一环，是为保障个人在社会生活中，维持最低限度之生活水准，所发展而成的基本权利。

二、生存权的法哲学理论

美国哲学家托马斯·博格（Thomas Pogge）提出了“免于贫困的基本权利”（a human right to freedom from poverty）。相对于生命权免于暴力的实质，将公民为了摆脱贫困努力过上体面生活的权利视为一种免于匮乏的生存权。生命权着眼于面对暴力时生命存在与否的问题，而生存权着眼于公民生存质量的问题。[2] 换言之，生存权的本质和核心内容是免于匮乏的权利。从法哲学的角度探讨生存权所蕴含的正当性，能为该项权利的合法性提供理论支撑。

（一）社会正义理论

亚当·斯密说道：“正义犹如支撑整个大厦的主要支柱。”[3] 为了弥补亚氏正义观的不足，罗尔斯指出，“正义是社会的首要价值，正如真理是思想体系的首要价值。在一个公平的社会里，平等的公民自由被认为是确定不移的，由正义所保障的权利不受制于政治的交易或社会利益的计算”[4]。罗尔斯的正义论包括两个基

---

[1] ［日］大须贺明：《生存权论》，林浩译，法律出版社2001年版，第16页。

[2] 丁艳波：《生存权：免于匮乏的权利》，厦门大学2007年硕士学位论文，第17页。

[3] ［英］亚当·斯密：《道德情操论》，商务印书馆1999年版，第162页。

[4] ［美］罗尔斯：《正义论》，何怀宏等译，中国社会科学出版社1988年版，第3－4页。

本原则：第一，机会平等。所有人在资格和能力方面都应当有权利获得这种平等参与市场竞争和社会生活的机会。第二，差别原则。即在保证了尽可能平等自由的基础上，处于最不利地位的人要能够得到最大利益。不平等的制度安排应当适合于最少受惠者的最大利益。❶ 罗尔斯凭直觉感到，社会中最需要帮助的是那些处于社会底层的人们，他们拥有最少的权力、机会、收入和财富，社会不平等最强烈地体现在他们身上。这些人被罗尔斯称为“最不利者”。一种正义的社会制度应该通过各种制度性安排来改善这些“最不利者”的处境，增加他们的希望，缩小他们与其他人之间的差距。这样，如果一种社会安排出于某种原因不得不产生某种不平等，那么它只有最大限度地有助于最不利者群体的利益，才能是正义的。❷ 换言之，罗尔斯在阐述其基于正义的公平理论时也强调，社会应当注重保护弱者权利，保障生活贫困者的生存权，揭示了国家对公民生存权保障的义务性，农民贫困者应当属于罗尔斯所称的处于不幸地位的“最少受惠者”的范畴。

（二）社会契约论

保护人类生命是自然法的第一条命令和首要宗旨。霍布斯从对人性的分析中得出，人的天性就是要保全自己，他在对第一条自然法进行阐述时，把自然权利概括为利用一切可能的办法来保卫我们自己。❸ 洛克也指出，“人类一出生即享有生存权利，每个人对他自己的人身享有一种所有权，除他以外任何人都没有这种

❶ John Rawls, *A Theory of Justice*, The Belknap Press of Harvard University Press, 1971, pp. 3 -4；［美］约翰·罗尔斯：《正义论》，何怀宏等译，中国社会科学出版社1988年版，第78页。

❷ ［美］罗尔斯：《作为公平的正义——正义新论》，姚大志译，上海三联书店2002年版，第447页。

❸ ［英］霍布斯：《利维坦》，黎思复、黎廷弼译，商务印书馆1986年版，第98页。

权利”[1]。美国学者拉塞尔·柯克对洛克的定义也进行过深刻说明：“在洛克的心目中，社会是在自然状态中地位平等之人自愿缔约的产物，其目的是更好地保障那些属于他们的自然权利——生命、自由和财产……他对资产或财产问题的讨论远远多于对生命和自由问题的讨论。”[2] 每个人平等地享有生存权还意味着任何人都不能侵犯他人的生存权，因此，生存权具有排他性、绝对性和不可剥夺性。卢梭认为，人们订立社会契约是为了维护社会共同利益，它的合法性就在于体现了“公意”。[3] 由此观之，卢梭的社会契约论诠释了国家义务与公民权利之间关系的初始起源，依据洛克和卢梭的社会契约论，《美国联邦宪法》规定，“为保障这些权利，人们组成自己的政府”。因此，在契约主义传统中，政府作为契约的主体，理应有义务或责任平等地关心和尊重人们的权利。

三、生存权法律性质的确证

通过法律的确认和保障，使应然的基本权利转变为实然的基本权利是基本权利实现的有效途径。将免于贫困的权利由自然权利上升为法律权利，其实现才有法律制度安排和法律条文规范的基础。

（一）生存权利法律性质的正当性

权利理论要求一个社会中所有人都必须得到同等的关心和对待，所有人都必须成为政治社会的真正平等的成员。这些基本的

---

[1] ［英］约翰·洛克：《政府论》，叶启芳、瞿菊农译，商务印书馆1982年版，第18－19页。

[2] ［美］拉塞尔·柯克：《美国秩序的根基》，张大军译，江苏凤凰文艺出版社2018年版，第292－293页。

[3] ［法］卢梭：《社会契约论》，何兆武译，商务印书馆2003年版，第29页。

个人自由绝不可能为个人提供任何高于社会的统治权。[1] 有学者认为，“生命权是生存权的自然形式，而尊严权是人作为一个与其他人平等的主体生存的权利”[2]。体面生存的权利涵摄生命权和尊严权。生命和尊严是生存的题中应有之义，是生存的最基本构件和要求。也有学者指出，生存权实现的是与“人”相称的生存、生活的权利，是要实现一种不仅仅停留在生存阶段的社会生存。[3] 这种生存不是指“单纯地像动物般生存的、仅仅维持衣食住等必要物质的最低限度那样的‘最低生存费’，而是指具有一定文化性的生活之水准”。[4] 也就是说，生存权并不仅仅是公民获取维持其生存所需要物质的权利，更应当是公民获取维持其人性尊严的生活的权利。“一个被剥夺相应的生存方式或工作机会的赤贫者，正遭受着人格尊严和内在价值的侮辱。”[5] 不言而喻，贫困不仅使穷人的物质需求受限，而且使穷人的人格尊严受损。[6] 实际上，“人类的需要不仅仅是对人类生存必需、维持人类生命的对象在生理上的需要，还包括安全、情感、尊严和自我实现的需要”。[7] 故而，在日本学者大须贺明看来，“生存权的目的，在于保障国民能过像人那样的生活，以在实际社会生活中确保人的尊严；其主要内容是保护和帮助生活贫困者和社会经济上的弱者，是要求国家有所

---

[1] ［美］罗纳德·德沃金：《认真对待权利》，信春鹰、吴玉章译，中国大百科全书出版社1998年版，中文版序言，第15－16页。

[2] 李步云：《人权法学》，高等教育出版社2005年版，第121页。

[3] 胡大伟：“论生存权的法律性质”，载《北方法学》2008年第4期，第136－143页。

[4] ［日］大须贺明：《生存权论》，林浩译，法律出版社2001年版，第95页。

[5] Oscar Schachter. *Human Dimity as Normative Concept* 77（4）. The American Journal of International Law 851（1983）.

[6] 胡大伟：“论生存权的法律性质”，载《北方法学》2008年第4期，第136－143页。

[7] A. 马斯洛：“人类动机论”，载《心理学评论》1943年第50期，第372－382页。

‘作为’的权利”❶。

（二）生存权利法律渊源

在现代社会，法律对基本权利有非常重要的作用，“没有法律对基本权利的确认、宣布和保护，基本权利要么只能停留于道德权利的应有状态，要么经常面临受侵害的危险而无法救济”。❷ 正如德沃金所言，个人基本权利是个人所握有的政治王牌（trumps）。❸ 所谓的个人基本权利，“意味着一个人有一个免于被大多数侵犯的权利，即使是以整体利益（the general benefit）为代价”❹。生存权体现为宪法基本规范——一国法律的最高位阶，或本来就有生存权条款。《独立宣言》还停留在注重保护生命权阶段。《魏玛宪法》增加了新内容，规定了大量的国民经济生活方面与生存权有直接关联性的具体权利，其中大部分经济权利，突出地体现人不仅要活着，还应该有尊严地活着的观点。《日本宪法》第25条规定，“所有国民均享有维持健康且文化性的最低限度生活的权利”，“国家必须在一切生活方面，努力提高与增进社会福利、社会保障以及公共卫生”，就是对生存权的明确规定和保障。《世界人权宣言》第25条第1款规定：“人人有权享有为维持他本人和家属的健康和福利所需要的生活水准，包括食物、衣着、住房、医疗和必要的社会服务；在遭到失业、疾病、残废、守寡、衰老或在其他不能控制的情况下丧失谋生能力时，有权享受保障。”《经济、社会和文化权利国际公约》第11条规定：“本公约缔结各国承认人人有

---

❶ ［日］大须贺明：《生存权论》，林浩译，法律出版社2001年版，第96页。

❷ 冯志明、孟辉、马立民：“论人权保护的基本途径”，载《河北师范大学学报》（哲学社会科学版）2005年第5期，第45－50页。

❸ Ronald Dworkin, *Taking Rights Seriously*, Harvard University Press, 1977, Introduction, p. xi.

❹ Ibid, p. 16.

权为他自己和家庭获得适当生活水准。”从阶段性目标来讲，就是要求政府采取积极有效的方式消除贫困，之后才有可能达到适足的生活水准。就个体来讲，脱贫权是迈向生存权的关键一步。

四、生存权之内涵和权域范围

生存权的内涵是指生存权本质上是什么，即生存权概念的内在属性，外延则是指生存权的具体组成部分。外延方面，生存权设置的终极目的显然是保障人的生命延续，所以广义的生存权概念内在地包含生命权内容，这是生存权内涵的目标内容之一。

（一）生存权的基本内涵

一般而言，生存权分为狭义生存权和广义生存权。不过，也有学者，如徐显明教授认为，生存权的概念具有不同层次的含义：广义的生存权，是指包括生命在内的诸权利的总称；中义的生存权，是指解决丰衣足食问题，即解决贫困人口的温饱问题；而狭义的生存权，系指社会弱者的请求权，即那些不能通过自己的劳动获得稳定生活来源而向政府提出物质请求，政府有义务来满足其请求从而保障其生存尊严的权利。[1] 本书参照徐显明教授这种广义、中义、狭义对生存权划分的三分法来展开分析，更有助于理解生存权的真实内涵。

（1）狭义的生存权。生存权是指生命安全得到保障和基本生活需要得到满足的权利。[2] 有学者解释道：“所谓生存权，是人类为保持自己的生存，以不可缺少的财物及劳动，请求于国家或公共团体，使满足其欲望之必要权利，此项权利，是人民在社会上

---

[1] 徐显明主编：《人权研究（第2卷）》，山东人民出版社2002年版，第4页。

[2] 王家福、刘海年：《中国人权百科全书》，中国大百科全书出版社1998年版，第531页。

享有经济权利的一种，为其他自由的物质基础。”[1] 如日本学者觉道丰治就指出：社会国家的生存权立足于“个人尊严的维持”“人格的自由发展”等观念，对于本来的自由权不予否认，抑或可视为这种自由权的发展。故生存权又可称为免于饥饿的自由或追求幸福的权利。[2] 唐纳利则指出，“生存权利保障生存所需要的起码资源，主要是食物和得到医疗的权利”。[3] 有的学者则认为生存权包括最基本的生命保障权、最基本的物质生活帮助权以及最基本的文化生活保障权，狭义的生存权主要是指社会保障权。[4] 有学者认为，生存权应当狭义地定义为基本生活水准权，如上官丕亮认为：“生存权是指人们获得足够的食物、衣着、住房以维持有尊严的相当生活水准的权利，它包括食物权、衣着权、住房权等具体内容。”由此可见，狭义生存权是指社会弱势群体等特定的权利主体无法维持自己正常的生活，要求国家履行积极救助义务的权利。狭义生存权的核心为免于匮乏的权利，在生活质量上还是高于最低生活保障，尤其是农村最低生活保障。国家保障社会权利的主要作用，在于使广大居民能够被包容进全社会所有重要的福利体系之中。因此，这关系到要求分享社会中的各种生存手段的权利的普遍化。

（2）中义的生存权。依据徐显明教授的观点，中义的生存权是指解决丰衣足食问题，即解决贫困人口的温饱问题。改革开放之后，早期扶贫的目标就是解决农民的温饱问题。有的学者认为包括体面生存的权利、获得必要生活资料的权利、享有劳动并获

---

[1] 杨幼炯：《政治科学总论》，台北中华书局1967年版，第229页。

[2] 同上书，第92页。

[3] ［美］杰克·唐纳利：《普遍人权的理论与实践》，王浦劬等译，中国社会科学出版社2001年版，第35页。

[4] 龚向和、龚向田：“生存权的本真含义探析”，载《求索》2008年第3期，第120页。

得报酬的权利、提高生存质量的权利。[1] 依据日本学者的观点，对生存权比较典型的阐述是，所谓像人那样生活，就是说人不能像奴隶和牲畜那样生活，是保全作为人的尊严而生活的权利。[2] 日本学者大须贺明教授提出，“生存权指本国国民均享有的请求国家积极促成健康且文化性的最低限度生活的权利，要求国家权力积极干预才能实现”。他还指出，生存权包括三个层次的内涵：一是“最低限度生活”层次；二是“健康的最低限度生活”层次；三是“健康且文化性的最低生活”层次。[3] 生存权体现为复合形态的权利束，自成权利谱系。根据这种对生存权的内在逻辑，在如此广袤的国家，地区差异、个体差异等非常大的情况下，哪怕是解决了农民的温饱问题，恐怕距离生存权的三层次标准还有不小的差距，甚至部分农民实现了小康生活，也未必能达到生存权的“活得像人一样的人性尊严”。故而，实现农民生存权或许是国人奋斗的目标。

（3）广义的生存权。关于广义生存权具体统摄哪些权利，与狭义生存权一样，也是众说纷纭，并没有统一的定义。日本学者三浦隆认为，生存权的实质就是人为了像人那样生活的权利，是保全作为人的尊严而生活的权利。[4] 有学者认为，生存权不应当包括生命权。如龚向和教授认为，生存权不是与生存有关的所有权利的总和，它不应包括生命权，但应当包括社会保障权、适当生

---

[1] 李步云：《人权法学》，高等教育出版社2005年版，第121页。

[2] ［日］三浦隆：《实践宪法学》，李力、白云海译，中国人民公安大学出版社2002年版，第158页。

[3] ［日］大须贺明：《生存权论》，林浩译，法律出版社2001年版，第16页，第291－292页。

[4] ［日］三浦隆：《实践宪法学》，李力、白云海译，中国人民公安大学出版社2002年版，第153页。

活水准权和健康权。生存权不仅仅是温饱权，而是在温饱权基础上最低限度合于人性尊严的生活的权利，必须有维持最低限度生活必需的基本物品，还应能有尊严地享有这些基本物品，它不限于衣食、住房等物质层面，也应包括生活的精神层面。以上四个方面便是生存权的完整内容，生命和尊严是生存的形式，必要生活资料是基本的保障，劳动并获得报酬是生存的方式和途径，发展则与生存相伴，相辅相成。四个方面前后衔接，逐层递进，构成了多角度、多层次的生存权的完整描述，为我们追求生存权、保护生存权提供了基本的模式和理论依据。

广义的生存权的内容是历史性与开放性的。基本权利是一个多种权利相互依存、不可分割的系统。基本权利是指具有固有性、基础性的基本权利，而生存权、发展权正是人类不可或缺、不可分割、不可剥夺的基本权利。生存权是一个动态的过程，它随着社会经济的发展变化而变化，当代生存权正向着环境权、健康权、和平权方向发展。有的学者认为生存权的内容包括生命权、财产权、劳动权、社会保障权、发展权、环境权、健康权和和平权。❶上述诸种要素是一个统一的整体，共同构成了一个独立的生存权。虽然在国际讨论中，关于“公民的政治权利”与“经济、社会和文化权利”的划分几乎已经成了一种条件反射。但是这种二分法却是误导性的。其缘由在于所有的基本权利如同联合国决议中正式规定的那样，是“相互依赖和不可分割的”❷。本书在借鉴以上学者的真知灼见的基础上，认为生存权大致包含狭义的生存权、

---

❶ 马岭：“生存权的广义与狭义”，载《金陵法律评论》2007年秋季卷，第81-82页。

❷ 联合国大会32/130号决议，以及第41届联合国大会的议程“经济、社会、文化、公民和政治权利的不可见性和相互依赖性”。[美] 杰克·唐纳利：《普遍人权的理论与实践》，王浦劬等译，中国社会科学出版社2001年版，第46页。

发展权、劳动权、受教育权、健康权以及环境权等。[1] 总之，对生存权内涵的理解，结合生存权概念的发展历史和学者的主要观点，应当包含几项要素：一是通常意义上的生存权是在一国范围内讨论的；二是生存权的主体应当限制为国民范围之内，而且是相对弱势的群体；三是生存权应当以国家权力作为保障主体；四是国家的保障和生存权内容本身都存在一致的界限。这就是生存权保障的标准。

（二）生存权之权域范围[2]

汪进元教授指出，从法释义学的角度上说，生存权的权域范围是指生存权的保护内涵分化的维度和领域。准确地理解生存权的权域范围、确立生存权的保护领域，把握生存权保障的价值重心等，对制度设计的定位和生存权的宪法和法律保护结构的完善等，既有理论意义，也有实践意义。[3] 他还认为，更为重要的是：承认生存权的独立性创设不同于其他基本权利的保护制度，有利于防止生存权保护的空洞化，究其缘由在于每一个基本权利都有各自独立的保护内涵和不同于其他基本权利的保护基准。日本、韩国等国建立生存权保护的独立制度的重要意义即在于此。[4] 承接上文，广义的生存权更为可取，其原因是不言而喻的，单纯狭义生存权主要是学术探讨，真实生活中，任何一个人的生存都无法离开这些高度相关的子权利。同时，在许多情况下，其中一种权

---

[1] 徐显明主编：《人权研究（第2卷）》，山东人民出版社2002年版，第39页。

[2] 本部分内容主要借鉴和参考汪进元教授的真知灼见，参见汪进元：“论生存权的保护领域和实现途径”，载《法学评论》2010年第5期，第15－17页；汪进元：《基本权利的保护范围》，法律出版社2013年版，第266－269页。

[3] 汪进元：“论生存权的保护领域和实现途径”，载《法学评论》2010年第5期，第15页。

[4] 汪进元：《基本权利的保护范围》，法律出版社2013年版，第266页。

利的实现也意味着生存权得到了保障。但是每一项权利都有自身独立的价值和法益，各自的权域范围和核心领域也不一样，不能相互融合。

生存权的权域范围和保护领域包含本源性权域、派生性权域和关联性权域三重保护领域。

生存权的本源性权域指的就是最低生活水准权，具体包括生命体的维护、有尊严的生活和安全的生活。首先，生命价值本位的生存权同生命权一样，是人作为生命体的存在之最低限度的权利，其对应的部分主要是社会保障权和健康权。其次，尊严价值本位的生存权是指除了私用物品的给付之外，还应有公用物品的给付，不但有物质层面的给付，而且有精神层面的给付，包含社会救助，但是就人性尊严而言，生存权显然高于当下的农民社会保障权。最后，安全价值成为生存权的保护内涵取决于生存权的客观法秩序功能，主要表现为对生存权的制度性保障，本书有论及生存权的制度性创新、健全和完善的具体内容。

生存权的派生性权域指的就是生存请求权。生存权具有受益性功能或受给付性功能；生存请求权主要为积极的请求权，如法规审查和立法不作为审查等的请求等。本书第九章的农民生存权法律保障机制构建就是探讨生存权的派生性权域问题。本书主张的生存权之关联性权域是指那些对人的生命之维护以及有尊严的生活和安全的生活等具有内在决定性的权利及其相关领域，如谋生意义的劳动权、作为维持生计的财产权、环境权中的洁净水和空气权以及基础维生物品供给的最低社会保障权等，农民社会保障权、农民受教育权、农民发展权、农民劳动权、农民健康权、农民环境权均为生存权之关联性权域范围。

第二节　生存权在宪法权利体系中的地位

韦斯利·纽克姆·霍菲尔德指出，研究基本法律观念的方法最好是对相互“关联”和相互“对立”的概念进行逻辑分析。❶鉴于财产权、社会权等古典权利与生存权的相互关系，鲜有学者深入研究，讨论得尚不充分，因此，我们对生存权和财产权以及社会权的内在交互关系进行比较和探讨，就可以获得相应的结论，本节将以此对这些相互关联的基本权利予以阐释。

一、生存权与财产权

从理论上看，对财产权的强调是西方近代政治思想的一个共同点。“国家或政府的目的是保护个人财产，从马基雅维利（1469—1527）以来，几乎所有近代资产阶级政治思想家都这样宣布。”❷这方面比较有代表性的是英国思想家洛克的看法，他认为：“人们既然都是独立和平等的，任何人就不得侵害他人的生命、自由和财产。”❸ 洛克对财产权的最初关注是针对封建等级秩序的，财产权在追求自由和平等时成为一个关键元素。有鉴于此，它至少需要其他两项权利作为补充：工作权——能够提供收入以确保适当生活水准；社会保障权——能够补充且在必要时充分代替源自财产和工作的不充裕的收入。此处不充裕是从享有适当生活水准角

---

❶ ［美］霍菲尔德：《司法推理中应用的基本法律概念和其他论文》，耶鲁大学出版社 1927 年版，第 350 页。

❷ ［英］洛克：《政府论（下篇）》，叶启芳、瞿菊农译，商务印书馆 1964 年版，第 7 页。

❸ 同上书，第 6 页。

度考虑的。[1] 菲希特在19世纪就指出：财产权是人民生活的重要资本，国家在人民遇到不幸时，负有扶助其生活的职责，负责达成此目的的受教育权也应该受到保护。英国宪政秩序的关键是对英国基本权利的尊重。财产权的保护被视为理所当然。[2] 对当时的许多美国人来说，拥有奴隶是获取经济独立自主的途径之一，而后者通常被认为是享有真正的自由必不可少的条件（弗吉尼亚州在1780年颁布的一条法律充分证明了这一点）。未经同意就剥夺一个人的财产（包括奴隶财产），将是对他的自由的一种侵害。[3] 因为，财产权是所有其他权利的基础，剥夺人民的财产权，实际上等于剥夺了他们的自由。如果政治自由的核心原则是政府必须经被统治者同意而建立，那么，要求奴隶主放弃他们拥有的奴隶财产，将如同把奴隶主本身降低到受奴役的地位。[4] 美国宪法本身就是一种对奴隶制的妥协，是南方与北方之间的一项交易，即使这与任何现代意义上的平等相悖，但它有其存在的现实基础。随着美国南北内战的爆发，形势完全改变了，美国政府所承担的承认奴隶制财产的义务不再具有约束力。[5] 剥夺财产权是指在未经合法审判的情况下作出立法性惩罚，惩罚包括剥夺特定个人或某一

---

[1] 艾德："作为人权的经济、社会和文化权利"，载［挪］艾德等：《经济、社会和文化的权利》，黄列译，中国社会科学出版社2003年版，第17页。

[2] ［美］阿纳斯塔普罗：《美国1787年宪法讲疏》，赵雪纲译，华夏出版社2012年版，第90页。

[3] ［美］埃里克·方纳：《美国自由的故事》，王希译，商务印书馆2003年版，第62－63页。

[4] Edmund S. Morgan, *American Slavery*, *American Freedom*: *The Ordeal of Colonial Virginia* (New York, 1975), pp. 380－385.

[5] ［美］伯纳德·施瓦茨：《美国法律史》，王军等译，中国政法大学出版社1989年版，第97页。

特定团体的财产。例如，国会通过了一个预算法案上的附加条款，以“不忠诚”为由拒绝向三名联邦雇员支付工资，联邦最高法院认为这个附加条款属于剥夺公权的法案而将其推翻。❶ 即剥夺财产权必须由独立的法院适用正当法律程序进行，否则是违宪的。

财产权与生存权之关联在于财产权制度乃是人类文明的至关重要的推动社会发展的制度，要通过发展来保障国民的生存权。传统财产权乃是防御政府侵害的重要手段，通过保护财产才能保护国民有尊严的生存权。❷ 换言之，对合乎法律与道德规范而占有的物质资源的尊重与保护，其实质就是对社会经济关系中的人的存在的尊重与保护。从这个意义上来说，财产权与其说是生存权的基础，倒不如说是生存权的必然要求。生存权的社会意义必然会推导出对财产权的诉求。❸

二、生存权与社会权

无论是在基本权利还是其他权利的谱系当中，社会权都是一种新型的权利。有学者认为，自 17 世纪英国自由主义先驱洛克开创自由权、基本权利理论之时起，社会权的思想就随之产生。❹ 也有学者指出，按照学界的一般看法，其产生和形成与 19 世纪下半叶由德国稗斯麦构建的社会保险制度密切相关。❺ 自此之后，社会权作为一种可向国家、社会主张和请求给予物质帮助、工作机会

---

❶ ［美］詹姆斯·麦格雷戈·伯恩斯：《民治政府——美国政府与政治》，吴爱明、李亚梅译，中国人民大学出版社 2011 年版，第 464 页。

❷ 张扩振：《生存权保障》，中国政法大学出版社 2016 年版，第 158 页。

❸ 杨鑫：“生存权的基本内涵及其在人权体系中的地位”，载《武汉科技大学学报》（社会科学版）2014 年第 2 期，第 171 页。

❹ 龚向和：“社会权的概念”，载《河北法学》2007 年第 9 期，第 49 – 52 页。

❺ 陈新民：《宪法学导论》，自印本 1996 年版，第 173 页。

等安全保障的权利类型，进入了法律的视野。特别是对于弱者而言，社会权的存在使得他们不再以被施舍和救济的对象生活于世人面前，他们是可以以其特定的资格、身份向国家、社会伸张权利的拥有特定权能的法律主体。如学者所言："从社会权之崛起当可察觉，自由已扩大至藉权力获得之自由。此种自由乃'免于恐惧之自由，免于匮乏之自由'，属于社会性权利或经济性权利。其与传统自由性质不同，却同为追求人格健全发展上所不容或缺者，应为人民所享有。"[1] 作为人的物质权利，经济权是社会存在和发展的前提条件，那么作为度量人自身发展的维度，社会权则是人们建立社会制度的必要途径。社会权尺度就是以社会权的实现状况来度量社会领域的发展，反映了人们在社会领域的可行能力的实现程度。

社会权作为一项基本权利，是随着基本权利的发展而逐渐变化的。公民身份的获取，伴随着权利的赋予。英国学者 T. H. 马歇尔第一个系统阐述公民权利理论，他认为公民权利包括民事权利、政治权利以及社会权利。民事权利主要发展于 18 世纪，主要为维护个人自由所需的权利，如人身自由，言论、思想、宗教自由，财产权，合约权以及司法权；政治权利始于 19 世纪，主要是保障公民参与政治实施的权利；社会权利发展于 20 世纪，是指"从少量的经济福利与保障权利到分享社会发展成果，以及拥有按照当时社会普遍生活标准的文明生活的权利"。[2] 在马歇尔看来，公民所应拥有的权利就其在（英国）历史上出现的先后顺序来说，包括了公民权利（18 世纪）、政治权利（19 世纪）和社会权利（20

---

[1] 许志雄：《宪法之基础理论》，稻禾出版社 1992 年版，第 37 页。

[2] H. Marsha，ll. *Citizenship and Social Class*. London：Heinemann Educational Book Ltd.，1963.

世纪)。而社会权利的核心内容，就是“从某种程度的经济福利与安全到充分享有社会遗产并依据社会通行标准享受文明生活的权利等一系列权利”。[1] 按照学界的通说，基本权利现已发展到第三代基本权利，第一代基本权利指公民的政治权利，要求政府对公民个人自由的不过问，即自由权的时代，又称为“消极基本权利”；第二代基本权利是指经济、社会和文化权利，要求政府对个人行为的积极干预，即以“生存权为主体”的时代，又称为“积极基本权利”；第三代基本权利的重点是发展权，第三代基本权利是指国家和民族的集体权利。社会基本权利就属于第二代基本权利。

对社会权内容的分类，学术界众说纷纭。西方学者范德文认为，广义的社会权包括工作权、经济参与权、生活保障权、社会保健权和社会文化发展权。[2] 日本宪法学界依据《日本宪法》第25~28条的规定把社会权的内容分为生存权、受教育权、劳动权和劳动基本权。[3] 狭义的社会权最主要的内容包括以下方面：社会保障权、健康保障与医疗帮助权、对弱势或重点社会成员的特殊社会扶助。社会权反映了人类的梦想，即人人有权享有社会保障、医疗保障以及特殊的社会扶助，等等。随着讨论的深入，“社会基本权利的追求目的，依学界的见解，几乎一致的，皆是集中在维护人类尊严的目标之上”。[4] 根据《经济、社会和文化权利国际公

---

[1] ［英］T. H. 马歇尔：“公民身份与社会阶级”，载郭忠华、刘训练编：《公民身份与社会阶级》，江苏人民出版社2007年版，第6页。

[2] 陈新民：《德国公法学基础理论（下册）》，山东人民出版社2001年版，第69页。

[3] 龚向和：《作为人权的社会权——社会权法律问题研究》，人民出版社2007年版，第18页。

[4] 尼古拉斯·巴宁、邱仁宗主编：《政治哲学总论》，中国社会科学出版社2010年版，第58页。

约》(ICESCR),用ESC权利表述“社会权利”。某人陷于“绝对需要”的处境,意味着该人的生命处于危险状态中;某人处于“相对需要”的处境,意味着该人的福利处于危险之中。ESC权利并不都旨在保护免于或者纠正极端紧急情况和绝对贫困(绝对需要),有些权利仅仅是赋权或保障最低生活福利的手段(相对需求)。但在这两种情况下,有需要的人需要的是帮助、支持和没有伤害。❶ 传统上区分个人的自由——公民自由、经济自由、政治自由,公民自由也许是基于防范恣意限制的角度谈自由;经济自由是经济自我决定的自由;政治自由是个人参与政治的自由。在权力运行过程中,这些受保护的领域是作为一种对政治权力的垂直控制。它们构成了个人防止任何权力持有者侵犯的防波堤,由此,权力受众能够自由地追求他们的个人幸福。在立宪民主国家,他们把人的自我实现和尊严作为最高价值。❷ 在马歇尔看来,“社会权是一种要求获得实际收入的普遍权利,而实际收入并不按人们的市场价值来衡量。就此而言,社会权实际上使人脱离了市场力量,甚至是从市场力量下把人解放出来”❸。马歇尔所指的社会权利可以理解为现代的社会保障权利。我国台湾地区学者把社会权利理解为“受益权”,要求政府积极采取措施增加人民福利之权利,如社会保障权、工作权、受教育权等。❹ 传统基本权利理论认为,社会权是一种积极权利,它规定了公民可以

---

❶ [德] 格奥尔格·罗曼:《论人权》,李宏昀、周爱民译,上海人民出版社2018年版,第76-77页。

❷ [美] 卡尔·罗文斯坦:《现代宪法论》,王锴、姚凤梅译,清华大学出版社2017年版,第226-227页。

❸ 陈鹏:“公民权社会学的先声——读T.H.马歇尔《公民权与社会阶级》”,载《社会学研究》2008年第4期,第227-241页;郭忠华、刘训练:《公民身份与社会阶级》,江苏人民出版社2007年版,第8页。

❹ 林纪东:《比较宪法》,五南图书出版公司1980年版,第247-257页。

直接向国家主张并获得某种东西的权利（请求权），而不仅仅像消极自由权一样只要求国家不得实施侵害（防御权）。因此，社会权需要国家主动投入和政府积极作为才能实现。[1] 由此，国家实施社会权必然涉及对财政等资源的分配，尤其是需要设置资源分配的优先项。

综上，虽然，生存权与社会权在追求目标上基本吻合，它们均为了保障所有公民活得有尊严的“像人那样的生活”。但是，这两者的侧重点不同，生存权侧重的是以人的生存条件的实现为核心的权利束，而社会权是以国家的积极作为为核心的一系列权利。从某种程度上说，生存权与社会权有相当程度的交集，可以说是一体两面。

三、生存权与自由权

“生存权”概念乃是在与自由权的比较研究中获得的。把生存权的特征放在与自由权的对比之下来理解，就容易得其精髓。在对自由权进行阐释之前，先了解一下自由的含义以及与法律的关系。自由的主要意义就是，一个人不被强迫做法律所没有规定要做的事情。汤因比（Toynbee）指出，没有一种最低限度的自由，人就无法生存，这正如没有最大限度的安全、正义和食物，人便不能生存一样。[2] 柏克认为，公共自由，并非如许多深藏在艰深学科中的东西。它是一种恩赐，一种福利，并非抽象思辨。[3] 他还深刻意识到，抽象的思辨，如果任其驰骋，就如同它是一切自由的

---

[1] Frank B. Cross. *The Error of Positive Rights*, 48 UCLA L. Rev. 2001, p. 857.

[2] ［美］博登海默：《法理学：法律哲学与法律方法》，邓正来译，中国政法大学出版社1999年版，第278－280页。

[3] ［英］埃德蒙·柏克：《自由与传统》，蒋庆、王瑞昌、王天成译，商务印书馆2001年版，第227页。

祸害一样，会成为一切权威的祸害。[1] 其缘由在于，社会的和公共的自由，像日常生活中的所有其他事物一样，视各共同体的风俗和情况之不同，而错综复杂，异态纷呈，可在各种不同的程度上享有，具有无限多样化的表现形式。自由不仅是头等重要的私人福祉，而且也是国家自身存在的根本源泉和生机。在国家中有多少自由，国家本身就有多少生命力和活力。[2] 杰斐逊确信，自由乃是人生来就享有的和不可剥夺的一项权利。要求自由的欲望无疑是人类所具有的一种普遍特性。此外，关于自由和法律的关系，詹姆斯·威尔逊指出，没有自由，法律就名存实亡，就是压迫的工具；没有法律，自由也同样名存实亡，就是无法无天。[3] 对于宪政（constitutionalism）的创始人来说，“法律”这个术语有着一个极其精准的含义，而且也只有用这种意义上的法律来限制政府，个人自由才有望得到保障。[4] 法律的目的“不是废除或限制自由，而是保护和扩大自由”[5]。故而，所谓自由权，实际是一种旨在保障应委任于个人自治的领域而使其不受国家权力侵害的权利，是要求国家权力在所有的国民自由领域中不作为的权利。

历史事实表明，生存权保障发端于经济生活的保障。一旦处于资本主义弊端之下的工人和穷人无法享有自由权，社会权就会成为一个填补衍生于公民自由权之鸿沟的有效工具，社会权不仅

---

[1] ［英］埃德蒙·柏克：《自由与传统》，蒋庆、王瑞昌、王天成译，商务印书馆2001年版，第106页。

[2] 同上书，第228页。

[3] ［美］博登海默：《法理学：法律哲学与法律方法》，邓正来译，中国政法大学出版社1999年版，第58页。

[4] ［英］弗里德利希·冯·哈耶克：《法律、立法与自由》（第2、3卷），邓正来、张守东、李静冰译，中国大百科全书出版社2000年版，第417－418页。

[5] ［英］洛克：《政府论（下篇）》，叶启芳、瞿菊农译，商务印书馆1982年版，第36页。

可以改善这一状态，而且能够使人们享有自由权。自由权从自然权利经由公民自由权向社会自由的发展带来了十分显著的结果和这些权利的扩展。自由权通过宪法规定的条款来界定该政治社会所珍视的价值，其共同的内核是承认人自身拥有其固有的尊严，并因此有权获得实现其生命潜能的机会。自由权的着重点可以从自我保存转向自我表现进而至于个人自我发展的各种形式。[1] 而权利具有一种客观实在，它们发自于人的真实本性，就像与之相适应的自由也出自人类本性一样。每一项权利都可被表述为一种能力，一种人达致自我实现的能力，这一事实是一切权利的坚实内核。因此我们可以说，最具综合性的权利就是这种自我实现的权利，也被简单地称作自由的权利。[2] 自由权都是为了个体的生存和发展服务的。对于布莱克斯通来说，法律的最终目的就是保障自由权。自由权——有时称作“英国人的自由”——“主要由三种享有权构成，即人身安全、人身自由和私有财产”。[3] 在某种意义上，权利和自由几乎融为一体，法律的终极目标就是为基本权利保驾护航。因此，就法的基本价值序列而言，自由统摄人的本质需求，处于法价值的金字塔顶端，法律必须承认、尊重和维护人的自由权利。正义是自由的价值外化，成为位于自由之下制约其他价值的法律标准。

生存权与自由权的区别比较大。将二者进行比较后发现：自由权主要是要求国家权力不干预，即要求国家消极不作为，对国

---

❶ ［美］肯尼斯·W. 汤普森：《宪法的政治理论》，张志铭译，生活·读书·新知三联书店1998年版，第111页。

❷ 同上书，第97－98页。

❸ ［美］波斯纳：《正义/司法的经济学》，苏力译，中国政法大学出版社2002年版，第15页。

家权力划定出不能介入的范围；而生存权则要求国家权力积极干预，为国家权力划定其应该去做的范围。[1] 在大须贺明看来，自由权只不过是属于个人自治的领域，要求国家权力消极不作为、不干预、不侵犯，而生存权则是从社会福祉的高度要求国家权利在一定范围内积极作为，以实现对人类生活，特别是对生活贫困者、社会经济弱者予以保护和帮助。[2] 从权利本身的性质来看，自由权是消极权利，生存权是积极权利。公民权利的形成源于对政府对公民日常生活无正当理由干涉的一种限制；与之相对，社会权利则给政府强加了一种积极的职责，保证人民能够在与一种人类尊严的基本水平相符的条件下生活和工作。因此，二者的主要区别在于：一个是国家克制，另一个则是国家参与。[3] 前者要求国家“不作为”，即“免于……的自由”，其内容主要包括人身自由、思想自由、居住与迁徙自由等；后者要求国家“作为”。18 世纪法国的贡斯当认为，“对现代人而言，自由意味着在法治之下受到保护的、不受干涉独立的领域；而古代人的自由则意味着参与集体决策的权利”[4]。由此可见，贡斯当把自由权分为积极自由和消极自由。不过，积极自由，即“做……的自由”，其内容中比较有代表性的是政治自由。另外，两者的价值目标不同。自由权追求自由，保障个人的自由，而生存权则以保障社会的平等为目标。总之，生存权与自由权的关系，一方面如有的学者所指出的，“生存权在逻辑上和原来的自由权也有着相连接的一面”，生存权具有自由权

---

[1] ［日］大须贺明：《生存权论》，林浩译，法律出版社 2001 年版，第 16 页。

[2] 同上书，第 69－78 页。

[3] ［英］蒂姆·海沃德：《宪法环境权》，周尚君、杨天江译，法律出版社 2014 年版，第 59 页。

[4] ［英］约翰·格雷：《自由主义》，曹海军译，吉林人民出版社 2005 年版，第 3 页。

性质[1]；另一方面，生存权自身的性质也规定了自由权的存在。与传统自由权相比较，生存权的权利性质，主要在于请求国家作为，以保障个人过着有尊严之最低生活的积极权利面向。

第三节　农民生存权的特殊内涵与价值定位

与所有基本权利相同，以人民为中心的生存权，最终关怀的是每一个具体的人。但基本权利的实现并非自然而然的，而是要求必要的内外环境、物质基础、机制体系等条件。国家因人民的生存权诉求而建立，也因此背负满足人民生存需求的义务。[2] 因此，兜底性民生建设就是要守住农民困难群体最基本的生活底线，保障好农村贫弱困难者最基础的，至少是最低层次上的生活需求。

一、农民生存权的特殊内涵

在阐释农民生存权之前，应先对农民和中国农民的概念进行必要的辨析和了解。

（一）农民含义的界定

农民一直是个模糊的概念，在英语中“farmer”与“peasant”翻译成中文，都可译作农民。但事实上，两者强调的重点是不同的，“farmer”注重农民的职业特征，更确切的翻译应为“农业生产者”；而“peasant”则不同，它不仅具有职业的含义，还强调其

---

❶ ［日］大须贺明：《生存权论》，林浩译，法律出版社2001年版，第36页。

❷ 不仅在国内，国外也有学者提出类似思想，see Evan J. Criddle and Evan Fox - Decent, *A Fiduciary Theory of Jus Cogens*, 34 Yale Journal of International Law, (2009), pp. 349 - 352.

地位与身份的内涵。从职业角度对农民的概念进行界定，农民是指具有农业户口、居住在农村、从事劳动生产的劳动者，从事农业生产是农民不可缺少的必要条件。1958 年 1 月《户口管理条例》正式实施后，农民概念在实际上出现了职业与身份的分离，农民被解释为依户籍性质的不同而被划分的一类身份标志，即农民就是被登记为农业户口的人，而不论其从事何种职业。不仅如此，以这一户籍制度为基础，国家对城乡之间在经济形态、社会组织、财政投入、公共服务、治理体制等方面采取了一系列差别待遇，有些甚至是歧视性的制度安排，导致城乡关系失衡，农民和市民被分成两个利益差别较大的社会阶层。[1] 基于 20 世纪 50 年代形成的这种特定的城乡二元结构，农民被视为在中国现有体制与户籍制度条件下拥有农业户口，并以农业为主要职业，以农业收入为主要收入的人员。可以说，在中国当代社会，"农民"不仅是一种职业称谓，还是一种社会身份。农民身份是打在一代人身上的烙印，天长地久，身份固化难以避免。

（二）农民身份制度的内涵

新制度主义将制度置于核心的位置，在对社会结构演进的分析中，注重使用整体的方法，研究特定历史条件下，制度对个人、群体行为的深层次影响。对于制度这一核心变量的含义，舒尔茨认为，制度是"一种行为规则，这些规则涉及社会、政治及经济行为"[2]，诺斯认为，"制度是一系列被制定出来的规则、秩序、行为道德、伦理规范，它旨在约束追求主体福利和效用最大化利益

---

[1] 李燕："新型城镇化进程中农民身份转化问题及对策"，载《理论月刊》2017 年第 2 期，第 145 页。

[2] ［美］R. 科斯、A. 阿尔钦、D. 诺斯等著：《财产权利与制度变迁——产权学派与新制度学派译文集》，刘守英等译，上海人民出版社 1994 年版，第 253 页。

的个人行为”[1]。从我国宪法演进轨迹来看，宪法文本并未从身份上对农民和市民进行任何严格的区分。在中国宪法的语词中，农民被融入集合性的概念（人民）与个体性的概念（公民）之中，是在两种形态的相互关系中存在的。就整体的社会主体身份而言，农民构成人民的重要组成部分；就个体身份而言，农民当属宪法所指称的公民，应当基于平等的公民身份享有宪法规定基本权利，承担相应义务。

“身份”是一个社会学上的概念，马克斯·韦伯最早并详细地阐释了身份和身份群体的概念。阶级状况是由经济因素决定的，身份状况则是由社会评价决定的。“把任何由某种特殊的社会评价所决定的典型人生要素称为身份状况。这里的社会评价是对荣誉的评价，有正面的评价，也有负面的评价。”[2]“身份的典型基础是生活方式，它包括正规教育，这种教育可能是经验式训练，或者理性的培养以及相应的行为方式，还包括继承的或职业的声望。”[3]身份秩序的一个重要的结果就是它阻碍了市场的自由发展。这是因为“身份群体通过无论是在法律上还是惯例的影响下垄断直接阻止了某些货物进入自由交换”。[4]也就是说，身份是指社会对于荣誉的正面评价或负面评价，获得同样评价的人就是同一身份群体。户籍制度使市民与农民这两种仅因出身不同而演变成迥异的身份秩序，进而又被禁锢在相应的社会交往范围中隔离开来，相互之间几乎很难有良性互动。当然，农民的概念是一个动态发展的概念，它不是静态不变的概念，农民不是终身制。根据目前的

---

[1] ［美］道格拉斯·C. 诺斯：《经济史中的结构与变迁》，陈郁、罗华平等译，上海三联书店 1994 年版，第 226 页。

[2] ［德］马克斯·韦伯：《经济与社会（第二卷）》，阎克文译，上海人民出版社 2010 年版，第 1068 页。

[3] ［德］马克斯·韦伯：《经济与社会》，林荣远译，商务印书馆 1997 年版，第 425 页。

[4] 同上书，第 1074 页。

制度实践，主要从两方面来对农民进行理解：一是应该按照身份来界定农民，具体地说，也就是根据户口本上的户籍划分农民和非农民；二是农民是一种职业而非身份，应该按照职业，也就是是否从事农业生产工作来界定是不是农民。从一个农民的角度来说，农民从来都是一个身份，从来不是一个职业；农民从来都是一个群体，一个阶层。这个阶层肯定不是用一个简单的职业就能称呼，更是一种身份。由此观之，“农民”不仅是一个职业，同时也是身份的象征，并具有代际传递的性质。“户口—就业—福利”一体化成为限制农村人流向城市的一道门槛。❶ 虽然从中华人民共和国成立以来，农民的身份已经经历了三次变迁，但时至今日，中国农民身份制度的变迁仍然处于起步阶段，农民从总体上依然处于身份化阶段。主要表现在以下几个方面：（1）农民由出身决定。（2）没有准入门槛。（3）因为农民身份而受到某些政策性歧视。（4）即使职业改变，农民的身份也没有改变。❷ 诚如梅因所言，迄今为止，一切进步社会的运动，都是从身份到契约的运动。身份意味着固化，而契约则表征自由。在以身份为基础建构的制度体系中，个人的法律义务取决于其所处的集团及其在该集团中的地位，并因固化的身份决定人的命运，阻碍了社会阶层的流动，是社会进步的反动力量；契约则昭示着平等，允许社会主体依自身的努力实现身份的转化，给予其自主发展的空间，能够激发社会潜能，推动社会发展。❸ 农民被贴上“农村居民”而非“公民”

---

❶ 付舒：《公平理论视阈下我国社会保障制度的分层化问题研究》，吉林大学2016年博士学位论文，第85页。

❷ 冯道军、施远涛：“从新制度主义看中国农民身份的制度变迁——兼论中国现代化进程中的农民问题”，载《甘肃社会科学》2014年第3期，第122-125页。

❸ 周海源：“从身份到契约：城镇化建设中农民身份的转变”，载《南京航空航天大学学报》（社会科学版）2014年第1期，第44-48页。

这一标签，法律则以农村居民身份为连接点而连接政府与农民之关系，使农民进入政府管理的范围。而“农村居民”则是一个身份的概念，这个身份之于农民的含义有二：其一，政府与农民之间是一种不对等的关系，政府对公民施加管制，后者则需要服从前者的权威；其二，农民是被类型化的特定的一种人，农民需要以“农村居民”的面目参与社会活动，其权利和社会地位不是由农民通过签订契约争取而来，“农村居民”的身份即决定了农民的社会地位。❶ 因此，作为农业从业者，农民的身份是相对固化的，身份的转化受到土地制度和户籍制度的一定限制；身份的相对固化同时表征着权利受到一定的限制。

（三）农民生存权的特殊内涵和基本特征

以生存权为首的各种社会权的权利主体，是指生活中的贫困者和失业者，是存在于现实中的个别的、具体的人，即带有具体的、个别性这样属性的“个人”。在日本，生存权的权利主体主要包括那些连“最低限度生活”也不能维持、陷入需要保护状态的国民，包括因为资本主义构造性弊病的扩大所造成的失业、倒闭使拥有劳动能力也得不到劳动机会而导致生活趋向贫困化的那部分国民，因疾病、残废和贫穷而造成生活困苦的人，以及因没有财产无法维持“最低限度生活”的一切国民。❷ 我国宪法中目前没有关于生存权的明确说法。在法律文件中第一次使用生存权概念是在1991年的《中国人权报告》白皮书中。实际上，某些农村人口的生活远比城镇人口贫困，且自我保障能力差，因而为了维持这部分农村人口的基本生活或生存需求，国家和社会应在其陷入

---

❶ 江国华：“从农民到公民——宪法与新农村建设的主体性视角”，载《法学论坛》2007年第2期，第101－106页。

❷ ［日］大须贺明：《生存权论》，林浩译，法律出版社2001年版，第16页。

困境或基本生活受到威胁时积极作为，提供基本的物质保障。可见，这里的生存权主要是指人民基本生活保障权，更多指涉的是温饱，即糊口。有人认为，生存权就是最低限度的生活保障权。笔者认为，在生活层次上，温饱线低于小康线，小康大致等同于脱贫，而脱贫要达到“活得像人一样有尊严”还有一定的距离；生存权的本真含义应超越最低限度生活保障权，无论在层次上还是在实际享有的权阈范围来看，生存权都高于社会保障权。

从宪法意蕴来看，农民作为公民，理应享有法律对于公民生存权的全部权利，农民生存权还具有如下独有的特点。

第一，农民生存权的弱者身份性。生存权的权利主体主要是弱势群体。作为第一代基本权利的自由权、平等权、财产权的权利主体是抽象的、一般的人。而作为生存权的权利主体则是生活中的贫困者、失业者等弱势群体，即生存权的主体范围是极度贫困者和弱者，所以生存权又被称为社会弱者的权利，生存权有具体的权利主体，主要是在肉体上或是精神上，没有办法使自己活得像人一样有尊严的那些人。而全体公民作为生存权主体主要见于近代资产阶级革命以来的一些宪法性文件和国际公约。到 20 世纪初进入垄断资本主义时代，对生存权的保障更加倾向于贫困的弱势群体阶层。对于这样的弱势而又享有权利的主体，不管是法律还是国家都必须有所作为来保障他们对基本权利的事实拥有和行使。联合国经济、社会、文化权利委员会也指出，最为脆弱的社会弱者包括“无地农民、受排斥的农民、农村工人、农村失业者、城镇穷人、移民劳动者、土著人、儿童、老人和其他受到特别影响的群体”❶。农村居民作为社会成员理应公平享有社会发展

---

❶ See World Conference on Human Rights, Vienna Declaration and Programme of Action [UN doc. A/CONF. 157/24], Part Ⅰ, Para. 5.

的累累果实，但现实社会中，某些农村居民被贴上“愚、穷、弱、私”等标签，受到排挤成为边缘化人群，不能拥有与城市居民平等的地位，甚至还有人把某些农村居民划分为“二等公民”。[1] 由此观之，由于国家在农村地区公共产品投入的比重相对较低，导致本已处于弱势的某些农民在实现社会权时成本增加，或者无法享受到国家经济发展对其生活所应当带来的改善，滞缓了这些农民生活水平的提高。[2]

第二，农民生存权的内容有待于拓展。就农民生存权的纵向层面而言，指应达到一定的生活水准。生存权的保护法益是生命体的维护以及有尊严的、安全的生活，使其权利的应然主体能够享有“人一般”的生活。不单单是保障最基本的生命，生命固然重要，但除了这个之外，人还应当享有人性尊严，人要拥有所必要的“人”的尊严。随着时代的发展和社会的变迁，生存权的权利内容自然也会发生变化，生存权同样应当具有延续性和成长性。而就农民生存权的横向层面来说，保障生存所需的起码资源，主要是食物和得到医疗的权利（《世界基本权利宣言》第25条）。实际上不仅如此，《世界基本权利宣言》（第22～24条）承认的经济权利包括享受社会保障的权利、工作的权利、休息和闲暇的权利以及组织工会的权利。社会权利还包括受教育权。[3] 大须贺明教授指出，社会权利包括生存权性质侧面的教育基本权、生存权视角中的劳动权以及环境权。生存权不仅指生命权和健康权，而且包括了教育权、环境权、劳动权。有学者主张生命权、尊严权、财

[1] 陈钊、陆铭：《迈向社会和谐的城乡发展——户籍制度的影响与改革》，北京大学出版社2015年版，第97页。

[2] 董宏伟：《社会权保障》，东南大学出版社2018年版，第78页。

[3] ［美］杰克·唐纳利：《普遍人权的理论与实践》，王浦劬等译，中国社会科学出版社2001年版，第35页。

产权、劳动权、社会保障权、发展权、环境权、健康权、和平权都是生存权的内容，❶ 本书基本赞同这种对生存权本真含义的理解，不会损害生存权的独立地位。换言之，狭义的农民生存权在学术研究角度或许有必要，但是，这种理解过于狭隘，没有真正透彻理解生存权统摄的意蕴，背离了弱势群体的生存状况。当然，生存权也无法与宪法上规定的其他基本权利隔离。

第三，农民生存权的脆弱性。虽然我国在宪法和法律中有规定保障公民（宪法并没有把农民排除在公民之外）的生存权，但是在现实中，某些农民的生存依然易受到自然和社会等各方面不利因素的威胁和影响，因而农民生存权具有脆弱性。农民生存权的脆弱性首先根源于农业生产具有极高的自然风险和市场风险。诚如詹姆斯·斯科特所说：那些从事高风险农业生产的农民，“在生存边缘上拼命劳作，一旦计算有误，便要失去一切；他的有限的技术加上天气的变幻无常，使得他比其他大多数生产者都面临更大的难以避免的风险；可获利的工作机会的相对匮乏使他毫无经济保障可言”❷。其实，基于农业本身固有的风险系数，农民比市民要承受大得多的风险而变得更为脆弱。

综上所述，假设农民仅依靠耕作非常有限的农田来谋生，一般情况下，某些农民在经济收入上必然徘徊在贫困线边缘，尤其遇到天灾（恶劣的气候频频光顾），生活可能立刻变得难以为继；因病致贫也是一个重要原因；还有一点不可忽视的，在长期缺少医疗保障的某些乡村，贫病交织更易冲击这些农民，遇到这种情况的农民可能会陷入万劫不复之境地。权利贫困反映出政治上的

---

❶ 徐显明：“生存权论”，载《中国社会科学》1992 年第 5 期，第 39 – 56 页。

❷ See Paul Hunt. *Reclaiming Social Rights* (1996), Dartmouth Publishing Company, para. 7.

低影响力，政治生活最直接的产物是公共政策，公共政策的制定过程是多个利益集团实力相互博弈的过程。因此，某些农民由于经济收益的偏低和政治权利的缺失以及自身各方面能力的缺乏，往往游离在社会核心的边缘地带。

二、农民生存权的构成要件

权利的构成要件主要有权利主体、义务主体、权利的内容以及权利功能与国家义务的对应关系。

（一）农民生存权的权利主体

农民生存权法治建设的核心主体是农民。生存权所强调的社会保障等特定事项主要面向社会中贫困者、失业者等具有现实性、具体性和个别性的人；只有连最低限度的生活都无法维持，不得不寻求国家保障的人，才是显性的权利主体。[1] 作为首要基本权利，生存权是中国特色基本权利体系的起点、底线，也是充分享有、继续追求其他基本权利的前提。因此，在规范层面和价值层面，生存权具备基本权利的普遍性，并得为任何人所具备，但在功能层面，生存权则是具体的、有针对性的，并可由此将权利主体划分为显性主体和隐性主体。[2] 而已经能够立足社会乃至追求自我实现的人，属于隐性的“潜在权利主体”。[3] 这在国际公约法律文件中也能得到支持：经济、社会、文化权利包括最低标准和最高追求，而最低标准强调对弱势群体的保护，“为脆弱和遭受排斥

[1] 刘茂林等：《中国宪法权利体系的完善：以国际人权公约为参照》，北京大学出版社2013年版，第216页。

[2] 魏晓旭：“生存权的中国表达：双重向度的递进展开”，载《人权》2021年第3期，第54页。

[3] ［日］大须贺明：《生存权论》，林浩译，法律出版社2000年版，第16、95页。

的群体和个人的福祉而奋斗”。[1] 一般生存权的权利主体是社会中的弱势群体，而我国特有的城乡二元的经济和社会结构造成我国某些农民群体本身相对于一般城镇居民属于弱势群体，并且某些农民自发组织的企业在市场竞争中往往也处于弱势的地位，而这些组织的利益又关乎组织内的个体利益，因此，从城乡二元对比视角，国家在实行弱势群体扶助方面，同时要注重对农民自发组织企业的保护以及农民个体的保护。

（二）农民生存权的义务主体

社会权的实质就是社会弱者获得社会强者协助的权利，或者说是社会弱者在政府的组织下获得社会强者协助的权利。社会由社会成员构成，如前所述，社会成员包括社会强者和社会弱者，社会弱者连自己的生存和发展问题都难以解决，更不可能承担保障和实现其他社会成员的生存和发展的义务，而且恰恰是他们的生存和发展问题成为政府和其他社会成员的义务，所以，剩下的就是社会强者。可以说，社会权的间接义务主体是社会强者。社会权作为基本权利的含义需体现其帮助、促成、给付的性质。生存权就属于这样一种积极的权利，其义务主体是一国政府。生存权的实现和满足，需要国家和政府提供给人们生存的必要条件，有赖于政府履行积极的作为义务，并最终取决于该国政府的作为。能“享有”基本权利的义务主体可以是任何其他个人，而经济社会文化权的积极义务主体只能是政府，社会权的直接义务主体就是政府或社会，但政府本身并不直接创造协助社会弱者的物质财富，它只不过是充当“取之于民、用之于民”的中介，政府所承

---

[1] [挪] 艾德等:《经济、社会和文化的权利》，黄列译，中国社会科学出版社 2003 年版，第 5－6 页。

担的实现和保障社会权的义务最终要由社会成员来承担和落实。从政治伦理学的角度来看，在现代社会，政府积极服务于公民权利的实现，是政府获得政权合法性的最主要原因，向每一个社会成员提供必要的生存照顾条件，是国家最为主要的职能。为了确保每一个社会成员获得合乎尊严的生活条件，国家有义务为公民提供相应的便利条件，即直接提供物质、服务帮助，以确保这些权利充分实现。❶ 由此推之，政府是包括医疗救助在内的所有社会救助活动的责任主体。国家确认公民有生存权，意味着政府承担相应的医疗救助义务，同时，政府的救助义务必须以法律形式予以规范与确定。

（三）农民生存权的内容

众所周知，社会物质财富与人的生存的维持密切相关。人的生存需要只能维系于它。按照马斯洛的需要理论，人的需要可分为“生理需求、安全需求、社交需求、尊重需求和自我实现需求”❷。但最基本和首要的需要是生理需要，即衣、食、住、行等方面维护生存的需要。马克思、恩格斯曾经清楚地指出：“为了生活，首先就需要吃、喝、住、穿以及其他一些东西。因此，第一个历史活动就是生产满足这些需要的资料，即生产物质生活本身。”❸ 只有生存的需要得到基本的保障后，人们才会有兴趣去产生其他方面的需要。“在国内层面，生存权需要每一个具体的人都真正享有应有的人格尊严……使人民享有基本的生活保障……温

❶ ［挪］艾德等：《经济、社会和文化的权利》，黄列译，中国社会科学出版社 2003 年版，第 66 页。

❷ ［美］亚伯拉罕·马斯洛：《动机与人格》，吴张彰、李昀烨、张博涵等译，中国青年出版社 2022 年版，第 171 页。

❸ 《马克思恩格斯选集（第 1 卷）》，人民出版社 1995 年版，第 79 页。

饱问题基本解决了，人民的生存权问题就基本解决了。生存是享有一切人权的基础。小康社会建设将解决温饱问题、保障生存权作为首要目标，不断满足日益增长的物质文化需要。”[1] 这实际反映了生存权的底线内容。[2] 衣、食、住、行等与人民日常生活息息相关的事项，同时包含着生存权所体现的基本生存标准和发展权所体现的更高水平的追求。[3] 农民生存权保障的范围主要包括基本生活保障、农业生产保障和土地权益保障等主要部分。基本生活保障涉及农民养老、医疗和困难补助等方面，因为这些方面直接关系到农民的生存，关系到生命延续等，因此是典型的生存权的权利内容。因此，从涵盖内容看，农民生存权具体包括受教育权、社会保障权、适足生活水准权、工作权等经济、社会文化权利。[4]

三、农民生存权的正当性

农民生存权作为基本权利的正当性，首先来自人类在社会化大生产和市场经济条件下维护自身生存和农民人格尊严的正当性。

（一）农民生存权正当性的理论基础

罗尔斯在《正义论》里提到：社会是一个公平的合作体系，在这个体系里，平等的自由优先于效率，作为公平的正义优先于经济利益；所有的经济利益的分配，应该在机会平等的前提下向

---

[1] 国务院新闻办公室：《全面建成小康社会：中国人权事业发展的光辉篇章》，人民出版社 2021 年版，第 5 页。

[2] 将生存权界定为基本生存保障，并不是对生存权的贬损，亦没有降低生存权的地位。

[3] ［英］A. J. M. 米尔恩：《人的权利与人的多样性——人权哲学》，夏勇、张志铭译，中国大百科全书出版社 1995 年版，第 204 页。

[4] 龚向和：“社会权的概念”，载《河北法学》2007 年第 9 期，第 52 页。

所有人开放而不仅仅是向有才能的人开放，并且这种利益的分配应该有利于社会中最不利成员的最大利益。[1] 在罗尔斯看来，社会公平原则是构成社会合作条件的基础，并且是社会控制的必要条件。在现代社会，往往是形式上的公平，而事实上的公平无法达到，为了保障人民基本权利的平等采取确保其基本需要的平等的方法，即给予社会地位低下的人应急生活之需的权利，最低生活保障制度就是实现这种目的的政策。公平原则是最低生活保障制度实现的首要原则，是评价制度好坏的基本指标。坚持这一原则，就必须确保在生活中真正有困难的人都能享有被保障的权利。现代社会中，国家与公民之间应保持一种服务与被服务的关系，这种服务关系的核心在于，国家履行其义务，发挥其职能，最大限度地满足公民基本权利的实现。[2] 公民基本权利的实现需要很多现实的条件，国家应当努力创造各种条件，以帮助公民的权利实现。即使无法创造这些条件，作为最低限度的要求，国家不能设置障碍，阻却公民权利的实现。[3] 根据生存权的一般保障标准，结合我国农村社会生活的实际情况，基于某些农民的弱势群体地位，我国农民生存权的保障标准应当包括以下主要方面，不仅必须有最低社会保障、基本医疗保障、基本教育保障等完整的生存权保障体系，而且应在经济、社会、文化权利方面给予特殊照顾。

（二）农民生存权正当性的现实基础

生存权可明显地归于积极权利一类，如俞可平先生所言：“包

---

[1] ［美］罗尔斯：《作为公平的正义——正义新论》，姚大志译，上海三联书店2001年版，第70－71页。

[2] ［挪］艾德等：《经济、社会和文化的权利》，黄列译，中国社会科学出版社2003年版，第22页。

[3] ［英］安东尼·吉登斯：《第三条道路：社会民主主义的复兴》，郑戈译，北京大学出版社2000年版，第80页。

括国家在内的任何政治社群有责任通过自己的积极作为，提供公共利益，从而最终增进每一个人的个人利益。如规定最低生活标准、提供福利保障、实行义务教育，等等，这也就是我们所说的个人的积极权利。”❶ 在积极权利的背后，我们看见的是“国家在行动”。特别是在弱者权利保护方面，如果没有国家的积极作为，那么弱者只能自生自灭，不消说体面和尊严的生活，就连是否能够生存下去都大有问题。❷ 如果国家不以民生为念，对于弱者所处的生存困境听之任之，那么，弱者就只能永远生活在社会的底层，而难以有出头的机会。福利国家作为现代国家的新型范式为人们所广泛认同和接受。在关于社会权利正当性的论证上，马歇尔指出：“现在，最低生活保障是一项必须得到满足的义务，几乎所有社会都接受它，它旨在满足社会成员的基本需求。……这是一个由特定社会的公民所设计的财政安排，其目的在于调节这一社会的收入分配，以便促进所有人的福利。这是一种特殊的互利型财政安排，在某种程度上它以强者为代价而支持了弱者，它给予弱者的权利也不是根植于人之所以为人的本性之中，而是共同体自己所建立起来的，它取决于公民的身份地位。……它最好被看作一种装置，通过这一装置，工人的收入一直延伸到了他不再能够从事工作的阶段。这会提高他一生所能享受到的福利总额，而且为了维持其工资收入水平，取得这种福利的社会权利也会转化成为法律权利。”❸ 不论是狄骥的连带理论还是人类命运共同体理念，

---

❶ 俞可平：“从权利政治学到公益政治学——新自由主义之后的社群主义”，载刘军宁等编：《自由与社群》，生活·读书·新知三联书店1998年版，第88页。

❷ 胡玉鸿：“论社会权的性质”，载《浙江社会科学》2021年第4期，第43－46页。

❸ ［英］T. H. 马歇尔：“福利的权利及再思考”，载郭忠华、刘训练编：《公民身份与社会阶级》，江苏人民出版社2007年版，第48－49页。

不论在全球范围还是在一国范围内所有民众都应得到平等的关心，特别是社会底层民众的权利更应受到法律和政策的倾斜性保障。说到底，一个文明国家必须为底层社会的所有民众提供最为基本的生存条件，保证每个人（含农民）都能“过人一样的体面生活”。

四、农民生存权存在的合理性

在现代社会，社会发展的根本宗旨在于：人人共享，普遍受益，即社会发展的成果对于社会的绝大多数成员而言应当具有共享的意义。现实生活中，社会强者获得远大于弱者的发展红利，故而弱者的生存权利必须得到更加全面的法律保障。

（一）农民应获得生存权保障

在所有对国家权力的限制中，法律上最有效的就是国家不能涉入个人自我决定的领域。这些禁区是所有的权力持有者——政府、议会甚至选民，因为他们是不能让渡的——都不能侵入的。这些不受国家干预的权力受众的私密领域在过去的三百年被称为基本权利。❶ 它们中的一些——如家庭、婚姻、宗教、教育——都是西方自由社会的基本制度，其他的一些，尤其是涉及生命、个人自由和财产的部分，被各国的宪法具体化，成为受到法律保护、具有法律效力的个人基本权利。这些基本权利已经成为立宪民主国家的政治体制的核心，它们被认为是超实证的原则，甚至宪法规范都无法规定。这些基本权利使人的尊严得以实现。对基本权利的承认和保护是立宪民主国家政治体制的核心。❷ 实际上，任何

---

❶ Maurice Duverger. Droit constitutionnel et institutions politiques（Paris，1995），p. 189ff.

❷ ［美］卡尔·罗文斯坦：《现代宪法论》，王锴、姚凤梅译，清华大学出版社 2017 年版，第 226－227 页。

法治国家均应始终如一地严格遵循法治理念，法不禁止即自由，民众的合理的实体性权利和程序性权利必须受到充分三维（立法、执法和司法）保障。故而，作为中华人民共和国的建立者和经济及社会发展的巨大贡献者，农民不仅是国家经济体制改革的先行者，而且是现代化城市的建设者和国家税收的缴纳者，农民理所应当享有生存权保障。

（二）农民人性尊严之公平保障

通过对基本权利理论及实践的考察，作为权利谱系中核心部分的基本权利是大致相同的，中轴性的自由权、前提条件性的平等权、基石性的财产权、底线性的生存权、连带性的发展权构成当代基本权利建设的五大基本制度。五大基本权利是基础性的基本权利，它们共同构成基本权利大厦的五大桩基，也构成了法治社会的五大桩基。❶ 底线性的生存权是社会底层民众必须享有的权利，如政府没有履行给付义务导致此种权利缺失，则可能酿成灾难性的恶果。生存权是农民作为人而应该享有的权利，是为保障人之生存而需要享有的权利。正如日本学者大须贺明教授所说，生存权的价值是为了让贫困弱者能过像人一样体面有尊严的生活，而非通过乞讨、卖淫、偷盗等侮辱人格或者剥夺自由的方式来维持基本生存，保有尊严体面地维持基本生活。❷ 对农民生存权的保障需达到这样一个水平，使农民能够“像人那样生存”；只有实现了农民的生存权，并且是像人一样地生存，才谈得上“人格和尊严”，这是许多基本权利学说或宣言所追求的目标。❸ 正如有学者

---

❶ 齐延平：《人权与法治》，山东人民出版社2003年版，第76页。

❷ ［日］大须贺明：《生存权论》，林浩译，法律出版社2001年版，第35页。

❸ 李长健：“中国农业补贴法律制度的具体设计——以生存权和发展权平等为中心”，载《河北法学》2009年第9期，第14页。

认为的，生存权的目的，在于保障国民能过上像人那样的生活，以在实际社会生活中确保人的尊严，其主要是保护帮助生活贫困者和社会的经济上的弱者，是要求国家有所作为的积极权利。❶ 基本权利观念是近代才提出来的，其核心是平等，它要求人民之间在对自然资源的享有上，在彼此相处中，以平等的态度尊重别人，合理分配权利，消灭特权。由此，底线生存权同其他基本权利相互联动，共同构成法治社会的宪政精神。

（三）农民生存权保障的国家义务

基本权利是个人对抗国家的自由权，作为主观权利的自由权，其建构目的在于防止国家权力的侵害，从而引出国家的保护义务。“基本防御作用来自宪法直接效力，而保护义务则需间接经由法律之具体化，因为保护义务乃是从个人主观权利所导出之客观法上的国家义务。”❷ 美国学者亨利·舒认为国家在保护基本权利的义务方面，可以划分为三个层次：避免剥夺的义务、保护个人不受剥夺的义务和帮助被剥夺者的义务。❸ 在此基础上，艾德将国家基本权利保护义务扩展为四个层次：尊重的义务、保护的义务、满足的义务以及促进的义务。❹ 艾德和凡－胡佛等人认为，国家的基本权利保护义务分为四个方面：尊重的义务、保护的义务、满足的义务、促进的义务。对这种分类，日本学者大沼保昭对艾德四

---

❶ ［日］大须贺明：《生存权论》，林浩译，法律出版社2001年版，第16页。

❷ 陈慈阳：《宪法学》，元照出版公司2005年版，第349页。

❸ Henry Shue. *Basic Right*: *Affluence and U. S. Foreign*, Princeton University Press, 1996, pp. 13－87.

❹ Eide. The Human Right to Adequate Food and Freedom from Hunger, The Right to Food: In Theory and Practice, by Food and Agriculture Organization of the United States, Rome, 1998, p. 4.

层次义务理论作了比较详细的解释。[1] 大沼保昭还认为，“这些义务在性质上并不互相排斥，各种基本权利义务尽管程度上存在差异，但都是权利的一个侧面，而国家负有针对这些侧面采取措施的全面性义务”。[2] 在中国，数千年以来，农民一直陷于面朝黄土背朝天的苦难生活，皇权社会并没有很好地履行相关义务。即使在今天，也没有随着经济的发展和社会的进步而完全改观；甚至有些处于弱势群体的农村居民越来越容易陷入生存的困境之中，凭借个人自身努力难以达到适足生活水准和满足人的尊严的最低需要。在乡村振兴战略的新时代背景下，国家有责任不仅对贫困农民提供给付性义务，而且更重要的是提供制度性保障义务、组织与程序保障义务等。

---

❶ ［日］大沼保昭：《人权、国家与文明》，王志安译，生活·读书·新知三联书店2003年版，第220页。

❷ 夏正林：《社会权规范研究》，山东人民出版社2007年版，第78－79页。

CHAPTER 02 >> 第二章

反贫困战略理论与实践

在第一章，我们讨论了生存权的法理基础，进而对生存权与社会权、自由权、财产权等相互关联的基本权利进行了辨析，之后便对农民生存权的特殊内涵、构成要件以及正当性等展开解构与分析。从权利类型看，贫困问题涉及的主要是关乎公民生存状态及后续发展需要的生存权和社会权，生存权、发展权是解决贫困问题的最基础权利。反贫困作为一个以人为主体的概念，必须从保证人的基本生存条件开始，“国家要对国民最低限度的像人那样的生活实施保障”。[1] 鉴于生存权的本质属性是“免于匮乏的权利”，本章从风险社会下农民历来罹患贫困之害，农民生存权的天敌是贫困，致贫原因的多样性以及国际贫困与人权研究中的主要理论展开分析与论证。然后，探讨国际反贫困战略理论、生存权视域下我国农民反贫困的理论基础与实践历程，从农

[1] ［日］大须贺明：《生存权论》，林浩译，法律出版社2001年版，第8页。

民致贫的缘由出发寻找相应的解决对策，结合其他国家反贫困的历史经验，以及我国反贫困的理论阐释和实践路径，检讨我国反贫困实践中存在的缺陷与不足。最后，做好巩固拓展脱贫攻坚成果同乡村振兴的有效衔接。乡村振兴战略本身就是对域外和我国长期反贫困战略理论与实践经验的集成化总结与提升。

第一节 贫困和农民贫困的相关理论

贫困的存在是对生之为人的尊严之侵犯，是对一个文明公正社会的破坏。生存权理论产生最初的意图在于破除贫困。虽然在那时，保护人类尊严的倾向已经开始萌芽，但消除贫困仍是其基本意图。消除贫困是保障人权的基本要求，是人们追求幸福生活的基本权利；消除贫困也是当前人类面临的一个重大课题。因此，应对贫困问题展开相应的探讨。

一、贫困的内涵与种类

现代社会是风险社会，风险无处不在、无时不有，任何社会主体都面临着各种各样的风险。某些风险事故一旦发生，可能导致社会成员陷于贫困。[1] 农民遭逢的各种风险尤其如此，农业本身的风险导致农村家庭的脆弱性，进而催生乡村贫困问题。

（一）农业固有的风险和农村家庭的脆弱性

风险是指不能够确定事件是否会发生。一般来说，只要某一

---

[1] 何文炯："基于共同富裕的社会保障制度深化改革"，载《江淮论坛》2021年第3期，第133页。

事件的发生存在两种以上的可能，我们就认为该事件存在风险。农业本身存在着潜在的风险。长期以来，农业基础设施薄弱，抵御自然灾害的能力不强，农业面临的天灾形势不容乐观，天灾对现代农业的可持续发展已构成严重威胁。同时，病虫害防治技术的推广工作有待进一步加强，农业风险防控体系建设滞后以及农民防灾抗灾意识薄弱等问题依然存在。休谟指出："在栖息于地球上的一切动物之中，初看起来，最被自然所虐待的似乎无过于人类，自然赋予人类以无数的欲望和需要，而对于缓和这些需要，却给了他以薄弱的手段。"❶ 即伴随承受农业风险而来的就是农村家庭的脆弱性。

不论是相对性观点还是绝对性观点，学者们都同意："资源的稀缺、理性的有限属于人类生活中的原始事实或自然事实或第一性事实。"❷ 资源稀缺是不可否认的客观事实，这一事实又决定了人类对资源竞逐的必然性。恶劣的农业风险和资源的稀缺性叠加在一起必然导致多数农民趋于贫困，贫富差距的逐渐拉大形成的马太效应导致"穷者越穷，富者越富"，让穷人和富人之间的贫富差距日益明显。❸ 由此可见，如果让作为弱势群体的农村贫困群众始终处于资源分配和经济收入的最低端，他们的经济力量最小，各种权利缺乏应有的保障，面对各种风险的冲击，他们没有足够的物质和能力应对，容易形成贫困的累积，最终陷入更加贫困的境地。

---

❶ ［英］大卫·休谟：《人性论（下册）》，关文运译，商务印书馆1980年版，第525页。

❷ ［英］尼尔·麦考密克、［奥］奥塔·魏因贝格尔：《制度法论》，周叶谦译，中国政法大学出版社1994年版，第211页。

❸ 胡联合、胡鞍钢："贫富差距是如何影响社会稳定的?"，载《江西社会科学》2007年第9期，第142－151页。

（二）传统意义上的农民贫困概念的界定和意义

何谓贫困，不同学者有不同的理解。“贫困”本身就是一个跨学科的综合性概念，现有文献中关于贫困的定义非常多。学者们在引经据典考证的同时也承认，给贫困下一个科学的、规范的、公认的定义十分困难。长期以来，不同学科的学者基于各自不同的研究目的，在不同的理论视域下，通过不同的理论范式对“贫困”进行解释。对“贫困”概念作出的解释所涵盖的内容也相当丰富，总体归结为以下几个方面。

首先，认为“贫困”是与经济问题息息相关的概念，这也是学界较为普遍的观点。康晓光将“贫困”定义为由于经济方面的低收入造成的基本物质、基本服务等方面的缺乏，人们丧失发展手段和机会而无法满足自身基本生存需求的一种状况❶；童星、林闽钢将“贫困”诠释为由于低收入造成的缺乏生活必需的基本物质和服务，最终导致发展机会和发展手段缺失的生活状况。❷ 这是相对比较容易理解的对贫困的释义，经济收入太低肯定严重制约未来的发展前景。

其次，我国也有很多专家学者更愿意突破经济学领域的范围，尝试用更宽广的视野去解释“贫困”。周岳认为“贫困”是一个相对的概念，为此，将“贫困”界定为经济、社会、文化落后的总称；❸ 学者关信平认为“贫困”除了与经济水平差距有关，还是一种部分社会成员对资源的占有和利用不充分，对社会活动的参与

---

❶ 康晓光：《中国贫困与反贫困理论》，广西人民出版社 1995 年版，第 28－35 页。

❷ 童星、林闽钢：“我国农村贫困标准线研究”，载《中国社会科学》1994 年第 3 期，第 86－98 页。

❸ 周岳：《基于新农村建设视角的贫困山区乡风文明建设研究》，四川农业大学 2012 年硕士学位论文，第 13－16 页。

受限制后生活水平持续低于社会常规生活标准的情况。[1] 这些学者突破了低收入贫困的范围，考虑到了其他因素的影响。

最后，贫困含义的进一步拓展。《1997 年人类发展报告》中明确提出“人文贫困”的概念，认为贫困不仅包括人均收入因素，也包括人均寿命、卫生、教育和生活环境质量等。在《2000/2001 年世界发展报告》中，联合国开发计划署又将“贫困”进一步定义为“福利的被剥夺状态”，即贫困不仅意味着低收入、低消费、缺衣少食，还包括“风险和面临风险时的脆弱性、没有发言权和影响力等”。[2] 这就意味着，贫困不仅表明收入低、风险系数高，而且与政治权利的缺失有关。同时，现代西方经济学一般认为“贫困”包括三个方面的内容：一是物质生活水平；二是教育状况；三是社会地位。此外，世界银行认为，贫困主要有三种后果：第一是缺少机会参与经济活动；第二是在一些关系到自己命运的重要决策上没有发言权；第三是容易受到经济活动以及其他冲击的影响，如疾病、粮食减产、宏观经济萧条等。[3] 因此，采用由联合国开发计划署和牛津大学贫困与人类发展中心于 2010 年提出的多维贫困指数（MPI），该指数运用诸如儿童死亡率、上学年限和生活标准等各种因素来测量贫困，或许比单纯用经济收入指标既全面而又有价值。由此可见，贫困的原因具有多维性和复杂性。

（三）贫困的多种分类

在对贫困概念进行辨析的基础上，我们可以依据不同的划分

---

[1] 关信平：“现阶段中国城市的贫困问题及反贫困政策”，载《江苏社会科学》2003 年第 2 期，第 28 - 31 页。

[2] 世界银行：《2000/2001 年世界发展报告》，中国财政经济出版社 2001 年版，第 15 页。

[3] 曹建民、龙章月、牛剑平：《中国农村社会保障制度研究》，人民出版社 2010 年版，第 81 页。

标准，将贫困划分为不同的形式。

19 世纪的英国认为大部分贫困是由于自己的过错，如懒惰、浪费等导致的，这种性格缺陷导致的贫困被视为“不值得尊重的贫困”，而把由于年老、疾病、残疾等原因导致的贫困称为“值得尊重的贫困”。

在论及贫困之时，有两种贫困类型经常为学者们所挂齿。其中一种被称为“古典式贫困”或“原有的贫困”，是自古以来就存在着的；另一种是“现代式贫困”或“崭新的贫困”，是近年才发生的。前一种贫困，主要是指由不安定的雇佣与恶劣的劳动条件所引起的低水准收入和低水准消费的生活状况，即所谓的经济性贫困，其缘由在于，任何一个社会都只能在稀缺资源的基础上创造有限的社会财富。由此，基于物质上的匮乏而产生的竞逐不可避免，基于竞逐而产生的冲突不可避免，基于个人能力的差异而产生的竞逐成果差异不可避免，而由此产生的贫困是不可避免的。此为学者们所称的“古典式贫困”或者“原有的贫困”。❶ 与此相对应的是后一种贫困，如人口过密、噪声等不良生活环境不仅损害了个人的健康，而且夺走了国民充分地维持健康的精神文化生活的基本条件，可以称为“文化性贫困”或“现代式贫困”。经济性贫困有时会窒息个人的文化创造与享受，在此意义上会诱发和增加文化性贫困的主要因素；反之，生活环境恶化在肉体上与精神上对个人健康的损害，也会阻碍经济活动，使生产力下降，成为造成经济贫困的重要原因。❷

❶ ［日］大须贺明：《生存权论》，林浩译，法律出版社 2001 年版，第 25 页。
❷ 同上书，第 25－26 页。

贫困作为个体的一种生活状态，既是绝对的，又是相对的。[1]绝对贫困一般是指无法维持基本生活水平，需要国家提供基本生活救助。此类人群在维持基本生活方面已经存在困难，更不用说有多余的支付能力，获得所需的基本医疗服务，同时，绝对贫困人群可能没有任何形式的医疗保障和生存保障。“相对贫困”（relative deprivation）这一概念已经卓有成效地运用于贫困分析中，在社会学分析中尤其如此。“相对贫困人群”是指收入虽然高于贫困人群，但因患大病而致贫的人群。有些学者认为，这类人群致贫的原因可归为“支出型贫困”。这里的消费支出有特定的范围，一般是指由重大疾病、突发事件等意外情况所导致的，家庭消费支出远远超过经济承受能力，由此造成的，生活落入绝对贫困的状态。[2] 换言之，绝对贫困是指以经济水平作为参考标准，人民群众的收入不能维持其基本的生理和生存需要；而相对贫困，是以全体社会成员的生活水准作为参照对象，某些成员的社会、经济、文化水准处于劣势地位。[3] 由此观之，在我们的贫困概念中存在着一个不可缩减的绝对贫困的内核（core of absolute deprivation），即把饥饿、营养不良以及其他可以看见的贫困，统统转换成关于贫困的判断，而不必事先确认收入分配的相对性。因此，相对贫困分析方法只能是对绝对贫困分析方法的补充而不是替代。[4] 由此观之，相对贫困可能会转换成绝对贫困。

---

[1] 刘航、柳海：“教育精准扶贫：时代循迹、对象确认与主要对策”，载《中国教育学刊》2018 年第 10 期，第 29 – 35 页。

[2] 郭士珍：《社会保障学》，上海财经大学出版社 2009 年版，第 8 页。

[3] 张继文、赵玉：“区域反贫困的国际经验与启示”，载《领导之友》（理论版）2017 年第 4 期，第 6 页。

[4] ［印度］阿马蒂亚·森：《贫困与饥荒：论权利与剥夺》，王宇、王文玉译，商务印书馆 2001 年版，第 25 – 27 页。

二、国际贫困与生存权关系研究的成就与局限

围绕贫困与生存权的关系以及减少贫困的方法，国际社会观点纷呈，争议颇多，通过文献阅读发现国外学者对贫困的研究较早，大致有六种理论，而主要理论是前三种，即“收入匮乏说”“可行能力说”和“权利剥夺说”，第三种学说受认可度比较高。

（一）收入匮乏说

在20世纪70年代以前，普遍用家庭收入或支出作为度量贫困的标准，也就是通常所说的经济贫困。英国学者朗特里（Rowntree）认为，一定数量的货物和服务对于个人和家庭的生存是必需的，家庭的总收入不足，缺乏这些必要的经济资源的生活状况就是贫困。[1] 他明确指出了贫困是指自身的收入无法维系包括吃穿住等在内的正常生活。该定义仅仅关注生活收入和生活用品的贫困，覆盖的范围还不够广泛。与朗特里观点相同，美国学者戴维·波普诺认为，贫困是“物质生活处于匮乏或遭受剥夺的一种状况，其典型特征是不能满足基本生活需要”[2]。从前面几位国内学者的观点来看，普遍接受的衡量乡村贫困的标准是收入匮乏，即人均可支配收入在贫困线以下。该观点在实践中主要用于官方贫困线的设定，以美国为典型。[3] 这种以低收入来衡量乡村贫困的观点一直是中国的经济学和“三农问题研究”的中心，并且这类研究或讨论无论是从国家主义的农业现代化视角，还是发展经济

---

[1] Timothy J. , Hatton, Roy E. Bailey Seebohm and the Postwar Poverty Puzzle The Economic History Review, New Series Vol. 53, No. 3 (Aug. Rowntree, 2000), pp. 517 – 543.

[2] 斯卡皮蒂：《美国社会问题》，刘泰星等译，中国社会科学出版社1986年版，第113页。

[3] Karen Seccombe. Families in Poverty in the 1990s: Trends, Causes, Consequences, and Lesson, Learned, Journal of Marriage and Family 62: 1096 (2000).

学的经济增长视角，抑或传统重农思想的财富积累视角，一直以来都能够对乡村贫困概念作出貌似完整但实际上只具有“部分真实性”的定义。[1] 因此，“为了减少贫困，人们必须找到使财富进入穷人口袋的方法。将收入分配给低收入者仍是核心问题”[2]。基于这种理念，在相当长时期内，很多发展中国家都把消除经济贫困作为反贫困的奋斗目标。

（二）可行能力说

农民贫困具体表现为经济收入低下、社会资源匮乏、社会参与被动、受教育程度低等方面。一般而言，健康状况不佳、文化程度低、就业率低、家庭及社会资源少以及承担沉重的家庭劳动，是农民贫困的主要原因。这些因素共同导致了贫困农民在参与市场和社会活动中的能力不足，无法在市场或社会竞争中获取有利地位。能力贫困的概念最早由诺贝尔奖获得者阿马蒂亚·森提出，他将贫困的概念从收入贫困扩展到能力贫困和人类贫困，他的可行能力理论是贫困理论研究的一座里程碑。可行能力理论为分析农民贫困问题提供了一个新的分析框架，农民的贫困主要根源于可行能力的不足或缺失，对贫困农民扶持尤其需要从经济、社会等层面保障和提升贫困农民的可行能力。提升贫困农民的可行能力是解决农村贫困问题的关键，也是调适农民反贫困政策的可行路径。可行能力视角更新了对贫困的认知，贫困已从经济贫困发展为包含社会排斥在内的权利贫困，由权利贫困深入能力贫困。在可行能力视角下，经济收入不再是衡量贫困的唯一标准。贫困

---

[1] 周庆智：“乡村贫困及其治理：农民权利缺失的经验分析”，载《学术月刊》2020 年第 8 期，第 113－114 页。

[2] Abbott L. Ferriss. Approaches to Reducing Poverty, 2006（1）. Applied Research in Quality of Life 225.

被认为是贫困人口基本可行能力的不足或缺失，反映的是一个人无法满足自己某些最低限度需要的能力剥夺问题和能力匮乏问题。在这里，收入低下仅具有工具性意义，收入低下会影响人的可行能力，但还有其他因素也会影响人的可行能力。

可行能力为理解弱势群体的贫困提供了新视角。可行能力理论者认为保护弱势群体权利的力度不足以致弱势群体利益受损，或强调弱势群体能力低下以致抓不住机会。弱势群体的可行能力低于社会正常水平，这种可行能力表现为个人状况与社会提供的机会相脱节。[1] 由此观之，可行能力理论还为探讨农民贫困问题搭建了一个分析框架，帮助我们找到农民贫困的本质——可行能力不足与缺失。以往人们倾向于认为，贫困的主要原因在于经济收入水平的不足。但是，随着相关研究的深入，人们逐渐认识到，导致贫困的原因不仅在于经济收入的低下，导致贫困的原因是多样化的，比之经济能力的不足，贫困更是一种发展能力的缺乏。[2] 根据可行能力分析框架，农村妇女贫困即为可行能力的不足或缺失，这主要是由男女两性在社会性别分工方面的差异所导致，可行能力缺失，无法自由选择开展各类有价值的功能性活动，导致了贫困。

（三）权利剥夺说：贫困与交换权利失败

阿玛蒂亚·森一生都关注社会中“落在最后的人，即农民的命运”，反对西方主流经济学忽视底层弱势群体，并从理论和实践

---

[1] 秦国伟：“社会性弱势群体能力贫困及治理——基于阿马蒂亚·森“可行能力”视角的分析”，载《理论界》2010 年第 4 期，第 166 页。

[2] Wang H, Xu T, Xu J.,“Factors Contributing to High Costs and Inequality in China's Health Care System,” lama the Journal the American Medical Association, Vol. 298, No. 16, 2007, pp. 1928 – 1930.

上批驳了传统发展经济学及以刘易斯为代表的二元经济结构理论片面追求财富总量增长、忽视人的自由全面发展的观点。[1] 在20世纪七八十年代，阿马蒂亚·森因首次使用权利方法来看待贫困与饥荒的产生，认为饥饿的直接原因是个人交换权利下降。阿马蒂亚·森基于贫困与权利的关系，指出造成贫困的根本原因在于权利匮乏。[2] 由此可见，他一直关注低收入阶层的生存问题，在阿马蒂亚·森对贫困的研究中，认为权利和贫困有着天然的联系，这是因为在饥荒的实证研究中，那些看似合理的解释在拷问之下，显得苍白无力，而权利的丧失或者剥夺等因素才是饥荒发生的根本原因，即贫困是由社会不公造成的，是社会财富分配不公，机会与资源不均等造成的。在他看来，能够避免“饥饿”的人往往是拥有食物的特殊阶层。这些阶层所拥有的权利关系无疑是摆脱贫困所具备的权利关系，正是这些权利关系以及依附于其上面的能力构成了一个人对于一般商品，特别是那些影响生存的商品或者服务的控制和支配能力。如果一个人不具备避免可预防的死亡、非必然的发病，或逃避营养不良的能力，那么我们几乎可以确定地认为，这个人已经以一种严重的方式遭受了剥夺。[3] 对于贫困与权利之间的关系，美国学者格尔哈斯·伦斯基认为“权利结构的不平等和不合理使部分社会成员陷入贫困，结果又进一步强化了社会对他们的偏见和排斥，加剧了社会矛盾”[4]。由此可见，权利

---

[1] 余戎：“阿马蒂亚·森的发展经济思想及其对我国新农村建设的启示”，载《华中农业大学学报》（社会科学版）2015年第4期，第77页。

[2] ［印度］阿马蒂亚·森：《贫困与饥荒——论权利与剥夺》，王宇、王文义译，商务印书馆2009年版，第5页。

[3] ［印度］阿玛蒂亚·森、让·德雷兹：《饥饿与公共行为》，苏音译，社会科学文献出版社2006年版，第15页。

[4] 高云虹、张建华：《贫困概念的演进》，载《改革》2006年第6期，第25页。

分配的不平等和权利享受的不平衡是形成贫困的根源之一。换言之，贫困的本质是权利剥夺，贫困与权利有着不可分割的内在联系。从权利的视角审视贫困，才可以触及贫困问题的本质。此外，罗尔斯进一步指出，“造成差异的关键因素在于这个国家的政治文化、政治美德和市民社会，在于该国成员的正直、勤勉、创新能力……还在于这个国家的人口政策”❶。因此，贫困本质上是权利剥夺，即基于基本权利的减贫观。

除了以上三种主流理论以外，还有另外三种主张，首先是“平等论”。贫困问题并非根源于收入低下，而在于财富在不同人口之间分配的不均等。“贫困预示着富裕社会里的不平等问题。以消除缺衣少食为图景的古老术语掩盖了缩小贫富差距和减少不公平的新议程。”❷ 其次是“需要论”。贫困意味着人们生存和发展的基本需要无法得到满足，“基本需要的方法通常整合了能力方法所考虑的基本变量，但它增加了其他的变量，诸如获得基本社会服务，包括水、能源、教育、卫生、食品、住房、基础设施等”。❸最后是“责任论”。既然人们应当对造成贫困的行为和制度承担责任，那么免于贫困本身就构成一种权利。“免于严重的贫困是最重要的人类利益之一。我们是为了舒适的生活——确切地说是为了各个方面的舒适生活而需要获得安全的食物和饮水、衣着、住房

---

❶ John Rawls, the Law of Peoples, With “The Idea of Public Reason Revisited”, Harvard University Press, 1999, p. 108.

❷ S. M. Miller, Martin Rein, Pamela Roby and Bertram M. , Poverty, Inequality, and Conflict, 373 Annals of the American Academy of Political and Social Science 17 (1967).

❸ Jean Bosco Ki, Salimata Faye and Bocar Faye, Multidimensional Poverty in Senegal: A Nonmonetary Basic Needs Approaches, in Louis - Marie Asselin (ed. Analysis of Multidimensional Poverty: Theory and Case Studies, New York: Springer, 2009, p. 83.)

及基本医疗服务的血肉之躯。”[1] 既然赤贫是对人权的侵犯，那么，人类就享有“免于贫困的人权”。[2]

由于国外对于贫困理论的研究已经颇为成熟，国内学者比较倾向于第二种和第三种理论。胡鞍钢认为随着生活水平的逐步提高，人们关于贫困的认知水平也在不断提高，各种各样的贫困分析理论逐步出现，贫困的核心要义主要包括权利、能力、福利等的缺失。[3] 进入21世纪以后，考察贫困的视角和标准出现了很多变化。根据联合国开发计划署2019年度《全球多维贫困指数》报告，全球共有13亿人处于“多维贫困状态”。该“指数”除了考虑经济收入，还将健康、教育和生活水准等纳入考量范围，以判断个人和家庭是否处于贫困状态。[4]

第二节　反贫困战略理论的演变

以往，无论是发展中国家还是发达国家均面临贫困问题的困扰。消除贫困是全世界人民共同的追求和夙愿，是联合国2030年可持续发展议程的首要目标，更是我国一直以来致力于解决的主要社会问题。在实质上，贫困是人的生存发展的本性需求未能得到满足，国际反贫困的出发点和落脚点都应该是贫困的主体。

[1] Thomas Pogge, Freedom from Poverty as a Human Right: Who Owes What to the Very Poor? New York: Oxford University Press, 2007, p. 11.

[2] Thomas Pogge, Recognized Violated lay International Law: The Human Rights of the Global Poor, 18 Leiden Journal of International Law 720 (2005).

[3] 胡鞍钢、李春波：“新世纪的新贫困：知识贫困”，载《中国社会科学》2001年第3期，第71－72页。

[4] UNDP: Global Multidimensional Poverty Index 2019, hops://www. undp. org.

一、国际反贫困战略理论的历史嬗变

反贫困作为一项人类共同的历史使命，其历史几乎同贫困的历史一样源远流长，但“反贫困”作为学术研究的一个术语，是20世纪50年代由冈纳·缪尔达尔首先提出的。[1] 世界范围内关于反贫困概念有三种表述：一是减少贫困的因素，强调反贫困的过程性，反贫困的重点在于减少贫困人口的数量；二是减轻、缓和贫困的程度，强调的重点在于减缓贫困的程度；三是其含义为根除、消灭贫困，强调反贫困的目标最终在于消除贫困。[2] 与“纯理性地将贫困作为一种现象去界定、说明”的一般贫困理论不同，本书认为，反贫困理论是“探讨贫困产生的原因以及消除贫困途径的理论”。[3] 因此，依据时间顺序简要介绍经济学家构建的几种反贫困理论。

（一）“收入再分配”反贫困理论

费边主义认为，贫穷不仅是个人的事，更是社会的事。政府有责任和义务按社会的需要实行某种程度的财富转移，援助患病的人、老年人、儿童和失业者，以确保每个人获得保障。[4] 费边主义构筑的以解决贫困问题为核心的福利理论，在引导社会思潮由个人主义向集体主义转变方面做出了巨大贡献。19世纪末，新自由主义（new-liberalism，不是20世纪70年代以来的neo-liberalism）

---

[1] ［瑞典］冈纳·缪尔达尔：《世界贫困的挑战——世界反贫困大纲》，顾朝阳译，北京经济学院出版社1991年版，第6-7页。

[2] 廖赤眉等：“贫困与反贫困若干问题的探讨”，载《广西师院学报》（哲社版）2002年第2期，第3页。

[3] 赵茂林：“马克思主义反贫困理论的发展及其对中国反贫困实践的指导意义”，载《沧桑》2005年第4期，第35-36页。

[4] 陈银娥：《社会福利》，中国人民大学出版社2004年版，第13页。

兴起，认为工人贫困不是因为他们懒惰，而是经济结构本身存在问题。同时指出，经济发展不一定能同时为富人和穷人都带来好处，因此，必须强化政府的作用，通过立法来实行再分配。[1] 之后，德国新历史学派进一步提出福利国家思想。国家必须通过立法，实行包括保险、救济、劳资合作以及工厂监督在内的一系列社会政策措施，自上而下地实行经济政策改革，以缓和、协调阶级矛盾。[2] 福利经济学是“收入再分配”反贫困理论的理论基础，英国经济学家庇古在1920年指出，“在很大程度上，影响经济福利的是，第一，国民收入的多少；第二，国民收入在社会成员中的分配情况”。[3] 进而在此基础上提出了增进普遍福利的路径，一是通过增加国民收入来增进普遍福利；二是通过国民收入的再分配来增进普遍福利。

（二）“涓滴效应”反贫困理论

一般而言，经济发展有利于减少贫困，但是其前提条件是贫困群体的收入能随着经济的发展而相应得到提高，但现实状况可能是财富分配机制不公正，即社会经济高速发展与弱势群体的收入不匹配，这样的结果将导致弱势群体的生活日益呈现恶化趋势。于是，在“二战”后相当长一段时期内，曾经在指导广大发展中国家的反贫困实践中居于主导地位的理论主要是“涓滴效应”反贫困理论。这种理论最初是由美国著名发展经济学家赫希曼在《不发达国家中的投资政策与“二元性”》一文中提出的，认为增

---

[1] ［印度］阿马蒂亚·森：《贫困与饥荒——论权利与剥夺》，王宇、王文玉译，商务印书馆2004年版，第14－15页。

[2] 厄内斯特－玛丽姆邦达：“贫困是对人权的侵犯：论脱贫的权利”，秦喜清译，载《国际社会科学》2005年第2期，第91页。

[3] Arthur C. Pigou. The Economics of Welfare, Fourth Edition. Macmillan&Co. London, 1932: 1.

长极对区域经济发展将会产生不利和有利的影响，分别为“极化效应”和“涓滴效应”。涓滴理论起源于美国幽默作家威尔·罗杰斯（Will Rogers），在经济大萧条时，他认为，把钱都给上层富人，希望它可以一滴一滴流到穷人手里。因此，“涓滴效应”又叫“滴入论”。[1] 国家基于差别对待原则而进行必要再分配政策制度，认为最终的经济增长将使所有人受益，总产出的增加将自动提高全体人口的生活水平，后来其他新自由主义者将此概括为“滴入论”。[2] 具体而言，这一理论主要包含两层意思：第一，要改变落后现状，经济增长是一个国家发展进程中最重要的因素，特别是对落后的发展中国家而言。第二，增长与公平的“不相容性”。如冈纳·缪尔达尔就认为，“这些极端贫困的国家尚不足以从社会公正方面思考并付出平等改革的代价。要想达到经济发展，必须牺牲掉社会公正”[3]。实践证明，减缓贫困仅靠经济增长是不够的，只有通过法律制度对底层民众实施倾斜保护的公正安排，促使“有利于穷人的增长”发生时，[4] 才能实现减缓贫困的目的。

（三）“赋权”反贫困理论

在反贫困研究中，赋权真正成为一种反贫困理论，最主要的还是与阿马蒂亚·森关于“贫困的实质源于权利的贫困”这一研究发现有关，而森也因为在权利贫困研究中的杰出贡献而获得诺

---

[1] 盖凯程、周永昇：《所有制、涓滴效应与共享发展：一个政治经济学分析》，载《政治经济学评论》2020 年第 11 期，第 95 页。

[2] 王三秀：“哈耶克弱势群体生存权保障思想述评”，载《华中科技大学学报》（社会科学版）2008 年第 5 期，第 23－28 页。

[3] ［瑞典］冈纳·缪尔达尔：《世界贫困的挑战——世界反贫困大纲》，顾朝阳译，北京经济学院出版社 1991 年版，第 45 页。

[4] ［德］普里威、赫尔：《发展与减贫经济学——超越华盛顿共识的战略》，刘攀译，西南财经大学出版社 2006 年版，第 9 页。

贝尔经济学奖。尤努斯指出："如果我们把与给别人的相同或相似的机会给予穷人的话，他们是能够使自己摆脱贫困的。穷人本身能够创造一个没有贫困的世界，我们必须去做的只是解开我们加在他们身上的枷锁。"皮埃尔·萨内认为，"从根本上，贫困并不是一个生活标准，更不是某类生存条件。它既是全部或部分否定人权的原因，也是其结果"。[1] 人权不是"存在于"纯粹的道德规范或者自然法领域之中，而是随着那些具有规范约束力的真正制度实践对他们的具体承认才得以出现。[2] 个人至上主义理念在美国可谓根深蒂固。因此，贫困一直被认为是个人原因所致，并强调个人应对自己的贫穷负责。"罗斯福新政"开启了美国政府干预社会贫困问题的先河，其标志就是制定了《美国社会保障法》，为反贫困提供了基本的制度安排。赋权反贫困理论的假设前提在于贫困者个人或群体贫困的原因在于无权或弱权而导致的，也就是不平等导致的，赋权反贫困理论是探讨和解决"增长型贫困""繁荣型贫困"的一种理论。

（四）"人力资本"反贫困理论

20 世纪 70 年代，诺贝尔经济学奖获得者西奥多·W. 舒尔茨最早将"人力资本"理论应用于第三世界国家，解决民众贫困问题。他主张，改善穷人生活状况的关键因素不是空间、能源和耕地，而是提高人口素质，提高其知识水平。[3] 他还认为，实现传统农业向现代农业的转型，可以解决乡村贫困问题，但他讨论的问

---

[1] ［法］皮埃尔·萨内："贫困：人权斗争的新领域"，刘亚秋译，载《新华文摘》2005 年第 18 期，第 85－89 页。

[2] ［英］蒂姆·海沃德：《宪法环境权》，周尚君、杨天江译，法律出版社 2014 年版，第 27 页。

[3] ［美］西奥多·W. 舒尔茨：《论人力资本投资》，吴珠华等译，北京经济学院出版社 1992 年版，第 40 页。

题更像一个发展经济学的经典主题，如用“收入流价格理论”来解释传统农业停滞落后、不能成为经济增长源泉的原因，即资本收益率低下，而不是一个由于制度安排妨碍了经济增长的问题。[1]对如何克服农村贫困问题，舒尔茨认为，“人的能力和技术的进步使得产量和生产率得到提高。而不是传统的土地、劳动力或者资本储蓄”[2]。他还指出，教育并非一种消费行为，而是“政府和私人有意识的生产性投资”，“为的是获得一种具有生产能力的潜力”[3]。在人力资本五种形式上，舒尔茨特别青睐对初中和高等教育进行投资，它是一种能使人的能力在成长过程中无形提高的生产性投资。贫穷的国家和个人之所以落后贫困，其根本原因不在于物质资本的短缺，而在于人力资本的匮乏，是缺乏高质量人力资本投资的结果。在对贫困本身的研究中，继“权利贫困”之后，以阿马蒂亚·森为代表的研究者和国际组织提出了“能力贫困”说，贫困应被视为基本可行能力的剥夺，而不仅仅是收入低下。解决贫困和失业的根本之道是提高个人的能力。而贫困者能力的缺失又大多源于他们的人力资本的缺乏。“贫困人口的人力资本不足，使得他们没有足够的‘能力’去追逐生存和发展的机会，进而被社会排斥，处于社会的最底层，过着贫困的生活。”[4] 无论是绝对贫困还是相对贫困，教育的缺失导致个体能力的不足是引发贫困的主要原因。曼昆认为，“人力资本是对人的投资的积累，最

---

[1] ［美］西奥多·W. 舒尔茨：《改造传统农业》，梁小民译，商务印书馆2013年版，第69页。

[2] ［美］西奥多·W. 舒尔茨：“人力资本投资”，载《美国经济学会年会》1960年第7期，第34页。

[3] ［美］西奥多·W. 舒尔茨：《论人力资本投资》，吴珠华等译，北京经济学院出版社1992年版，第8页。

[4] 张友琴等：“人力资本投资的反贫困机理与途径”，载《中共福建省委党校学报》2008年第11期，第47页。

重要的人力资本类型是教育，与所有资本形式一样，教育代表着为了提高未来生产率而在某一时点的资源支出”❶。教育支出应被视为人力资本投资，因为根据世界银行的研究，没有教育就没有发展。教育的经济回报要比其他大多数投资高。❷ 2019年诺贝尔奖获得者巴纳吉和迪弗洛所著《贫穷的本质》也注重从人力资本角度解决贫困问题，如把减贫拆分为教育质量改善和医疗保健等更细的环节，大大提高了人类应对贫困的能力。因此，对贫困人口进行人力资本投资，提升他们的可行能力就成为推进反贫困战略的理性选择。

承前所述，我们分别讨论了收入再分配理论与社会保障制度、涓滴理论与发展中国家普遍推行的经济增长反贫困战略、赋权理论与公民权扩张和参与战略、人力资本反贫困理论与人力资本投资战略和工作福利等的关系。实际上，还有马尔萨斯抑制人口增长的反贫困理论等，笔者不太认同，其原因在于通过强制方式遏制人口增长，无论从哪个角度来讲，既不具有正当性，也不具有合法性，依据致贫原因探讨反贫困的理论是必然之路经。鉴于贫困成因的多样化，表面上似乎是收入不足以满足生存需求，发展经济就能减少贫困，看起来似乎有些道理，但如果农民不能从经济发展成果中分得一杯羹，基于通货膨胀等因素，那就有可能更加穷困。或许与法律供给不足，制度分配不公脱不了关系，事实上权利贫困，也可能是可行能力不足，而能力欠缺与受教育权的不平等有不可分割的关系，有时致贫是由疾病造成的，因病致贫，疾病可能与生命健康权缺失有至关重要的联系。由此观之，底层

---

❶ 曼昆：《经济学原理（下）》，梁小民译，生活·读书·新知三联书店2002年版，第27页。

❷ World Bank Education in Sub-Saharan Africa (1988). U. N. I. C. E. F., OP. CIT., 32.

民众权利贫困与法律制度缺失或不足有密不可分的关系。基于此，在阿马蒂亚·森看来，政策制定者们应该考察塑造社会和食品生产、分配的社会制度（文化规范和经济制度，如市场和规则）。[1]从公平的角度来看，农民生存权保障问题究其实质而言就是如何分配利益的问题、国家责任本位是否能得到体现的问题。正如布伦南和布坎南所言：不同的制度安排、从诺齐克意义上的“最小国家”中的制度安排，到表现为现代福利国家的制度安排（其中缺乏对转移支付权力的明确约束），会产生分配结果额度不同的格局。政治实践的问题就是选择一种可行的制度安排，它会产生最符合分配公正要求的分配格局。[2]

二、生存权视野下我国农村反贫困的理论基础

前文已述及，反贫困理论与实践正是基于此种认识而展开的，即致贫原因的多重性与综合性，农民免于贫困的权利要求采用综合性的反贫困战略。中国消除绝对贫困，将会重新诠释全球发展中的多个概念体系，包括人权，生存权、发展权是最大的人权，这都是非常重要的理念。从理论视角看，关于贫困理论和反贫困理论的交互式研究进展，内在地构成了生存权视野下农民反贫困的理论逻辑，极大地拓展了相关研究的理论视域。

（一）贫困问题理论研究的螺旋式嬗变，为农村扶贫研究夯实了广阔的理论根基

一般而言，贫困既有绝对贫困和相对贫困之分，又有狭义贫困和广义贫困之别。西方学界对贫困的认识和解读，大致经历了

---

[1] ［美］珍娜·米莱茨基、尼克·布罗顿：《解析阿马蒂亚·森〈以自由看待发展〉》，丁婕译，上海外语教育出版社2019年版，第31页。

[2] ［澳］布伦南、［美］布坎南：《宪政经济学》，冯克利等译，中国社会科学出版社2004年版，第132页。

物质匮乏论、社会排斥论、能力贫困论和人文贫困论四个阶段。[1] 20世纪70年代以来，西方学者对贫困的研究发生了从绝对贫困到相对贫困、从收入贫困到多维贫困的两种转向。其中，多维贫困包括消费贫困、能力贫困、资产贫困、主观贫困等。[2] 故而，诸多贫困理论被归纳为收入贫困理论、能力贫困理论和权利贫困理论三个类型。而贫困研究的范式，大致可以分为收入贫困、能力贫困、脆弱性和社会排斥四种类别。[3] 由此观之，我国对农民贫困理论的研究与其他国家的相关理论交相辉映。实际上，我国对农民致贫原因的深入探讨，进一步触及了"三农"问题的本质，即对农民贫困问题的深入认识，有利于帮助农民摆脱贫困问题。

（二）反贫困理论的交互式发展，为脱贫攻坚奠定了坚实的理论支撑

经典的反贫困理论大体具有三类观点：一是福利经济学的观点，强调政府及其财政再分配对反贫困的作用；二是发展经济学的观点，突出经济增长对反贫困的作用；三是马克思贫困理论。[4] 其实，这三重维度从不同侧面为脱贫攻坚战提供了厚实的理论前提。历经多年的学界探索和争论，人们在理论上形成了平等主义和功利主义两种反贫困观念[5]，而在实践中开拓了制度性、区域性

---

[1] 章晓懿："建立支出型贫困救助制度构建广覆盖、有梯度、相衔接的社会救助体系"，载《中国社会报》2016年2月4日。

[2] 刘杰、李杨、甫玉龙："论多维贫困视角下我国农村多元化社会救助体系的建构"，载《北京化工大学学报》（社会科学版）2014年第1期，第1页。

[3] 沈小波、林擎国："贫困范式的演变及其理论和政策意义"，载《经济学家》2005年第6期，第90-95页。

[4] 闫坤、于树一："中国模式反贫困的理论框架与核心要素"，载《华中师范大学学报》（人文社会科学版）2013年第6期，第11页。

[5] 燕继荣："反贫困与国家治理——中国脱贫攻坚的创新意义"，载《管理世界》2020年第4期，第211页。

和阶层性三条反贫困路径[1]。基于这种认知，2019年，诺贝尔经济学奖获得者阿比吉特·班纳吉和艾斯特·迪弗洛从微观视角探究了贫穷国家的穷人是如何应对贫困的，进一步推动了反贫困理论向纵深发展。[2] 因此，近几年以来，与国际反贫困理论基本一致，鉴于我国农民致贫缘由的复杂性、多维性和特殊性等，我国反贫困理论研究也呈现出多学科、多视角和多主题等特点。而这些丰富的反贫困理论研究成果在脱贫攻坚战中获得了非常不错的成绩。

（三）贫困治理理论的凝练升华，为精准扶贫研究开拓了有力的理论空间

借鉴国际反贫困理论研究的有益经验，基于以往历次农村扶贫以及脱贫攻坚的经验和教训，依据本国具体的国情构建了精准扶贫政策框架，即创新性的目标瞄准扶贫模式，精准确定监测对象，将有返贫致贫风险和突发严重困难的农户纳入监测范围，针对发现的有可能因灾因病因疫致贫的苗头性问题，及时落实社会救助、医疗保障等帮扶措施。强化监测帮扶责任落实，确保工作不留空当、政策不留空白，继续开展巩固脱贫成果后评估工作。[3] 由此可见，我国采取了以政府主导，企业和社会协同参与的聚焦于贫困个体的减贫模式。具体而言，对于有劳动能力的贫困人口，采取的是帮助他们获得参与市场的能力和减少交易成本的措施，以产业扶贫、就业扶贫和教育扶贫多维方式提高这些贫困人口的人力和物质资本，分享发展红利；对于不具备工作能力的贫困人

---

[1] 康晓光：《中国贫困与反贫困理论》，广西人民出版社1995年版，第101页。

[2] ［印度］阿比吉特·班纳吉、［法］艾斯特·迪弗洛：《贫穷的本质：我们为什么摆脱不了贫穷（修订版）》，景芳译，中信出版社2018年版，第56页。

[3] "中共中央 国务院关于做好2022年全面推进乡村振兴重点工作的意见"，载央广网，http：//news. cnr. cn/native/gd/20220222/t20220222_525747788. shtml，访问日期：2022年5月16日。

口，政府以社会保障和其他创新性的扶贫方式，如光伏扶贫、资产收益扶贫和以股权为主的产业扶贫等，使无法工作的贫困人口能够获得持续稳定的收入。而对于地理环境恶劣、不利于发展经济的地区，政府以生态扶贫或易地搬迁的方式使贫困人口脱离极端贫困。[1] 而对那些通过产业扶贫、劳务输出扶贫、教育发展扶贫等帮扶措施都无法使其脱贫的贫困人口，最终只能依靠低保“兜底”来解决。在“后脱贫”时代，要依照致贫原因等客观需求，不仅应增加农民低保指标，而且应提高低保补差金额；国家在未来还要将低保与其他社会保障、社会救助区分开来，下大力气重点对集中连片贫困地区做到“应保尽保”，并全力防止低保落地造成的对村庄团结的破坏。

三、我国反贫困的历史进程及取得的成就

改革开放以来，党和国家高度关注经济发展并且实施了一系列扶贫举措，以此带动贫困地区经济跳跃式发展。我国农村反贫困主要是以扶贫的形式进行的。对于反贫困的演变进程，有学者从中华人民共和国成立开始计算，经历了五个阶段的历程。[2] 有学者认为，改革开放以来，中国农村扶贫经历了四个阶段。[3] 从反贫困政策制度变迁来看，从改革开放起算应该比较客观和科学，即分为农村经济体制改革推动扶贫阶段（1978—1985 年），有计划、

---

[1] Chen S，Ravallion M. The Developing World is Poorer than We Thought，But No Less Successful in the Fight Against Poverty. World Bank Pol – icy Research Working Paper，No. 4703，2008. 转引自尹训东等：“扶贫模式的理论逻辑和实证分析”，载《中央财经大学学报》2021 年第 9 期，第 72 – 87 页。

[2] 韩喜平：“中国农村扶贫开发 70 年的历程、经验与展望”，载《学术交流》2019 年第 10 期，第 5 – 13 页。

[3] 周艳红：“改革开放以来中国农村扶贫历程与经验”，载《当代中国史研究》2018 年第 6 期，第 49 – 59 页。

有组织的大规模扶贫开发阶段（1985—2000 年），以贫困村为单位的综合性扶贫阶段（2001—2010 年），精准扶贫新阶段（2011 年至今）。从我国农村扶贫历程的变迁中总结经验，对当前乡村振兴和农民生存权法治保障建设工作具有宝贵的借鉴意义。

（一）反贫困的历史进程

我国农村反贫困的国家战略，按时间发展脉络，大致可分为以下四个阶段。

（1）1978—1984 年：农村经济体制改革推动扶贫阶段。改革开放以前，我国经济发展较慢，绝大多数农村呈现一定的贫困状态。有识之士意识到农民的基本生活问题事关国家的稳定和长远发展。十一届三中全会开启了以家庭联产承包责任制为中心的一系列农村经济体制改革，释放农业劳动生产力。同时，以救济方式扶贫，主要是以工代赈。国家统计局资料显示，以人均年收入低于 100 元为贫困标准，1978 年我国农村贫困人口发生率为 30.7%，我国农村贫困人口规模为 2.5 亿人。[1] 这个阶段的农村全面反贫困确实取得了不菲的成绩，大幅减少了农村贫困人口。

（2）1985—2000 年：大规模扶贫开发阶段。在总结前一阶段农村反贫困取得的成绩的基础上，1986 年 5 月 16 日，国务院贫困地区经济开发领导小组（后更名为“国务院扶贫开发领导小组”）正式成立，专门负责全国农村贫困地区的扶贫开发工作。国务院确立的“七五”期间的减贫目标是“解决贫困地区大多数群众的温饱问题”。[2] 在总结扶贫经验的基础上，1994 年《国家八七扶贫攻坚计划》的出台进入了开发式扶贫新模式，开启了中国扶贫攻

---

[1] 《1978—2000 年农村居民贫困状况》，载国家统计局网，http：//www.stats.gov.cn/ztjc/ztsj/ncjjzb/200210/t20021022 36893.html，访问日期：2021 年 10 月 11 日。

[2] 《十三大以来重要文献选编（上）》，人民出版社 1991 年版，第 334 页。

坚新战略阶段，其主要目标是实现基本解决贫困人口温饱问题。由此可见，以贫困县瞄准为重点和开发式扶贫成为这一阶段扶贫工作的主旋律，通过智力扶贫提高贫困地区农民的“可行能力”。

（3）2001—2010 年：以贫困村为单位的综合性扶贫攻坚阶段。《中国农村扶贫开发纲要（2001—2010 年）》中提出要以县为基本单元、以贫困乡村为基础制定扶贫规划，落实扶贫任务。[1] 2007 年，以建立农村最低生活保障制度为扶贫兜底的新举措，“将符合条件的农村贫困人口全部纳入保障范围，稳定、持久、有效地解决全国农村贫困人口的温饱问题”[2]。可见，这个阶段是以贫困村瞄准为重点推进的开发式扶贫，从贫困县到贫困村落实反贫困国家战略，进一步提高当地经济开发水平来达到贫困村摆脱贫困面貌的目的。

（4）2011—2020 年：新时代的脱贫攻坚与精准扶贫阶段。2011 年，中央政府出台了《中国农村扶贫开发纲要（2011—2020）》，明确了“两不愁三保障”的扶贫总体目标。中共十八大以来，以习近平同志为核心的党中央高瞻远瞩，强调“没有农村的小康，特别是没有贫困地区的小康，就没有全面建成小康社会”[3] 2013 年年底开始，把扶贫策略从区域扶贫转向精准扶贫，为当时的农村扶贫脱贫工作指明了方向。将扶贫主战场从原来的贫困县转到 14 个连片特困地区，提出“中央财政扶贫资金的新增部分主要用于连片特困地区”。[4] 将集中连片特困地区作为扶贫脱

---

[1] 《十五大以来重要文献选编（下）》，人民出版社 2003 年版，第 1877－1879 页。

[2] 《十六大以来重要文献选编（下）》，中央文献出版社 2008 年版，第 1097 页。

[3] “习近平论扶贫工作——十八大以来重要论述摘编”，载《党建》2015 年第 12 期。

[4] 中共中央、国务院：“中国农村扶贫开发纲要（2011—2020 年）”，载中国政府网，http：//www. gov. cn/gongbao/content/2011/content_2020905. htm，访问日期：2022 年 5 月 2 日。

贫主战场，并提出了扶贫开发工作的基本要求是“六个精准”。2020年年底，我国现行标准下贫困人口全部脱贫，我国脱贫攻坚战取得了全面胜利，现行标准下9899万农村贫困人口全部脱贫，832个贫困县全部摘帽，12.8万个贫困村全部出列，区域性整体贫困得到解决，完成了消除绝对贫困的艰巨任务，创造了又一个彪炳史册的人间奇迹。

（二）反贫困取得的成就

回顾改革开放以来农村扶贫的历程，纵观改革开放以来的发展历程，通过对反贫困政策发展历史的简单回顾可以发现，反贫困政策经历了“预防式反贫困”“救济式反贫困”“开发式反贫困”再到新时代的精准扶贫的演变。

中国成功地使7亿多人走出了绝对贫困，创造了世界减贫史上的中国奇迹，促进了中国人权事业的发展。整体来看，这些成就主要表现在：从贫困到温饱再到全面小康。改革开放以来，如何让农民摆脱贫困是一个亟待解决的“三农”问题的核心问题，反贫困工作一直在稳步推进。从“救济扶贫”到“开发扶贫”再到“精准扶贫”，反映了我国政府在扶贫道路上付出的艰辛探索以及彻底消除贫穷的决心和勇气[1]。“精准扶贫”方略要求转变过去那种“大水漫灌”或者“广撒胡椒面”式不注重成效的扶贫工作方式，而要“因地制宜”“因人施策”，做到各项政策精准落实到位。[2] 自党的十八大以来，党中央实施精准扶贫，提供了一系列多元化的精准扶贫方式，促使我国扶贫开发工作取得了跨越式的新

---

[1] 汪三贵、殷浩栋、王瑜：“中国扶贫开发的实践、挑战与政策展望”，载《华南师范大学学报》2017年第4期，第18-25页。

[2] 宋才发：“民族地区精准扶贫基本方略的实施及法治保障探讨”，载《中央民族大学学报》2017年第1期，第51页。

成果。2021 年年初，我国脱贫攻坚战取得了全面胜利，完成了消除绝对贫困的艰巨任务。绝对贫困在统计意义上的消失并不意味着我国扶贫工作彻底结束了，随着建档立卡贫困人口全部脱贫，新的相对贫困对象又将在新的扶贫标准中出现。不过，由于农村错综复杂的各种因素影响，相对贫困并不容易解决。如何巩固脱贫成果，是摆在后脱贫时代的一个首要问题。贫困治理工作的特点由紧迫、突击、特殊性转为了持久、常规、制度性。可以说在后脱贫时代最低生活保障制度仍然是一项举足轻重的兜底制度，是持续稳固扶贫成果的政策保障之一，是防止返贫的政策之一。

第三节 乡村振兴战略及其法治路径——反贫困理论与实践的深入演进

承前所述，改革开放以后，“三农”问题不仅仅是农民的贫困问题，而且是全国农民群众生存权保护的核心问题。政府高度重视贫困问题，并不断地调整扶贫政策以促进免于贫困的权利的实现。美国哥伦比亚大学教授纳克斯提出的贫困恶性循环理论认为：发展中国家长期贫困的原因，并非国内资源不足，而是因为经济中存在若干互相联系、互相作用的“恶性循环”。为了打破贫困的“恶性循环”，脱贫摘帽不是重点，而是新生活、新奋斗的起点。因此，乡村振兴战略既是精准扶贫和精准脱贫理论和实践的经验和教训的总结，又是反贫困战略理论和实践的进一步提升和深入推进。也就是说，乡村振兴战略不但是继往开来的关键节点，更是农民生存权保障建设的新的逻辑起点。

一、从精准脱贫攻坚到乡村振兴战略

“三农”问题是当前阻碍经济发展和社会进步的头等问题，解决好“三农”问题，既是兑现党对人民群众的承诺，也是推动新一轮发展的需要。党的十八大以来，脱贫攻坚、乡村振兴等重大战略的实施，为乡村的发展注入了强劲的动力。

虽然前面已述相关内容，为了真正捋顺我国反贫困到乡村振兴战略的提出，简要回顾历史节点无疑是不可或缺的。中华人民共和国成立后，通过“合作化”等方式与建立“城乡二元体制”的途径，利用工农“剪刀差”等在最短的时间内跨越了资本的原始积累阶段，建立了完整的工业体系，留给了当代人数以亿万计的，归全民所有的资产。但因此也留下了一个“城乡分割、对立矛盾的二元体制”，从体制与政策上阻碍着“城乡一体化”的实现（一方面城市化严重不足，另一方面农民相对贫困）。长期以来，“三农”问题是困扰我国经济社会发展的重大问题，城市发展速度高于农村，农村劳动力大量外流，对农村发展形成了一定的制约。中央高度重视“三农工作”（为党和政府工作的重中之重），稳定农民基本经济制度（家庭承包制长久不变），采取有效有力措施改变“城乡二元体制”（工业反哺农业，城市支援农民），直至推进“社会主义新农村建设”。党的十八大以来，脱贫攻坚重大战略的实施，为乡村的发展注入了强劲的动力。2017 年 10 月 18 日，党的十九大报告首次提出了乡村振兴战略，建立健全城乡融合发展体制机制和政策体系，加快推进农业农村现代化和中国特色减贫之路；将精准脱贫与防范化解重大风险、污染防治一起作为决胜全面建成小康社会的三大攻坚战，同时将乡村振兴战略确定为实现“两个一百年”奋斗目标的一项重大战略举措。在“十四五”时期，为了推动经济社会发展，必须首先解决好“三农”问题，推动乡村全面振兴，促进乡村高质量发展，为中华民族的伟大复兴的战略全局贡献智慧。

“三农”问题是关系国计民生的根本性问题。在落实乡村振兴战略的征程中，解决农民收入、农业发展和农民稳定等“三农”问题是战略取得成功的关键。对此，根据乡村的具体情况，乡村振兴必然是中国21世纪内涵最丰富的一个重大战略。实施乡村振兴战略，是解决“三农”问题的总抓手，对于缩小城乡发展差距、提高农民生产生活质量，具有重要意义。“乡村”是主体，“振兴”是目标，“战略”是方法，乡村振兴战略具有严密性、系统性，对于破解“三农”问题具有明显优势，最大的优势就是促进产业发展。

二、乡村振兴战略是精准脱贫的升华

全面概述乡村振兴战略，需要分析其基本的提出依据，明确其实施的目标要求，阐释其在实践中的重大意义。乡村振兴战略有着历史与现实双重逻辑的提出依据。乡村振兴战略的提出，是对中国近百年乡村建设历程的延续，是对改革开放40多年来“三农”工作的经验总结，有着其自身的历史逻辑与现实基础。

（一）乡村振兴战略提出的时代背景

乡村振兴战略的提出既有历史逻辑，又含现实基础。乡村振兴战略的提出，不是无源之水，有着其内在的历史逻辑。“三农”问题一度是一个比较严峻的问题，特别是农民的就业、收入增长、教育、医疗和社会保障等方面，都是始终没有解决好的问题，这些年虽然国家也作出了巨大的努力，但是与人民群众的要求还有一定的差距。从改革开放40多年的发展历程来看，乡村的发展具有很大的潜力。与此同时，乡村振兴战略的提出，不是空中楼阁，有着其深厚的现实基础，主要表现为“三农”发展取得的重大成就和积累的工作经验。在“三农”工作中，精准脱贫模式取得了辉煌的成就。

目标要求是行动的先导，体现着实践主体行为背后的价值诉求。乡村振兴战略的目标要求对建设社会主义新农村提出了更丰富的内容与更高的标准。如何推进可持续减贫，通过乡村产业、人才、文化、生态、组织“五个振兴”，确保农村居民获得可持续生计，实现乡村产业兴旺、生态宜居、乡风文明、治理有效、生活富裕这五大目标，是需着力解决的重大理论和现实问题。另外，“乡村振兴战略”的精髓在于“提质”；“乡村振兴战略”的关键在于“全面”；“乡村振兴战略”的重点在于“融合”；“乡村振兴战略”的目标在于“发展”。

（二）乡村振兴战略视域下面临的首要问题依然是精准脱贫攻坚

除了社会救助外，兜底性民生建设还表现为精准扶贫政策。精准扶贫旨在保护最少受惠者的最大利益，在农村贫困地区或者偏远落后地区也发挥着兜底作用。如果说打赢脱贫攻坚战是党的十八大以来中国农村贫困治理的“底线”任务，那么乡村振兴战略就是落实党的十八大以来中国农村贫困治理的“发展”要求，由此也开启了新时代中国农村贫困治理的新征程。在新时代，“三农”问题中亟须解决的突出问题主要是以下两方面：一方面，农业现代化发展水平不突出，城乡居民收入差距较大。我国的社会主要矛盾已经转变为人民日益增长的美好生活需要和不平衡不充分的发展之间的矛盾。经过改革开放40多年的发展，我国已经成为仅次于美国的世界第二大经济体。但是城乡经济发展的不平衡问题比较突出，城乡居民收入差距比较大。据统计，我国农业现代化水平要比国家现代化总体水平低约10%，农业现代化的滞后已经成为我国建设和谐美丽的社会主义现代化强国的突出短板。没有农业现代化，国家现代化是不完整、不全面、不牢固的。因此，党的十九大报告中讲到要坚持农业农村优先发展。另一方面，农业科技应用不充分，农业劳动生产率较低。乡村振兴归根结底要靠大力发展农村生产力来实现，而提高生产力必须依靠科学技术的发展。农业的出路在现代化，农业现代化关键在科技进步，那么农业现代化的发展必然少不了现代化科学技术的应用，因为科技是提高农业生产率的必要条件。然而由于受自然、经济、政治、权利等多方面的影响，我国中西部农业科技应用水平并不充分，远远落后于东部，而且在中西部很多农村仍然采用畜力耕作。据统计，东部农业生产率最高的省份与西部最低的自治区相差近6倍。❶ 此外，我国基层普遍缺乏农业专业技术性人才。农业现代化发展是实现乡村振兴战略的必要前提，而农民既是乡村振兴的主体，又是乡村振兴的受益者，那么提高农民的科技素养是十分必要的。因此，乡村振兴战略的实施必须大力提高乡村职业教育，培养大量农业科技人才。

（三）精准脱贫是农民发展权的根本保障❷

与生存权一样，发展权是贫困农民最基本的权利之一。通过精准扶贫与脱贫基本方略的实施，减缓和消除贫困农民群体的物

---

❶ 本部分主要参考宋才发教授的观点，参见宋才发："精准扶贫是贫困群体实现发展权的根本保障"，载《学习论坛》2017年第10期，第30－33页。

❷ 鲁春霞、谢高地、成升魁："东中西部区域农业差异及其特征分析"，载《中国人口·资源与环境》2003年第6期，第100－103页。

质贫困和精神贫困，是农民贫困群体充分实现发展权的坚实基础。只有把扶贫与扶智有机统一起来，把反物质贫困与反精神贫困有机结合起来，用法治思维确保贫困群体共享改革发展成果、实现共同富裕，贫困群体实现发展权的美好夙愿才有根本保障。作为农民发展权的保障，精准脱贫可分为以下两个方面。

一方面，精准扶贫体现了实现贫困农民群体发展权的价值取向。精准扶贫是中央政府根据区域性贫困的实际特点作出的机制创新，其“精准”主要体现在科学设计精准扶贫的工作流程，具体落实到精准识别贫困户、精准帮扶贫困群体、精准考核和动态管理的各个环节上。精准扶贫说到底就是针对不同贫困区域、不同贫困农户的具体情况进行精细化的帮扶，帮助贫困群体探索适合自身特点、显现自身特色的脱贫致富道路。实现社会公平正义受到多种多样因素的制约，但是最关键的影响因素是经济社会发展水平。即物质资源与财富积累，是实现社会公平正义的基础。在一个物质匮乏和资源贫瘠的社会里，是根本谈不上任何公平正义的。精准扶贫有利于实现贫困群体的发展权。发展权是国际公认的一项基本人权，意味着每个中国公民有权参与促进并享受经济、政治、文化和社会发展。公民无论身处经济发达地区，还是经济贫困地区，都不会由于经济生活窘迫而影响其发展权的公平实现。当一个地区长期处于绝对贫困状态之中，就不只是一个反映收入水平的经济贫困问题，本质上反映的是一个国家的人权保障水平问题，也是一个关系到公民人性和人格尊严的大问题。由此可见，实现贫困群体发展权的基本前提就是彻底消灭贫困状态，减缓和消灭贫困现象是确保贫困群体依法实现发展权的坚实基础。

另一方面，精准脱贫是贫困农民群体实现发展权的现实保障。

民生建设是贫困群体实现发展权的重大举措。1991 年发布的《中国的人权状况》白皮书指出，中国公民的人权首先表现为生存权，离开了生存权，其他一切人权都将无从谈起。“发展权作为不可剥夺的人权，是参与特殊发展进程的权利，在此进程中所有的人权和基本自由最终都将逐步充分实现。”❶ 然而，贫穷和饥饿使得数以亿计的人不得不为生存而奋斗，并失去在经济、社会和文化等方面发展的权利。因此，“消除贫困与饥饿，是人类实现生存权、发展权的内在需求”。❷ 民生建设是贫困地区人民的幸福之基、社会和谐之本，民生建设不只涉及贫困群体的基本生活质量问题，而且事关社会安全和社会公正问题，必须紧紧抓住贫困群体最关心、最直接、最现实的问题，扎实推进贫困地区的民生工程建设。全面深化贫困区域体制机制改革的目的，必须以促进社会公平正义、增进贫困群体社会福祉为落脚点。贫困群体的人性和人格尊严主要体现在两个方面：一是人的基本生活物质需求得到满足；二是在社会上能以有尊严的方式生存。贫困群体迫切需要政府以立法和执法的途径，帮助他们实现达到基本生活水准的权利。减少贫困对每个人来说都是一项巨大挑战，不仅需要个人的努力，而且更需要国家构建一个公正的有利于弱势群体的民生法律体系。包容性发展不仅仅是经济增长，它是这样一种过程：低收入国家通过制定的民生法律和公共政策来促进共同繁荣、提供人民福祉。

（四）乡村振兴战略的主要内容

乡村振兴战略的目标之一就是经济和社会的发展。只有经济

---

❶ 张述元等：《人的全面发展在中国》，时事出版社 2009 年版，第 12 页。

❷ 李佐军：《人本发展理论——解释经济社会发展的新思路》，中国发展出版社 2008 年版，第 26 页。

和社会发展，有更多的财政收入，政府才有资源去扶贫。[1] 这是不言而喻的。首先，乡村振兴的关键是产业要振兴。无论是巩固拓展脱贫攻坚成果还是全面推进乡村振兴，产业振兴都是重要前提和基础。加快推进产业振兴，要坚持以“三农”问题为导向，大力破解当前乡村产业发展中遇到的痛点和堵点，营造出有利于乡村产业茁壮成长的环境，以产业振兴促进乡村全面振兴。其次，发展乡村产业要选准切入点和突破口，要以市场经济为导向，依托当地具有区位优势的特色资源，以及自身的优势和能力选准适合自己发展的产业；要加大产业融合发展，努力延伸产业链条，增加产业发展的附加值；鼓励跨产业链资源要素配置，提升乡村产业的效率和水平，引导各类经营主体参与乡村产业发展。最后，产业要振兴，人才是关键。要尊重群众的主体地位和首创精神，培养本地产业发展的领军人才和服务乡村的专业精英，激发脱贫内生动力。聚集乡村治理的能人乡贤，挖掘各行各业的能工巧匠，开发本地人力资源潜力，让乡村振兴后继有人。我们国家必须加大公共投资，支撑经济发展的人力资本优势，提升整体国民的福利水平。

（五）实施乡村振兴战略的重大意义

实施乡村振兴战略是党中央基于中国发展历史方位变化与社会主要矛盾转化作出的重大决策部署，对解决新时代主要矛盾、实现“两个一百年”奋斗目标、实现全体人民共同富裕具有重大意义。首先，实施乡村振兴战略是解决新时代主要矛盾的必然要求。城乡发展不平衡问题亟须得到有效解决，实施乡村振兴战略

[1] 汪三贵：“脱贫攻坚与精准扶贫：政策和实践”，载李秉勤、房莉杰：《反贫困理论前沿与创新实践》，社会科学文献出版社2019年版，第93页。

就是要逐步建立健全城乡发展融合体制机制，破除城乡二元结构，彻底解决城乡发展不平衡问题。其次，实施乡村振兴战略是实现“两个一百年”奋斗目标的必然要求。基于中国仍处于并将长期处于社会主义初级阶段的基本国情，要认识到农业现代化依然是实现“四个现代化”的弱项，乡村仍是全面建成小康社会的短板所在，乡村居民整体生活质量与城市居民仍有较大差距，解决“三农”问题依然是向社会主义现代化强国目标迈进最艰巨最繁重的任务。最后，实施乡村振兴战略是实现全体人民共同富裕的必然要求。对于目前中国所处的发展阶段而言，为实现全体人民共同富裕，摆脱贫困是前提，缩小城乡差距是关键。而乡村全面振兴的内在标准之一就是实现“农民富”，将乡村振兴战略与贫困治理有效衔接，不仅是乡村振兴的前提，更是新时代走向共同富裕的必经之路。可通过产业兴旺不断巩固脱贫成果、防止绝对贫困再生，通过发展乡村社会事业解决后续农民相对贫困、复合型贫困问题。乡村振兴战略不仅囊括了“三农”政策，而且将农村地区各领域和各环节都涵盖其中，这对加快农业发展、农民生存权的保障及推进农村社会的进步具有极为深远的意义。

三、乡村振兴战略的法治保障

乡村振兴战略是新时代“三农”工作的总抓手，国家对乡村振兴战略的实施和推进作了顶层设计；而《中华人民共和国乡村振兴促进法》（以下简称《乡村振兴促进法》）既是对近年来国家颁布的一系列实施乡村振兴战略的政策文件的确认与升华，也是乡村振兴战略的法治化保障。

（一）乡村振兴促进法的出台背景、本质和重要意义

以往我国已颁布了《中华人民共和国农业法》（以下简称《农

业法》)、《中华人民共和国农村土地承包法》(以下简称《农村土地承包法》)等近30部涉农法律法规，但缺少一部乡村全面发展的总体性法律保障制度。《乡村振兴促进法》于2021年6月1日正式实施，该法为乡村振兴战略的实施提供了法治保障。乡村振兴的实施主体和受益主体都是农民，因此各项决策都以保障农民权利为逻辑起点和最终目标。

乡村振兴立法的现实动因可以从这两个方面予以阐释。一方面，乡村振兴立法的内在动力在于：乡村振兴与法治建设之间是互为表里、互相依托的关系。乡村振兴离不开法治的引领与保障，全面依法治国也需要乡村振兴的内在呼应。法的需要最初表现为人对社会秩序的需要。[1]《乡村振兴促进法》作为回应乡村发展和农民脱贫需要的法律工具，即乡村振兴战略的法律表达，具有“回应型立法”的品格。另一方面，乡村振兴立法的外在驱动力在于：在实施乡村振兴战略背景下，原来的许多相关法律对乡村振兴战略实施所涉及的重大事项或者未作规定或者仅有原则性规定以及法律“碎片化”，导致涉农问题统合效果日渐弱化。面对这些问题，亟须更具时代意义的法律出台，以全面促进新时代乡村振兴事业。在此背景下，《乡村振兴促进法》应运而生。[2]

《乡村振兴促进法》的本质是乡村振兴政策法定化。法律与政策均属上层建筑的范畴，在本质上具有一致性。政策是法律的初型，法律是政策的定型化、规范化。[3]《乡村振兴促进法》将乡村

---

[1] 严存生：“法的生成的几个问题”，载《华东政法学院学报》2002年第1期，第27页。

[2] 孙佑海、王操：“乡村振兴促进法的法理阐释”，载《中州学刊》2021年第7期，第67-68页。

[3] 张浩：“略论政策与法律的关系”，载《政法论坛》1982年第1期，第88页。

振兴政策法定化，呈现出以正向激励为主的特点。立法对行为模式的设定，多以权利性规范或义务性规范呈现出来，进而在一定程度上反映立法倾向。[1] 与此同时，《乡村振兴促进法》的核心层次是“五大振兴制度群”。《乡村振兴促进法》第2~6章设立了乡村产业振兴、人才振兴、文化振兴、生态振兴、组织振兴“五大振兴目标”，相应地设置了“五大振兴制度群”。此外，支撑体系为乡村振兴的必由之路。为有效落实“五大振兴制度群”，《乡村振兴促进法》设计了城乡融合、扶持措施、监督检查三大支撑体系，这是实现乡村全面振兴的必由之路。城乡融合是乡村振兴的核心与指向；扶持措施是实现乡村振兴的着力点与途径；监督检查为乡村振兴提供标尺与保障。[2]

《乡村振兴促进法》是关于乡村振兴的全局性、系统性的法律保障。首先，乡村振兴促进法是实施乡村振兴战略的重要保障。2020年12月16日，中共中央、国务院印发《关于实现巩固拓展脱贫攻坚成果同乡村振兴有效衔接的意见》。之后，《乡村振兴促进法》的出台进一步夯实了乡村振兴的制度体系，夯实了良法善治的法律基础。因此，乡村振兴战略的实施，既有利于2020年全面建成小康社会，又有利于2035年实现基本现代化，更有利于实现2050年现代化强国目标。其次，为全面解决“三农”问题提供了制度框架。脱贫攻坚战取得胜利后，“三农”工作重心历史性地转向全面推进乡村振兴，对法治建设的需求也比以往更加迫切，更加需要有效发挥法治对于“三农”问题的制度框架作用。因

[1] 焦海涛：“规范对象、规范方式及制度激励——经济法保障经济发展方式转变的基本模式”，载《经济法研究》2012年第1期，第113页。

[2] 孙佑海、王操：“乡村振兴促进法的法理阐释”，载《中州学刊》2021年第7期，第71页。

此，制定《乡村振兴促进法》，既是立足新发展阶段，推动实现"两个一百年"奋斗目标的重要支撑，又是充分总结"三农"法治实践，完善和发展中国特色"三农"法律体系的重要成果。最后，为城乡融合发展提供了法律实现路径。从一定意义上讲，乡村振兴，就是要通过农业农村优先发展的理念和制度措施，改变城乡割裂状态，缩小城乡发展差距，实现城乡统筹融合发展的目标。城乡差距，更主要体现为城乡之间的制度性障碍。改革开放以来，尤其是党的十八大以来，在消除城乡之间的制度差异方面，采取逐步实现基本公共服务均等化的政策，这些政策对于实现城乡融合发展具有重要作用。政策的稳定实施需要法律保障，除《中华人民共和国土地管理法》（以下简称《土地管理法》）等专门法律外，《乡村振兴促进法》直面影响城乡融合的现实问题和制度性门槛，提供系统性、针对性的问题解决方案，为真正实现城乡融合发展提供了有效的法律实现路径。[1] 最后，《乡村振兴促进法》丰富了乡村法律制度体系。随着全面依法治国方略的深入推进，我国农业法律体系逐步完善。党的十八大以来，立法机关先后出台了《中华人民共和国农村土地承包法》《中华人民共和国种子法》《中华人民共和国动物防疫法》《中华人民共和国生物安全法》等一批法律。当前，农业农村现行有效的法律、行政法规、部门规章众多，涵盖农村基本经营制度、农业产业发展和安全、农业支持保护、农业资源环境保护等多个领域。由此观之，《乡村振兴促进法》是农业农村法律制度体系完善的重要成果，标志着乡村振兴战略迈入有法可依、依法实施的新阶段。

---

[1] 任大鹏："《乡村振兴促进法》的鲜明特点与现实意义"，载《人民论坛》2021年第9期，第58页。

（二）《乡村振兴促进法》的主要特色

制定《乡村振兴促进法》，把实践中被证明“三农”改革发展经验上升为法律规范，以法律取代政策，以法治替代人治，为农业的发展和农民免于匮乏的权利提供法治保障。《乡村振兴促进法》体现了促进与约束的融合，在规范方式上具有自身特点。《乡村振兴促进法》由于具有基础性、综合性、统领性和现代性的特征，可谓“四梁八柱”中的法律“顶梁柱”[1]。由此可知，《乡村振兴促进法》是实施乡村振兴战略的基础性法律。

《乡村振兴促进法》是对农民权益的制度性保障。该法第4条规定坚持农民主体地位原则；第12条规定农村集体产权制度改革须确保农民受益；第21条规定建立农民收入稳定增长的机制；第23条规定供销社要加强与农民的利益联结；第37条规定共建共管共享机制的建立要有农民的参与；第51条规定村庄撤并等乡村布局调整要尊重农民意愿；第54条规定完善城乡统筹的社会保障制度；第57条规定进城务工农民的权益保护。由此观之，只有坚持农民是乡村振兴的实践参与主体、成果享受主体和效果评价主体，才能使乡村振兴的各项措施取得应有的效果。

《乡村振兴促进法》也是对政府权力的制约与规范。《乡村振兴促进法》明确了政府在乡村振兴战略实施中的职责，也规定了政府的义务与责任，规定了大量防止政府及其部门滥用权力的制度。一方面，规定了乡村振兴中政府应该履行的义务。法条中“政府应当”的表述出现了51次，都是为政府设定的法定义务。乡村振兴战略实施中政府有这些义务：维护农民权益；保护耕地

---

[1] 于文豪：“乡村振兴促进法的特色与关键制度”，载爱思想网，https：//www.aisixiang.com/data/131082.html，访问日期：2021年11月11日。

和保障粮食安全；引导新型农业产业发展；完善农民返乡就业扶持政策；建立农民收入稳定增长机制；统筹农村教育和医疗工作；组织开展新时代文明实践活动；健全完善农村公共文化体育实施运行机制；保护农业文化遗产；农业面源污染防治；国土综合整治和生态修复；改善农村人居环境；农村住房管理和服务；构建简约高效的农村基层管理体制；指导支持村民自治；支持农民合作社和集体经济组织发展；加强群团组织和执法队伍建设；优化乡村发展布局；统筹乡村公共基础设施；促进城乡产业协同发展；建立和落实乡村振兴扶持各项措施。另一方面，规定了乡村振兴中政府应履行的责任。《乡村振兴促进法》虽以政府作为实施制度的核心主体，但对政府的角色定位有所转变。具体而言，《乡村振兴促进法》中政府更多地扮演乡村振兴中引导者与服务者的角色，旨在通过政策引导、经济杠杆等间接方式，实现对基础薄弱的乡村发展的扶持。[1] 在实施乡村振兴战略的过程中，政府及有关部门的权利，也是其应当承担的义务。政府应当履行的义务没有履行，就是违法行为。针对实践中个别地方政府滥用权力损害农民利益的现象，《乡村振兴促进法》也作出了严格的实体性限制和程序性限制。例如，对一些地方强行推进乡村撤并逼农民上楼等现象，社会反响强烈。针对这一问题，该法第 51 条明确规定，严格规范村庄撤并，严禁违背农民意愿、违反法定程序撤并村庄。例如，个别地方要求农民进城落户必须交回其承包的土地或者退回宅基地，为农民进城落户设定了不合理的门槛，违背了农民意愿，损害了农民的财产权利。为此，该法第 55 条第 2 款明确规定不得以农民退出承包地、宅基地等作为进城落户条件。同时，《乡村振兴

[1] 孙佑海、王操："乡村振兴促进法的法理阐释"，载《中州学刊》2021 年第 7 期，第 70－71 页。

促进法》从考核评价、评估、报告、检查、监督等方面明确了责任追究体系。有利于约束和监督政府不作为、滥用公权力等行为。此外，这部为实施乡村振兴战略而制定的《乡村振兴促进法》，将在未来促进农业升级、农村进步、农民发展。乡村振兴，农民既是实施主体，也是受益主体。《乡村振兴促进法》的制定施行，既为全面实施乡村振兴战略提供了法治保障，也为有力推进乡村治理体系和治理能力现代化提供了行动指南。[1] 法条中，“国家”一词出现了 52 次，“政府”一词出现了 77 次，“各级人民政府”一词出现了 35 次，“部门”一词出现了 13 次。所谓“促进”，就是重在规范国家、各级人民政府及有关部门的行为和职责。

[1] 孙佑海、王操：“乡村振兴促进法的法理阐释”，载《中州学刊》2021 年第 7 期，第 71 页。

CHAPTER 03 >> 第三章

农民社会保障权实现机制的建构

本章将继续讨论农民生存权保障制度的核心，即农民社会保障权。最低保障权是生存权的核心所在。本书认为狭义的生存权与社会保障权的内涵有些类似，但并不一致。社会保障的鲜明特点之一就是其包含社会救助在内的子系统的构建均预设应对特定社会风险或不良状态，子系统所指向的权利主体，是因该风险或不良状态而有（潜在）保障需求者的共同体。❶ 本章的逻辑安排是，首先，论述农村社会保障建设发展状况，农民社会保障权包含农民社会救助权、农民养老权和社会福利权等。其次，分析农村社会保障权存在的问题，社会保障权的缺失已经成为制约农村反贫困战略推进的重要瓶颈。最后，应赋予农民兜底性的生活保障权，完善农村社会保障的对策。我们必须切实保障贫困人群的权利，赋予他们“国民待遇”的权利保障，保证农民

❶ 金昱茜：“论我国社会救助法中的制度兜底功能”，载《行政法学研究》2022 年第 3 期，第 2 页。

的经济、文化权利与政治权利均衡发展。

第一节　农民社会保障权概述

一、社会保障权的基本内涵

社会保障与每一个人的生存都有不可或缺的关联，人们对社会保障权概念的认识有着不同的见解，对于社会保障权的内涵与外延的具体界定与阐释也有不同的表示方式。本书对社会保障权的基本内涵作一介绍，借以叩开认识社会保障权和生存权的大门。

（一）社会保障权的概念辨析

依据国际劳工组织的定义，社会保障（social security）是指国家和社会通过采取一系列法律和政策，通过收入的分配和再分配来向其成员提供保护，以便与由于疾病、生育、工伤、失业、伤残、年老和死亡等原因导致停薪或大幅度减少实际收入而引起的经济和社会贫困进行斗争，并提供医疗照顾和家庭津贴。[1] 社会保障的全面覆盖是人民的权利和国家的义务。广义的社会保障包含狭义的社会保障、社会救助、社会保险和社会福利等。狭义的社会保障是为经济困难的人提供物质帮助；社会救助的目标是维持社会成员的最低生活水平；社会保险是维持社会成员的基本生活水准；社会福利是提高公民的生活水平和生活质量，处于社会保障体系的最高层次。[2] 这就表明，社会保障按人们的需要程度分成

---

[1] 张彦、陈红霞：《社会保障概论》，南京大学出版社 1999 年版，第 4 页。

[2] 孙光德、董克用：《社会保障概论》，中国人民大学出版社 2000 年版，第 26 - 33 页。

多层次螺旋式的体系。实际上，社会保障就是“防护性保障，即建立社会安全网，为弱势群体提供社会保护”。[1] 即社会保障主要是为显性和隐性的弱势群体提供足以维持生计和东山再起的最佳平台。现代社会保障制度被誉为“人类20世纪所取得的最重要的制度文明之一，是人类文明的伟大发明”。[2] 因此，公民的社会保障权，则是这一制度文明的基石。

关于社会保障权的概念，学者们有着不同的理解。如有学者认为，社会保障权就是物质帮助权。[3] 这种观点似乎过于简单，物质帮助权是社会保障权的主要内容，但社会保障权的内容更为广泛。社会保障权的实际内容超越宪法文本上“物质帮助权”的字面含义。[4] 也有学者认为，社会保障体系包括社会保险、社会福利、优抚安置、社会救助和住房保障等。社会保障制度起源于社会救济，是基于对贫困者和社会弱势群体的权益保护发展而来。[5] 其内涵应从以下几个方面理解：首先，社会保障权的权利主体是全体公民，义务主体是国家和社会，国家是社会保障首要的、最后的并且是最重要的义务主体。其次，社会保障权的内容是生活保障，包括物质保障和社会服务；社会保障的是“最低限度生活”，主要是物质上保障公民的最低限度生活。最后，社会保障权在政府保障社会弱势群体的基本生活的同时，公民个人自身要努力工作，走出困境，积极主动地全力谋求自己生活的幸福。由

---

[1] [印度] 阿马蒂亚·森：《以自由看待发展》，任赜、于真译，中国人民大学出版社2013年版，第8－13页。

[2] 郑秉文、和春雷：《社会保障分析导论》，法律出版社2001年版，第1页。

[3] 王家福、刘海年主编：《中国人权百科全书》，中国大百科全书出版社1998年版，第527页。

[4] 杨思斌：《中国社会救助立法研究》，中国工人出版社2009年版，第257页。

[5] 毕少斌、刘爱龙：“社会救济、人权保障与反贫困”，载《学术交流》2012年第10期，第121页。

此观之，社会保障权是指公民面临威胁其生存的社会风险时，从国家和社会获得物质保障和社会服务，使之可以维持生存并达到相当水准生活的权利。作为公民的一项基本权利，与其他权利相比，社会保障权有以下基本特征：权利主体的平等性；义务主体的特定性；实现相当生活水准的工具性；保障内容的综合性和层次性；社会保障权具有不可转让性；社会保障权兼具财产权与人身权的双重性质；社会保障权内容、范围和发展水平的受制约性。[1] 由此观之，社会保障权属于公民的基本权利，更准确地说，社会保障权是一种维持弱势群体生存的权利束，而不是单单一种权利，它既不是政府对公民的恩惠，也不是慈善，而是法定权利。

（二）物质帮助权、社会保障权与生存权的关系

物质帮助权源自《宪法》第45条规定，即“公民在年老、疾病或者丧失劳动能力的情况下，有从国家和社会获得物质帮助的权利”。有人将这一宪法条文规定的权利视为物质帮助权，也有人把它看成社会权。物质帮助权、社会保障权与生存权三者之间的异同关系如下。

首先，物质帮助权、社会保障权之间的联系与区别。物质帮助权需要公民在年老，疾病，丧失劳动能力，残废，负伤或盲、聋、哑之时，即具有较“悲惨”的不幸遭遇时才可能得到国家帮助，由此可见，《宪法》中规定的物质帮助权的实现条件较高。《宪法》第45条为物质帮助权提供了一个“社会保障权”所不具有的我国宪法的规范依据，即陷入贫困的公民能够依据该条规范“请求”国家和社会担负一定的给付义务，否则就与宪

---

[1] 郭曰君：《社会保障权研究》，上海世纪出版集团2010年版，第15－17页。

法对人权的尊重和保障价值不符。显然，在我国宪法中找不到社会保障权的规范依据。[1] 即社会保障制度也存在可能使公民人格尊严遭到伤害的缺陷。同时，由于其他原因而导致贫穷的身体健全的公民则并未被纳入该范围之中。当然，物质帮助权的保障范围太过于狭窄，而随着对贫困的认识进一步加深，学者们了解到贫困不仅仅是因为个人原因造成的，还包括财富分配不均、社会结构的二元化、产业结构性调整与社会保障制度的不完善以及不均衡的区域发展战略及法律制度的不均衡供给等原因。

其次，物质帮助权与生存权之间的联系与区别。从基本权利保障的角度看，基于作为扶贫法律制度的根本规范依据的物质帮助权，国家和社会所承担的义务内容不仅包括基础性的生存利益保障，更重要的是给予其提升个人“免于贫困”能力的各种机会和保障。[2] 在某种程度上，这两种权利在“免于贫困”的能力层面存在交集。与此同时，宪法文本中的“公民”并没有排除农民，即农民应该享有“物质帮助权”等各项社会权利。最后，《宪法》第 33 条规定“国家尊重和保障人权”。结合《宪法》第 38 条人格尊严条款来看，社会保障权严格的实现条件有可能与宪法规定的人格尊严不符：如果只有达到以上情况国家才给予救助，公民人格尊严在这些情况中或已遭受损害。[3] 在实践中，由于没有具体规范，并未有法律对其细化，也没有任何立法对这一条款加以解释。

---

[1] 原新利、龚向和：“我国公民物质帮助权的基本权利功能分析”，载《山东社会科学》2020 年第 2 期，第 156－160 页。

[2] 同上。

[3] 翟翌：“福利权的底线及社会保障权的扩张解释新方案——以人格尊严为视角”，载《东北大学学报》（社会科学版）2012 年第 4 期，第 348 页。

最后，社会保障权与生存权的联系与区别。社会保障权是现代社会每个民众的基本权利。基本权利的第一要义是生存权。生存权是维护人的生存所必不可少的权利，离开生存权的保障，其他权利都无从谈起。人性的首要法则，是要维护自身的生存，人性的首要关怀，是对其自身所应有的关怀。[1] 诚如马克思所言，有生命的个人的存在是“一切人类生存”和“一切历史”的第一个前提。这个前提是，人们为了能够“创造历史”，必须能够生活。但是为了生活，首先就需要吃、喝、住、穿以及其他一些东西。因此第一个历史活动就是生产满足这些需要的资料，即生产物质生活本身。[2] 亦即社会保障权是保障人的生存权以及发展权的权利。虽然农民社会保障权与农民狭义的生存权具有大致相同的意蕴，但是两者的区别也比较明显。生存权和社会保障权的主要差异在于社会保障权的目标是确保国民能够维持最基本的生活需要；而生存权却必须让国民活得“有尊严”和“适足的生活水准”，我们从这里可知，生存权的层次明显高于社会保障权。一个社会所有公民首先应该脱贫，赤贫者实际上很难享有各种权利；之后才有可能进一步全方位发展，向生存权迈进。

鉴于法院实施福利权的能力受政治体制、法律制度设计以及国家资源限制诸多因素的影响，尤其是由于我国缺失宪法审查，某项福利权在缺席立法实施的情况下，法院无权对立法及其决定行使司法审查权。法院在福利立法空缺之时，所能起到的效果非常有限。福利权的保障往往被视为影响或者威胁社会安定秩序之时才可能受到政治层面的重视。由此观之，总体上，法院在面对社会福利缺位或立法不作为或者违宪性立法面前，不可能依据宪

[1] ［法］卢梭：《社会契约论》，何兆武译，商务印书馆1980年版，第9页。

[2] 《马克思恩格斯选集（第一卷）》，人民出版社1995年版，第79页。

法作出合宪性或者违宪性的裁定。[1]

二、社会保障权的法理分析

社会保障权是社会成员有从国家和社会获得基本生活保障的权利，它是人类社会发展到一定历史阶段的产物。

关于贫困与救济的古老议题贯穿人类发展历史。但政府救助责任与公民救助权观念的兴起，纵使从1601年《英国济贫法》颁布起算至今也不过400余年。现代社会救助制度以政府成为救助责任主体为重要特征。[2] 国家承接对弱势群体的倾斜照顾任务，确有维持社会治安和避免社会问题的考量。但仅这一点尚不足以充分论证救助给付由慈善恩赐转为国家义务的必要性。潜在客观因素在于，工业社会以来，财富系统化生产与风险系统化生产相生相伴，财富分配逻辑与风险分配逻辑嵌套交错，[3] 美国从建国时起，国家的基本承诺即在于培育和提高位于本国内的每一个人的尊严和福利。这一与我们传统观念所不同的认知，对于当代公共救助制度的发展已经产生了富有意义的影响。通过满足基本生存需求，福利制度能够帮助穷人获得与他人相同的参与团体生活的机会。公共救助不仅仅是一种慈善，而且是一种“促进一般福利，保障我们以及后代获得自由祝福”的途径。[4] 换言之，在风险社会中，贫困成因社会化，单纯以个人和家庭力量无法完全抵御，慈善与

---

[1] 温泽彬：“公民福利权的生成与实施路径”，载《求是学刊》2015年第6期，第69－76页。

[2] 刘琳：“社会救助：现代社会的国家责任”，载胡建森主编：《公法研究（第10辑）》，浙江大学出版社2011年版，第44页。

[3] Vgl. Ulrich Beck Riskogeselellschaft. 23 Aufl. , 2016. S. 25.

[4] Goldberg v. Kelly，397 U. S. 254，265（1970）. 转引自杜乐其：《宪法物质帮助权效力实现路径研究》，南京大学2015年博士学位论文，第117页。

互助亦难以提供足够支持。以实现和保障国民平等发展权作为国家任务之一的现代宪法国家必然要承担构建合理法律制度、设置相应实施主体、确保公民获得合乎人性尊严之基本生活所需的责任。因此，只有当贫穷的人获得生存的手段时，他们才能够开始获得教育和体面的工作抑或参与一般市民生活，美国联邦最高法院从这个角度证成福利供给的正当性。《日本宪法》第 25 条在界定生存权时以“健康且文化性”作为日本国民享有最低限度生存权的标准。社会保障的目的不止于以往通常所说中所谓的国民“生活保障”，更根植于“个人的自律支援”，即在于“为使个人作为人格性的自律存在具有能够自主地追求自己生活方式而完善条件”❶。社会保障作用在于保障全体社会成员基本生存与生活需求，主要是物质上的给予，是为了保障贫困人员的社会保障权。社会保障的传统自身定位是“针对人们经营生活中所产生的各种困难，国家保障生活的机制”❷。

社会保障权经历了从应然权利到法定权利，再到现实权利的演变过程。社会保障权最初表现为一种应然权利，是人们基于对一定的物质生活条件和文化传统而产生出来的自发而又朴素的权利意识和权利要求。这一权利形态过多地带有道德意蕴。人们相信，人不能泯灭他们的精神和良心而对其他人受到的非人对待和痛苦漠不关心，虐待或迫害人违反了一般的人类道德准则。❸ 随着

---

❶ ［日］菊池馨实：《社会保障法制的将来构想》，韩君玲译，商务印书馆 2018 年版，第 17 页。

❷ 崛胜洋：《社会保障·社会福利的原理·法和政策》，密涅瓦书房 2009 年版，第 442 页。转引自［日］菊池馨实：《社会保障法制的将来构想》，韩君玲译，商务印书馆 2018 年版，第 16 页。

❸ ［美］路易斯·亨金：《权利的时代》，信春鹰等译，知识出版社 1997 年版，第 21 页。

经济发展以及权利斗争，社会保障权逐渐上升为法定权利，即通过实在法明确规定法律原则加以确认的权利。正如托马斯·潘恩所言，给予穷人实际的社会保障不是施舍而是权利，不是慷慨而是正义。但是，在“二战”后经过经济高速成长，国民生活已经相当富裕的前提下，社会保障的目的，在应对社会性事故的生活保障这种历来的观念基础上[1]。由此可知，社会保障权的宗旨就在于，当社会成员出现生活苦难时，国家和社会有义务对其进行物质帮助，使其体面而有尊严地生存下去。

第二节　农民社会保障权的发展现状与问题

社会保障是生存权的救济方式，社会保障主要包含社会救助等多方面的内容。社会救助提供的是最低保障，社会保险提供的是可预期的基本保障，社会福利在于提高生活质量。[2] 农村社会保障制度主要由基本养老保险和基本医疗保险、社会救助以及社会福利等组成，整体而言，目前农村社会保障的发展状况更为严峻。农民社会保障层次，即生存权保障基准是维持人的生理存活意义上的基础保障，这不太符合新时代福利国家理念下的生存权保障意涵。限于篇幅，我们在这里主要就农民社会救助权、农民养老权以及农民福利权的实践状况和困境作必要的阐释与分析。

---

[1] ［日］井上达夫：《法这种企图》，东京大学出版社2003年版，第209页，转引自［日］菊池馨实：《社会保障法制的将来构想》，韩君玲译，商务印书馆2018年版，第16－17页。

[2] 郑功成：“中国社会救助制度的合理定位与改革取向”，载《国家行政学院学报》2015年第4期，第18页。

一、农民社会救助权的发展现状与问题

社会救助制度体系的核心之一是最低生活保障制度。最低生活保障制度简称“低保”，是由政府为家庭人均纯收入低于当地最低生活保障标准的城乡贫困群众，提供维持其基本生活的物质帮助的一项制度。农村最低生活保障制度隶属于农村社会救助兜底性民生保障制度。

（一）重识社会救助的“反贫困”功能

在制度性社会救助出现之前，反贫困长期被视为个人和家庭的责任或民间慈善的服务领域[1]，然而，随着反贫困的责任转移至国家和地方政府，社会救助就成了反贫困的核心社会政策[2]。《英国济贫法》所确立的“分类施助”原则不仅在英国本土得到了完美的承袭[3]，而且随着大英帝国遍布全球的殖民地而发展成了世界各国社会救助的标杆。鉴于社会救助制度与贫困问题的直接联系，有学者认为社会救助天然地具有反贫困的功能，社会救助能减少贫困。社会救助资源的增加能显著降低贫困发生率。[4] 生存权保障既是维护和实现制度公平的首要原则，也是实现公民公平享有社会保障的逻辑起点。由此观之，农村最低生活保障在保障农村贫困人口基本生活方面发挥了重大作用，最低生活保障制度是脱贫攻坚的最后一道防线。

---

[1] Jawad，R. “A Profile of Social Welfare in Lebanon：Assessing the Implications for Social Development Policy.” *Global Social Policy*2（2002）：319－335.

[2] Walker，R. Social Security and Welfare：Concepts and Comparisons（Maidenhead：Open University Press，2003），pp. 39－40.

[3] Donnison，D. The Polities of Poverty（Oxford：Martin Robertson，1982）.

[4] Caides，N.，& Maluccio，J. A. “The Cost of Conditional Cash Transfers.” Journal of International Development17（2005）：151－168.

（1）社会救助制度的历史含义。社会救助原称社会救济，但由于社会救济的慈善性，难以突出社会救济的权利性质，以及由于社会救济给被救济者带来了屈辱感，最终，社会救济改为了社会救助。社会救助以低收入人群及生活困难群体为对象，其功能设计自然以兜住贫困状态最大公约数群体的需求底线为核心目标。[1] 社会救助制度是直接向困难群众提供各种保障待遇，以满足其各方面基本需要，从而直接缓解其贫困的社会保障制度体系。经过多年的发展，我国已经建立起以最低生活保障为基础，包含特困人员救助供养，社会力量参与的综合性社会救助体系，并且在政策理念、救助内容、发展统筹、参与主体等方面都积极探索创新。[2] 故而，社会救助是当公民无法维持最低生活水准时，享有从国家、社会获得最低生活需要的物质、服务等帮助的权利，社会救助是最低层次的社会保障，在民生建设中发挥着托底作用。

农民低保制度建立之前，农村救助的依据是《农村五保供养工作条例》，该条例满足农民需求中最基本的公共产品（保吃、保穿、保住、保医、保葬），既是维护农民作为公民应当享有的社会保障权利的最起码的要求，又是一种解决农民贫困问题的补救机制，还是农民社会保障体系中的最后一道“安全网”。肇始于20世纪50年代的农村“五保”供养工作，逐渐发展为一项独具特色的保障农村鳏寡孤独残疾人基本生活的制度。[3] 即对农村困难群体的救济通过“五保”制度实现，国家对集体供给后生活仍困难者

---

[1] 金昱茜：“论我国社会救助法中的制度兜底功能”，载《行政法学研究》2022年第3期，第145页。

[2] 关信平：“当前我国加强兜底性民生建设的意义与要求”，载《南开学报》（哲学社会科学版）2021年第5期，第35-43页。

[3] 刘翠霄：《中国农民社会保障制度研究》，法律出版社2006年版，第7页。

给予临时救济。[1] 但是，我国 1995 年以前的农村“五保”救助制度最明显的缺陷就是覆盖面非常狭窄和保障水平过低，已很难起到作为社会保障制度“兜底”项目应起的作用。故而，经济发达地区从 1997 年开始，逐渐探讨建立起农村低保。2002 年年底党的十六大报告指出，有条件的地方，探索建立农村养老、医疗保险和最低生活保障制度。2007 年的《关于在全国建立农村最低生活保障制度的通知》标志着即将构建全国性的农村最低生活保障制度。至此，农民低保制度正式取代了“五保”供养制度而成为农村占据主导地位的社会救助制度，以弥补“五保”范围窄与社会保险制度欠缺导致的贫困农民生存保障缺陷。在近几年脱贫攻坚“五个一批”工程中，低保是“社会保障兜底一批”的重要制度支撑，在脱贫攻坚中起着兜底保障的重要作用。与此同时，随着国家于 1999 年颁布了《城市居民生活最低保障条例》，这标志着我国社会救助制度逐渐从定性分散型救济向定量标准型救助转变。

（2）国家与个人责任视角的兜底功能检视。个人为实现生活保障，虽自我努力仍无法跨越生计资源实际获得乃至获得概率上限，是国家为保障公民有尊严生存而需兜“底”的考察起点。故有学者认为，公民社会救助权的构造应为“低于基本生活水平 + 穷尽其他帮助 + 值得救助”，[2] 国家责任视角的辅助性原则从实现个人自我负责角度观察即是“兜底性原则”。[3] 仅当个人生存保障并非无虞，且穷尽自身条件亦不具备获得有效资源的可能性时，

---

[1] 刘翠霄编著：《中华人民共和国社会保障法治史（1949—2010）》，商务印书馆 2014 年版，第 350－354 页。

[2] 黄锴：“论社会救助权的本土塑造——以法律与政策的互动为视角”，载《南通大学学报》（社会科学版）2018 年第 6 期，第 62 页。

[3] 韩君玲：“论我国社会救助法的基本原则——基于社会主义核心价值观融入的视角”，载《行政管理改革》2021 年第 1 期，第 31 页。

即其已无法真正“选择”有尊严之生活方式，此时国家才应当介入帮助。所谓“兜底”，应以国家对公民生存照顾的积极责任为“兜”，以人格尊严中个人自我负责为“底”。因此，社会救助是需要“兜”住个人因能力现状所处之底，向上“托”至公民一般基本需求满足之地位，即通过行政给付行为填补二者之落差。[1]

2014 年 2 月，《社会救助暂行办法》的出台意味着统筹社会救助各专项制度，确立了广覆盖、多层次、全纵深的“8 + 1”社会救助体系，建立了涵盖最低生活保障、专项救助、临时救助等方面的社会救助制度，使社会救助基本上能起到兜底托底的作用。与此同时，我国还有其他一些针对困难群众的社会救助措施，包括针对困难群众的法律援助和司法救助，针对困难残疾人的生活补贴制度，针对困难职工的解脱困行动等。长期以来，社会救助制度体系在保障城乡困难群众基本生活和兜底农村脱贫攻坚等方面发挥了重要的基础性作用。社会救助作为兜底性民生保障机制的重要组成部分，在民生保障中发挥着兜底、保底作用，是政府对于无法维持最低生活水准的公民给予帮扶，以解决其最基本的生存生活问题，并在满足其基本生存需求的基础上进一步提升其发展能力，体现了国家对于社会特殊弱势群体的生存状况和发展命运的关怀。

（二）农民社会救助权发展存在的问题

在托底性社会政策领域，社会救助基本上定位于温饱的生活标准。社会救助在社会保障中发挥着底线功效，对于生活贫困的困难者和遭受意外事件的不幸者的生活发挥着托底作用。社会救

---

[1] 金昱茜：“论我国社会救助法中的制度兜底功能”，载《行政法学研究》2022 年第 3 期，第 149 页。

助具有保障人权、维护公平、稳定社会秩序、促进社会发展的功能，但由于各国社会、经济条件各异，并不是所有国家对社会救助都有立法，我国就是对社会救助没有立法的国家之一。[1] 综观各国，社会救助制度主要是国家通过立法的方式建立，而很长时期以来，我国农村社会救助法缺位或不健全。当前兜底性民生保障机制主要依靠《社会救助暂行办法》，在专门立法层面缺乏统一的《社会救助法》，在行政给付方面给付标准不统一，在司法救济层面缺乏有效的权利救济，这些都是我国社会救助制度的软肋。

社会救助作为民生兜底保障工作的重要组成部分。2015 年出台的《社会救助暂行办法》主要针对低收入群体，解决了兜底性民生保障中的某些问题，对救助工作起到临时规范的作用，救助内容、程序则依托于行政法规、地方性法规、通知等文件。但是，面对新的发展形势，我国的社会救助制度还存在一定的短板，与解决相对贫困问题、满足困难群众对美好生活的向往还存在不小差距。[2] 概括起来看，一是社会救助制度的覆盖面太窄。其他专项性救助的对象与“低保”对象存在着制度性绑定，非“低保”对象获得专项救助的人数很少。二是平均救助水平比较低。三是社会救助制度在救助方式上比较重视现金救助，而在服务救助方面较为薄弱。[3] 农村“低保”在民生建设中发挥着重要的托底作用，其重点救助因病残、年老、丧失劳动能力及自然条件造成生活困

---

[1] 周忠学：《失地农民社会保障权的国家义务研究》，中国政法大学出版社 2017 年版，第 153 页。

[2] 刘喜堂：“强化制度建设兜底民生保障”，载《中国民政》2019 年第22 期，第16－17 页。

[3] 关信平：“当前我国加强兜底性民生建设的意义与要求”，载《南开学报》（哲学社会科学版）2021 年第 5 期，第 35－43 页。

难的农村居民。[1] 的确如此，长期城乡发展呈现二元化的社会结构，城乡“低保”政策出现了一定的不平衡性，政策的公平性打了折扣，城乡“低保”政策统筹发展存在一定的制度障碍。“支出型贫困”家庭无法享受我国现阶段的低保政策，也无法享受我国的社会救助政策，但是实际上这部分人群因为支出过高导致其基本生活无法得到保障。由于社会救助存在诸多纰漏和缺陷，2020年9月7日颁布的《社会救助法（草案征求意见稿)》（以下简称《社会救助法（草案)》）主要将《社会救助暂行办法》中的救助申请、受理等相关内容总结提炼，但是有些内容的规定较笼统、抽象性较强、操作空间大，不利于保障困难群体的基本权利。[2] 具体而言，《社会救助法（草案)》的不足有以下几点。

首先，忽略了社会救助最重要的基本原则。诚如德沃金教授所说，“当我们说某一条原则是我们法律制度的原则时，它的全部含义是：在相关情况下，官员们在考虑决定一种方向时，必须考虑这一原则”。[3] 社会救助的原则有：与经济发展水平相适应原则；公平、公正、公开原则；保障基本生活原则；与其他社会保障制度相衔接原则；鼓励劳动自救和及时原则；社会互助原则。[4] 但是又必须有自己的独特原则，即最低生活保障原则，尤其是农村最低生活保障是改善和保障民生的极为重要且基础性的制度。

其次，临时救助规定过于模糊。《社会救助暂行办法》在具体

---

[1] 宫蒲光：“充分发挥农村低保的兜底作用”，载《行政管理改革》2016年第4期，第33页。

[2] 李燕林：“社会救助权的规范构造”，载《河北法学》2021年第4期，第168页。

[3] ［美］德沃金：《认真对待权利》，信春鹰、吴玉章译，中国大百科全书出版社1998年版，第216页。

[4] 朱勋克：“社会救助法的立法框架及法律规则研究”，《云南大学学报》（法学版）2010年第6期，第132页。

实施过程中存在立法位阶不高、内容划分简单粗暴、权利保障阙如、行政给付不足等问题。《社会救助法（草案）》虽然确定了社会救助的救助对象、救助制度等内容，但是社会救助立法层面的阙如导致社会救助在落实上存在偏差，在执法层面给付的标准不确定、给付的程序不规范；对临时救助事由的规定大体相同，但对这些临时性重大困难的规定语意含糊、指向不明，导致彼此界限不清，亟须制定完善的《社会救助法》。

再次，对救助对象的财产状况的认定存在偏差和救助标准的程序阙如。《社会救助法（草案）》第25条规定对社会救助对象的认定条件由地方人民政府确定，表明对地方政府在确定救助标准的程序方面没有具体明确的规定，地方政府确定救助标准的程序属于行政机关的内部程序，往往缺乏公众参与和专家论证，不利于确定标准的科学化、合理化。这也表明对救助对象的财产状况认定缺乏统一的计算标准，地方政府的自由裁量权过大。以农村"低保"为例，因城乡二元藩篱、家庭收入量化难题与残疾人救助隐性缺位，部分"低保"渐成"健康缺损者"救助，对象定位发生偏离。❶

最后，法律救济规定过于简单。《社会救助法（草案）》对困难群体如何具体行使救助监督、进行行政诉讼或者行政复议等内容规定得不详尽，困难对象在自身享有的救助权受到侵害时，难以通过行政诉讼或行政复议的方式加以保护，从而导致困难主体享有的上述政治权利缺乏可靠的法律保障机制。在宪法权利规范层面表现为对社会弱势群体的社会权利及政治权利保障不足。由此观之，还有待继续完善兜底性民生保障在宪法权利规范、专门

---

❶ 陈文琼、刘建平："论农村低保救助扩大化及其执行困境"，载《中国行政管理》2017年第2期，第88页。

立法、行政执法、司法救济等方面的法治建设。

二、农民养老权的发展现状与问题

在农民交“公粮”、交税费的时代，社会保障明显不足。通过当前农村与城市在社会保障权保障体系建设方面的比较，发现农村养老保险制度还没有实现全面覆盖。

（一）农民养老权的发展现状

农民依靠土地养老面临的各种风险。正如有学者所言，农民承包集体所有的土地，在落后的小农经济模式和靠天吃饭的情况下，农民从土地中获得的收益，除去缴纳的农业税和种子、化肥以及农药等经营成本之外，维持一家老小的正常生活需要都有可能捉襟见肘。如果遭遇天灾人祸，生活根本就无法维持下去。土地养老在土地公有化的国家是行不通的。农村老人单靠转让土地使用权的收入，无法满足老年生活的基本需要。[1]“由于生活在接近生存线的边缘，受制于气候的变化莫测和别人的盘剥，农民家庭对于传统的新古典主义经济学的收益最大化，几乎没有进行计算的机会。典型的情况是，农民耕种者力图避免的是可能毁灭自己的歉收，并不想通过冒险而获得成功、发横财。用决策语言来说，他的行为是不冒风险的；他要尽量缩小最大损失的主观概率。”[2]即对农民来说，这只是一个附带风险的初级保障，完全依赖贫瘠的土地和变幻无常的天气，有时候庄稼歉收时，连温饱问题都无法解决；农产品丰收时或许要好些，但那时农产品价格都

[1] 刘翠霄：《中国农民社会保障制度研究》，法律出版社2006年版，第100－101页。

[2] ［美］詹姆斯·C. 斯科特：《农民的道义经济学：东南亚的反叛与生存》，程立显等译，译林出版社2001年版，第5－6页。

比较低。由此可见，依靠土地养老不可行。

在我国农村，养老还是传统的模式，主要依靠土地、家庭养老。一方面，长期以来，农民生存的基础是土地，因而农民社会保障权的保障首先需要考虑的因素就是农—地关系。前面已论述，封闭式的、缺乏产权的农村集体所有土地根本无法保障农民的养老生活。即使如有人认可的农民的生存基础便是土地的社区性和保障性，那么这个基础一旦动摇也就意味着农民的社会保障权的动摇。城市化的过程必然会导致农民失去赖以生存的土地，农民社会保障权又从何谈起呢？农民的生存怎么会可持续发展下去？另一方面，农村传统的家庭养老模式的不足也越来越明显，完全依靠儿子养老不现实。在某些农村贫困地区，“老有所养”不过是一句空话。随着农村经济改革的深入，大部分农村地区养老服务严重滞后于人口老龄化的发展水平。农村基本养老服务的总体可及性较低，其中经济可及性最差。对出现的这些问题逐一分析，不难发现它们所产生的根源均指向政府在农村养老长效机制建设中的职能定位与财政投入方面存在偏差。也因此，为了有效构建农村养老的长效机制，我国在未来必须采取有力举措，加快农村养老服务建设，只有这样才能有效保护农民的养老权。

（二）农民养老权发展存在的问题

社会保险是当劳动者因年老、疾病、生育等社会风险全部或者部分失去劳动能力时，有从国家或者社会建立的社会保险基金中获得补助的权利，体现了对于劳动者的权益保护。[1] 在经济学上，社会保险是现代社会保障制度的中心，因为“社会保障的作

---

[1] 郭曰君、吕铁贞：“论社会保障权”，载《青海社会科学》2007 年第 1 期，第 120 页。

用实际上重点放在分散社会风险”。❶ 在这种基本认识之下，学者们对于将社会保障制度从年青一代进行过大的收入转移之同时，将收入再分配这个另外的政策效果带入分散风险之构造的社会保险之中，表现出了不少慎重的姿态❷。目前城市职工基本养老保险尚只基本上涵盖保障老年人的基本物质生活，至于老年人的健康护理、社会服务方面的内容，除少数试点地区外，都未包括进来。城乡居民基本养老保险的基础养老金难以保障老年人的基本物质生活，农村养老保障更是问题重重。

在养老保险方面，《社会保险法》关于基本养老保险的规定只有 13 条，法律供给严重不足，对国有企业职工和机关事业单位养老保险的关系、退休年龄、养老保险的缴费基数、费率、养老保险个人账户的性质等养老保险基本问题缺少规定或语焉不详。❸ 而“新农保”推行对农民而言，似乎逐步实现了农民“养老不犯愁”的目标，但由于农村经济的相对薄弱和农民收入偏低，同时，政府财力投入严重不足和相对有限，相当多农民仍然被排除在养老保障体制之外。这导致“新农保”难以扩展，即使有“新农保”养老，由于保险金额处于基本最低档次，远远跟不上物价的上涨速度。实际上，社会保障体系仍将某些农民和其他弱势群体拒之门外，这部分人无法享受与城镇居民一样的养老保险等社会福利，这不太符合不歧视和公平原则。因此，社会保障体制的不完善妨

---

❶ ［日］小盐隆士：《社会保障的经济学（第 3 版）》，日本评论社 2005 年版，第 6 页。转引自［日］菊池馨实：《社会保障法制的将来构想》，韩君玲译，商务印书馆 2018 年版，第 13－14 页。

❷ ［日］驹村康平：《福利的综合政策》，创成社 2004 年版，第 6－7 页。转引自［日］菊池馨实：《社会保障法制的将来构想》，韩君玲译，商务印书馆 2018 年版，第 14 页。

❸ 杨思斌：“社会保险法实施的理论阐释与配套法规保障”，载《中国劳动关系学院学报》2014 年第 2 期，第 79 页。

碍了部分农民的养老权的实现。

1958 年《户口登记条例》的出台，正式奠定了市民与农民的二元体制。城乡二元经济和社会结构所具有的相互闭塞，既是农村经济长期凋敝的根源所在，也是农民增收的巨大障碍。中华人民共和国成立以后，城镇人口个人养老不是由个人和单位负责，就是由个人、单位、国家共同负责，个人缴纳的费用始终没有超过 50% 。而农村的情况则完全相反，除改革开放前由极少数集体负责的低水平保险之外，其余时间完全由个人负担，这点从国家制定的筹资政策中就可以看出。在深刻意识到这种制度的弊端之后，国务院于 2014 年发布了《关于进一步推进户籍制度改革的意见》，提出要统一城乡户口登记制度。目前，经济的快速发展与社会的变迁导致传统的农村社会保障权保障功能受到极大冲击而严重削弱，农村养老保障水平过低和农民养老权得不到保障应该引起国家的高度关注。

三、农民福利权的发展现状与问题

1690 年洛克发表《政府论》，提出政府意味着一种责任，其目的是“公共福利”[1]。1861 年，密尔在《代议制政府》中认为，政府的唯一目的是人民（被统治者）的福利[2]。在洛克和密尔等知名哲学家眼中，公共权力的存在就是为了保护公共福利。社会福利究竟统摄哪些内容？其真实的内涵有待深入挖掘。从理论上来看，社会福利是全体社会成员享有国家、社会提供的物质、服务等内容，体现了对全体社会成员的福利分配，是广覆盖、全方位的民

[1] ［英］约翰·洛克：《政府论》，叶启芳、瞿菊农译，商务印书馆 1982 年版，第 4 页。

[2] ［英］约翰·密尔：《代议制政府》，汪瑄译，商务印书馆 1997 年版，第 27 页。

生建设。社会福利有广义、狭义之分。广义的社会福利主要是指社会为保障全体社会成员在享受基本生存权利的基础上，由国家及各种社会团体提供各种公共福利设施、社会性津贴、社会服务和保护性的福利措施；狭义的社会福利是指国家和社会专为困难群体、弱势群体所提供的物质帮助和服务，如妇女儿童福利、老人福利以及残疾人福利等。这是将社会福利视为国家和社会为了改善和提高全体社会成员的生活质量而提供的各种设施、服务和采取的措施❶，换言之，这种意义上的社会福利是将社会优抚、社会救助排除之后，确保社会成员获得更高生活质量而采取的各种措施。这种理解在1993年中共十四届三中全会通过的《关于建立社会主义市场经济体制若干问题的决定》中得到采纳，社会保险、社会救济、社会福利、优抚安置、社会互助和个人储蓄积累等被纳入社会保障体系中，学界尤其是社会保障法学界普遍持这一狭义上的社会福利观。❷ 本书采纳这种狭义的福利观。在明晰社会福利的含义之后，应对农民的社会福利权发展的实际情况有所了解并探讨现实中的障碍，有助于寻找因应对策。

（一）农民社会福利权的发展现状

从目前的政策实践上看，老年福利资源配置主要集中在城市，法律意义上的农村老年人福利事业并未得到较大的发展。因此，随着社会经济发展水平的提高，需要不断扩大社会养老服务的覆盖面，让农村老年人共享全面建成小康社会的新成果。❸ 农村社会

---

❶ 种明钊：《社会保障法律制度研究》，法律出版社2000年版，第368页。

❷ 陈治："我国农村社会福利保障的理念转型与体系重构"，载《华南农业大学学报》（社会科学版）2012年第3期，第96页。

❸ 姚兆余："农村社会养老服务的属性、责任主体及体系构建"，载《求索》2018年第6期，第65页。

福利体系中有一部分项目具有对困难群体兜底保障的作用。这部分特殊群体主要包括农村中无劳动能力、无生活来源、无法定义务赡养人或扶养人的孤寡老人、儿童、残疾人、无法支付医药费的重病患者以及家庭纯收入在当地贫困线以下的其他群体。[1] 故而，应重点关注以下三类特殊群体。

首先，兜底性老年福利，主要是城乡特困供养制度中的长期照料服务。此项目由政府负责兜底保障，为城乡“三无”人员提供集中或分散的长期照料服务。其次，兜底性儿童福利，包括院内服务和院外服务。院内服务是传统的儿童福利服务，是政府向入住公办儿童福利院的孤残儿童提供全方位的生活和照料服务。最后，政府兜底保障的残疾人福利，主要包括残疾人福利补贴、残疾人康复辅助器具生产、残疾人福利机构建设，以及与残疾人就业相关的福利政策等方面。[2] 农村社会福利关系农民生活水平和幸福感，是全面推进乡村振兴、实现共同富裕的核心体现。兜底保障性的社会福利正在形成较为完整的体系，为城乡困难老年人、困境儿童和困难残疾人提供的基本生活保障和相关服务正在逐步加强。

（二）农民社会福利权发展存在的问题

由于我国缺乏一部专门的社会福利法，在针对农村老年人、儿童、残疾人的社会福利领域也还没有完整的行政法规体系，有些政策和规章在实践中缺乏刚性约束力。故而，福利法律的缺失导致农民社会福利权受到一定程度的损害。

---

[1] 陈治：“我国农村社会福利保障的理念转型与体系重构”，载《华南农业大学学报》（社会科学版）2012 年第 3 期，第 95－102 页。

[2] 姚兆余：“农村社会养老服务的属性、责任主体及体系构建”，载《求索》2018 年第 6 期，第 66 页。

在全面推进乡村振兴的新时代，我国农村社会福利保障工作由于没有社会福利法，必然面临许多问题，如涉及福利对象不全面、福利设施不健全以及资源紧缺等，即在总体上，我国农村特殊群体福利体系仍然面临福利保障资金匮乏、福利保障水平较低、福利保障结构性矛盾突出等问题，尤其是福利保障的结构性问题，如多头管理、部门分割、缺乏统一规划、福利机构稀缺且分布不合理，已经成为制约我国农村特殊群体福利制度进一步发展与完善的主要障碍，使得有限的福利保障资金无法发挥其最大功效。[1]具体而言，这方面的兜底性社会福利服务仍然存在明显的四大短板。一是服务对象的覆盖面太窄。政府兜底性的老年人长期照护服务只提供给特困供养对象，即城乡“三无”人员；一般的城乡低保对象都无法获得政府兜底的免费长期照护服务，农村困难老人就更无法享受此类服务。对贫困家庭儿童服务也只限于低保家庭，尚未全面扩展到低保对象之外的低收入家庭，因此还有大量生活困难的儿童没有得到政府的兜底保障。[2]困难残疾人的生活补贴目前一般只限于低保家庭，其他困难家庭的残疾人还很难获得政府兜底保障；重度残疾人护理补贴也只限于一、二级重度残疾人，其他残疾人的照料需求无法得到政府的兜底保障。二是政府对困境儿童和困难残疾人兜底保障的水平还不够高。例如，2019 年全国儿童福利院中孤儿基本生活保障平均标准为 1499.2 元/（人·月），社会散居孤儿基本生活保障金，平均每人每月不到 1000 元。[3]此

[1] 陈治：“我国农村社会福利保障的理念转型与体系重构”，载《华南农业大学学报》（社会科学版）2012 年第 3 期，第 101 页。

[2] 关信平：“当前我国加强兜底性民生建设的意义与要求”，载《南开学报》（哲学社会科学版）2021 年第 5 期，第 35－43 页。

[3] 《2019 年民政事业发展统计公报》，载民政部网站，http：//images3.mca.gov.cn/www2017/file/202009/1601261242921.pdf，访问日期：2021 年 1 月 23 日。

外，残疾人两项补贴的平均水平也比较低，并且各地情况参差不齐，部分农村地区平均每人每月的补贴水平还不足百元，这点收入几乎无法维持生计。三是各方面兜底性社会服务的体系建构还不够完整，服务设施布点还不够全面。尤其是社区儿童服务及活动设施建设方面各地情况参差不齐，在残疾人社区康复、精神障碍社区康复和精神卫生社会福利机构建设方面许多地区还有较大的缺口。四是针对困难老年人、困境儿童和困难残疾人的社会福利服务质量还有待进一步提高。其中，农村敬老院的服务质量、残疾儿童的早期康复质量、残疾人及精神障碍社区康复质量、困难残疾人辅具保障的质量和水平等方面都有待进一步提高。

第三节　农民社会保障权实现机制的建构

社会保障是国家以再分配为手段而达到社会公平和正义目标的一种正式的制度安排，它发挥着社会稳定器、经济运行减震器和社会公平调节器的作用。由此可见，农民社会保障权的实现是农村反贫困的重要举措。对广大农民而言，兜底性民生保障建设的重点在于认真对待农民的社会保障权。社会保险和社会救助又构成现代社会保障制度的核心结构。重构农村社会保障法律制度，加快农村社会救助、社会保险、社会福利和社会优抚的立法进程，才能切实有效地维护农民社会保障权。

一、赋予农民平等的社会保障权

我国已于2001年2月28日批准了于1997年10月27日签署的《经济、社会和文化权利国际公约》，该公约第9条规定，人人应享有社会保障，包括社会保险在内。基于二元制社会保障制度的局限，许多农民无法获得有效的社会救助，因此建立完善的农村社会保障制度具有急迫性。[1]《林堡规则》第25条规定，无论其国家资源如何，缔约国都有义务保障所有人生存的最低权利。著名的经济学家阿马蒂亚·森认为，“当饥饿现象发生时，社会保障系统尤为重要。世界上富裕的发达国家之所以不存在饥荒，并不是因为就平均水平来说那里的人是富有的。而是由其社会保障系统所提供保障的最低限度的交换权利”[2]。生存权包括生命权和尊严权，获得必要生活资料的权利，提高生存质量的权利等方面的子权利[3]。纵观全球，社会保障已成为一大历史潮流，“几乎所有发达国家和很多发展中国家都实施了社会保障制度”[4]。社会保障法的基本内容是实现生存权，而生存权又是人权的首要内容。[5] 生存权或类似的权利除保证人的生存权利外，另一目的是保障人的尊严，使人不必为了生存而牺牲人格尊严去流浪和乞讨。社会保障制度承载的意义不仅在于全社会范围维持了劳动力的正常再生产，促进经济的发展和社会稳定，起到“安全阀”的作用；同时，它能在很大程度上缓解当事人的生活困难和精神痛苦，也体现了对生命和人的终极关怀和社会价值取向。[6]

因此，在社会保障制度方面，要改革户籍制度，破除城乡二

---

[1] 蒋银华：《国家义务论——以人权保障为视角》，中国政法大学出版社2012年版，第294页。

[2] ［印度］阿马蒂亚·森：《贫困与饥荒》，王宇、王文玉译，商务印书馆2001年版，第12－13页。

[3] 李步云：《人权法学》，高等教育出版社2005年版，第121页。

[4] 穆怀中：《社会保障国际比较》，中国劳动社会保障出版社2007年版，第6页。

[5] 胡敏洁：《福利权研究》，法律出版社2008年版，第29页。

[6] 余少祥：《弱者的权利——社会弱势群体保护的法理研究》，社会科学文献出版社2008年版，第382页。

元制结构，对农民和市民做到平等对待。基本权利的缺失是农民贫困的主要原因，立法机关因切实履行宪法基本权利的国家义务和缔结的国际条约义务，需通过立法赋予农民社会保障权及相关配套的具体权利，同时，为保障农民社会保障权及相关配套实体权利的顺利实现，国家必须通过立法建构公正完备的程序来保证农民在稳定的程序框架内顺利实现其可预期的社会保障权。[1] 即尽快制定《社会保障法》等，通过法律赋权，抵御与制衡公权力对农民权利的侵害，尤其是对社会权的危害。

二、农民社会救助权发展之完善

在社会救助制度中，国家则需要实施更积极的干预，并以消除现代社会弊病，保障弱者的生存权，恢复个人经济和社会人格自立为准线，划定其介入私人自治的范围。[2] 通过国家立法，社会救助就有制度保障，社会救助就是国家与社会的责任与义务。

（一）社会救助权实现的国家责任

著名思想家潘恩曾指出，社会救济“不是施舍而是权利，不是慷慨而是正义”。在社会救助的长期实践中，消极的社会救助理念逐渐被积极的社会救助理念取代，因为“积极社会救助理念强调社会救助是实现和维护公民权利的基本手段，不是政府或者社会对贫困人口的一种施舍”。[3] 作为社会给付制度，社会救助应致力于弥补特定弱势者的不利缺陷，以达成机会平等。制度内在平等性要求与外在差别待遇互为表里，实际指向同一目的，即让公

---

[1] 周忠学：《失地农民社会保障权的国家义务研究》，东南大学2016年博士学位论文，第125页。

[2] ［日］大须贺明：《生存权论》，林浩译，法律出版社2001年版，第16－17页。

[3] 丁建定：《中国社会保障制度体系完善研究》，人民出版社2013年版，第368页。

民个体回归社会法中理想的“人的形象”，增进其自由发展的机会，助其获得符合人性尊严的基本生活水平。❶ 因为无论通过对功能发展的历史观察，还是基于现有制度的层级分析，社会救助都位于整个社会保障体系的基层，是兜住公民个体生存需要之“底”，保障其有尊严生活的最后一道安全网。❷ “社会救助乃政府对于人民之一种重要责任，在人民方面则成为一种应享有之权利。”❸ 社会救助中国家介入以个人自我负责为前提，但个体独异性产生具体需求与外在贫困的差异，客观引向不同的措施与水准期待。而公权力“干预条件”一旦以规范形式标准化，则必会减弱其对具体需求的回应精准度，进而影响救助效果。❹ 依据法理对救助对象的群体划分与准确定位，识别不同救助需求，设计相应措施组合，提高规范标准与个体需求的匹配度。因此，立法者进行救助制度框架设计时，需要基于被救助对象的属性差异进行合理归类。

2020 年《社会救助法（草案）》将“保基本、兜底线”作为社会救助的指导原则，保基本即保障居民的基本生活需求，兜底线是保基本的前提，保基本是兜底线的目的，二者共同决定需求填补之给付内容。脱贫攻坚战略如期实现，社会保障兜底功不可没。社会保障兜底，主要是指实行最低生活保障制度兜底扶贫（简称低保兜底扶贫）。简而言之，兜底保障的核心其实就是低保

---

❶ 蔡维音：《社会国之法理基础》，正典出版文化有限公司 2001 年版，第 55 – 57 页、第 62 页。

❷ 金昱茜：“论我国社会救助法中的制度兜底功能”，载《行政法学研究》2022 年第 3 期，第 2 – 13 页。

❸ 陈凌云：《现代各国社会救济》，商务印书馆 1937 年版，序第 1 页。

❹ Vgl. Mrozynski，SGB1.，6. Aufl.，2019，§9 Rn. 19. 转引自金昱茜：“论我国社会救助法中的制度兜底功能”，载《行政法学研究》2022 年第 3 期，第 149 页。

制度。此外，鉴于贫困形态的变化和现有兜底保障制度存在的问题，我们的首要任务是改革现行兜底保障制度，建立基本生活保障制度，强化中央政府在基本生活保障中的管理责任和支出责任。[1] 因为，完善农民最低生活保障制度无疑是乡村振兴战略的重要内容。

（二）《社会救助法（草案）》的几点立法微建议

就宏观视野来看，应扩大农民生存权保障制度的覆盖范围，逐渐提高低保标准，进一步促进制度的公平性和可持续发展。具体而言，《社会救助法（草案）》的进一步修改应围绕以下几点展开。

首先，社会救助法应聚焦生存权理念。“社会救助制度作为保障困难群体基本生活的社会保障制度，它是困难群众的福音，是社会稳定的基石。国际社会400多年的社会救助发展历史表明，通过立法规定社会救助制度，建立社会救助的长效机制，对于充分发挥社会救助调节社会利益、化解社会矛盾、促进社会公平、维护社会稳定的功能，具有重要的意义和作用。”[2] 因此，社会救助从慈善转向权利，是人类法治文明的一大进步。其次，合理确定社会救助的内容。社会救助法的核心就是对社会救助的内容作合理的规定，社会救助的内容对包括困难农民在内的需要救助者有着重要的作用。毋庸置疑，生活救助是社会救助的基本内容，最低生活保障制度是社会救助的重要组成部分。[3] 社会救助应是以最低生活保障制度为骨干，以专项制度与临时救助为补充的一个综

---

[1] 杨立雄：“谁应兜底：相对贫困视角下的央地社会救助责任分工研究”，载《社会科学辑刊》2021年第2期，第71页。

[2] 刘波：“共享发展成果亟需制定社会救助法”，载《法制日报》2007年10月19日，第3版。

[3] 周忠学：《失地农民社会保障权的国家义务研究》，东南大学2016年博士学位论文，第155－156页。

合救助体系。最后，健全社会救助的救济程序。有鉴于《社会救助法（草案）》第64条的救济程序不清晰和过于抽象等不足，建议在修改社会救助法中设立权利救济专章，这不仅有利于督促社会救助部门与人员依法履行救助义务，使受救助者获得救助的正当理由，也是社会救助权实现的保障与基础。此外，还要完善包括民事、行政、司法多种救济的立体化救济体系。故而，农民社会救助权的实现义务的司法救济对生存权的保障有着举足轻重的作用。

（三）加快推进《城乡居民最低生活保障法》的立法进程

对任何人而言，最低生活保障制度都是维持最低生活水平的保障，是社会保障的最后一道安全网与防护线。目前，基本依循城乡对立的户籍政策，我国实行城乡有别的“二元”最低保障制度。这种二元并存的制度存在许多弊端：一是至今没有统一的制度。最低生活保障颇具“二元”色彩。农村的救助对象、救助标准及法律保障都低于城镇。因此，统一城乡最低生活保障势在必行。二是管理模式不科学。保障对象动态管理流于形式，这是因为隐形收入与隐性就业很难取证，城乡的退出机制不健全；低保申请程序不够清晰，许多地方低保申请不公开、不公正、不公平，采取“一言堂”的做法，简单应付低保申请程序；监督检查敷衍塞责。[1] 三是低保标准测算依据不科学。至今没有一个相对科学的方法来确定。有学者“建议在起步阶段低保标准就低不就高，然后随着经济的发展和人民生活水平的提高而逐步调整、提高。只要保证农民有口粮、有柴炭，再有点买油盐酱醋的钱就行，至于

[1] 周忠学：《失地农民社会保障权的国家义务研究》，中国政法大学出版社2017年版，第157页。

穿的问题、医疗问题、住房问题、子女教育问题，则可以通过社会互助和其他相配套的优惠政策来解决”。[1] 目前，这种做法未必最科学，此种模式值得深入探讨和商榷。城乡一体化的最低生活保障有利于保障公民基本权利、缩小城乡差距、维护社会公平，况且，现在我国的经济发展程度，已具备实现城乡一体化的最低生活保障制度的条件。因此，本书建议，借鉴发达国家的社会福利法治经验，以国家统计的各地最低工资水平为基础进行科学则算，推进城乡低保兜底体系的统筹发展，推动城乡一体化发展，促使最低生活保障兜底扶贫制度建设更加完善。近年又恰逢乡村振兴之绝佳时机，中央应该通过财政预算，加大投入力度，设立农民最低生活保障的专项资金，扶贫开发制度应与社会保障制度有效衔接。各个区域可以综合实际经济发展水平，制定出切实可行的发展政策，并且在此基础之上制定出具体的扶贫标准。在推动我国医保、养老体系并轨的基础上，推动城乡低保并轨。因此，我国有必要积极推进《城乡居民最低生活保障法》的立法进程。

三、农村养老权保障的实现机制构建

在构建农村社会养老服务体系时，应考虑农村社会经济发展水平和农村老人的消费能力，强化政府在农村社会养老服务中的主导作用，将社会养老服务纳入农村基本公共服务，确立以政府为主导、家庭为支撑、社区为依托、社会组织为辅助的责任定位，在农村社会养老服务体系建设中发挥不同的作用。[2] 因而，建立和

---

[1] 刘光玺：“建立农村最低生活保障制度的思考”，载《改革先声》2007 年第 5 期，第 39 页。

[2] 姚兆余：“农村社会养老服务的属性、责任主体及体系构建”，载《求索》2018 年第 6 期。

完善多层次、交互式的农村养老权保障制度，是缩小城乡差别、扩大社会公平的重要举措。

首先，通过乡村振兴战略的进一步实施，改善农民的就业条件，从而提高收入水平。恰逢乡村振兴战略的推进及国家的政策支持和财政投入，通过一、二、三产业融合，帮助吸收农民进入农业产业链就业等，通过提高农民收入而使其逐渐摆脱或缓解养老资金短缺或枯竭的困境。

其次，我国应当制订科学规划，树立“民生财政”的理念。逐步优化政府财政投入结构，尽最大可能提高农村基础养老金和医疗保障水平。为了农民有尊严的生活，应树立“民生财政”的理念，强化政府的财政责任，“公共财政的基本特性是公共性，其职能就是向社会提供公共产品与公共服务，满足社会公共需要，财政收入的取得要建立在为满足社会公共需要而筹集资金的基础上；财政支出的安排要以满足社会公共需要为宗旨，以解决民生问题为出发点。因此公共财政的实质就是民生财政”。[1] 故而，要提高农民统筹层次，实现基础养老金全国统筹。在农村经济欠发达地区，在县、乡两级政府没有财政能力为农民的养老保险提供补贴的情况下，中央政府必须加大对这些地区的财政转移支付的力度；否则，这些地区的养老保险根本不能建立起来。[2]

最后，农民社会保险制度之完善。国家应把新型农村社会养老保险与城镇居民养老保险合并，可以利用此契机制定《养老保险条例》，建立统一的城乡居民基本医疗保险。社会保险是通过构建框架和给付分担，来实现风险的合理共担，提高农村老人的基

---

[1] 郑明彩：“民生财政：公共财政的出发点与落脚点”，载《市场论坛》2009年第7期。

[2] 刘翠霄：《中国农民社会保障制度研究》，法律出版社2006年版，第314页。

础养老金。建立基础养老金增长的动态机制，确保基础养老金的增长幅度不低于农民人均纯收入的增长幅度。[1] 同时，在老年人社会政策方面，要进一步推进社会化养老服务的开展，当下应尽快通过试点出台高龄老人医疗护理保险政策，完善政府购买养老服务制度，提高老年人生活质量。

我国在未来应当优化政府职能定位，不仅通过出台相关的政策法规和财政手段，努力扩大市场和社会参与农村养老发展的空间，积极培育和发展农村社会组织，使其逐渐成为农村社会养老服务的主体，最大限度激发这些主体的参与热情，构建城乡统筹的基本养老保险制度；而且系统完善对家庭养老和社区养老的政策支持措施，积极探索适宜的互助养老等长效发展模式，打造农村区域性日间照料和服务中心。

四、农民福利权发展的实现机制之健全

经济的发展为公共福利的保障提供了有力的支撑。在美国和其他高收入国家，通过价格支持、投入补贴和直接支付等方式实行收入转移，正是农业政策的一个十分重要的方面。经验证明，农业经济发展将会有利于大部分人的福利增长。乡村振兴战略的实施，必将驱动乡村产业的振兴，增长计划和福利关系说明长期增长目标和福利目标是一致的。此外，“十四五”时期，我们要把持续完善农村社会福利体系作为重点民生工作来抓。应从提升政府公共福利供给能力、控制政府自利性、创新政绩考核制度等三个方面入手增进公共福利，特别是保障农村弱势群体的基本福利。

[1] 姚兆余：“农村社会养老服务的属性、责任主体及体系构建”，载《求索》2018年第6期。

（一）提升政府公共福利供给能力

税赋是政府服务的价格，“我们可以把政府看成是一种提供保护和公正而收取税金作为回报的组织”。[1] 从根本上说，政府的主要职能是提供公共产品。而最核心的公共产品无疑应该是一种稳定而健全的社会秩序和一套合理的制度框架，诸如公正的分配制度、司法制度、社会保障以及公平的教育机会和基本的公共福利体系。[2] 此外，要降低贫困人员、贫困地区在社会保障制度的参与门槛，否则，再完善的社会保障制度对他们来说也不过是形同虚设。

（二）政府自利性控制

中央要加大扶贫资金的投入力度，虽然每年扶贫资金动辄上亿元，实际上分配到每个项目的钱并不多。与此同时，政府自利性控制是政府促进公共福利供给、增进自身执政竞争力的重要路径。构成行之有效的预防政府自利对策有：政务公开、扩大公民对公共行政的参与、建立公共福利听证制度以及控制自由裁量权。

（三）政绩考核的制度创新

政绩考核既是引导手握公权力者贯彻新发展理念、推动高质量发展的指挥棒，又是政府内部自我监督的重要方式。通过政绩考核的制度创新，可以极大地改变农民福利权长期不受重视的状况。具体有三种方法：一是把社会或公众的满意度作为衡量政府职能的最重要的标准。公民享有社会福利是宪法赋予的基本权利，

---

[1] ［美］道格拉斯·诺斯、［美］罗伯特·托马斯：《西方世界的兴起》，厉以平、蔡磊译，华夏出版社 1999 年版，第 11 页。

[2] 金太军：“公共权力与公共福利保障——兼论社会弱势群体的福利诉求与保障”，载《学术月刊》2003 年第 10 期，第 22－30 页。

政府理应把社会大众的基本福利诉求作为公共政策的首要价值目标，并依此建立和完善社会保障制度、给予政策倾斜和提供公平就业机会等，保护弱势群体的权益。[1] 因此，透过贫困农民的客观真实评价来测查政府的政绩。二是注意综合运用官员任免的多种方法，如扩大群众在官员考核和任免方面的参与权、选择权和监督权。在“互联网+”时代，应保证农民充分享有各种监督与制约官员的合法权利。三是完善政府官员的问责制度和引咎辞职制度。在完善考核制度的基础上，对农民民生保障领域缺乏成就者，如反贫困失利、乡村振兴领域腐化滥权等，应追究其相应的法律责任。

---

[1] 金太军等：“引咎辞职的双重效应分析”，载《学术研究》2003 年第 1 期，第 67－71 页。

CHAPTER 04 >>

第四章

农民受教育权的制度创新

贫困意味着更少的教育机会，而更少的教育则进一步导致贫困人口能力欠缺，从而难以摆脱贫困，进而产生贫困的代际传递。在《1990 年世界发展报告》中，世界银行提出："贫困不仅指物质的匮乏，还包括低水平的教育和健康。"❶ 基本的教育与吃穿一样，是一个人在社会中正常生存所必不可少的。作为与生存权密切联系的教育权，它是使公民过上文化性生活，免于精神匮乏的关键权利。无法享受平等教育权就无法真正享有免于匮乏的权利。第三章主要阐述了农民社会保障权，享有平等的社会保障权有助于保障每一个人实现其生存权，生存权是实现其他权利的前提，如果连生存都无法维持，其他权利的实现就无从谈起。只有切实地享有生存权，才能扩大人的自由范围，才能使精神权利和自由、

---

❶ 世界银行:《1990 年世界发展报告》，中国财政经济出版社 1990 年版，第 26 页。

政治权利和自由获得坚实的物质基础。[1] 任何个体完全依赖政府财政支付生存所需的资源，既不现实，也不可能。换言之，含弱势群体成员在内的任何人都有责任和义务提高自己的生存能力去养活自己及自己的家庭，进而为社会做出一份贡献，而不是成为公共负担。而教育在人的成长中扮演着至关重要的角色。由此，本章首先探讨受教育权的法理概述、对一个人（农民）生存权和发展权的价值，提高人力资本水平是消除贫困之根本。之后分析农民受教育权的现状和面临的困境及其成因，最后从国家义务的视角论证农民受教育权的制度创新。故而，要强化对农民受教育权的保障，应通过完善教育立法为农民受教育权的更好实现提供制度保障。行政机关拥有对教育资源的均衡权力，除加强内部约束外，应允许公（农）民就受教育权被侵害行为提起行政诉讼方能实现教育行政权的制衡与互动。最后，建议为农民受教育权侵害行为提供司法救济，完善教育行政执法监督机制，新设教育行政仲裁以及健全行政诉讼。

第一节 农民受教育权的法理概述

教育既是人类文明进步的推动器，又是推动经济发展和社会全面进步的动力之源。社会保障权的平等享有不仅有助于保障人们实现生存权和发展权，而且有助于保障公民受到良好的教育。对于广大农民的子女而言，享受平等的基础教育和高等教育对于保障自己未来的生存权具有极为重要的意义。

---

[1] 郭日君：《社会保障权研究》，上海世纪出版集团2010年版，第49页。

一、教育对于人的目的性价值

明确教育的目的无疑有助于我们理解农民受教育权的功能价值；教育公平对每一个公（农）民起着不可或缺的功能价值。自从J. J. 卢梭在《艾米丽》一书中首次宣布儿童的解放是教育的主要目的之后，许多理论都致力于阐释如何达到这一目的。并不是每个观点都能像伯特兰·罗素（Bertrand Russell）的众所周知的“亲情所运用的知识”概念那样具有慈善意义。❶ 但人们似乎日益同意，教育应使个人得以自由发展他的个性和尊严、积极参与自由社会并为宽容和尊重人权发挥作用。❷ 这些与人权相关的教育目的也得到国际法的承认。斯宾塞指出，将教育的目的综合为五类：自我生存、赚取生计、父母身份、适当社会与政治关系的维持和包含艺术的休闲生活，认为上述目的显示出结构功能的特性，“包含物质主义的先后秩序结构”，此种结构所产生的功能透过社会机构对人进行社会化，将人按职位、知识、技能等转变为有序社会结构的一分子❸。人权的一个重要依据就是人格，而人格产生了一项积极自由的权利，即享有基本教育和最低限度供给的权利——对于一个人类个体来说，为了作为人而存在，而不仅仅是作为生命有机体幸存下去，就需要这些东西。❹ 受教育权“是为了达成教育的内容不受国家权力统治、满足以儿童和青少年为首的国民对教育要求这样的目的，……保障了教育不服从与不正当的支配，

---

❶ Bertrand Russell, On Education, London, 1926 (the Unwin Paperback edition 1976).

❷ J. Delbruck, loc. cit. (note 7), p. 95.

❸ ［英］斯宾塞：《社会静力学》，张雄武译，商务印书馆1996年版，第156－163页。

❹ ［英］詹姆斯·格里芬：《论人权》，徐向东、刘明译，译林出版社2015年版，第40－41页。

而直接对全体国民负责”。[1] 保障所有国民有“依其能力，平等受教育之权利”，其旨趣被解释为系禁止因性别、社会身份等理由的差别为当然的前提，得按各人适性及能力的差异，施以不同内容的教育。[2] 此外，《日本宪法》第14条第1项规定，对一般的受教育权平等保护。

许多国际性条约都从不同角度阐释了教育的目的性价值。1948年发布的《世界人权宣言》第26条第2款宣布：“教育的目的在于充分发展人的个性并加强对人权和基本自由的尊重。”[3] 根据《世界人权宣言》所确认的不歧视原则和人人都有受教育的权利的精神，联合国教育、科学及文化组织大会第十一届会议于1960年12月14日通过了《取缔教育歧视公约》，该公约在《世界人权宣言》的基础上，进一步促进各国间的合作，以促进人权都受到普遍尊重，并且教育机会平等。该公约通过第1条对“歧视”一词的理解反过来体现受教育权的平等形式。其中包括禁止任何形式的教育歧视和促进受教育权平等两个方面的内容。因此，公民的平等受教育权是目前“全世界所有国家和所有与教育者有关的人最关心的”，是教育民主化问题的核心内容。[4] 该公约在第5条第1款要求缔约各国同意，教育的目的在于充分发展人的个性并加强对人权和基本自由的尊重；教育应促进各国、各种族或宗教集团间的了解、容忍和友谊，并应促进联合国维护和平的各项活动[5]，

---

[1] ［日］大须贺明：《生存权论》，林浩译，法律出版社2001年版，第137－140页。

[2] ［日］阿部照哉等：《宪法——基本人权篇》，周宗宪译，中国政法大学出版社2006年版，第253页。

[3] Universal Declaration of Human Rights，Art 26（2），1948.

[4] ［瑞士］查尔斯·赫梅尔：《今日的教育为了明日的世界》，王静、赵穗生译，中国对外翻译出版公司1983年版，第68页。

[5] 联合国公约与宣言检索系统，https：//www. un. org/zh/documents/treaty/UNESCO－1960，访问日期：2022年5月4日。

并对于取缔教育歧视以确保受教育权作出了一系列规定。除此之外，1966 年生效的《经济、社会和文化权利国际公约》第 13 条也规定："本公约缔约各国承认，人人有受教育的权利。它们同意，教育应鼓励人的个性和尊严的充分发展，加强对人权和基本自由的尊重，并应使所有的人能有效地参加自由社会，促进各民族之间和各种族、人种或宗教团体之间的了解、容忍和友谊和促进联合国维护和平的各项活动。"❶ 换言之，该公约表达了"发展人的尊严"和"所有人有效参与自由社会"的目标。该公约第 14 条还规定了缔约国承担在实施免费的、义务性初等教育方面制订计划和采取行动的具体义务。❷ 另外，尽管联合国《儿童权利公约》在 1989 年 11 月才获得批准，但已得到 190 多个国家的批准。缔约国一致认为教育儿童的目的应是：（1）最充分地发展儿童的个性、尊严、才智和身心能力，对残疾人也应充分开发其潜力。（2）培养对人权和基本自由以及《联合国宪章》所载各项原则的尊重。（3）培养对儿童的父母、儿童自身的文化认同、语言和价值观、儿童所居住国家的民族价值观、其原籍国以及不同于其本国的文明的尊重。（4）培养儿童本着各国人民、族裔、民族和宗教群体以及原为土著居民的人之间谅解、和平、宽容、男女平等和友好的精神，在自由社会里过有责任感的生活❸。该公约第 29 条是国际法中有关教育权的目的和宗旨的最详尽的条款。在此，该公约增加了尊重不同文明、土著文化和自然环境为教育的主目标。有学者认为，今天至少存在着有关教育权目的和宗旨的共识是：（1）使个人得以充分发展人性和尊严。（2）使个人得以相互宽容和尊重其

---

❶ International Covenant on Economic Social and Cultural Rights, Art 13. 1966.

❷ 夏光志："也谈对公平问题的看法"，载《学习时报》2006 年 9 月 6 日。

❸ Convention on the Rights of the Child, Art 29. 1989.

他文明、文化和宗教的精神积极参与自由社会。（3）发展尊重他人的父母、他人国家的民族价值和尊重自然环境。（4）发展尊重人权、基本自由和维护和平。[1] 因此，纽瓦克对教育权目的的观点与《儿童权利公约》大致相同。阿马蒂亚·森更进一步认为，社会机会指的是在教育、医疗保健等方面社会制度的安排状况，这些安排直接影响到个体获得更好生活方式或者实现实质自由的机会。我们不说医疗安排对个体生命预期的影响，单单是受教育机会的缺失，使得多少文盲在市场经济中受限重重，更别提政治参与。[2] 这就表明，在平等受教育机会方面，教育是增加人力资本的重要维度，也是社会分层评价的重要维度之一。因此，教育公平是社会公平的基石。

二、受教育权的法理概述

教育对于儿童的知识成长、人格形成及发展，不可欠缺。[3] 受教育的权利，在其性质上，乃是对儿童的保障，该权利的内容，被理解为保障儿童的学习权。[4] 受教育权是个人发展的最基本权利，也是个人参与一切社会活动的基础和前提。

（一）受教育权的双重属性

受教育权统摄着固有的自由权和社会权双重属性。受教育权的自由权性质，强调公民通过教育的自主选择，实现自我发展，

---

[1] M. 纽瓦克："教育权"，载［挪］艾德等：《经济、社会和文化的权利》，黄列译，中国社会科学出版社 2003 年版，第 282－284 页。

[2] ［印度］阿马蒂亚·森、让·德雷兹：《印度：经济发展与社会机会》，黄飞君译，社会科学文献出版社 2007 年版，第 161 页。

[3] ［日］阿部照哉等：《宪法——基本人权篇》，周宗宪译，中国政法大学出版社 2006 年版，第 372 页。

[4] ［日］芦部信喜：《宪法》，林来梵等译，清华大学出版社 2018 年版，第 218 页。

这可以满足生存权的高级需要。与儿童的受教育权相对应，负有使儿童接受教育的责任者，在第一次元上乃是父母或亲权人，宪法对此均有明文规定。同时，作为受教育的权利之社会权侧面，国家负有维持教育制度、整备教育条件的义务。[1] 即受教育权的社会权性质，则强调国家的积极作为，特别是国家对义务教育阶段的强力支持，可以实现生存权的基本要求。[2] 在现代国家，受教育权是指要求国家透过公共教育制度与设施，提供适切的教育场所的权利。即受教育的权利虽然是以教育自由为前提，但也具有作为社会权的性质。由于受教育权之内容广泛且多面，固同于生存权的情形，其实现主要是委诸政治过程。[3] 人类社会对教育的普遍重视，使受教育权首先在西方得到一般法律的确认，继而作为法定权载入民族国家的宪法，再扩展到国际人权法领域，成为全世界公认的基本权利。《日本宪法》第 26 条规定，一切国民均享有依据法律之规定，接受与其能力相应的教育的权利，“是为了达成教育的内容不受国家性权力统治、满足以儿童和青少年为首的国民对教育的要求这样的目的，……保障了教育不服从与不正当的支配，而直接对全体国民负责”。[4] 因此，受教育权的宪法属性有二：自由权属性和社会权属性，从受教育权的两种属性上，公民有要求国家不作为的义务，不干涉公民的受教育自由。另外，也有要求国家给付的权利。[5]

---

[1] ［日］芦部信喜：《宪法》，林来梵等译，清华大学出版社 2018 年版，第 218－219 页。

[2] 张扩振：《生存权保障》，中国政法大学出版社 2016 年版，第 164－165 页。

[3] ［日］阿部照哉等：《宪法——基本人权篇》，周宗宪译，中国政法大学出版社 2006 年版，第 236 页。

[4] ［日］大须贺明：《生存权论》，林浩译，法律出版社 2001 年版，第 137－140 页。

[5] 杜文勇：《受教育权宪法规范论》，法律出版社 2012 年版，第 117 页。

（二）多维度视角下的教育功能向度

18世纪法国思想家爱尔维修曾提出教育万能论的见解：人的智力天然平等，感官的完善程度与精神的发展无关，现实生活中人们精神上的差异都是由于他们所处的环境不同和所受教育不同所致。❶ 尽管爱尔维修的教育万能论或许有些夸张，但是教育在人生中扮演的角色却是不争的事实。教育之于人的价值在于：一个人可以通过教育得益——在阅读、交流、辩论方面，在以更知情的方式作出选择方面，在得到别人更认真的对待方面，等等。因此，教育带来的好处超出了在商品生产中的人力资本。❷ 由此可知，教育对于国家和社会以及公民个体都不可或缺。

公共教育是社会保存其文化和价值并将其传递给年青一代的首要手段。诚如布伦南大法官在普莱勒诉都尹案中所述，"我们已经将公立学校视为……传授社会赖以生存的价值的首要工具"❸。教育具有传承文化、教授知识和技能、开启心智的功能，不仅"为我们的完美生活做准备"，而且是"人之所以成为人的决定性因素"❹。

教育是个人获得尊严的前提条件。从人的需要的角度来看，"每个人作为人之为人的尊严，与其人格之健全发展有密切之关系，而人格之健全则有赖于学习。因此，通过学习使得人格获得充分之发展，基本上便是每一个人最重要的基本人权之一"❺。受教育权的本质是作为人权范畴的学习权。教育是个人发展的前提

---

❶ 转引自戴本博主编：《外国教育史（中）》，人民教育出版社1990年版，第104页。

❷ ［印度］阿马蒂亚·森：《以自由看待发展》，任赜、于真译，中国人民大学出版社2002年版，第292－293页。

❸ 457U. S. 221（1982）.

❹ 许庆雄：《宪法入门》，月旦出版社股份有限公司1996年版，第161页。

❺ 徐志雄等：《现代宪法论》，元照出版公司2004年版，第188页。

条件。学习与受教育的目的是要充分发展公民的人格，而不是为了他人或集体的利益。因此有学者认为，“教育与对人生命至关重要的东西密不可分，有必要将其作为权利赋予所有人”[1]。

三、受教育权和生存权的内在勾连

承前所述，教育对于社会成员占有和把握机会的能力具有直接的影响，而且这种影响随着现代化的不断推进愈显重要。因为教育对于个人基本素质的培养是至关重要的，教育可以使一个人掌握一定的科学文化知识，由此获得了介入和参与社会的能力，并使一个人的人身价值得到社会的确认。[2] 最为重要的是普及义务教育，以保证绝大多数社会成员具有最基本的劳动技能和最基本的竞争能力，不至于出现大量因没有接受义务教育而没有竞争力的弱势群体。[3] 由此观之，实现农民贫困家庭子女的受教育权，与农民生存权有重大内在关连。

生存权的实现和保障，离不开教育的发达。现代各国宪法，对于教育多加规定，盖亦出于达到保护生存权的目的。受教育权入宪的第一个理由就是着眼于经济方面，借教育以增强公民的社会竞争力。在谢瑞智教授看来，保障受教育权也是保障生存权的内容之一。而事实上，受教育权的生存权说是“传统宪法上的通说”[4]。大须贺明教授也认为，环境权和教育权对于实现公民的生存权具有不可替代的作用。政府在关注人类生活的经济层面的同时，也应关注文化层面，这就是社会权的法律效应所在。如果没

---

[1] Ivan A. Snook and Colin Lankshear *Education and Rights* (1979) 34.

[2] 刘翠霄：《中国农民社会保障制度研究》，法律出版社 2006 年版，第 153 页。

[3] 同上书，第 204 页。

[4] 谢瑞智：《宪法新论》，文笙书局 1999 年版，第 285 页。

有诸如此类对文化性质侧面的关注的政府措施，人的尊严需求将无法得到满足。从这个角度而言，生存权的文化层面之理论建构，将会成为与生存不可分割的关键之一。❶ 大量的实证材料充分显示了受教育权与生存权之间的紧密关系：受教育是防止失业的相对有利条件。在美国，高中未毕业者的失业率，是大学毕业者失业率的六倍。❷ 在英国，接受过大学教育的人比一般的人在三四十岁时受解雇的可能性小很多。❸ 由此可见，受教育程度已成为影响一个人就业乃至生存的重要因素。

我们还可以穿越历史的时空隧道，进一步从宪法层面考察受教育权与生存权的内在联系。德国是最早规定了父母送子女上学的强制义务的国家，早在1619年颁布的《德国学校法令》系统明确规定了父母的义务。这是世界上最早的关于受教育权的法律规定。《德国学校法令》的出台与德国宗教改革家马丁·路德有重大关系，他认为，“对父母而言，使子女受教育是一种对于国家和生活应尽的义务；对行政当局而言，使儿童受教育是一种不可推卸的责任，国家应强迫父母把子女送入学校接受教育，对不承担教育义务的父母，国家应予以惩罚”。❹ 此后其他国家也纷纷效仿德国。1833年《英国工厂法》规定，工厂主雇佣童工时必须承担开办学校，给13岁童工每天2小时的义务教育的义务，否则就得受罚。❺ 之后，1889年《日本明治宪法》与1754年《普鲁士义务教

---

❶ Akira Osuka, Welfare Rights, 53 L&Contemp Probs 13, 27－28 (1990).

❷ ［美］卡普洛：《美国社会发展趋势》，刘绪贻等译，商务印书馆1997年版，第101页。

❸ ［英］麦克尔·巴伦：“英国教育改革：现状与趋势”，张俐蓉编译，载《教育研究信息》2000年第1期，第36页。

❹ 孙霄兵：《受教育权法理学：一种历史哲学的范式》，教育科学出版社2003年版，第274页。

❺ 龚向和：《受教育权论》，中国人民公安大学出版社2004年版，第7页。

育法》对此均有相关规定。[1] 后来，越来越多的国家将受教育权入宪。因此，世界各国鉴于义务教育之重要性，无不以法律强制所有国民接受义务教育。

在国际条约方面，《经济、社会和文化权利国际公约》第 10 条第 1 项规定："缔约国对负责照顾和教育未独立的儿童的家庭应给予尽可能广泛的保护和协助。"教育是使人获得劳动技能的主要途径，在现代化大生产产生之后，生产规模扩大、劳动复杂程度加深，这就要求劳动者具有特定的专业知识和劳动技能，而特定的专业知识和劳动技能是通过教育获得的，这就决定了受教育的程度不同，人们占有和把握机会的能力也不同。[2] 除了义务教育对个人起着基础性功能保障作用之外，高等教育对于农民子女生存权保障的意义，在于自由权侧面的受教育权的重点在享有自由开放的高等教育，而有幸接受良好的高等教育，就有机会打开通往未来的职业通道。这大概可以从以下两个方面来理解。一方面，从生存权的内涵来看，生存权绝不仅是满足人类得以存活的基本物质需求，同时也要让人可以享受生活的尊严与自由。因此，公民的生存权应包含最基本的生命保障权、物质生活保障权、文化生活保障权三个层面的内容。[3] 其中最基本的文化生活保障权赋予了国家双重义务，一是当公民通过自身努力获得最基本的文化生活条件时国家不得干涉；二是国家应采取积极措施保障弱者生存最基本的生活文化条件。当前，我国已认识到扶贫开发不能再限于满足农村贫困人口生存必需的物质条件，保障贫困地区公民的

---

[1] 龚向和：《受教育权论》，中国人民公安大学出版社 2004 年版，第 8 页。

[2] 刘翠霄：《中国农民社会保障制度研究》，法律出版社 2006 年版，第 153 页。

[3] 龚向和、龚向田："生存权的本真含义探析"，载《求索》2008 年第 3 期，第 120－123 页。

生存权更应体现在精神和思想领域，而教育是增进科学文化水平、提升精神境界最有效的手段。[1] 另一方面，从贫困和教育的关系角度来看，虽然造成贫困的因素是多元的，有经济因素、社会因素以及环境因素等。但归根结底，造成我国贫困地区人口难以脱贫的根本原因在于贫困地区人口免于贫困的可行能力不足。为了克服人类最大的挑战即扫除贫穷，必须施行普遍教育，这也是社会正义的要求。教育之程度是确定生活质量的标准，缺乏教育提供的知识和能力的国家和个人会落后。这个世界不能接受教育权大量受害所带来的贫穷、不公平和浪费。[2] 同时，农村贫困人口长期生活在贫困的理念和恶劣的自然环境中，耳濡目染形成了一套特定的价值体系、生活观念和行为模式，比如视野狭窄、安于现状、强烈的宿命感等。受这种贫困文化影响，贫困人口怠于奋斗，陷入麻木消极的精神状态，已经成为扶贫开发的巨大阻力。因此，消除贫困的关键在于通过教育改变与完善处于贫困中的人。从“教育”的本质来看，它的核心任务在于“抽引”人的潜力。[3] 因此，农民子女通过享受良好的义务教育和接受高质量的高等教育，不仅能够增长知识、提升人的境界以及拓展视野，从而作出正确的个人选择以及合理的社会选择；同时，系统的教育还能够培养、提高和塑造人的各种能力，从而满足社会中某个行业或者具体到某个职位的人才需求。近年来的精准教育扶贫政策不仅是改变我

---

[1] 龚向和、卢肖汀：“论人权视野下的教育精准扶贫”，载《安徽农业大学学报》（社会科学版）2019 年第 1 期，第 89 页。

[2] Kevin Watkins, Education Now: Break the Cycle of Poverty, Oxford: Oxfam International, 1999, pp. 1 – 7.

[3] ［美］西奥多·W. 舒尔茨：《教育的经济价值》，曹延亭译，吉林人民出版社 1982 年版，第 14 页。

国贫困地区现状的根本措施，更是通过提高贫困人口的可行能力，实现其生存权的重要保障。

第二节 农民受教育权面临的困境

一、城乡居民受教育机会的不平等现状与问题

保护儿童的受教育权是尊重人类尊严的要求。虽然《宪法》《中华人民共和国教育法》（以下简称《教育法》）中规定了受教育权是每个人的基本权利，但由于受到城乡二元结构的严重影响以及东、中、西部经济发展的失衡，导致城乡、地域之间受教育权不平等的问题凸显，对农村贫困阶层来说，教育权利的不平等已成为他们发展的巨大障碍。即使教育部门在会议、宣传活动上大力宣传教育平等理念、利用互联网技术、开展“燎原计划”“国家贫困地区义务教育工程”等项目以缩短城乡、地域平等受教育的差距，但效果仍不太理想。这种受教育权的不平等主要表现为以下几个方面。

（一）教育支出落后以及教育资源分配比例不均衡

基本权利具体的给付效力是赋予国家积极作为的义务，即提供一定的物质或服务保障。就受教育权而言，国家的给付义务就是举办学校、培养合格师资、提供平等的受教育机会。“教育的中立性原理不能光作为教育自由权的问题来思考，也应当考虑到它与教育社会权的连接点，把其重点构成为一种国民的请求权，即可以要求国家创造条件以在实际上保障该原理得以实现

的权利。"[1] 教育给付效力的实质内涵即赋予国家提供达到一定水准的就学条件、均等的受教育机会以及物质帮助的权利。没有政府的积极作为，不提供良好的受教育条件和平等的机会，受教育权的实现必然存在严重缺陷。[2] 根据 2005 –2014 年全国 31 省的面板数据，测算出十年间农村义务教育生均经费投入均远低于城市，最高投入差达到 3000 元左右，且该差距有不断扩大的趋势。[3] 与 2005 年之前农村基础教育投入相比，现在已经发生了巨大变化。不过，从总体来看，与城市中小学相比，农村中小学的教育经费仍然是相对短缺的。

教育资源分配不公，致使农村义务教育处于资源短缺的恶劣环境中，农村孩子无法接受良好的基础教育。[4] 但乡村义务教育形势依然严峻。欠发达的乡村教育情况使得农村子女难以通过义务教育获得人生必需的基本知识，以保障未来的生存权，也难以获得进一步深造的机会，其未来生存的质量很难保证，或者说生存权的生活层面的内容无法得以实现。由此，面对乡村义务教育面临的困境，国家最为重要的义务是增加农村义务教育经费的财政支出，并完善相关制度，使这些经费能够真正落到每个农村儿童的头上。[5] 由于公共教育支出的边际归宿有利于穷人，对于弱势群体而言，教育可能是脱离持久贫困的最重要决定因素，因此，国家需要加大对弱势群体基础教育方面的财政投入。

---

[1] [日] 大须贺明:《生存权论》，林浩译，法律出版社 2001 年版，第 145 页。

[2] 杜文勇:《受教育权宪法规范论》，法律出版社 2012 年版，第 144 页。

[3] 田晨. 新时代背景下的城乡教育公平问题研究 [J]. 中州大学学报，2020，37 (03)：105 –109.

[4] 张维新："农民子女平等受教育权的法理分析"，载《辽宁师范大学学报》(社会科学版) 2010 年第 5 期，第 24 –27 页。

[5] 张扩振:《生存权保障》，中国政法大学出版社 2016 年版，第 166 页。

（二）农民子女接受教育的机会不公平

平等，是当今最为深入人心的政治法律观念，是每个普通公民心中最基本的诉求，也几乎是每个国家（不论其是民主的还是专制的）明文规定的基本法律原则。促进机会平等的方法之一是使教育在特定年龄段成为免费和强制性的。[1] 与“接受教育的权利”（a right of access to education）相对应，受教育权（the right to education）的标准构成是指政府有义务提供教育，即使在没有现存学校之时也是如此。[2] 在国际人权法下，国家最起码要建立和维持足够的教育设施。然而，在现实中，农村孩子在很多时候得不到均等的机会和资源，如在教育资源上，农村孩子不能与城市孩子享受均等的教育资源，贫困地区的孩子不能与富裕地区的孩子享受均等的教育资源。在同等的外部条件下，来自农村的个体与来自城镇的个体，其基本能力的起点就是不平等的。

城乡教育资源不公平。有相当多农村人口接受教育较低，无法适应现代社会的生存竞争。这主要是由于受城乡二元结构的影响，国家对教育的财政投入更倾向于城市，而在农村贫困地区，学校教育经费长期严重不足，教育设施严重匮乏。如从《中国教育经费统计年鉴》所披露的普通高中教育经费投入数据可以看出，城市教育整体经费远高于农村的教育整体经费。如此一来，必然导致农村平均受教育的水平总体比城市低。除此之外，东、中、西部区域受教育的水平也存在很大的差距，包括教育设施、教育水平、教育经费等。农村教育资源配备不充足，办学条件差，必然造成农民文化水平较低、生存技能不足和思想观念落后。农村

---

[1] ［挪］艾德等：《经济、社会和文化的权利》，黄列译，中国社会科学出版社2003年版，第286页。

[2] U. N. Doc. E/ CN. 4/ SR285.

师资水平低、素质有待提升等问题使农民子女不能享受公平的教育权，影响了农村人力资本的机会公平，使这些弱势群体通过接受教育实现向上流动比较困难。[1] 因此，资源配置和公共服务的城乡分配不均，教育投入不足及投入差别，使得农村的教育资源严重匮乏，尤其是优秀的教师资源缺乏。在城市务工的农村流动人口，在公立学校借读面临高额借读费问题和子女的适应问题，农村学校则面临教学质量低的问题。[2] 因此，为了农民子女的生存权得以更好实现，政府应该重视这个问题，切实保障农民子女的受教育权的实现。

（三）省际高等教育资源严重失衡

由于人为的歧视性教育制度安排，加上高等教育资源本身的稀缺性，城乡在高等教育阶段的教育机会不均更加明显。80% 左右的农村适龄人口无缘参加高考，造成农村子女获得高等教育的机会大大降低。高考在当今社会对每个家庭而言，其重要性不言而喻。虽然号称分数面前人人平等，但招生过程采用的是各省定额、划线录取的办法，在录取方法上还会考虑各地区的学校教学资源的状况以及生源地属于农村还是城市等因素，以至于不同的地方录取分数线不同；有一些省区，几乎每个人都有机会上大学，而某些省区，接受高等教育的机会还是不多；笔者统计过，同一张试卷，能否上大学竟然相差将近一百分，由此可见，这种情况不太公平。农村家庭负担巨额高等教育费用的现象并不罕见，如鉴于教育不太公平问题，即使农村子女有机会上大学，很有可能上的是民办高校，民办高校的收费对于本来就贫穷的农民家庭无

---

[1] 付舒：《公平理论视阈下我国社会保障制度的分层化问题研究》，吉林大学 2016 年博士学位论文，第 119 页。

[2] 张扩振：《生存权保障》，中国政法大学出版社 2016 年版，第 167 页。

异于雪上加霜。因此，近年来，不断出现学生以侵犯平等受教育权为由而向法院提起诉讼的案件。

（四）受教育权的“4A 模式”与农村经济落后和贫困

根据《经济、社会及文化权利国际公约》的规定，教育权的核心内容归结为四点，构成一种典型的分析经济、社会和文化权利的“4A 模式”（4As Scheme）：政府有义务使教育 availability（可提供性）、accessibility（可获取性）、acceptability（可接受性）和 adaptability（适应性）。[1]“4A 模式”的核心义务虽然是最低限度的要求，却不一定轻易能达到。违背最低的核心义务就是对国家在公约下义务的违反；最低核心义务的遵守不因一国可获得资源的限制或者其他因素和困难的存在而受到影响。[2] 中国是缔约国，有义务接受“4A 模式”的审查。但是，由于经济严重滞后和财政投入严重不足而导致农村中小学偏少，上学距离较远导致一些农民孩子辍学。乡村教育在可提供性、可获取性方面有不足之处，无法满足需求。资金匮乏会阻碍政府设立新学校和维护现有学校。开办教师培训学院、雇用有胜任力的教学和行政人员以及为学生提供充足的交通设施，这些都直接依赖于国家经济的发展和资源的公平配置。而资源分配不公会使政府不能在学生居住的合理距离内设置学校，或是为其提供充足的交通设施作为替代。[3] 当下，农村教育问题的关键并不在于儿童没有学校可上。问题的

[1] See Commission on Human Rights, Annual Report of the Special Rapporteur on the right to education, Katarina Tomasevski, UN Doc. E/EN. 4/2001/52, para, 64 – 67, and E/CN. 4/2002/60. para. 22 – 45.

[2] 柳文华：《论国家在〈经济、社会和文化权利国际公约〉下义务的不对称性》，北京大学出版社 2005 年版，第 15 页。

[3] ［澳］道格拉斯·霍奇森：《受教育人权》，申素平译，教育科学出版社 2012 年版，第 173 页。

关键在于，一是乡村义务教育质量偏低；二是儿童辍学和留级等造成的教育过高的浪费率。

贫穷的根源是缺乏教育和训练，而要打破这种贫穷—不良教育—贫穷的恶性循环，最有效的办法就是向贫穷的人口敞开教育的大门。教育权利贫困的最直接后果就是贫困人口的知识贫困，而在知识时代，知识贫困必然会加剧个人的能力贫困，从而使贫困人口更加难以摆脱物质贫困，并进一步加剧了贫困的固化和代际传递。❶ 世界银行的研究表明，增加教育和人力资本投资，每使“劳动力受教育的平均时间增加 1 年，GDP 就会增加 9%”❷。1999 年，世界银行对 23 个国家 2 万多贫困人口进行实地考察，结果表明几乎所有的穷人都将教育和技能提升作为改变他们及其子女命运的关键因素。❸ 在人力资本的投资中，教育投资在人力资本形成中具有特别重要的作用。教育投资不是一种消费活动，相反，它是政府和私人有意识的生产性投资，为的是获得一种具有生产能力的潜力，它蕴藏在人体内，会在将来做出贡献。❹ 教育投资无论对个人还是国家都具有积极的作用，在很大程度上可以看作促进社会和人的发展的“金钥匙”❺。农村主要的经济来源是种养业和劳务收入，但种养业产业结构单一，增收难度较大，且由于自身素质不高，缺少技能培训，就业机会与收入较低。经济总量少，

---

❶ 朱霞梅：《反贫困的理论与实践》，复旦大学 2010 年博士学位论文，第 164 页。

❷ 世界银行：《1991 年世界发展报告：发展面临的挑战》，中国财政经济出版社 1991 年版，第 45 页。

❸ 董筱丹等：“穷人眼中的通向幸福之路——《穷人的呼声》介评”，载《管理世界》2005 年第 10 期，第 166 页。

❹ ［美］西奥多·W. 舒尔茨：《论人力资本投资》，吴珠华等译，北京经济学院出版社 1992 年版，第 8 页。

❺ 张友琴等：“人力资本投资的反贫困机理与途径”，载《中共福建省委党校学报》2008 年第 11 期，第 49 页。

发展实力弱，是农村地区的基本特点。人均收入低而导致在教育方面投入少，因而造成了农村教育陷入困境。[1] 除了收入增长不足之外，农村儿童贫困是一个核心问题。阿马蒂亚·森认为，减少收入贫困方面的成功与消除儿童利益被剥夺之间存在着缺口，产生此问题的原因之一就是家庭对钱财的竞争性需求以及有时这些需求的急迫性。从长期来看，满足儿童对于营养的需求也许比其他需要钱财的事情更重要，詹姆斯·赫克曼（James Heckman）教授研究表明：除短期影响外，儿童利益被剥夺将造成严重的长期后果。[2] 比如一个显而易见却难以解决的参与家庭竞争的项目就是所谓的“成人商品”，即烟和酒。事实上，在农村，儿童需求和成人需求之间的确存在严重的冲突。在中国农村，烟和酒等成为阻碍社会前进的反向推动力。

（五）农民认知偏差

20 世纪 60 年代初，美国经济学家提出一种“贫困代际传递”（Intergenerational Transmission of Poverty）理论，意指贫困及造成贫困的相关因素和条件，在家庭中通过上一代传递给下一代，使下一代在成年后重复上一代的境况，最终形成自我延续的贫困链。哈林顿说：“贫困是一种文化体系，这个贫困机构的各部分根本上是相同的。恶性循环是最基本的类型。”[3] 家境贫困的孩子能够接受的教育是非常有限的，甚至可能由于家境贫困直接导致孩子丧失了接受教育的机会，甚至被逼入教育无保障的境地。农村贫困

---

[1] 张维新：“农民子女平等受教育权的法理分析”，载《辽宁师范大学学报》（社会科学版）2010 年第 5 期，第 24－27 页。

[2] ［印度］阿马蒂亚·森：《以自由看待发展》，任赜、于真译，中国人民大学出版社 2002 年版，第 112 页。

[3] 哈林顿：《另一个美国（美国的贫困）》，卜君等译，世界知识出版社 1963 年版，第 188 页。

家庭即便是不惜一切也难以奋力托举自己的孩子翻越这道“门槛”。由此可见，仅仅是基础教育这一项支出就使一些处在贫困线边缘的家庭陷入贫困，加剧了在人生起点上的不平等，这将制约其通过教育提高发展能力改善贫困状况的可能性。[1] 莫伊尼汉提出一种“贫困恶性循环”理论模式：（1）生活在贫困状态中的人，由于受教育程度低，很难有较高的成就动机；（2）受教育的机会少，能力弱，使他们在就业等方面处于竞争上的不利地位；（3）就业上的弱竞争力，使得他们只能从事低收入的工作，处于较低的社会地位；（4）收入水平和社会地位低，使他们更加贫困，难以提高人力资本投资。[2] 这种贫困观念会像瘟疫一样呈现周而复始的循环，使贫困者在贫困的泥沼中越陷越深。落后的观念和愚昧的意识则成了阻碍农民子女受教育权实现的另一因素。农民在教育未成年子女时，常常会陷于矛盾之中：在增加收入与子女教育之间取舍失衡。[3] 多数农村父母对健康和营养、儿童时代被剥夺对人类生命的长远影响等方面的知识缺乏认知。在农村地区，贫困农民处于弱势群体地位，本身往往缺乏足够的教育，或者因为外出务工而使他们的孩子无人照顾。所以，对农村学校教育在覆盖面和质量上的忽视使得现有的知识得不到应用，这使得仅仅依靠提升家庭收入来解决这一问题变得更加困难。与此同时，性别歧视在农村也是问题，由于受古老的“读书无用论”的影响，大量女生过早辍学。

---

[1] 周芸帆：《十八大以来中国农村贫困治理研究》，电子科技大学2019年博士学位论文，第136页。

[2] 王艳霞：《关于英国社会救助制度的研究》，河北大学2007年硕士学位论文。

[3] 张维新：“农民子女平等受教育权的法理分析”，载《辽宁师范大学学报》（社会科学版）2010年第5期，第24－27页。

二、制约农民（工）子女平等受教育权实现的原因

大量的实证研究表明，教育无论对农村的发展还是农村贫困群众收入的增长都有显著的正向影响，其作用随着时间的推移，教育水平的提升而不断增强。近些年来，国家对农民受教育权的重视程度有所加强，但农民的受教育权仍处于弱势，其原因是在农民受教育权宪法规范实施方面存在缺陷，教育行政立法缺失。我国教育具体行政不当行为主要体现在教育行政预算编制缺陷、教育行政给付瑕疵以及教育行政过度干预等方面。

（一）受教育权平等保障的相关法律瑕疵

教育立法是法律规范体系的重要组成部分，也是保护农民平等受教育权的基本规范，同时也是促进教育法治目标实现的必要过程。从形式上看，我国目前仍欠缺一些重要教育范畴的立法，如学前教育、教育经费、社会教育、终身教育等。从实质来看，中国教育尚未有一个完备规范的法律基础结构，无论在组织法、行为法还是责任法方面均有很多立法空白。[1] 举其要者，第一，政府应依法合理分配教育资源，特别是在义务教育资源的平衡配置方面负有不可推卸的责任。但是，由于追究法律责任的程序不具有可操作性和处罚力度较弱，对政府几乎没有约束力。第二，受教育救济权阙如。缺失救济的权利根本不具有任何意义。但是，在《教育法》中，找不到对受教育者在受到行政机关和学校的侵害可以提起诉讼的规定，这是一个严重的缺憾。第三，民办学校的法律地位问题。作为教育基本法的《教育法》对民办学校的定

---

[1] 申素平："对我国教育立法的思考"，载《中国教育学刊》2018 年第 6 期，第 62－66 页。

位并无回应，客观上不利于民办教育事业的进一步发展。[1] 此外，由于现行法律制度不健全，有关公民受教育权的法律规定尚未完整化与系统化，存在诸多法律空白，从而造成行政主体（包括政府与学校）在实施教育时，具有宽泛的裁量权。[2] 虽然早已有人大代表提出了立法议案，但是至今未见行动。

（二）教育行政立法缺失和不当立法

我国教育行政立法不作为又分为教育授权行政立法不作为和教育职权行政立法不作为。前者涉及公民的受教育机会均等、教育行政给付的授权立法义务。后者，从相关条例、规定上看，大部分内容有关教育管理，注重管理职权的落实，很少涉及教育行政给付的内容。[3] 在教育行政立法方面，各级政府有很大改进的空间，特别是在教育行政给付立法方面的瑕疵，缺失服务受教育者权利保障的意识。满足农民平等享有教育给付请求权的教育投入法或教育财政负担法、体现平等受教育机会的法律至今未见行动。教育行政立法不作为与政策供给失衡叠加，致使农民子女无论在受教育的条件还是在受教育的机会上都无法和城市居民的子女相比。这是我国长期以来对城市和农村实行二元结构的城乡分治模式所致，这种二元结构体制的直接后果是资源配置不公和机会不均等。与此同时，还有以下两个原因：一是法律法规对农民受教育权的保护和重视程度不够。教育法中有关受教育权的法律规范少，且规定过于抽象。多年来，为解决农村儿童教育问题实施的“希望工程”“教育扶贫”等政策、措施都没有法制化，有极大的

---

[1] 杜文勇：《受教育权宪法规范论》，法律出版社2012年版，第175页。

[2] 祁占勇、康韩笑：“受教育权视域下高等教育领域司法案件的发展特点及其展望”，载《高教探索》2017年第11期，第22页。

[3] 杜文勇：《受教育权宪法规范论》，法律出版社2012年版，第231－233页。

随意性和不稳定性，贫困的农村儿童不能持续地获得教育资助，因而不能顺利完成义务教育。[1] 二是行政机关怠于积极投资，义务教育资源设置的失衡等情况非常突出，从而造成农民子女受教育权严重受损。

（三）教育行政预算编制缺陷，教育行政给付存在瑕疵

与政治和公民权利不同，受教育权的有效行使要求渐进投入巨大数额的资金。影响发展中国家儿童实现其受教育权的最大障碍是贫困。[2] 如果从保障人权的角度来认识，预算不仅是一个经济学、财政学或管理学的范畴，更多的是一个宪法学的范畴。日本理论界曾有过财政预算是否应该由议会统制的争论。[3] 法治政府的角色就是保障公民最基本的生活需要，而预算正是其履行义务的正式形式。教育行政预算属于国家或地方财政计划的一部分。在目的上，教育行政预算以最大限度地实现教育的公平性为目的，促进教育特别是义务教育的均衡发展，满足受教育者对公共教育资源的需要。[4] 长期以来，我国教育财政预算编制存在诸多缺陷，如在以经济指标为导向的背景下，政绩评价不以教育发展水平为依据来衡量；教育财政预算公开性不足而且未经过听证程序等。

教育行政给付这种长期性的、受益人广泛的给付，只有经过法律的明确规定，行政权对经费的分配和使用才有法律约束力和可预测性，公民才有可能行使给付请求权。日本学者认为，“给付行政之目的在于增加国民的福利，但是其给付本身就是一种权力

---

[1] 刘翠霄：《中国农民社会保障制度研究》，法律出版社2006年版，第304页。

[2] ［澳］道格拉斯·霍奇森：《受教育人权》，申素平译，教育科学出版社2012年版，第172页。

[3] ［日］大须贺明：《生存权论》，林浩译，法律出版社2001年版，第59-65页。

[4] 杜文勇：《受教育权宪法规范论》，法律出版社2012年版，第223-224页。

在起作用的过程，如果作为与福利给付的交换从而使国民的自由受到损害，那么确实福利给付中的权力滥用就会带来侵害人权的危险”。❶ 我国教育立法的缺陷主要表现在教育财政预算审查和批准程序方面存在多重问题：教育财政预算编制民意基础严重不足，人大审议时间短，审议力量薄弱以及存在程序性缺陷。《教育法》的内容也存在较多瑕疵。在我国，教育投资不足和现有教育资源配置的不公平是严重制约教育发展的根本问题，也是受教育者不能平等接受教育的根本原因。不仅如此，与城市相比，国家对农村教育的物质和人力投入尤其不足。进入21世纪以后，国家逐步将农村义务教育全面纳入公共财政保障范围，为统筹城乡教育资源均衡配置提供了制度保障。根据《2018年全国义务教育均衡发展督导评估工作报告》，全国已有92．7%的县（区）通过认定，在师生比、生均图书册数等硬件设施指标上实现了义务教育发展的基本均衡状态。笔者认为，虽然城乡学校在硬件设施方面达到了均衡状态，但是真正对城乡教育公平形成挑战的是城乡学校的阶层构成差异。❷ 2019年，我国农村小学生均一般公用预算教育经费为11 541．34元，低于全国普通小学生均一般公共预算教育经费（12 330．58元）。❸国家资金的分配是为了确保实现特定的社会、经济、文化和政治的目标，必须由具体规定其分配、赋予公民相应主观权利、具有约束力、可预测性的法律予以确定。❹ 行政机关怠于行使积极投资教育、均衡设置义务教育学校的职权，造

❶ ［日］大须贺明：《生存权论》，林浩译，法律出版社2001年版，第60页。

❷ 吴愈晓．社会分层视野下的中国教育公平：宏观趋势与微观机制［J］．南京师大学报（社会科学版），2020，No.230（04）：18－35.

❸ 教育部发展规划司中国教育统计年鉴2019［M］北京：中国统计出版社，2020.

❹ ［德］哈特穆特、毛雷尔：《行政法学总论》，高家伟译，法律出版社2000年版，第113页。

成农民教育权严重受损。目前，我国农村基础教育发展落后、城乡教育资源分配不公平问题仍然严峻，导致农民受教育权利未得到充分保障。义务教育经费缺乏法律保障，预算和开支没有一个明确的标准，政府不能足额拨付教育经费应该承担什么具体责任缺乏制度性约束。足额、均衡拨付教育经费是解决农村义务教育问题的关键。[1] 故而，有专家指出，“国家对教育的投入主要用于城市地区，教育部门在办学条件、教育经费、师资配备等资源配置上，实现城乡不同标准。有限的教育经费主要集中于城市，原本更需要扶持的农村教育得到的资源远远少于城市”。[2] 农村教育环境与城市存在较大差距，使得许多优秀教师不愿去农村。因此，有必要制定一部城乡统一的义务教育投入法，才有可能保障农村儿童的平等受教育权。

（四）教育行政过度干预

诚如约翰·阿克顿所言：“权力有腐败的趋势，绝对的权力导致绝对的腐败。”因权力具有扩张性、侵略性、腐蚀性的特点，权力的滥用极易导致权力异化现象。权力总倾向于增加权力……它喜欢自己是一个目的而不是手段。[3] 教育权力的腐败也不例外。教育行政过度不当干预是教育权力腐败其中之一。教育行政不当干预是指对公民受教育自由的不合理限制。与国际教育人权的教育目的相比，我国的教育目的基本上包括了“才智和身心能力”，但在“个性、尊严”方面有所欠缺，这也许是我国当下培养不出创新型人才、培养不出大师的关键原因之一。[4] 同时，“现代国家之

---

[1] 杜文勇：《受教育权宪法规范论》，法律出版社 2012 年版，第 187 页。

[2] 杨东平：《中国教育公平的理想与现实》，北京大学出版社 2006 年版，第 80 页。

[3] ［法］马里旦：《人和国家》，张琦译，商务印书馆 1964 年版，第 10 页。

[4] 管华：“教育人权：国际标准与国家义务”，载齐延平主编：《人权研究（第 16 卷）》，山东人民出版社 2016 年版，第 82 页。

行政作用，本质上，暗藏着严重威胁宪政体制下人民应受保障之基本权利；公法上所指的基本人权至此乃与进化中的行政，演变为同床异梦的一对冤家，顾此必将失彼之结果”。[1] 现实生活中诸如在入学条件限制、高考地域限制以及高等教育入学机会不均等方面体现着行政机关的不当干预与限制。

（五）受教育权救济机制的不足和行政诉讼救济制度存在的主要问题

保护相对人的受教育权是民主与法治国家建设的题中应有之义，权利的保障除了要有完善的民主机制外，更要有完善的法律救济机制。现如今我国受教育权法律救济机制主要有申诉、行政诉讼、行政复议三大类，但迄今为止《教育法》《仲裁法》等法律均无有关教育仲裁的规定。[2] 因此，有必要构建教育仲裁制度。

虽然现行三大诉讼制度在受教育权的救济中都发挥着一定的作用。但是，就保护受教育权而言，最重要的诉讼救济制度应当是教育行政诉讼。在《教育法》中，没有任何对受教育者在受到行政机关和学校的侵害可以起诉的规定，这是一个重大缺憾。[3] 具体而言，受教育权行政诉讼救济制度主要存在两个方面的不足：一方面，由于《中华人民共和国行政诉讼法》（以下简称《行政诉讼法》）的规定不完善，司法实践中出现的受教育者诉学校侵犯受教育权的行政诉讼缺乏明确的法律依据。不过，将依法律规定或授权的学校职权行为纳入行政诉讼受案范围，已经慢慢被司法界和教育界认可，但还有待在《行政诉讼法》等相关法律修改和完

---

[1] 城仲模：《行政法之基础理论》，三民书局1999年版，第649－650页。

[2] 祁占勇、康韩笑：“受教育权视域下高等教育领域司法案件的发展特点及其展望”，载《高教探索》2017年第11期，第17－23页。

[3] 杜文勇：《受教育权宪法规范论》，法律出版社2012年版，第173－176页。

善过程中加以规定。另一方面，现行行政诉讼范围仅限于具体行政行为，不包括法律、法规以及政策性抽象行为。我国受教育权存在的最大问题在于，教育行政部门或学校作出的影响受教育权的教育政策、法规等决策不能提交司法机关审查其合法性。[1] 此外，有关宪法解释权也无具体制度设计，导致公（农）民受教育权受到立法行为、大部分行政行为侵害后无法获得救济。即使少数能够提起诉讼的受教育权侵害案件，鉴于没有法律的明确规定，各地法院的审判标准也不统一。[2]

第三节 乡村教育振兴视域下农民受教育权的制度创新——基于国家义务的视角

罗尔斯提出，公正公平地配置教育资源，是提升普通劳动者尤其是社会弱者竞争力的关键，是矫治各种社会不公的前提条件和必要制度安排。因此，政府应当在提供公正公平的制度环境上发挥相应的作用，使得“对每个具有相似动机和禀赋的人来说，都应当有大致平等的教育和成就前景”[3]。

承前所述，由于受教育权固有的自由权和社会权双重属性，受教育权也就具有防御功能和给付请求功能。进一步而言，从受教育权的双重功能可以引申出受教育权规范与国家义务之间的关

---

[1] 范履冰：《受教育权法律救济研究》，法律出版社 2008 年版，第 199－200 页。

[2] 杜文勇：《受教育权宪法规范论》，法律出版社 2012 年版，第 304 页。

[3] ［美］约翰·罗尔斯：《正义论》，何怀宏等译，中国社会科学出版社 1988 年版，第 56 页。

系。就防御功能而言，它要求国家对受教育权承担尊重和不干涉的义务；就受教育权的给付功能来说，它要求国家对受教育权承担实现的义务。这两种效力最终体现于国家的义务，具体落实于国家的立法责任、通过司法救济、采取行政措施等。❶《公民权利和政治权利国际公约》第2条第2款规定，凡未经现行立法或其他措施予以规定者，本公约每一缔约国承担按照其宪法程序和本公约的规定采取必要步骤，以采纳为实施本公约所承认的权利所需的立法或其他措施。既然受教育权是国际公约和我国宪法保障的基本权利，立法、行政和司法承载着受教育权的尊重、给付与促进的义务和责任。农民受教育权的国家义务分为四个层次：尊重、保护、给付和促进义务。尊重义务要求缔约国不采取任何妨碍受教育权实现的措施，如不关闭私立学校。此项义务要求立法、司法、行政机关共同实现。

一、乡村教育振兴视域下农民受教育权的立法保障

受教育权作为一项社会权利，其实现的程度最终决定于社会经济发展的水平，社会经济的发展是受教育权充分实现的根本性保障；乡村振兴战略下要强化对农民受教育权的保障，应通过完善立法为农民受教育权的更好实现提供制度保障，加强对乡村教育事业建设的正确引导。

（一）教育绝对立法不作为的矫治

使国民受基本教育为现代国家不可或缺之义务，也是人民主观公法之请求权。受教育权除具主观防卫性外，还是宪法制度性保障，更是国家在此之作为义务。所以国家必须制定法律来建立

❶ 杜文勇：《受教育权宪法规范论》，法律出版社2012年版，第141－142页。

国民教育权利实现的法制，并依此设立足够的国民学校来确保宪法上国民受基本教育之权利。[1] 教育立法是法律规范体系建构的重要部分，也是指导教育事业发展的基本规范，同时也是促进教育法治目标实现的必要过程。[2] 有鉴于此，首先，制定相关的专门法律、法规、规章，细化《宪法》《教育法》的有关规定。其次，及时审核现有的教育法律法规，结合现实发展状况并通过法定程序与上位法进行比较，修改或废止与现实不符的或者与上位法相冲突的条款，同时明确废止任何包含有教育歧视内容的条例和办法，保障所有人（含农民）都享有平等的受教育权。[3] 最后，制定反教育歧视法或教育歧视取缔法，切实维护农民（工）子女的平等受教育权益。此外，受教育权是一种要求国家积极作为提供一定的给付或服务，鉴于乡村教育不发达与投入经费不足有重大关系，应尽快制定义务教育财政投入法，在乡村教育振兴背景下，规范城乡教育资源的分配。当然，如何提供这种给付应该属于立法者的政治决定和立法者的形成空间范畴。然而，如果公民受教育的最低限度保障没有落实，那么，立法者就有义务立法，否则就超过了立法裁量的界限。政府给付教育经费关涉受教育者在义务教育阶段的机会平等，在受教育过程中公平利用教育资源的问题，因此，义务教育经费国家投入法的制定势在必行。[4] 可见，构建受教育权平等保障的法律体系，尤其是影响受教育权实现的教育投资法或教育财政法是大势所趋。

---

[1] 陈慈阳：《宪法学》，元照出版社2005年版，第635页。

[2] 魏文松："乡村振兴战略下农民受教育权保障研究"，载《广西社会科学》2021年第3期，第59－65页。

[3] 祁占勇、康韩笑："受教育权视域下高等教育领域司法案件的发展特点及其展望"，载《高教探索》2017年第11期，第22页。

[4] 杜文勇：《受教育权宪法规范论》，法律出版社2012年版，第186页。

（二）教育相对立法不作为的矫治

与其他“第二代人权”一样，受教育权意味着国家应通过立法和其他方法确保人人不受歧视和消除现存的在获得和享有教育方面的不平等的具体义务。国家在教育事项方面促进机会和待遇平等的相关义务规定在联合国教科文组织1960年公布的《反对教育中的歧视公约》中。[1] 除了教育绝对立法不作为以外，针对教育法对财政预算编制程序、受教育权实现的规定模糊等问题，可以从以下几方面予以完善。首先，健全与完善《教育法》，填补法律漏洞。如在《教育法》中完善对行政机关的责任追究制度及教育权的救济制度，强化对行政机关义务履行监督的力度；补充禁止性规定，如“行政机关及教育行政部门不得以任何形式设置等级制学校，保障所有公民（农民）受教育机会的平等”。此外，在《教育法》中增补规定，提供当受教育权被侵害时提起行政诉讼的救济渠道。其次，在出台《义务教育财政投入法》的基础上，对教育财政预算审查制度进行重新设计。编制各级政府的财政预算草案时，至少提前3个月向社会公布，广纳民意。在各级人大会议上审查草案时增设听证、询问和辩论环节等必要程序。最后，修改相关法律中不合时宜的条款，促进义务教育公平、均衡发展。因此，合理分配教育资源，如为那些离学校远的学生提供免费校车，给予那些贫困学生免费午餐，或许是对不公平的矫治策略，从城乡义务教育均衡发展的角度来看，这也是城市反哺农村、弥合城乡差距的必要措施。

---

[1] M. 纽瓦克：“教育权”，载［挪］艾德等：《经济、社会和文化的权利》，黄列译，中国社会科学出版社2003年版，第286页。

二、乡村教育振兴视域下农民受教育权的行政保障

社会分层在一定意义上与劳动者个人受教育程度紧密相关。换句话说，劳动者个人受教育状况在很大程度上决定了其社会地位和社会阶层。[1] 受教育权在新时代下有了更为丰富的理论内涵，乡村振兴战略下如何促进农民受教育权的更好保障，如何结合乡村振兴战略的总要求推动农民受教育权的实现，如何通过制度完善强化对农民受教育权保障的规范建构，是实现乡村振兴战略的实施与农民基本权利的保障有机衔接应当予以重视的突出问题。[2] 因此，为保障宪法和各项法律法规赋予农民工及其子女的各项权益，各级政府应该做好以下几个方面的工作。

（一）政府应积极尊重和保障农民平等受教育权的实现

鉴于受教育权以及其他基本权利（诸如健康权、一定水平的生活权以及不受肆意歧视的权利）间相辅相成的关系，普遍认为，后者诸权利的改善可以使前者收效显著。[3] 因此，保障城乡居民教育机会均等的实现，不仅是城乡一体化发展的基本要义，也是农民生存权的基本目标和价值追求。首先，保障城乡平等受教育的权利。前已述及，城乡之间、地域之间公民受教育权存在重大差异的原因，一部分是教育资源分配比例不均衡。政府在教育资源分配时，应当注意城乡间、地域之间受教育的差异，进行合理的差别对待。在教育领域，坚决反对特权和歧视的存在，因为，特

---

[1] ［牙买加］迈克尔·曼利：《变革的政治》，沈连昭译，辽宁人民出版社 1975 年版，第239 页。

[2] 魏文松：“乡村振兴战略下农民受教育权保障研究”，载《广西社会科学》2021 年第 3 期，第 59－65 页。

[3] ［澳］道格拉斯·霍奇森：《受教育人权》，申素平译，教育科学出版社 2012 年版，第 176 页。

权和歧视两者都是平等的大敌。虽然在立法中不会明确提出特权的存在，但是我国立法追求法治与德治相结合，因此特权的存在是在所难免的。但不是所有的特权都应当反对，我们承认具有正当性的特权，如对烈士子女的“特殊照顾”等。不正当的特权以及歧视在教育领域中的主要表现为招生排斥其他学校、限制生源地等。其次，政府根据教育不平等的现状制定相关规章时，尽可能完善相关程序以及公民参与机制。规范审议的次数和上下级审议的间隔时间，发挥专家、学者在起草工作中的重要作用，提高公民在地方立法中的参与程度，使得在立法阶段就能筛选掉教育不平等的条款，听取公众的意见，使规章、政策等更具有实际操作性。最后，应清理受教育权不平等的地方立法、规章以及政策等。政府应当定期和不定期地对学校的招生条件、政策等进行审查，加大对违反教育法律法规行为的惩罚力度以及增加惩罚方式。[1]与此同时，教育权的保护义务要求缔约国防止第三方侵害受教育权，如防止父母或雇主阻止女童入学，禁止使用童工。另外，在义务教育阶段，应该开设健康教育、性教育课程，从小养成良好的健康卫生习惯；积极开展健康教育知识的普及工作，发动卫生人员开展健康知识“下农村、进家庭”等活动，普及健康知识。

（二）明确政府财政责任，加大政府对农村教育的财政投入

除了完善教育立法和行政机关公平分配教育资源之外，在某种程度上，受教育权歧视可归结于教育财政投入的不平等，为此应明确政府财政责任是实现公民受教育权平等的重要物质保障。乡村振兴战略背景下，明确了政府负有教育经费均衡投入的义务，

---

[1] 柯卫、吴浩伟：“我国公民平等受教育权的法治保障研究”，载《法治论坛》2020年第1期，第99页。

但是缺乏严格意义上的法律保障。对于政府未均衡或者未足额分配教育投入的行为应当承担什么样的后果并没有制约性的规定。因此，首先应当制定法律明确地方政府教育财政投入的范围、比例等，包括要求政府对农村贫困人口、残疾人、流动人口等特殊人群的教育财政投入不得低于整体教育财政支出的多少占比。矫正财政预算编制的缺陷，必须充分发挥全国、地方各级人大及其常委会的监督作用，采取必要措施，纠正行政机关在教育预算编制方面的瑕疵。在现有体制下，应强化以下教育预算的过程控制：细化教育预算项目、预算编制过程必须有公（农）民全程参与以及对预算执行情况的监督。[1]

许多流动儿童因经济承受能力差而不能够到公办学校就读。对此，政府负有责任加大对基础教育的投入，保证每一个适龄儿童都能接受正规的义务教育。如针对流动人口就学问题，财政部应该按照“实际入学人数”制定教育经费预算，而不是仅仅以“户籍数”为依据。政府教育财政投入义务教育、中等教育、高等教育领域的比例也应当对乡村地区有所倾斜。由于义务教育具有统一性和强制性，政府保障公民平等享有义务教育是保障受教育平等的基础，因此可以增加在义务教育方面的教育财政投入，但是与中高等教育财政投入相比不能相差太多，否则会损害公民受教育权的横向平等。教育经费负担结构比例不合理也会导致政府教育经费投入不足，我们应当重视政府教育经费负担的结构比例。政府财政责任是保障公民受教育权平等的核心内容，不同级别的政府财政职能也有所不同。要加强中央政府财政支持及上级政府的财政转移支付责任。对于政府挪用教育经费以及投入教育经费

---

[1] 杜文勇：《受教育权宪法规范论》，法律出版社2012年版，第252－253页。

不均衡等导致公民受教育权不平等的行为，要明确相关负责人的责任承担以及惩治力度。《中华人民共和国预算法》（以下简称《预算法》）修改后取消了教育财政投入要占 GDP 的 4% 的法定"支出红线"，但该做法并不意味着教育财政投入使用、管理等得到了保障，有些教育投入还有剩余，说明教育拨款体系存在漏洞。因此，在城乡一体化建设的历史背景下，政府保障农民教育机会均等的关键在于建立城乡教育资源的均衡机制，促进城乡教育发展一体化。

（三）对教育行政拨款瑕疵的矫治

由于受教育权的社会权规范效力，需要国家经济和财力的发展，国家财力上的有限性构成了此等给付请求权的必要界限。在义务教育阶段，各级政府有责任促使义务教育均衡发展。加大对农村教育的投资比重，促进城乡教育一体化；合理配置师资资源；通过权力机关的人员罢免、质询和询问，切实监督各级政府的教育拨款及时到位；强化政府的法律责任。故而，政府应当为教育财政拨款建立专门的国家或地方部门，该部门的职能主要包括每年调查城乡、区域、特殊群体等受教育的情况，针对调查结果对教育财政拨款进行预算和提出分配建议、监督政府教育财政投入行为。当然，政府教育财政投入行为还要受到全国人大及上级政府的监督。[1] 充足的教育财政扶持与有效的资金使用是乡村教育发展与农民受教育权实现的关键保障，能够促成乡村教育振兴与农民基本权利保障的双重功效。乡村教育发展的不平衡、不充分的难题有赖于财政政策来解决，教育资金的规范有效安排能

---

[1] 柯卫、吴浩伟："我国公民平等受教育权的法治保障研究"，载《法治论坛》2020 年第 1 期，第 100 页。

够最大限度克服乡村教育中的突出问题。当前，教育财政支出已经成为公共财政的第一大支出，未来教育资金的投入还会持续增加，这么庞大的经费支出必须依靠法律建立起一套完备有效的监督机制。[1] 农民（工）子女教育面临的困境主要是由政府公平财政责任缺位造成的，如各级政府财政努力程度不够导致农民（工）子女教育经费投入不足，财政制度缺陷造成农民（工）子女教育资源配置不公，部门、地方利益造成农民（工）子女教育经费筹措措施不力。[2] 因此，针对教育条件差、教育设备缺乏的地区进行倾斜式的财政拨款，发挥中央规划机关的职能。通过调查协调城乡、区域的教育经费分配规划，以此达到教育拨款均衡的目的，缩小城乡区域之间教育的差距。加大农村教育的预算比重，加强对农村教育公共产品的投入。故而政府应努力改善农民义务教育和农民教育培训的环境和设施。此外，促进高中阶段教育机会均等以及高等教育发展在空间分布上做到布局合理，对“985”“211”高校等，实现按人口比例录取的原则。

三、乡村教育振兴视域下农民受教育权平等保护的司法保障

狄骥指出，“对于公民在国家采取非法行为的情况下诉诸法律救济的这种客观认可，在于基础教育相关的重大利益的条件下得到了进一步确立”。[3] 允许对学校侵害受教育权的行为提起行政诉

---

[1] 魏文松：“新时代民族地区教育优先发展的法治保障探讨”，载《广西师范学院学报》（哲学社会科学版）2019 年第 4 期，第 144 – 150 页。

[2] 代祥、李志友：“教育财政公平与农民工子女教育机会均等”，载《徐州师范大学学报》（哲学社会科学版）2011 年第 2 期，第 147 – 151 页。

[3] ［法］莱昂·狄骥：《公法的变迁·法律与国家》，郑戈译，辽海出版社、春风文艺出版社 1999 年版，第 64 页。

讼，是当代各国行政立法殊途同归的共同特点。为此，以德国和日本为典型代表的大陆法系国家受教育权的司法保护模式值得学习，有必要借鉴行政诉讼模式；构建教育执法和教育仲裁制度以及平等受教育权的宪法监督制度。

（一）健全行政诉讼制度

1962年制定的《日本行政案件诉讼法》规定，作为行政诉讼特别是撤销诉讼的被告，一般是指作出行政处分的行政厅。而这里的行政厅由规定处分权限的法律决定。行政厅并不限于大臣等通常的行政机关，只要以法律赋予其行使权利力的权限，即使是民法上的法人，也可以作为行政厅而成为被告。[1] 换言之，行政教育部门、各类学校（含民办学校）作出的侵害受教育权合法权益的行为均可以纳入行政诉讼。首先，在我国行政诉讼法中，应明确受教育权行政诉讼救济被告主体资格。其次，将受教育权的侵害行为纳入受案范围，使农民受教育权的侵害得到及时补救。农民受教育权的司法救济受到传统特别权力关系理论的影响，受到了相当大的限制，相关立法抽象、滞后。无论从保障行政相对人的合法权益，督促行政机关依法行政的角度，还是从行政诉讼制度与行政复议制度的衔接考虑，都应当将部分抽象行政行为纳入行政诉讼的受案范围。[2] 因此，要在行政诉讼法中明确列举受教育权，这样才能平息有关的理论争议，避免某些法院以受教育权没有明确列举为由拒绝受理教育行政案件。[3] 最高法院副院长江必新

---

[1] ［日］盐野宏：《行政法》，杨建顺译，法律出版社1999年版，第313页。

[2] 冉艳辉：《我国公民受教育权的平等保护》，中国政法大学出版社2013年版，第220－231页。

[3] ［美］克拉克·科尔、［美］玛丽安·盖德：《大学校长的多重生活：时间、地点与性格》，赵炬明译，广西师范大学出版社2008年版，第94－96页。

也主张，应当明确将人身权、财产权以外的其他行政行为纳入行政诉讼的受案范围。[1] 有学者认为，完善受教育权行政诉讼救济制度，集中表现在扩大原告资格、明确被告行政主体资格、扩大受案范围以及制定特别诉讼规则等方面。[2] 另外，在对教育行政不作为和不当作为的控制上，或许最根本的途径是允许公民就受教育权的行政侵害行为提起诉讼，并初步构建受教育权被侵害的国家赔偿责任。

（二）构建受教育权执法、教育仲裁和民事诉讼机制

加强对义务教育法实施情况的日常监督检查，有必要建立完备的教育执法制度，建立教育纠纷处理过程中的听证制度；建立法律责任追究制度，追究违反教育法的责任人，完善教育监督法治建设。“对于教育纠纷解决，申诉在公正性方面有某种天然的不足，诉讼也因‘诉讼爆炸’而有着成本高、耗时长的缺陷。仲裁，相对于申诉、诉讼等纠纷解决手段，具有公正性与效率性上的优势。”[3] 因此，首先需要建立教育仲裁制度，即通过法律新建独立的第三方仲裁机构，专门解决教育纠纷，保证其独立性与中立性，公正地维护学生的合法权益；其次，明确界定可纳入仲裁的受教育权纠纷范围；最后构建合适的仲裁程序。此外，相对于行政诉讼，鉴于行政权的过度膨胀，选择民事诉讼或许更有价值。通过这些措施，可以最大限度地依法保障农民子女平等受教育权的实现。

---

[1] Harvard University. President and Fellows (Harvard Corporation). [2021—10—02]. http: //www. harvard. edu/about harvard/harvards - Leadersship/president—and—fellows—harvard—corporation.

[2] 范履冰:《受教育权法律救济研究》，法律出版社 2008 年版，第 200 - 209 页。

[3] 顾海波:“基于法治原则的教育救济制度——以保障高校学生受教育权为视角”，载《中国高教研究》2012 年第 10 期，第 66 - 70 页。

CHAPTER 05 >> 第五章

农民发展权的法律保障

人的解放和全面发展是人类的终极目标，也是人类社会存在的根本性目的，发展既是生存中的题中应有之义，又是超越生存的动态的更高层次的存在。因此，发展可以说是所有社会权利的核心。[1] 农民问题是“三农”问题的首要问题，其实质是农民在基本解决生存问题之后如何获得进一步发展。第二章讨论的反贫困理论与实践对于农民的发展有着非常紧密的关联，乡村振兴视域下精准扶贫在某种程度上就是保障农民的发展权。用发展的办法消除贫困根源，不仅在于产业发展，也要在人居环境方面有所改善；坚持精准扶贫方略，用发展的办法消除贫困根源也是战胜贫穷的关键。第四章讨论了农民的受教育权的法治保障。从世界各国的经验来看，教育对于贫困人口特别是贫困区域最终摆脱贫困发挥着至关重要的作用。由此，本章在前面两章的基础上，首先，阐释农民发

---

[1] 李静：《公民平等劳动权法律保障机制研究》，南开大学出版社 2015 年版，第 21 页。

展权的概念、特征和源流演变。农民发展必须脱离贫困，农民发展权在某种程度上就是脱贫权。其次，探讨农民平等发展权的概念，其内涵涵盖发展权利、发展机会、发展规则和发展利益等，分析了农民发展权的正当性证成、农民生存权和发展权的辩证关系以及农民平等发展权面临的多重挑战。最后，明确政府在保障民生中的责任和义务，构建责任性政府，立法确立农民的法律主体地位，以及应切实履行对农民的土地和财产权的法律保护。

第一节　发展权之概念及其构造

发展是改革开放以来时代的主要潮流，而权利本位政策则将权利嵌于发展的脉络中，互有异同、各具取向的各项权利使发展具有丰富的法律内涵和权利表达。

一、发展权的概念界定

为了准确理解发展权的概念，本书对有关概念范畴进一步辨析如下。

（一）发展权的含义界定及其人权性质

作为新人权理念的发展权，学界对其研究尚处于起步阶段，学者们对其概念各自从不同的角度给出了不同的界定。汪习根先生认为，“发展权是指人的个体和人的集合体参与、促进并享受其相互之间在不同时空限度内得以协调、均衡、持续地发展的一项基本人权”。[1] 第三代人权论者认为，发展权的主体既包括个体权

---

[1] 汪习根：《法治社会的基本人权——发展权法律制度研究》，中国人民公安大学出版社2002年版，第60页。

利也包括集体权利，是两者的统一。集体发展权是个人发展权的基础，二者是辩证统一的，当集体的发展权得到保障时，个人的发展权自然得到保障。朱炎生先生认为，“发展权是发展中国家在发展问题上提出的新的法律概念，是新旧国际经济秩序斗争的产物。发展权不仅仅是一项个人人权，而且是一项集体人权，是民族自决权的必然延伸，其核心是经济发展”。[1] 在马克斯看来，发展权既是从基于满足人类物质和非物质需要之上的发展政策中获益并且参与发展过程的个人权利，又是发展中国家成功地建立一种新的国际经济秩序，亦即清除妨碍它们发展的现代国际经济关系中固有的结构障碍的集体权利。[2] 这是从国际视角得出的结果。也有人指出，发展权具有狭义和广义两个层次，分别对应集体属性和个体属性，并可从主体上细化为国家、区域和个人三个层面；其中，个人发展权是类的概念、“权利束”，包括政治、经济、社会、文化等领域的诸多与发展相关的权利。[3] 由此观之，这种说法凝聚学者们的共识：发展权是生存权的延伸，是个人权利和集体权利的综合。作为个人权利，发展权是指国际人权文书确认的各种权利的总和，即所有人民有权参与、促进并享受经济、政治、文化和社会发展。[4] 可以把上述观点归结为两点，一是发展权作为一种利益共享的权利，其价值追求就是谋求以人的发展为核心的全面、和谐的发展，即人有权在社会发展的过程中逐步实现公民

---

[1] 朱炎生：“发展权概念探析”，载《政治学研究》2001 年第 3 期，第 33 – 41 页。

[2] ［美］斯蒂芬·P. 马克斯：“正在出现的人权：八十年代的新一代人权?”，载中国人权网，//humanrights. cn/html/2014/rqzs_0612/531. html，访问日期：2021 年 10 月 6 日。

[3] 魏晓旭：“发展权的再界定：功能、实现和价值”，载《人权》2020 年第 2 期，第52 页。

[4] “为什么说‘生存权和发展权是首要的基本人权’?”，载中国人权网，//humanrights. cn/html/2014/rqzs_0612/531. html，访问日期：2021 年 10 月 11 日。

权利、政治权利、经济权利、社会权利、文化权利及个性的发展。二是发展权要求发展机会均等。由国家采取一切必要措施对现有资源进行调配，以保障所有人平等地参与社会各领域的发展。因而，发展权既是每个人的人权，又是国家、民族和全体人民共同享有的人权，个人发展权只有与集体发展权统一起来，才能实现发展权的最大化。从国内角度看，发展权是首要人权，为人民谋幸福、谋发展是党和国家一以贯之的方针，辨明发展权的特殊性有助于更好地推动、落实以发展权为代表的中国人权体系。从国际角度看，中国的人权理念和体系是人类命运共同体倡议的重要组成部分，辨明发展权的独特性有助于理念和体系的塑造，促进中国倡议在国际社会获得更广泛的接受。

（二）发展权的法律特征

鉴于发展权的权利内容包含了政治、经济、社会、文化等多领域，而这些领域均具有与之相应的具体人权，发展权的法律特征涵摄权利的内容、实现和基础三个维度。三个维度环环相扣，共同论证了发展权何以与其他人权相异，从而为区分发展权与其他人权奠定基础。

（1）在实质内容上，该权利主要体现于公民与政府的权利义务关系中，公民有权请求政府帮助并保障其发展，政府有赋能于公民，使其能自觉运用法律维护其作为公民和经济活动者的合法权益之义务。[1] 人民幸福生活是最大的人权。这是站在人民立场上对人权所做的定义。在实现人民幸福生活的过程中，发展权作为首要人权，要求“把发展作为执政兴国的第一要务和解决中国所

---

[1] 汪习根：《发展、人权与法治研究——新发展理念与中国发展权保障暨联合国〈发展权利宣言〉通过三十周年纪念》，武汉大学出版社2017年版，第35页。

有问题的关键，以保障和改善民生为重点，努力通过解决最紧迫和最突出的问题增进人民福祉”。这也与中国的人权逻辑相吻合，各具体权利都是在维护和保障人的生存权和发展权中所产生的。因此，以发展权为核心对人权话语体系的重构也随着中国的人权实践不断取得进展。

（2）实现的独特性：发展机会的平等。该权利的核心是农民平等发展权，包括农民主体获得权利资格的机会平等、参与意见表达的程序平等、参与法律制度建构的规则平等。❶ 平等体现在发展权的实现层面，旨在解决“如何分配现有蛋糕”，尤其要注重发展机会均等和发展利益共享。因此，中国在关于发展权的白皮书中也反复强调了“权利平等、机会平等、规则平等”“发展权共享、共赢”，国内治理应“追求更加平等的参与和更加平等的发展”，“全球治理应以平等为基础”。平等不仅是发展的本质要求，更是发展权的固有要素。德沃金认为，国家、社会、个人都拥有属于自己的诸多原则，但如果想要真正实现社会的整全性，❷ 就需要统一原则模式，确保群体中所有个体之间的平等。具体包括资源平等和政治平等，资源平等是一种准入的公平或平等的初始资源，要求国家确保人人都有相同的机会去实现人生规划和价值；不过，因不同的个人理想、行动力及具体行为而产生的结果差异

❶ 汪习根：《法治社会的基本人权——发展权法律制度研究》，中国人民公安大学出版社 2002 年版，第 1 页。

❷ 德沃金认为，对个人来说，重要的不只是什么样的人生才算是美好的人生，还在于该如何做才能够找到美好的人生，而整全性在其中便扮演了两项角色：整全性不仅标记了个人对于过去的选择以及个人的各种信念与承诺，还反映了生命所受到的各项创造，使得我们会认为应该按照已经建立的某种人生而继续过下去，而生命的价值这个观念部分便依赖在人生的整全性上。Ronald Dworkin，Life's Dominion：An Argument About Abortion，Euthanasia，and Individual Freedom，New York：Alfred A. Knopf，1994，p. 206.

并不在资源平等考虑的范畴。而政治平等则包含了一组不同维度的复杂的民主理念，具体而言，其中至少包含三个维度：人民主权、公民平等和民主对话。[1] 此外，平等和不歧视也有密切联系。不歧视的字面含义，即平等而不加区别地对待所有人，发展权为其赋予了新的意义：不歧视要求关怀边缘化、受歧视和处于不利地位的人，并考虑如何改变其境遇以促进其人权。徐显明教授指出，发展权应当给予弱势群体和个人提供缩小与强势群体及强者间差别的机会；给予机会、在机会方面向弱者倾斜、在义务方面对弱者减免，是发展权在法律方面的三大特征。相似地，德沃金也认为，如果因先天原因处于弱势，则国家应当给予适当补偿来弥补差距（如因出身而导致的竞争劣势可以通过加强教育来补足）；因后天原因处于劣势，则需区分“公平的差距”（fair differences）和“不公平的差距”（unfair differences），在诸如社会贫富悬殊、因经济萧条导致失业等情况下，应当摒弃自由放任政策，由国家对社会结构进行调整以确保平等。

（3）该权利是农民发展的基础性权利，派生出农民的经济发展权、政治发展权、文化发展权、社会发展权等子权利。社会发展必须遵守人权原则，它应当在公平的基础上保障所有人的权利，尤其是弱势群体的权利，社会发展不能只为少数人谋幸福，更不能以牺牲多数人的权利而满足少数人的权利。

二、发展权的历史考察

早在两千多年前，亚里士多德就赋予生活质量以核心的地位，认为财富并非人们所追求的最终目标，而只是因为它有助于我们

---

[1] ［美］罗纳德·德沃金：《自由的法》，刘丽君译，上海人民出版社 2001 年版，第 92 页。

其他目标的实现才成为追求的目标。这一传统实际为配第、斯密、穆勒和马克思等所继承，并于20世纪80年代为阿马蒂亚·森所复兴。实际上，以GDP增长为核心的发展观仍然是一种以物为中心的发展范式，其根本问题在于颠倒了发展的目的和手段，没有把人和人的生活质量置于发展的中心地位。例如，马克思就十分反对资本主义的“金钱拜物教”。实际上，人并非单方面的经济人，而是有着多重追求的社会人，除了物质财富，健康、教育、自由迁徙、表达和自我实现等都是人类追求的目标。而阿马蒂亚·森将这种人类的全面追求统一到了他的“实质自由”（Substantive Freedom）观之下，这种以可行能力（Capability）为核心的自由观将发展的不同方面——政治、经济、社会、文化，统一到一个具有内部一致性和逻辑自洽的理论框架之中，发展被看作扩展人们享有的真实自由的一个过程。

随着经济增长的人权赤字的出现，学者们开始重新审视人权与发展的关系。发展权利在1969年阿尔及利亚正义与和平委员会发表的报告《不发达国家的发展权利》中被首次主张。同年，《社会进步和发展宣言》明确指出：“社会进步和发展应建立在对人的尊严与价值的尊重上面，并应确保促进人权和社会公平。”[1] 此宣言重申了两者的联系。1972年拉斯堡人权国际协会开幕式上，塞内加尔最高法院第一任院长、联合国人权委员会委员凯巴·姆巴耶发表了一篇题为《作为一项人权的发展权》[2] 的演讲，首次正式提出了发展权应作为一项人权——因为对人类而言，没有发展就

[1] ［美］爱德华·劳森：《人权百科全书》，黄云虎等译，四川人民出版社1997年版，第352页。

[2] See Stephen Marks, The Human Right to Development: Between Rhetoric and Reality, 17 Harvard Human Journal 138 (2004).

很难保证生存，所有的基本权利和自由必然与生存权、发展权相联系。1977 年联合国大会通过了关于人权新概念的决议。之后，在 1979 年 11 月 23 日通过的《关于发展权的决议》，强调发展权利是一项人权，平等的发展机会既是各个国家的特权，也是各国国内个人的特权，决定赋予人权以发展权等新内容。因此，这是“发展权”概念第一次出现在联合国大会通过的决议之中。

从 20 世纪 80 年代起，发展权逐步向实然人权转化，1981 年 3 月，联合国人权委员会设立了有关发展权的政府专家工作组织，开始起草《发展权利宣言》，经过长时间的研究和讨论，1986 年 12 月 4 日，第 41 届联合国大会第 41/128 号决议通过的《发展权利宣言》在第 1 条特别强调：“发展权利是一项不可剥夺的人权，由于这种权利，每个人和所有各国人民均有权参与、促进并享受经济、社会、政治的发展，在这种发展中，所有人权和基本自由都能获得充分实现。”❶《发展权利宣言》以权利化的方式把人权与发展联系在一起，发展权由此产生。因此，发展权作为一项基本人权得到国际社会的普遍认同；该宣言第一次明确把发展与人权结合起来，作为社会发展的主体，人应是社会发展的受益者。从此，发展权作为一项基本的人权，这种提法在国际社会中达成共识。同时，人们对社会发展也有了新的认识。

人是发展的主体，因此，人应该成为发展权利的积极参与者和受益者。❷《发展权利宣言》指出：创造有利于各国人民和个人发展的条件是国家的主要责任。它们应采取一切必要措施来实现发展权利并确保在获取基本资源、教育、粮食、就业、住房、收

---

❶ 《发展权利宣言》，https：//www. ohchr. org/en/instruments – mechanisms/instruments/declaration – right – development，访问日期：2021 年 10 月 16 日。

❷ 同上。

人等方面机会均等。《发展权利宣言》是联合国将发展权确认为一项不可剥夺的人权的重要国际文件。尽管只是一纸国际人权文件，并不具有真正意义上的法律约束力，但是仍然具有非凡的意义。有学者认为，“发展权只是把既有国际法和新兴国际政策中的各种支流糅合在一起，这二者迄今为止一直被人为地区隔成人权和发展两个领域”。[1] 它实质上是已认识到了人权对发展的工具性价值，人权学家们试图通过用发展权来解决社会发展过程中出现的人权问题。第一个将发展作为一项权利作出规定的区域性国际文件是《非洲人权和民族宪章》。该宪章第22条规定，一切民族在适当顾及本身的自由和个性并且平等分享人类共同遗产的条件下，均享有经济、社会和文化的发展权。联合国曾几次通过决议，强调发展权是一项人权。[2] 20世纪90年代，联合国开发计划署进一步强调社会发展目标是实现人的自由，社会发展必须与人权相结合，也就是我们所提出的“人类发展”（human development）问题。从此时开始，人权和发展两个概念之交汇真正进入学者们的视野。1990年《人类发展报告》指出，“发展就是要创造一种使人民能安享长寿、健康和创造性的生活环境”。为了实现它所倡导的人权，《人类发展报告》还制定了一系列的发展战略。冷战结束后，1993年世界人权大会通过的《维也纳宣言和行动纲领》指出，发展和尊重人权与基本自由是相互依存并且相互促进的。各个国家，不论其政治、经济和文化体系如何，都有义务促进和保护所有人

---

[1] Abi－Saab, The Legal Formulation of a Right to Development, quoted in Stephen P. Marks, Emerging Human Rights: A New Generation of the 980s, 33 Rutgers Law Review, 1981: 437.

[2] 联合国大会第34/46号决议（1979）、35/174号决议（1980），36/133号决议（1981）和41/128号决议（1986）。

权和基本自由。[1] 该宣言重申发展权是一项普遍的、不可剥夺的权利，也是基本人权的一个有机组成部分。所有民族都拥有自决的权利，以此自由决定自己的政治地位，自由地追求自己的经济、社会和文化发展。自此，发展权作为一项人权在国际社会中得到了众多第三世界国家的热烈追捧和广泛认可，并被赋予了现代人权谱系中“第三代人权”的人权地位而备受推崇。同时，社会发展的权利在许多宣言和类似的文件中都得到了确认，但是由于缺乏实施条款，难以完全发挥法律效力。

1995 年的哥本哈根“社会发展世界首脑会议”，又界定了人权和发展这两个概念。作为澳大利亚的一家非政府组织，澳大利亚人权理事会（Human Rights Council of Australia，HRCA）编辑出版了《以权利的方式实现发展：发展援助的人权路径》一书，首次提出“发展援助的人权路径”。朱丽叶·郝思曼（Julia Hausermann）在《发展的人权路径》一书中，强调以权利为本位的发展路径，“把人放在第一位，追求以人为中心的发展（human - centered development），承认每个人都享有的、无差别的人类尊严，承认并推动男女之间的平等，致力于所有人的公平机会与选择，促进以经济公平、公共资源的平等共享以及社会正义为基础的国家和国际体系的建立”。[2] 联合国开发计划署在《人类发展报告》中将贫困认定为不仅是缺少收入，基本生存与发展能力的匮乏与不足才是造成贫困的主要原因，在这一界定之下提出度量贫困的新指标——“能力贫困指标”（Capability Poverty Measure）。1997 年在阿马蒂亚·森的帮助下设计的《联合国人类发展报告》也指

[1] “维也纳宣言和行动纲领”，载《人权》2006 年第 6 期。

[2] Julia Hausermann. A Human Rights Approach to Development，London：Rights and Human，1998：32.

出，“贫困不仅仅是收入缺乏的问题，也是对人类发展中的权利、长寿、知识、尊严以及体面生活标准等多方面的剥夺结果”。并在同年设定了测定人类贫困程度的综合指标，即“人类贫困指标”(Human Poverty Index，HPI)。作为经济学家的阿马蒂亚·森，反思以经济增长为中心的发展观，在其1999年出版的《以自由看待发展》中提出可行能力概念，形成了以自由看待发展这一命题。[1]在《2000/2001年世界发展报告：向贫困开战》继续秉承阿马蒂亚·森的贫困思想，重新界定贫困的定义，认为“贫困是指福利的被剥夺状态”，他亲自撰写《2000年人类发展报告》的一章“人权与人类发展”。[2] 在这一章中，阿马蒂亚·森更进一步诠释“人权与发展”的关系。从此，人权与社会发展的关系的研究更加完善。

第二节 农民平等发展权的内涵及其正当性

在阿伦特看来，“人所拥有的严格意义上的平等，只能存在于政治领域。换言之，只有作为公民，人才能拥有平等……只有在集团内的成员共同拥有应当平等对待这种规范的基础上，平等才成为可能。那么，这个集团就只能是政治体。因此，归根到底，只有在政治体内部，平等才被当作绝对的必要，强制实行平等才既是正当的又是可能的”。[3] 由于长期的城乡二元格局的对峙与巨

[1] [印度] 阿马蒂亚·森：《以自由看待发展》，任赜、于真译，中国人民大学出版社2002年版。

[2] 联合国开发计划署组织：《2000年人类发展报告：人权与人类发展》，中国财政经济出版社2002年版。

[3] [日] 川崎修：《阿伦特：公共性的复权》，期日译，河北教育出版社2002年版，第222页。

大差异，平等的国民待遇对农民而言，有着极为重要的作用。出于与市民相比较的视角，这里研究的农民发展权主要是指农民平等发展权。

一、农民平等发展权之基本内涵

韦斯利·霍菲尔德指出："如果想深入和准确地思考并以最大合理程度的精确性来表达我们的思想，我们就必须对权利、义务以及其他法律概念进行严格的考察、区别和分类。"[1] 可见，研究农民发展权，首先便要廓清农民平等发展权的含义和本质属性之所在。

农民平等发展权是指农民公平平等享有发展机会，并公平享有发展利益的权利。诚如汪习根、杨丰菀所言，"所谓农民平等发展权，是指农民阶级中的每一个个体和农民集体拥有的公平参与，促进经济、社会、文化和政治发展过程并公平分享发展成果的基本人权。其核心是农民的平等发展权，包括机会、规则与结果意义上的公平发展的权利"。[2] 因此，农民平等发展权是农民作为个体或集体拥有的公平参与政治、经济、社会、文化发展过程并公平分享发展成果的权利，是农民发展机会均等和发展利益共享的权利。具体而言，农民平等发展权大致包含以下内容。

（1）发展权利平等。权利平等既是社会正义的内在要求，又是乡村全面振兴的逻辑起点。德沃金明确指出，"作为平等的人受到对待的权利必须被当作是自由主义平等概念的根本要素……只

---

[1] ［美］韦斯利·霍菲尔德：《司法推理中应用的基本法律概念和其他论文》，耶鲁大学出版社 1927 年版，第 349 页。

[2] 汪习根、杨丰菀："论农民平等发展权"，载《湖北社会科学》2009 年第 9 期，第 153－159 页。

有当作为一个平等的人对待的根本权利被解释为要求这些特定的权利时，个人对特定自由的权利才必须得到承认”。[1] 在罗尔斯眼中，每一个人都具有这样一种平等权利，即和所有人的同样自由并存的最广泛平等的基本自由体系。[2] 权利平等是公民平等权的核心，农民的平等权能充分得到尊重、保障和实现。平等权中的平等体现在人格和尊严上。农民发展权，其实质并不在于一项项具体的政治、经济、社会和文化权利，而在于赋予农民与其他个人、群体同等地参与政治、经济、社会和文化发展并享有其成果的发展权利。[3] 人的平等权首先意味每个人不为任何人所奴役，每一个人都有人身的自由和其人格的独立。对农民权益的法律保护不能仅限于消极的补偿和救济，还应当将它与消除社会歧视、实现社会整合结合起来，着眼于对农民权益进行积极保护。简言之，只有对农民赋予平等的发展权，才能使他们在平等的起点上融入社会，在社会生活中获得平等的发展权。

(2) 发展机会的平等。机会平等是一种起始性的条件平等。罗尔斯认为，“地位开放的原则是不允许有任何限制的。它表达了这样的信念：如果某些地位不按照一种对所有人都公平的基础开放，那些被排除在外的人们觉得自己受到了不公正待遇的感觉就是对的，即使他们从那些被允许占据这些职位的人的较大努力中获利。他们的抱怨有道理，不仅是因为他们得不到职位的某些外在奖赏，如财富和特权，而且是因为他们被禁止体验因热情机敏

---

[1] [美] 罗纳德·德沃金：《认真对待权利》，信春鹰、吴玉章译，中国大百科全书出版社 1998 年版，第 358 页。

[2] [美] 约翰·罗尔斯：《正义论》，何怀宏等译，中国社会科学出版社 2003 年版，第 302 页。

[3] [美] 詹姆斯·C. 斯科特：《弱者的武器》，郑广怀等译，译林出版社 2007 年版，第 477 页。

地履行某些社会义务而产生的自我实现感。被剥夺了人类的一种基本善”。[1] 保障个体平等地享受教育、医疗等社会公共服务以促进个体拥有平等的社会机会。只有保证机会平等，才能最大限度地刺激个人自由选择及能力的发挥。[2] 倡导机会公平的重要意义在于它能够激发个体主体性，并调动政治资源、经济资源及主体性资源参与社会保障制度实践。这需要政府提供机会帮助穷人更好地履行义务，而不是简单的接近和获得资源的可能性和权利。[3] 在同类的人们所组成的社会中，大家就应该享有平等的权利。[4] 进一步来说，能否向公民提供公平的发展机会是法治国家区别于集权专制国家的基本标志。因此，农民发展机会平等，要求国家和政府应为其提供和市民阶层一样的发展机会。

（3）发展规则平等。按照德沃金的说法，我们认为，自由主义的本质体现在得到同等关心和尊重的基本政治权利之中：“政府必须关心和尊重它所统治的那些人……它绝不应该认为某些公民因为值得更多关心，就可以拥有更多的权利，从而不平等地分配利益或者机会。它绝不应该某个公民对于美好生活的看法……比另一个公民的看法更加优越或者尊贵，就限制自由。”[5]

（4）发展利益平等。利益是权利的动力之源，是主体行动的原始驱动力。明确应然法意义上的农民发展权价值取向，是构建

---

[1] ［美］约翰·罗尔斯：《正义论》，何怀宏等译，中国社会科学出版社 2003 年版，第 84－85 页。

[2] 夏勇：《法理学讲义——关于法律的道理与学问》，北京大学出版社 2010 年版，第 288 页。

[3] 王春光：“建构一个新的城乡一体化分析框架：机会平等视角”，载《北京工业大学学报》2014 年第 6 期。

[4] ［古希腊］亚里士多德：《政治学》，商务印书馆 1965 年版，第 386 页。

[5] ［美］杰克·唐纳利：《普遍人权的理论与实践》，王浦劬等译，中国社会科学出版社 2001 年版，第 74 页。

农民发展权法律保障制度的首要前提。农民发展权蕴含着农民作为一个集合性主体而享有自主与自由、社会公平与和谐发展的法律价值。[1]《乡村振兴促进法》立足于促进型立法的性质以及乡村振兴的功能，其价值基础可以确定为“促进农民全面发展”，此为整部法律的灵魂和基石。该法第1条提纲挈领地规定了“促进农民全面发展”的立法目的，奠定了整部法律的价值基础，将此在法理学上进行表达，核心要义就是保障农民发展权。[2] 正如斯蒂格利茨教授在《全球化及其不满》一书中指出，发展不是帮助少数人致富，它不是让都市中的富人能消费得起世界名牌而把穷人遗弃在穷困和悲惨之中。[3] 由此可见，发展是整个社会的转型，要能够改善穷人的生活，使得人人都有机会获得成功，并且能享受良好的医疗和教育。

二、农民平等发展权的正当性证成

《乡村振兴促进法》的价值基础就是“促进农民全面发展”，主要缘于乡村振兴与农民发展权在逻辑上、价值上的契合性。从权利本质和权利实现的路径看，保障农民发展权就是推进乡村治理现代化与农业农村现代化，就是通过产业振兴、人才振兴、文化振兴、生态振兴、组织振兴等方式纾解农民发展不平衡、不充分之困。[4] 农民权利是乡村振兴战略实现的目标。社会发展的重要

---

[1] 汪习根、杨丰菀：“论农民平等发展权”，载《湖北社会科学》2009年第9期，第153－159页。

[2] 孙佑海、王操：“乡村振兴促进法的法理阐释”，载《中州学刊》2021年第7期，第68页。

[3] ［美］斯蒂格利茨：《全球化极其不满》，夏业良译，机械工业出版社2004年版，第36页。

[4] 孙佑海、王操：“乡村振兴促进法的法理阐释”，载《中州学刊》2021年第7期，第69页。

目的就是要在政治、经济与社会各个领域保障人民充分而自由地享有人权，这是发展的要义。如果社会发展不能让人体面而有尊严地生存，这样的社会发展就不可能是真正意义上的发展。

（一）乡村振兴处于实现农民生存权向实现农民发展权跨越的历史节点

生存权既是个人保持自己生命的权利，又是一个民族和一个国家的人民普遍生存下去的权利，是广大人民免受饥饿、战乱威胁的权利。发展权谋求以人的发展为核心的全面、和谐的发展。从生存权与发展权的关系来看，生存权是发展权的基础，发展权是生存权的延伸与升华。[1] 将此带入主体视角，农民在解决基本温饱、小康水平的生活水准之后必然追求进一步发展。生存权意味着人们在生存领域拥有实质性自由，也意味着人们在生存领域实现了多少可行能力。生存权是人的发展的前提，人拥有了生存选择的自由，人的发展才有可能。[2] 在推进农业农村现代化的背景下，我国经历着从保障农民生存权向保障农民发展权的历史性转变，实施乡村振兴战略正处于这一节点。在解决绝对贫困问题之后，农民“幼有所育、学有所教、劳有所得、病有所医、老有所养、住有所居、弱有所扶”的初级福祉（对应于生存权、劳动权、受教育权等）得以实现，转而追求“日益增长的美好生活需要”的更高层级的福祉。与初级福祉以解决温饱问题为导向不同，农民更高层级的福祉以“产业兴旺、生态宜居、乡风文明、治理有效、生活富裕”（对应于经济发展权、生态发展权、文化发展权

---

[1] 丁德昌：《农民发展权法制保障研究》，中国政法大学出版社 2015 年版，第 27、90 页。

[2] 李碧云：《当代中国社会发展的人权尺度》，湘潭大学 2017 年博士学位论文，第 72－83 页。

等）为目标。如此看来，脱贫攻坚与乡村振兴之间是继起递进的关系，乡村振兴不仅是战略层面的纵深部署，更蕴含价值层面的目标转变。❶ 在乡村振兴战略实施过程中，应当全面巩固脱贫攻坚成果，并以此为基础，实现农民全面发展。

（二）发展权不平衡、不充分是农民不能承受之重

经济、社会以及文化等有关农民的社会保障权仍然没有得到充分有效的保护，权利保障不足，特别是农民发展权的保障机制亟待完善，农民发展权依然处于总量上不充分、结构上不平衡的困局之中。其原因不外乎两个：一方面，缘于农民和农业的弱质性，乡村与城镇相比在发展中处于先天劣势；另一方面，城乡二元结构体制下有关制度安排不尽合理，在很大程度上导致农民发展权受限。❷ 起点的不平等往往是造成发展不平衡的重要原因，发展权尤其强调发展的机会均等。诚如习近平总书记所指出的："我国发展最大的不平衡是城乡发展不平衡，最大的不充分是农村发展不充分。"❸ 即解决发展不平衡不充分的问题、缩小城乡区域发展差距、实现人的全面发展和全体人民共同富裕仍然任重道远。故而，破解农民发展权不平衡、不充分的难题，是实施乡村振兴战略的题中应有之义。具体而言，促进农民发展权的作用方式有两个层次：第一层次是保障农民享有与城镇居民同等的发展权。第二层次是尽快缩小城乡差距，构建城乡平等发展、均衡发展以及协同发展的制度机制。

---

❶ 朱启铭："脱贫攻坚与乡村振兴：连续性、继起性的县域实践"，载《江西财经大学学报》2019 年第 3 期，第 98 页。

❷ 孙佑海、王操："乡村振兴促进法的法理阐释"，载《中州学刊》2021 年第 7 期，第 69 页。

❸ 习近平："把乡村振兴战略作为新时代'三农'工作总抓手"，载《求是》2019 年第 11 期，第 1 页。

（三）农民发展权的多元化整合

“发展权的保障，既表现在经济、文化、社会、环境权利的实现之中，又表现在公民权利与政治权利的获得之中。”[1] 除了权利类型多样，发展权的多元性还体现为权利主体身份多样、权利诉求差异化。[2]《乡村振兴促进法》将农民发展权融入“促进农民全面发展”的整体方案，其对农民发展权的整合表现在以下三个方面。首先，从权利渊源来看，农民发展权是农民个人发展权与农民集体发展权的结合，两者并存、相对独立、相互作用。农民集体发展权实现是农民个人发展权实现的前提与条件，农民个人发展权实现是农民集体发展权实现的最终目的。[3] 鉴于长期以来忽视农民个体发展权，《乡村振兴促进法》强调坚持农民主体地位，实现农民个体发展权与农民集体发展权的统筹促进。其次，统合农民在经济、政治、文化、社会、生态环境保护等领域的发展权。《乡村振兴促进法》强调“促进农民全面发展”，这种统合性立法模式，整合出一个完整的农民发展权利链条，有助于农民发展权的整体实现。最后，协调不同地区、不同领域的农民发展权。不同地区、不同领域的自然禀赋和历史机遇不同，相应地，农民发展的机会和富裕程度存在一定差别。[4]《乡村振兴促进法》第4条规定，“根据乡村的历史文化、发展现状、区位条件、资源禀赋、产业基础分类推进”。因此，要坚持因地制宜，对农民连片贫困地区，采取差异化的政策与措施，从实质上保障农民发展权实现。

---

[1] 国务院新闻办公室：“发展权：中国的理念、实践与贡献”，载《人民日报》2016年12月2日，第7版。

[2] 王瑞雪：“论发展权的多元性”，载《人权》2019年第6期，第3页。

[3] 汪习根：“发展权主体的法哲学探析”，载《现代法学》2002年第1期，第8页。

[4] 孙佑海、王操：“乡村振兴促进法的法理阐释”，载《中州学刊》2021年第7期，第70页。

国家和社会必须保障人的最基本权利的实现。具体来说，国家和社会必须尽量保障公民免于过早死亡的权利、就业选择权利、医疗保障权利以及受教育权利。社会在充分保障人的自由实现的同时就客观地实现了人权，从而促进了人的类特性的充分发展。

不同的国家在不同时期所存在的具体问题是不相同的。当人们的生存面临挑战时，首要的问题是强调生存权。但当生存危机得以克服，那么它所面临的问题是进一步发展，即会强调发展权。发展中国家既面临着部分人口的生存问题，又面临着整个社会的发展问题，因而决定了它必然对生存权与发展权予以同等重视。人的发展权的实现，意味着人的创造性劳动得到充分发展。从哲学角度来看，一是人的发展权的实现充分体现了人的内在本质力量的充分发展，也意味着人的创造能力的提高，即人的主体性得到充分发展。二是人的发展权的实现体现了个人的创造性活动的丰富程度、完整程度和可变程度。❶ 由此可见，发展权的实施是所有人权逐步实现的过程。具体体现为人具有获得发展的权利，在发展的过程中实现公民权利、政治权利、经济权利、社会权利、文化权利及个性的发展。

三、农民生存权与农民发展权的辩证关系

《宪法》第45条、第46条规定，中国公民普遍享有获得物质帮助、社会保障、劳动、教育等方面的权利，社会弱势群体亦有获得相应保障的权利，国家和社会有提供上述公共服务的义务。上述规定尽管没有出现“生存权”的字眼，但是毫无疑问，获得物质帮助、社会保障、劳动、教育以及其他相应保障的权利都是

---

❶ 孙佑海、王操：“乡村振兴促进法的法理阐释”，载《中州学刊》2021年第7期，第70页。

生存权概念的题中应有之义。对农民而言，生存权与发展权存在相互交织的辩证关系。

（一）贫困、生存与发展的内在勾勒

贫困与生存权、发展权的实现是紧密相连、互相制约的关系。只有消除了极端贫困与饥饿，才能实现生存权、发展权。而生存权、发展权的实现必将促进贫困的进一步消除，使更多的人权得以实现。所以说，对穷人而言，生存权和发展权是最基本、最重要的人权。其中，生存权是发展权的基础，没有生存权就谈不上发展权，而发展权是生存权的延续，没有发展权的生存权则是一种消极的生存权，是穷人永远处于贫困状态的生存权。[1] 随着经济的发展和社会的不断进步，生存权的含义已经超出原有范围，发展权也被纳入生存权当中，发展权也因此成为一个重要的讨论点，即国家开始重视发展权的保障。发展权是个人、民族和国家积极、自由和有意义地参与政治、经济、社会和文化的发展并公平享有发展所带来的利益的权利，也是生存权发展的必然要求。如果说生存者通过“劳动—财产—维持生存”的定式完成了自我实现的话，那么另一种定式“物质请求—国家帮助—维持生存”就是某些特殊主体生存权实现的方式。[2] 大多数社会成员通过第一种定式实现生存权的“内生性保障”。而对于社会群体中的生存障碍者则只能求借于第二种定式实现生存权的保障。与此同时，对生存权标准的要求也在不断提高，自由、尊严、精神文化权利也不断被囊括进生存权的目标体系中。生存权和发展权能充分得到尊重、保障和实现。这是社会发展的人权尺度应考虑的最基本的内容。

---

[1] 李昌麟：“中国实施反贫困战略的法学分析”，载《法制与社会发展》2003 年第 4 期，第 90 页。

[2] 韩德培：《人权的理论与实践》，武汉大学出版社 1995 年版，第 388 页。

生存权和发展权是享有其他人权的前提和基础，两者是首要的人权。如果一个人连生存权和发展权都享受不了，那还谈什么其他人权的享受？生存权是出于人类生存本能而产生的自然权利，是人一旦出生就应该拥有的一种权利。它包括生命权和基本自由权、健康权、财产权以及人格尊严权等内容。❶ 故而，人们应当有权在一定社会关系中和历史条件下维持正常生活。

生存权和发展权是其基本内容。生存权，就是人生存下来的权利，这种生存，是有尊严地生存。生命权、经济、社会和文化权利是生存权的主要内容。我国人权白皮书提出："人权首先是人民的生存权。没有生存权，其他一切人权均无从谈起。"❷ 对于作为发展中国家的中国来说，生存权是非常重要的。至于发展权，也是非常重要的。"发展权利是一项不可剥夺的人权，由于这种权利，每个人和所有各国人民均有权参与、促进并享受经济、社会、文化和政治的发展，在这种发展中，所有人权和基本自由都能获得充分实现。"❸ 从生存权与发展权的角度来说，生存和发展问题是人类自身最基本的问题，人类社会的一切制度设计和安排从根本上说都是为更好地解决人类的生存和发展问题。新时代的兜底性民生建设，不仅应关注困难群体的生存权利，更应关注困难群体的发展权利，赋予困难群体发展的机会与技能，为弱势群体提供发展的机会和资源。❹ 因此，生存权和发展权的实现是中国特色社会主义人权尺度首要考虑的内容。

---

❶ 李碧云：《当代中国社会发展的人权尺度》，湘潭大学 2017 年博士学位论文，第 75 页。

❷ 国务院新闻办公室：《中国的人权状况》，新华出版社 1991 年版。

❸ 白桂梅、刘驳：《人权法教学参考资料选编》，北京大学出版社 2012 年版，第 496 页。

❹ 王太高："民生问题解决机制研究"，载《江苏社会科学》2008 年第 4 期，第 153 页。

生存权既包含着维持人类生存的物质需求，又包含着人类维持其人性尊严的精神需求。生存权中最为基本的乃是人类关乎生存的物质层面的需求。而这一层面需求的满足，或者说生存权基本权能的实现，又离不开社会的经济发展，离不开在机会均等的环境中个人的全面发展。同样，倘若个人在社会发展的过程中不能真正实现其公民权利、政治权利、经济权利、社会权利、文化权利及个性的发展，那么其最基本的人性尊严在很大程度上也无法满足。在激烈的生存竞争中，倘若不强调发展机会的均等，不强调社会发展的利益共享，那么个人与个人之间的生存差距很可能会被不断拉大，而要避免这种情况的发生，个人的发展权就必须得到充分有效的保护。可见，只有与发展权结合起来，生存权才具有真实可靠的意义。[1]

（二）农民生存权和农民发展权的辩证关系

发展权与生存权具有密切关系。一方面，生存权是发展权的前提，因为没有生存无所谓发展。拥有起码的生存权，意味着人的类特性的发展。如果公民连最起码的物质生活条件都得不到满足，那么就谈不上什么人格尊严和人权；如果公民的基本权利得不到法律保护，同样也谈不上什么人格尊严，所以说要发展就必须先生存。如果生存权得不到保障，那么其他人权也就得不到实现。在匮乏的物质条件下苦苦挣扎的人们是无法奢求个性自由、人格尊严、公平竞争、民主参与等人权的，只有谋求自身和社会的发展，获得更高水平的物质和精神生活，才能进而享受到更充分、更广泛的自由与民主权利。[2] 生存是人类最基本的需求，生存

---

[1] 乔波："可持续发展与生存权"，载《政法论丛》2002 年第 3 期，第 59－60 页。

[2] 何颖："发展权：人权实现与发展的保障"，载《新视野》2008 年版第 5 期，第 18－20 页。

权是人类最基本的权利。农民生存权的实现必须以农民发展权的实现为保障。另一方面，发展权是生存权的必然要求，因为只有实现发展权，生存权的实现才能获得持续的、可靠的保障，并进一步改善和提高生存权的质量。同时，农民生存权是农民发展权的前提和基础，而农民发展权则是农民生存权的延伸和保障。只有实现发展，才能不断改善和提高生存的质量，使农民生存权的实现获得持续的、可靠的保障，并成为推进实现发展权的动力。而农民生存权和农民发展权又涉及经济、政治、社会和文化等各方面，成为其他各种权利不可分割的组成部分。[1] 只有每个人都平等地参与、促进并享受经济、社会、文化和政治的发展，基本的生存权与发展权才能在这种发展中得到充分实现。离开生存权谈发展权或者离开发展权谈生存权，都不具有现实意义。[2] 由此可见，作为最基本人权的生存权与发展权有着密切的联系。生存权的实现离不开发展权的实施，发展权的实现又以生存权的存在为前提和基础。所以，生存权与发展权是互为工具、互相包含的。

四、农民平等发展权面临的多重挑战

改革开放之后，农民发展权受到了高度重视，取得的成就也是有目共睹的，但是为了进一步推动农民发展权向纵深发展，这里重点剖析其所面临的挑战。

（一）农民的经济发展权保障不足

在城乡二元社会制度的结构下，以户籍长期存在，使农民无

---

[1] 谷春德：《中国特色人权理论与实践研究》，中国人民大学出版社2013年版，第8页。

[2] 刘立明："生存权与发展权比较视域中的最低生活保障制度"，载《贵州大学学报》（社会科学版）2011年第5期，第31－34页。

法成为市场经济运行的有效参与者，农民与市民相比，在就业、医疗、教育、税费等方面都受到了很大的歧视，并不享有像城市居民那样平等的权利和福利；户籍制度也限制了农民的迁徙自由权，而迁徙自由权作为公民的一项基本权利，已为很多国家的法律及相关国际条约所承认。现行《宪法》及历次宪法修正案均未涉及公民的迁徙自由权。在很长一段时间里公民，尤其是农民的迁徙自由权空缺，生活居住地的权利，限制了他们的自由流动；严厉的户籍政策严重影响农民的就业权。工农剪刀差的长期存在，使小农经济陷入长期凋敝。改革开放之后，户籍管理虽有所松动，但从全国来看，一线城市的入户仍然有较高的门槛。因此，农民迁徙自由权被二元户籍制度悬置的局面尚没有得到完全改观。

（二）农民的社会发展权不足

前面已述及，我国社会保障制度的分层化正是由于户籍制度建设中长期缺乏社会保障权利观念，致使社会保障权利在不同社会阶层中不均衡发展，从而出现了公民长久以来享受社会保障的范围和水平存在较大差异。社会权利在各个阶层间不均衡的发展是导致当前我国社会保障制度分层化出现的根本原因。[1] 在纵向的社会分层结构中，弱势群体往往处于社会的底层。在社会上最缺乏话语权和制度影响力的是在社会生活中，尤其是经济生活中处于不利地位的公民，这部分公民一般称之为弱势群体。处于权利贫困地位的人们总是难以摆脱陷入贫困的怪圈，权利贫困是贫困产生的最根本的和最终的决定性原因。

---

[1] 付舒：《公平理论视阈下我国社会保障制度的分层化问题研究》，吉林大学2016年博士学位论文，第71页。

（三）农民的文化发展权贫困

1959 年，美国学者奥斯卡·刘易斯首次提出“贫困文化”的概念，认为“贫困文化”（The Culture of Poverty）是一个特定的概念模型的标签，“是一种比较固定的、持久不变的、代代相传的生活方式”。❶ 他总结了穷人诸多相互关联的心理及社会特点，如强烈的宿命思想，即让机遇和命运决定自己的前途；只为现在生活，不能自我管理，抵御诱惑或规划未来的能力差，等等。❷ 刘易斯认为，正是这种贫困文化决定了在贫困中长大的人的基本品格和人力资本存量，即便出现使他们变成非穷人的机会，他们仍然不能把握或者没有能力把握这种机会。❸ 与刘易斯一样，文化贫困论者班菲尔德认为，“穷人基本不依靠自己的力量去利用机会摆脱贫困之命运，因为他们早已内化了那些与大社会格格不入的一整套价值观念”，改变贫困的可能“只取决于外群体的力量”❹；穷人的文化素质和价值观表现为“不良卫生与健康行为、怪异的举止以及对教育缺乏真正兴趣等”。❺ 有鉴于此，班菲尔德和刘易斯一样，认为贫困文化和人力资本的缺失，才是穷人陷入贫困境地的根本原因。目前农民的文化性落后特征非常明显，一个根本的原因就是农村的教育文化建设投入严重不足。从构成上看，我国公共文化设施只建到县级，而无购书经费的县级图书馆占公共图书

---

❶ Meissner. H, Poverty in the Affluent Society, Harper&Row press, 1973, p. 9.

❷ William G. Flanagan, Urban Sociology: images and structure. Copyright 1990 by Ally and Bacon, A Divission of Simon&Chuster, Inc. Boston, p. 241.

❸ Harold R. Kerbo, Social Stratification and Inequality. Third Edition. Copyright 1996 by The McGraw Hill Companies, Inc. Boston, p. 266.

❹ Banfield Edward C, The Moral Basis of a Bankward Society, New York: The Free Press, 1958, p. 156.

❺ Edward C. Banfield, The Unheavenly City Revisited. Boston, 1974, p. 61.

馆总数的26.4%，多数县级电影公司难以正常运转，县级剧团更是有名无实。❶

第三节　农民平等发展权的法律保障

农民发展权实现的目标是农民自由而全面发展。“人的发展本质上是一个目的论命题，是人的追求和理想。”❷ 人的全面自由发展，是马克思主义的最高命题和根本价值。旨在改善亿万农民生存和发展状况、共享现代化发展成果是乡村振兴的根本。近现代长达百年的乡村建设经验与教训说明，如果没有对农民发展权利的尊重和发展能力的培养，仅靠直接的物质投入，并不能使贫穷消亡、落后除根，更难以使农民走上自信、自立和自我组织的发展道路。因此，农民平等发展权的法律保障制度主要包括以下方面。

一、明确政府在农民发展权方面的责任，构建责任型政府

农民发展权的保障是一项长期而系统的工程，不可一蹴而就，需要社会各方的通力合作，而政府应首担其责，要明确政府在农民发展权实现方面的法律责任，政府要提供优质公共服务、维护社会公平正义的根本转变。保护农民生存权，主要通过以政府为主体的、多渠道的对其直接的资源配给来实现，这些权利的实现也是农民进行良性行为的前提；而保护农民发展权，则可采用工

---

❶ 宋成斌、王志勇：“农村文化建设中的问题及改进措施”，载《辽宁工程技术大学学报》（社会科学版）2012年第4期，第11页；谭德宇：《新农村建设中的农民主体性研究》，人民出版社2017年版，第93页。

❷ 陈新夏：《认识·主体·人》，中国社会科学出版社2007年版，第208页。

业反哺农业、城市支持农村、调整国民收入分配格局、改善农业生产条件和生态环境、提高农业综合生产能力、提高农民素质等政策措施和制度安排加以实现。❶ 其次是构建责任政府。责任政府作为现代政治文明的象征，是实现民主宪制的必然要求。实现"有限政府"到"责任政府"的转型，行政行为公开透明。阿马蒂亚·森认为，政策制定者关切社会正义的价值标准，其中第一个更直接的理由是出于鉴别公共政策的目的和目标，以及为实现所选定的目标确定适当的工具。第二个比较间接的理由是，公共政策是建立在社会中的个人和群体的行为基础之上的，而社会中的个人和群体的行为，是要受到他们对社会伦理要求的理解和解释以及其他相关因素的影响的，所以，"为了制定公共政策，重要的是，不仅要在选择公共政策的目标和优先主次时判断正义所提出的要求以及价值标准的作用范围，而且要理解普通民众的价值观，包括他们的正义感"❷。最后是健全运行机制，加强考核督导，健全精准扶贫监督机制。政府要加强督导检查，严格落实精准扶贫，完善脱贫攻坚考核监督制度。❸ 各级政府在推进治理体系和治理能力建设的同时，要采取多种多样解决社会体制机制问题的方式，为贫困群体获得基本生活资料提供必需的环境和条件；各级政府要运用法治思维方式，发挥制度在物质生活脱贫和精神生活脱贫中的关键性作用，把贫困群体的基本生活水准权利纳入法治视野；各级政府要进一步释放改革开放的红利，创造条件使发展机会更

---

❶ 陈潮晟、雍继敏："新时期农民权益法律保护的价值诉求及制度构想"，载《宁夏党校学报》2007 年第 2 期，第 63 - 65 页。

❷ ［印度］阿马蒂亚·森：《以自由看待发展》，任赜、于真译，中国人民大学出版社 2002 年版，第 271 页。

❸ 毕红静、全晨曦："基层政府精准扶贫政策执行困境及对策研究——以山西省 X 村为例"，载《中国市场》2019 年第 7 期，第 24 - 25 页、第 37 页。

加平等地惠及贫困群体，增加他们的福祉、提升他们的生活水准。制度保障是贫困群体实现发展权的重要抓手。法律制度不仅是治国之重器，而且是国家治理体系和治理能力的重要依托，更是贫困区域贫困群体实现发展权的重要保障。只有通过法律制度的构建与完善，做到每一个重大的扶贫决策都于法有据，每一项扶贫立法都主动适应贫困区域和贫困群体的实际需求，才能体现精准扶贫以促进共享发展为目标的价值取向。

二、现代公共性理论视域下的农民法律主体地位的构建

农民平等发展权除了构建法治政府和责任政府之外，下一步就是如何构建农民的主体地位。现代公共性理论视域下的“公共”一词表示大众共同参与并组成的交互关系，而“公共领域”则指大众能够实现公共生活的场所，即公民生活的领域，在这个领域中所有公民都可以得到公平和公正的对待，公民的各种对话形成公众的话语，进一步产生像公共意见这样类似的产物。

（一）现代公共性理论

“公共领域”（public sphere），也称作“公共空间”或者是“公众领域”，最早由汉娜·阿伦特（Hannah Arendt）提出。在她看来，公共领域是指在一个共同的政治空间里，每个公民不是作为个体存在的成员，而是作为代表公共空间的共同体成员来参与政治的讨论。这一公众达到一定规模的同时，产生的意见会通过不同的传播媒介（报纸、期刊、广播和电视）进行传播。与国家公共权力机关公开讨论的相关活动问题，就是所谓的政治公共领域。[1] 哈贝马斯提出

---

[1] ［德］哈贝马斯：《公共领域》，汪晖译，生活·读书·新知三联书店1998年版，第125页。

“公共性”理念：“公共性本身表现为一个独立的领域，即公共领域，它和私人领域是相对立的。公共领域说到底就是公众舆论领域。”❶ 公共领域就是“政治权力之外，作为民主政治基本条件的社会公众自由讨论公共事务、参与政治，并形成公共舆论的活动空间”。❷ 他还认为，在“共和制宪法”的前提下，这种具有政治功能的公共领域就成了自由主义法治国家的组织原则。在法治国家，市民社会作为一个私人自律的领域得以确认。公共领域思想的实质性作用在于，它将传统市民社会理论的二元分化架构转变为私域－公域－国家三分的理论框架，它是与政治国家相抗衡的领域，属于市民社会的一部分。因此，公共领域不但是权力机关立法合法性的源泉，同时也为权力机关执法的合法性提供保障。

（二）现代公共性理论视域下农民法律主体地位的确立

虽然，中华人民共和国成立以来，我国颁布了200多件有关农村的法律文件，但在这些法律文件中，全国人大常委会审议通过的有关农业农村方面的法律仅有20多件，其余绝大多数是行政法规和部委规章，并且较多以指示、决定、办法、通知等形式出现，可操作性和可司法性不强，难以付诸实施。在乡村，有些农民有许多利益诉求、怨言怨气不能通过正常有序的渠道得到表达和纾解，只好以越级上访、群体行动甚至极端方式来“维权”。承前所述，公共性原则是核心。其主要表现在公开性、差异共存性和平等商谈性。民主的基本精神必须立足于“公共性”，即一切都必须

---

❶ ［德］哈贝马斯：《公共领域的结构转型》，曹卫东、王晓珏等译，学林出版社1999年版，第202页。

❷ 同上书，第124页。

向全体人民负责，接受公众的监督；公共利益必须优先被考虑。[1]公共领域追求的是通过言说来限制权力以保障权利的宪法理念。言说原则通过法律体制化的过程转化为民主原则，此原则又赋予法律规范创设过程产生正当性的力量。由此观之，公共领域不仅是现代法治社会的结构根基，而且促进着权利保障。公共领域的沟通结构必须靠一个活力充沛的市民社会才能保持完整性。把广大的乡民社会打造成市民社会，倡导商谈民主。阿伦特指出，在公共领域中，任何人处于最大限度的开放之中，人的自主性得到了最大限度的尊重。[2] 具体到我国农村，农民对任何涉农事务的有关政策、法律等都有机会充分表达自己的观点，立法机关、行政部门都应尊重农民的意见、建议。

发展归根结底是人的发展，主张发展权根本上是主张主体的发展权，“发展权作为一项基本权利，是全体人类中的每一个人都享有的权利。”[3] 发展权具有对人的终极关怀性。发展权旨在实现人的基本价值，促进人自身内在能力的充分发展及人与外部世界的协调统一。[4] 长期以来，社会体制与社会根本制度的背离使得农民生存艰难，生存权受到威胁。乡村振兴的宗旨在于农民能过上美好生活的需要。“社会和国家的最终目的和个人的最终目的一样，是实现最美好的生活。”[5] 萨维尼认为，每一个人的存在和活

---

[1] ［德］哈贝马斯：《在事实与规范之间》，童世骏译，生活·读书·新知三联书店2003年版，第446页。

[2] ［日］川崎修：《阿伦特：公共性的复权》，期日译，河北教育出版社2002年版，第302页。

[3] 陈新夏：《认识·主体·人》，中国社会科学出版社2007年版，第64页。

[4] 汪习根：《法治社会的基本人权——发展权法律制度研究》，中国人民公安大学出版社2002年版，第141页。

[5] ［英］鲍桑葵：《关于国家的哲学理论》，汪淑钧译，商务印书馆1995年版，第188页。

动，若要获致一安全且自由的领域，须确立某种看不见的界限，然而此一界限的确立又须依凭某种规则，这种规则便是法律。[1] 因为“法律不只是一整套规则，它是在进行立法、判决、执法和立约的活生生的人。它是分配权利与义务，并据以解决纷争，创造合作关系的活生生的程序”。[2] 弱势群体的发展权首先应该在宪法条文中予以明确体现。要使农民发展权真正得到持续有效的保障，就必须改变目前靠政策指导调控的模式，加强农民基本权利立法，使农民权益在法律上得到合理而充分的强制性表达。作为一项基本权利，宪法中应当明确规定发展权，而非在其他权利的法律规定中进行推演，否则会“形成了发展权在应然宪法中的优位性和在实然宪法上的空位性之间的矛盾，以及从非基本人权出发去推导出基本人权的逆反现象”。[3] 这样可为此后相关法律体系的健全和农民发展权利的保护提供宪法上的指引和基本的原则。法是使人权从道德要求和应然状态走向实然权利的权威力量，法律调控是权利实现的内在要求，农民发展权同样迫切需要法律的有力保障。[4] 同时，阿马蒂亚·森指出：“一个集中注意实质自由的、关于正义和发展的视角，必定不可避免地聚焦于个人的主体地位及其判断；不能把人们看作仅仅是发展过程所带来的利益的接受者。”[5] 也就是说，强调个人的主体地位，是自由视角的又一特点

---

[1] 转引自［英］弗雷德里希·奥古斯特·哈耶克：《自由秩序原理（上册）》，邓正来译，生活·读书·新知三联书店1997年版，第183页。

[2] ［美］哈罗德·J. 伯尔曼：《法律与宗教》，梁治平译，中国政法大学出版社2003年版，第38页。

[3] 汪习根：“论发展权与宪法发展”，载《政治与法律》2002年第1期，第17页。

[4] 汪习根、杨丰菀：“论农民平等发展权”，载《湖北社会科学》2009年第9期，第157页。

[5] ［印度］阿马蒂亚·森：《以自由看待发展》，任赜、于真译，中国人民大学出版社2002年版，第288页。

和优势。个人能否在实质上拥有可行能力和自由，决定于社会的安排。因此，立法保障农民的主体地位，国家和社会具有提高和增强个人可行能力和实质自由的责任。当农民的宪法基本权利遭到不法侵害时，可以依据宪法和法律提起司法程序，请求国家机关对自己的宪法权利作出保护。这就要求在为宪法提供有关发展权的规范资源和价值理念之前提下，通过部门法对农民发展权予以规范和具体，当这项宪法权利受到侵害时通过普通诉讼程序来给予救济。[1] 由此观之，国家和社会应当承担起这种责任和构建农民发展权被侵害的救济渠道。

三、注重农民发展权的主体性塑造

不管是近代还是现代，自立原则均是市民社会的基本原则。这种原则的重要根基是最大限度地尊重个人的主体性和自立性的理念。[2] 大须贺明的理论明确体现在1950年《日本新生活保护法》中，该法第1条明确规定，本法基于《日本宪法》第25条规定的理念，国家对所有生活贫困的国民，按照其贫困的程度，进行必要的保护，以保证其最低限度的生活，并以帮助其自立为目的。美国20世纪60年代根据肯尼迪总统“向贫困宣战”和约翰逊总统建立“伟大的社会”的目标而进行的福利立法，是立法价值重心转移后的生存权保障立法体系的构建，都非常重视以提高就业能力为核心的贫困人群的权利主体性塑造，并取得了积极的效果。借鉴他国的成功经验可从两个方面塑造我国贫困人群福利权的主体性：（1）政府与社会应帮助农村贫困人群提升以

---

[1] 汪习根、杨丰菀：“论农民平等发展权”，载《湖北社会科学》2009年第9期，第153－159页。

[2] ［日］大须贺明：《生存权论》，林浩译，法律出版社2001年版，第16－17页。

就业能力为主要内容的自我脱贫能力。因为“仅仅减少收入贫困绝不可能是反贫困政策的终极动机……根本的问题要求我们按照人们能够实际享有的生活和他们实实在在拥有的自由来理解贫困和剥夺。发展人的可行能力直接顺应这些基本要求”。[1] 例如，通过专门技术教育提高贫困者的就业能力，通过农业科技推广提高农民的生产能力等。（2）增强贫困者个人在反贫困中的自我责任意识和责任能力。美国不少福利项目已由单纯的政府给付转为政府与贫困人群形成契约责任性关系，其根本目的就在于增强贫困人群的反贫困积极责任。美国相关立法值得我们借鉴。[2] 与此同时，提高农民工组织化程度，推进集体协商制度建设。进一步贯彻《集体合同规定》和《工资集体协商试行办法》，通过广泛推行企业工资集体协商制度，并安排农民工参与其中，使农民工获得平等的对话权利，从制度上保证农民工工资增长的合法权益，保证农民工享有企业效益增长的成果。在小企业多、农民工集中的地区、行业建立集体合同制度。在具备条件的城镇，地方工会和行业工会可以代表农民工与相关用人单位签订集体合同，从总体上维护农民工的合法权益。因此，构建维权组织，如成立以维护农民权利为历史使命的农民协会，可以提高农民的政治参与度，让农民真正地当家作主。在法律允许的范围内，允许农民建立权利义务明确的农民协会等农民组织，可由农民组织代表农民参与政治决策，在政府和农民之间发挥“桥梁”和“纽带”作用，维护农民的合法权益；农民可通过参加农民组织的实践，学会如何管理公共事务，实现农民政治参与的法治化。学会在利益博弈中

---

[1] ［印度］阿马蒂亚·森：《以自由看发展》，任赜、于真译，中国人民大学出版社2002年版，第89页。

[2] 王三秀：“美国福利权保障立法价值重心的转移及其启示”，载《法商研究》2009年第4期，第143页。

磋商、调解或谈判，加大矛盾解决的可能性并使解决方式更趋理性化和法治化。[1] 这些依法成立的农民组织可以在一定程度上代表农民的利益，为农民的权利发出农民的呼声和诉求。

第四节　与农民发展权协同配套制度的法律保障

马歇尔依据权利之间的相互交织和不可分离关系认为，公民权只属于工具性的范畴，是为人类发展和福利服务的，如果承认人是发展的中心，将发展目标确定为对人的自由的扩展的时候，自由的扩展就还深深依赖于其他决定因素，如社会、经济和政治的制度安排、公民权利、社会正义等。在马歇尔看来，公民身份权利体系是一个三位一体的制度系统，民事、政治、社会三要素之间相互联系、相互影响。公民权的历史演化和具体实践表明，民事和政治权利是推动社会权利发展的前提条件，而社会权利是民事和政治权利得以实现的现实保障。[2] 里斯特（Rose Lister）认为，马歇尔不仅提出了公民身份之权利体系，而且关注三大权利如何支撑公民参与行为和这些权利得以运用的社会经济条件，而公民身份之权利和政治参与的相互交织是贯穿福利国家的红线。在这个意义上，马歇尔的公民权理论是将自由主义与共和主义对公民身份的理解综合在一起的前期尝试。[3] 因此，我们不能只关注

[1] 丁同民："农民发展权法律保护的路径初探"，载《中州学刊》2011 年第 4 期，第 90－93 页。

[2] 胡杰容："公民身份与社会平等——T. H. 马歇尔论公民权"，载《比较法研究》2015 年第 2 期，第 165 页。

[3] ［英］露丝·里斯特：《公民身份：女性主义的视角》，夏宏译，吉林出版集团有限公司 2010 年版，第 22－23 页。

经济增长，还必须同时关注社会和政治的进步，关注那些限制人类自由的主要因素，如贫困、饥饿以及经济机会、公民权利和社会保障的缺乏等。农民的发展权利被约束、限制甚至被扭曲是制度及其与其他规范相互关联作用的产物，包括户籍制度、选举制度、财税制度和农业经营制度在内的歧视性政策的长期实施，剥夺了农民在政治经济生活中的平等参与权、自由迁徙权、自由择业权以及平等享受基本公共服务的权利。[1] 制约农民发展的因素很多，但最大障碍莫过于权利的缺失，赋予农民更多影响生存与发展的权利是农民分得的最大改革红利，如土地财产权、自由迁徙权等，这里仅就经济层面的财产权进行探讨。

一、财产权的法哲学基础

登姆塞茨认为，所谓产权，意指使自己或他人受益或受损的权利。[2] 巴泽尔在此基础上进一步认为，人们的各种产权包括财产的使用权、收益权和转让权。[3] 在古典自由主义者中，最重视财产权的思想家非洛克莫属。他不但将财产权视为上帝赋予人类的一项自然权利，甚至还认为财产权是人们在自然状态中最重要甚至最核心的自然权利。[4]“不同于霍布斯，尽管洛克希望政府去促进和规范人们对某物获得权利的产生过程，但是他将这一过程看作独立于政府的。洛克持有的观点更为传统，即财产权在公民社会

---

[1] 周明海：“后农业税时代应认真对待农民的发展权”，载《学术论坛》2008 年第 3 期，第 95 页。

[2] ［美］登姆塞茨：“关于产权的理论”，载《财产权利与制度变迁》，刘守英等译，上海三联书店、上海人民出版社 1994 年版，第 132 页。

[3] ［美］巴泽尔：《产权的经济分析》，费方城等译，上海三联书店、上海人民出版社 1996 年版，第 86 页。

[4] 王聪：《从罗尔斯到德沃金：基于契约主义的西方权利观念嬗变》，复旦大学出版社 2020 年版，第 52 页。

制度之前出现，而这种公民社会制度最终为财产权服务。”[1] 在18世纪末的近代宪法中，财产权被理解为个人不可侵犯的人权。人们普遍认为，私有财产有助于带来经济繁荣。至少有以下四个原因可以说明这一论断[2]：首先，私有财产鼓励和利用了人类一种强烈的倾向——将货物和服务带给自己或自己所关心的人。其次，财产私有具有至关重要的协调功能。它能保证从市场结果中反映出来的成千上万顾客的多种需求，这样就不会出现由于指令经济所造成的那种荒谬的短缺状况。再次，私有财产马上解决一个问题——人们在这种制度之外的任何制度下都要面临一种严重的集体行为问题。如果财产缺乏所有权主体，那么任何人都不会有足够的积极性去充分利用它，或防止人们去自私地加以利用。而私有财产权的创设则解决了这一问题。最后，财产私有制度可以为国际国内投资创造前提条件，即创造某种稳定和预期保障。这样，财产权为经济发展提供了方便。财产权有利于创造财富，更多的财富常使最弱者也能受益。事实已经反复证明，经济增长通常比福利和就业计划更能使处于不利地位的人受益，公共教育、扫盲计划、福利协助和就业计划等都是财产权制度的必要组成部分。[3] 同时，哈耶克从经济学视角认为财产权属于制度性保障之权利。施米特指出：“尽管私有财产同样可以看成是一种先于国家、存在于一切社会秩序之前的自然权利，但也可以看成是一种

---

[1] See Ian Shapiro, The Evolution of Rights in Liberal Theory, Cambridge University Press, 1986, pp. 97 - 100.

[2] Jeremy Waldron, The Right to Private Property, New York: Oxford University Press, 1988.

[3] ［美］凯斯·R. 孙斯坦：《自由市场与社会正义》，金朝武等译，中国政法大学出版社2002年版，第277-278页、第282页。

单纯的法律制度。”[1] 继施米特之后，德国、日本宪法理论界和实务界普遍认为：财产权是一种制度性保障之权利。美国联邦最高法院斯托里大法官（Joseph Story）曾经断言：“一个自由政府的基本准则似乎应当是，要求把人们的人身自由权和私有财产权视为神圣不可侵犯的权利。”[2] 与此同时，财产可以被视为一种政治权利。它能减少公民对政府的依赖、给公民一种安全感，这是民主政治中真实公民权中不可缺少的一项。财产权与民主不一定要发生冲突，它以多种方式为自治创造前提条件。私有财产的确立在经济发展过程中发挥着许多不可或缺的作用。[3] 故而，财产权被认为是公民地位的必要前提。摆脱政府的个人安全和独立是通过公共机构保护所有权制度得到保障的。

二、财产权的功能性价值

人权的核心是财产权，财产权是决定公民经济地位的重要因素。经济权利具有双重功能，此点最显著地体现在财产权上。一方面，此项权利是得以确保适当生活水准的权利基础；另一方面，它又是独立以及自由的依托。[4] 财产权相对于其他基本权利而言，始终只是一项工具性权利，作为工具性权利的财产，首要功能是满足人之生存需要，洛克论及财产问题时首先提到的是财产的生

---

[1] ［德］施米特：《宪法学说》，刘锋译，上海人民出版社2005年版，第177页。

[2] ［美］伯纳德·施瓦茨：《美国法律史》，王军等译，法律出版社2011年版，第18页。

[3] ［美］凯斯·R. 孙斯坦：《自由市场与社会正义》，金朝武等译，中国政法大学出版社2002年版，第274－275页。

[4] 艾德：“作为人权的经济、社会和文化权利”，载［挪］艾德等：《经济、社会和文化的权利》，黄列译，中国社会科学出版社2003年版，第17页。

存功能，因为满足人的生存所需是人格自由发展的前提和基础。[1]基于此，德国知名学者黑塞认为，“只要财产所有权的目的是保障公民的人格自由，它就可以受到特别的保护”[2]。其次，财产权的功能还表现在个人发展和表现自由，如用于接受高等教育等，对这类功能意义的财产保护，不如生存意义的财产保护力度大。通过对生存权发展历史的回顾，我们能够发现无论是近代还是现代生存权概念中，在保障手段方面最重要的还是对财产权的保障，只有财产权得到有效保障，生命权才可以得到保障基础，生存权设置的目标才能有效得以实现，并且财产权是否能够得到保障还关系到人的自由和其他尊严的实现。

三、农民财产权保护存在的不足

诺斯认为，有效率的经济组织是经济增长的关键因素，有效率的组织需要在制度上作出安排，并确立财产所有权，把个人的经济努力不断引向一种社会性的活动，并使个人的收益率不断接近社会收益率。[3] 在他看来，西方世界的兴起源于发展了一种有效率的组织，建立了排他性的财产所有权。土地作为最重要的资源条件，它是农业劳动和人类生存的基础。《世界人权公约》规定为保障公民食物权或生存权，各成员国有义务通过土地改革对农民的劳动加以保障。

众所周知，农民收入是农村经济发展的根本，也是农村经济

---

[1] 汪进元：《基本权利的保护范围》，法律出版社 2013 年版，第 230－231 页。

[2] ［德］康拉德·黑塞：《联邦德国宪法纲要》，李辉译，商务印书馆 2007 年版，第 351 页。

[3] ［美］道格拉斯·诺斯等：《西方世界的兴起》，张炳九译，学苑出版社 1988 年版，第 153 页。

发展的风向标。经济权利的贫困主要体现农民在财产权利和市场主体权利这两种经济权利上的贫困。具体而言，我国农地制度的缺陷具体表现在以下几个方面：首先，农民土地产权主体虚置。法律对集体所有权主体界定不明确，所有权虚置。农民集体是抽象的、无法律人格意义的“虚拟所有权主体”。实际管理权的缺失，导致农民土地所有权并非属于农民自己。其次，所谓土地权其实就是指农民有权依法获得集体土地承包经营权并取得一定土地收益的权利，事实上就是土地经营自主权，即农民在生产经营方式、规模等方面有经营决策权。虽然现在实行承包责任制，但是农民只是拥有土地的使用权和收益权，并不能根据自己的意愿去支配土地，也就不能获取更大的利润，本质上还是表现为集体组织对土地的垄断。这种使用权不能变更用途，不能追求利益最大化，不得用于非农建设。再次，农民没有对土地的处分权。处分权是产权的核心。农地使用权不能抵押、不能担保，更不能上市交易。最后，工业化、城市化的发展，大量土地被征用。在土地征用中存在的主要问题是，不仅补偿标准过低，而且一些基层政府和村组织拖欠、截留、挪用、私吞征地补偿款，给予被征地农民的补偿不合理或未能妥善安置被征地农民而导致农民失地之后的社会保障与就业困难。此外，农民群众对征地程序、补偿安置费标准缺乏知情权、参与权，尽管 2014 年开始的宅基地“三权分置”改革是新时代中国农村改革的又一重大制度创新，也是宅基地制度改革理论和政策的重大创新与突破。但是，是否真的能实现农民生活的突飞猛进还有待实践去验证。在我国，财产权利贫困主要表现为农民的土地财产权的贫困。土地不仅是农民最基本的生产资料，也是最可靠的生活保障和最重要的财产形式。在

20世纪前期，土地对于农民来说，具有生产资料和生活保障的双重功能。土地保障的前提是风调雨顺。然而，中国自古以来就是一个灾害频仍的国家。无论在什么样的情况下，农民获得的只是温饱问题的生存保障。人生问题不仅仅是温饱问题，还有生病、伤残、老年失能等，即使一场大病，也有可能使一个家庭陷入贫困甚至倾家荡产。笔者认为，一般而言，仅仅依赖土地根本无法维持基本的生活需要，更不可能活得“体面”。因此，对农民而言，土地保障功能之一就是提供就业保障。失去土地也就意味着失去就业的保障，使农民产生后顾之忧。因此，政府相关部门应为农民提供适当的就业或培训机会，建立健全失地农民再就业培训制度。同时，以土地换保障，探索建立失地农民社会保险，并与城镇居民保险并轨。

四、完善权利救济机制，农民财产权的法律保障

私有财产权制度的保障，即所谓将财产权作为制度加以保障。在财产权的不可侵犯性亦被否定的现代，财产权保障的主要含义，可以理解为在于将取得和拥有财产的一般性权利作为法律制度来加以保障，制度的核心不能通过法律加以侵害。[1] 鉴于土地是农民的命根子，政府保护农民财产权就应履行以下义务。

首先，加强对土地征用行为的监督。财产权的最大威胁不是来自私权的侵犯，而是来自公权的侵犯，在实践中，常发生以发展的名义侵犯农民财产的行为，他们往往打着新农村建设、城乡一体化等旗号，侵占农民的宅基地和承包用地。某些地方政府利

---

[1] ［日］芦部信喜：《宪法》，林来梵等译，清华大学出版社2018年版，第183页。

用公共利益内涵的不确实性，滥用公权，打着“公共利益”的幌子，强行毁田拆房，建高档别墅或者五星级酒店。这不仅导致土地征收权的极端滥用，而且严重损害了农民的财产权。许多发达国家宪法提供了保护财产不被没收之规定。《美国宪法》第五修正案规定，如果不作出公正补偿，私有财产不得用于公共利益。此类规定对建立牢固的经济和民主基础都是非常重要的。若没有这样的规定，那么不管是在现实中还是法律中都不会有全面发挥作用的私有财产制度。❶ 世界上许多国家和地区，除设立土地决策、咨询、执行机构外，还专门设立仲裁机构作为监督和争议解决机构，如日本的土地征收委员会等。我们也可以借鉴这一做法，设置独立于政府的专门仲裁机构，以实施土地征用决定的合法性、补偿标准的公平性等程序性监督。❷ 其次，构建和完善司法救济体系。在战后不久的农地改革纠纷中，日本最高法院先采用适当补偿说，之后采用损失补偿制度，即不将因合法的权力之行使所产生的损失作为个人的负担，而是将其转换为国民的一般性负担。如为了拓宽马路而征收土地，在根据该特定财产的使用价值而实行征收时，应以市场价格进行完全补偿。除了被征用财产的市场价格以外，还应由国家负担生活权补偿。❸ 这是值得我们在征收农民土地时学习和借鉴的地方。对于征地过程中农民土地资源权益所受损害的补偿与救济，我国《土地管理法》有相关规定，对其不妥与待完善之处，各界的研究成果已经很多，本书不再赘述。

---

❶ ［美］凯斯·R. 孙斯坦：《自由市场与社会正义》，金朝武等译，中国政法大学出版社2001年版，第290－291页。

❷ 季建业：《农民权利论》，中国社会科学出版社2008年版，第170－185页。

❸ ［日］芦部信喜：《宪法》，林来梵等译，清华大学出版社2018年版，第188－189页。

希望相关法律尽早作出积极回应，切实保障农民的土地资源权益。再次，保障土地征用过程中农地权利人的异议权、申诉权和诉讼权是保证土地征用程序公正合法的必要条件。最后，对故意侵害农民土地和财产的官员，应建立决策问责和纠错救济制度。将财产权作为保护的重点，只要是损害群众利益的做法都要坚决制止。坚持科学、民主和依法决策，健全决策机制和程序。因此，应完善纠错问责机制，健全责令公开道歉、停职检查、引咎辞职、责令辞职、罢免等问责程序，同时应规定恶意侵害农民财产的相关责任人的侵权赔偿责任。

CHAPTER 06 >>

第六章

农民劳动权的法律制度重构

我们在第五章对农民发展权进行了比较深入的研究，作为生存权利的两大核心价值之一，发展与生存属于同一价值序列。由于劳动权对人类发展的意义一方面在于人自身的发展必须经过劳动得以实现；另一方面劳动权的实现是人参与社会发展，享受社会发展成果的前提和基础，劳动权是发展权的经济基础。所以，劳动权被视为“人之为人”的基石性权利，它的地位和重要性在国际法中不断得到重申和肯定。劳动权是经济、社会和文化权利中的一项重要权利。有学者认为，劳动权是“生存权的基本权利”[1]，以劳动维持生存是生存权保障的基本方面。就业是民生之基，参与社会生产并在社会分配中获得劳动报酬是保障人生存发展的最基本形式。进一步而言，支撑劳动权根基的也是生存权。农民失地之后无法获取劳动机会而导致生活跌落到“最

---

[1] 薛长礼：《劳动权论》，科学出版社2010年版，第29页。

低限度生活”以下时，国家在法律制度上应给予生存权保障。本章首先简要阐释劳动权和平等劳动权、农民劳动权的概念和基本特征、价值与功能，其次阐述农民劳动权保障的现状及问题，社会权利的贫困主要表现之一就是农民的权利贫困。最后探讨乡村振兴视域下解决农民劳动权益保护问题的若干建议。在就业和社会保障方面，应进一步加大对困难群体、农民工、大学毕业生等的就业、创业扶持力度，完善相关的社会保障制度，实现就业、创业与相关社会保障制度有效衔接。

第一节　农民平等劳动权

一、平等劳动权的内涵与价值定位

现代社会保护体系包含劳动力市场政策、社会保险和社会救助三个主要层次。[1] 鉴于西方国家有些底层民众享受丰厚的福利而不思进取，20 世纪后期有西方学者对福利权进行了诸多批判，一些学者也提出了要“超越福利权”，其中有代表性的是福布斯（William Forbath）提出的“以工作权为核心的社会公民权‘超越福利权’的观点”[2]。劳动权是公民通过正当途径解决其生存问题、实现免于匮乏的基本手段。因此，首先有必要对劳动权、工作权等相关概念进行辨析。

---

[1] 根据亚洲开发银行报告，现代社会保护体系普遍包含劳动力市场政策、社会保险和社会救助（福利）三个主要层次，lsabel Ortiz，Social Protection in Asia and the Pacific，Manila；Asian Development Bank，2001，p. 41.

[2] 陈国刚：《福利权研究》，中国民主与法制出版社 2009 年版，第 46 页。

（一）劳动权和工作权的含义辨析

生存是人类的第一公理。正如约翰·贝勒斯所言，“劳动对于身体健康犹如吃饭对于生命那样必要……劳动给生命之灯添油，而思想把灯点燃”。[1] 有鉴于此，劳动权是实现生存权的一项重要的手段性权利。确保劳动者健康的生存，有保障的生活，这是劳动权的生存理念。[2] 完整意义上的劳动是一种复杂活动，包含起点、过程与终点等不同阶段，即就业机会的获取、生产活动的开展和劳动成果的享有等。劳动权正是围绕这些阶段在时间和空间上展开，直接指向劳动者应当享有的与劳动相关联的一束权利。作为一个权利集合，它是指由法律保障的劳动者能够获得劳动机会并通过劳动获得相关利益的权利。[3] “能够生存是一切人的绝对的、不可转让的财产……所有合理的国家宪法的原则是每一个人都必须能够靠自己的劳动生存。”[4] 劳动权意味着公民享有劳动的权利，这种权利是属于全体公民的，劳动权作为一种权利，是一种国家通过发展而给公民提供就业机会的权利，如果国家发展处于低级阶段，则会造成大量劳动者没有劳动权。劳动是人的存在方式，也是人类的本质活动，劳动促进人的全面发展和人类文明进步。保障劳动权就是维护人的尊严，就是保障人权。[5] 由此可见，劳动权，也称劳动就业权，是一个内涵丰富、外延宽广的概念，具体包括就业权、择业权、劳动安全保障权、劳动者的结社

---

[1] 马克思：《资本论（第一卷）》，人民出版社1975年版，第535页。

[2] 冯彦君：“劳动权论略”，载《社会科学战线》2003年第1期，第169页。

[3] 王天玉：《工作权研究》，中国政法大学出版社2011年版，第13页。

[4] ［德］费希特：《自然权基础》，谢地坤、程志民译，商务印书馆2004年版，第213－214页。

[5] “保障劳动权就是保障人权”，载中共中央党校网，https://www.ccps.gov.cn/llwx/202009/t20200918_143474.shtml，访问日期：2021年11月15日。

自由、劳动者团体的交涉权和争议权等。其中与生存权直接关联的权域范围和保护领域有就业权、劳动安全保障权等。[1] 与劳动权类似，工作权是指“人人应有机会获得工作来谋生的权利”[2]，这就意味着人权的核心部分，即谋生的机会。“谋生”是获得合理生活水平的权利，应是国家无条件的义务，与个人是否有工作无关。[3] 由此可见，工作权是人民在社会上有选择适当工作之权利。“此工作权系由生存权引申而来，目的在借工作机会以保障其生存。其作用为：（1）国家不得剥夺或侵犯人民的工作权。工作之选择应基于个人之自由，严禁奴隶制度（亦即所谓工作自由）。（2）人民有向国家要求给予工作以谋生活之权利。人民若不能获得工作时，国家应救助之，如提供失业保险。（3）人民有在国家法律制度的保护下工作的权利，如8小时工作制，夜工禁止制及工厂卫生制等。（4）工作之结果，须足以维持其生存，故国家应规定最低工资基准。”[4] 因此，若以人权的一个观点来检视，工作不应只是获得合理生活水平的工具，同时工作也是“人的价值、社会需求以及自我实现和人的个性发展的手段”[5]，也就是说，工作是每个人的基本权利。本书的劳动权与工作权内涵基本相同，对它们不做严格区分，即公民“享受平等的就业机会权和选择职业的自主权，前者体现了国家对公民在没有就业机会时提供平等机会的义务，后者体现了劳动者对职业选择的主观愿望”[6]。

---

[1] 汪进元：《基本权利的保护范围》，法律出版社2013年版，第270页。

[2] 《经济、社会和文化权利国际公约》第6条。

[3] 《经济、社会和文化权利国际公约》第11条。

[4] 谢瑞智：《宪法词典》，文笙书局1979年版，第17－18页。

[5] See Drzewicki, “The Rights to Work and Rights in Work”, in A. Eide; C. Krause and A. Rosas, eds., Economic, Social and Cultural Rights: A Textbook, Second Revised Edition, The Hague, Martinus Nijhoff Publishers, 2001, p. 223.

[6] 李景森、贾俊玲：《劳动法学》，北京大学出版社1995年版，第26页。

（二）平等劳动权的含义

平等和权利的关系可以概括为：平等是一切权利的根据，由于平等，人们才有各种权利；平等也因此成为权利的终极价值，是评价权利正当性的最高标准；平等本身就是一种权利。[1] 不仅如此，在劳动权的丰富内涵中，平等贯穿于这项权利实现的全部环节。起点平等意味着有劳动能力和劳动愿望的人有平等竞争工作岗位的机会，这种平等没有过问劳动者本身的天然肌理、素质能力和社会地位，尽管这些要素对劳动的过程和结果会产生一定程度的影响。过程平等是起点平等在时间上的继起，是劳动者工作场所、劳动时限、福利设施等内容相对一致性的抽象表述，是对劳动者与雇主建立的劳动关系的保护，这种平等在于保持二者之间的力量平衡，避免劳资双方的冲突。结果平等的最集中体现是劳动成果的分配。[2]

关于平等劳动权概念的界定，目前学界观点不一，见仁见智，总体说来，平等劳动权在概念上有广义、狭义之分，广义上的平等劳动权包括获得工作机会的平等、工作待遇的平等以及安全平等权利；狭义上的平等劳动权仅指就业者的平等应聘权。[3] 其实对平等劳动权的广义、狭义还有认识上的差异。持“广义说”者把平等劳动权置于劳动关系形成前的求职活动阶段和形成后的职业活动阶段进行全面考察，认为平等劳动权是指劳动者享有的就业或职业上的机会均等或待遇平等的权利。[4] 持“狭义说”者认为平

---

[1] 李静：《公民平等劳动权法律保障机制研究》，南开大学出版社 2015 年版，第 20 页。

[2] 李光灿、吕世伦：《马克思、恩格斯法律思想史》，法律出版社 2001 年版，第 634 页。

[3] 王彬：“禁止前科歧视的学理分析——以平等就业权为视角”，载《学术界》2010 年第 5 期，第 156 页。

[4] 张卫东：“平等就业权初论”，载《政治与法律》2006 年第 2 期，第 19 页；邓佑文、张晓明：“就业平等权的理论体系——以宪法含义为思考维度”，载《重庆工商大学学报》（社会科学版）2007 年第 6 期，第 89 页。

等劳动权是指劳动者享有的就业机会和就业规则等方面平等的权利。[1]“狭义说”把平等劳动权定位在劳动关系形成前的求职活动阶段进行研究，得到了我国劳动法学界多数学者的支持。不过，本书在同意“狭义说”的基础上，将平等劳动权定义为劳动者依法享有就业机会平等及其排除各种就业歧视的权利。[2] 它是劳动权体系的起点和基础。因此，赋予劳动者依法享有排除各种就业歧视的权利乃是平等劳动权的内在要求。正因如此，有学者将平等劳动权看作反就业歧视的“权利支点”[3]，这是很有道理的。

（三）平等劳动权的价值定位

权利的价值定位既是对该权利的价值证成，也是进一步设定权利内容的价值基础。它在证明权利存在的正当性的同时，也为该权利的权利结构体系及保障机制确立了基本价值取向。

（1）平等劳动权是生存权的延伸和具体化。生存是劳动权作为社会权利的首要价值。从劳动权产生的缘起来看，劳动权的产生无不为了劳动者的生存缘故，既然劳动权有着相当长的历史形成过程，且又是生存权性质上的基本权利，那么从逻辑上以生存权为基础来确定其具体内容，就必然是可能的。在社会权性质侧面的劳动权之根底下，蕴藏着生存权。[4] 生存权是人的生命安全及生存条件获得基本保障的权利。保障人类生存这一价值是劳动权作为社会权利的基本价值，这也是劳动权成为基本权利的价值基

[1] 沈同仙：“劳动权探析”，载《法学》1997 年第 8 期；李炳安：《劳动权论》，人民法院出版社 2006 年版，第 122 页。

[2] 丁大晴：“尊重和保护农民的平等就业权”，载《中国人力资源开发》2009 年第 9 期，第 73 页。

[3] 李雄、刘山川：“论我国平等就业权重构的必然性”，载《甘肃政法学院学报》2009 年第 5 期，第 106 页。

[4] ［日］大须贺明：《生存权论》，林浩译，法律出版社 2001 年版，第 212 –217 页。

础，可以说劳动权是生存权衍生物和具体表现形式。[1] 关于生存权与劳动权的关系，大致有以下三种观点：①相同说。此种观点把劳动权视同生存权。日本学者我妻荣认为，劳动权是生存权的基本权，依凭于此，“国家有努力实现此等权利之义务，国家为违反此等义务之行为时，立法为无效，处分系违法；但是国家怠于实现此义务，未为必要之立法或适当之措施时，国民无法向国家为直接之请求”。[2] ②部分说。该观点把劳动权看成生存权的一个构成部分，劳动权是生存权的一个具体权利。日本学者大须贺明主张，在社会权性质侧面的劳动权之根底下，蕴存着生存权。[3] ③引申说。这种观点认为，劳动权是由生存权引申出来的一项人权，是实现生存权的条件。尽管学者们关于劳动权与生存权关系认识不一，但这种差异实际上只是生存权作为劳动权基本价值表现方式的差异。本书基本倾向于第二种观点。其理由为，生存是人类的第一公理，保障人类生存这一价值是劳动权作为社会权利的基本价值。

（2）劳动权的充分保障是实现自由、平等与正义的基本要求。由于“自由、平等、秩序作为正义价值的三个不同价值维度深植在人的本性之中，所以在它们之间的平衡就是一个法律制度真正成功的标志”。[4] 由于正义作为法律最高价值，涵摄自由、平等和秩序三种成分或基本价值，那么农民劳动权同样有这三种价值。

---

[1] 李静：《公民平等劳动权法律保障机制研究》，南开大学出版社 2015 年版，第 18 页。

[2] 转引自王能君：“日本国宪法上劳动权保障之意义”，载《宪政时代》第 29 卷，第100 页。

[3] ［日］大须贺明：《生存权论》，林浩译，法律出版社 2001 年版，第 212－213 页。

[4] ［美］博登海默：《法理学：法哲学及法律方法》，邓正来译，中国政法大学出版社 2004 年版，第 339 页。

首先，劳动权实现要求自由。因为“自由的欲望是人类所具有的一种普遍特性”，它可使每个人充分运用其潜能实现其自我价值选择。[1] 劳动者通过对“劳动自由”观念的阐释，表达自身的经济主张、政治要求、权利诉求，论辩关涉劳动权的制度安排、社会立法和法律规则的正当性和合理性。劳动自由乃我国劳动权内涵的题中应有之义，目的在于防御国家的不当侵犯。国家应当尊重个人依照自己意愿从事工作的自由，如禁止强迫或强制劳动，禁止奴役；禁止歧视和不合理差别待遇。对农民来说，自由择业、自主经营等自由可使其在相应的职业领域发挥潜在能力，满足其多样的心理需要。其次，劳动权法律制度更重平等价值，因为“人希望得到尊重的欲望”和“不愿受他人统治的欲望”，[2] 因而它不仅要求立法归类的平等，禁止立法者在其立法时进行不合理的立法归类，同时在社会中不受歧视、不受奴役，享有参与影响决策的权利。平等作为劳动权的价值，劳动权将促进平等作为其目标指向，即劳动权促进平等，这是就平等作为劳动权的工具价值而言。劳动权的本质属性是平等性。劳动权的平等，或曰公民的平等劳动权，似乎很明白，可是在实践中依然难以真正实现。虽然法律面前人人平等，但事实上，囿于身份限制，在市场化条件下，农民因公权力阻碍难以真正实现自由，而且农业的弱质性使农民难以在经济上获得平等，因而须借助于平等参与权以改变现状。最后，劳动权蕴含的秩序价值。劳动权中的团结权、集体谈判权、罢工权等共益权对维持劳资力量的平衡，促进社会秩序的稳定有

[1] ［美］博登海默：《法理学：法哲学及法律方法》，邓正来译，中国政法大学出版社 2004 年版，第 300 页。

[2] 同上书，第 311 页。

重要的意义。劳资关系的和谐与稳定，在一定程度上决定着社会的稳定与发展。由于劳动力对资本的依附性，雇主相对于劳动者来说居于强势地位，雇主拥有劳动成果的分配权，而劳资双方利益的对立性，决定了很难保证分配结果的公平，在这种情况下，仅依靠单个劳动者是难以与雇主对抗的。为此，国家必须通过积极立法，进行强力干预，赋予劳动者包括团结权、集体谈判权、罢工权在内的劳动权，以此矫正社会权利的分配不公。“国家借助保护劳动基本权，提高劳工的地位，强化其对雇主的交涉力量，这样一方面可以维持和改善旨在达到上述各项目的的劳动条件，另一方面尽可能地维持劳工和雇佣者之间的力量平衡，恢复在此范围内不断失去的市民之间的平等关系。”❶ 就业权对维护社会秩序的稳定具有重要的作用；失业则是社会不安定的种子。因此，在乡村振兴战略下，国家应以扩大就业岗位为目标，以积极扶持农村困难群体就业为重点来确保农民的就业权。

二、农民平等劳动权的特殊内涵和要求

所有公民均具有劳动权是宪法的基本精髓。法不禁止即自由，农民应该享有劳动权，是天经地义的。但是，基于特殊国情和农民所处的特殊境遇，农民平等劳动权除了具有以上关于平等劳动权的一般含义外，基于城乡二元制度的特殊国情，本书论述中的农民劳动权主要是与市民相比较而言，实际是指以平等保护视角来阐述农民劳动权，因此，本书对农民劳动权和农民平等劳动权不做严格区分，在书中交叉使用这两个术语。具体而言，农民平

---

❶ ［日］大须贺明：《生存权论》，林浩译，法律出版社2001年版，第9页。

等劳动权还应当包括以下特殊内涵和要求。

（一）反对和消除农民就业中的身份歧视

"工作权"之保护内涵所包括的宪法委托尚不仅于就业环境本身，人民选择职业、接受必要的训练到获得工作职位的过程，都有待国家来改善与促进机会的平等。职业教育的完备、工作机会的中介与咨询以及劳动条件、就业环境的改善等，虽然都可归属于工作权之保护领域，然而因为其皆指向国家的积极作为，也都必须留有立法手段裁量的空间，因此只能享有相对较宽松的保护强度。在调节最低劳动条件或促进弱势群体就业机会上，乃属于"社会平衡戒命"的实现，其他就业环境之促进措施则属于"福祉最大化"的范畴。[1] 但是，身份、户籍等政策性歧视和制度性歧视在实践中并不鲜见。

在农民平等就业问题上，除了要一般地反对民族、种族、性别、宗教信仰等歧视外，还要特别注重反对直接针对农民的身份歧视。这是因为：我国长期实行城乡分离的二元户籍制度，人为地制造了农民和市民相区分隔的格局，"在国民中造成了人格、身份和待遇不平等的等级社会"。[2] 中华人民共和国成立后很长一段时间里，形成了户籍身份管理制度。在这一身份约束下，农业劳动者甚至连选择劳动地域的自由都不具备，更谈不上超越身份限制参与其他形态的劳动或者能与城镇居民拥有平等的就业机会。与此类似的是"子承父业"的就业传统。在这种传统影响下导致

---

[1] 蔡维因：《社会国之法理基础》，台湾正典出版文化有限公司 2001 年版，第 79 - 80 页。

[2] 荼洪旺："中国户籍制度与城市化进程的反思"，载《思想战线》2005 年第 3 期，第 32 页。

某些“官二代”等不仅针对利益分配机制不公正产生的扭曲社会现象，而且指向劳动就业机会的不平等。[1] 虽然，2006 年国务院出台《关于解决农民工问题的若干意见》明确要求，开始建立统一的劳动力市场和公平竞争的就业制度。从形式上，城乡对立的就业制度似已被废除，但是，第一，在改革开放前乡村教育经费严重不足，大量农民并没有受到良好的教育；更为严重的是，《就业促进法》规定的职业教育也没能得到有效落实，所谓公平竞争的就业制度，相对于历史上教育歧视遗留下的那些文盲和半文盲而言，依然实质意义不足。[2] 第二，在法治国家，用人单位依法享有的用人自主权不是一种绝对权利，它必须受到劳动者平等劳动权的制约。然而，某些用人单位无限扩大用人自主权，人为抬高用工“门槛”，极力压低用工成本，导致招工录用环节上歧视农民的现象在一定程度上存在。[3] 因此，国家有义务在法律层面彻底消除劳动力市场的各种歧视，保障贫困农民等弱势群体的劳动权益。

（二）反对和消除优待本地市民的就业特权

劳动权“在传统意义为国家权力对个人之压抑，近代意义则为防止歧视和差别待遇”。[4] 如果说对农民就业进行身份歧视是一种直接歧视的话，那么在同等条件下采取不当优待本地市民就业的做法则是一种较为隐秘的间接歧视。一些地方政府在稳定和促

---

[1] 曾庆洪、张新民：“基因、身份、契约：平等劳动权的三重视野”，载《西南大学学报》（社会科学版）2016 年第 3 期，第 48 页。

[2] 汪进元：《基本权利的保护范围》，法律出版社 2013 年版，第 257 页。

[3] 丁大晴：“农民平等就业权在《就业促进法》中的缺陷与完善”，载《北方法学》2010 年第 4 期，第 82－83 页。

[4] 黄越钦：“宪法中工作权之意义暨其演进”，载《法令月刊》2001 年第 10 期，第 36－43 页。

进就业过程中，大多把本地劳动力就业放在首要位置，除了将就业岗位补贴优先用于解决本地就业外，还采取将企业社保费用减免优先用于本地劳动力安置等措施。[1] 与此同时，除了直接利用户籍制度对农村劳动力的流动进行限制外，我国长期存在的就业区分制度对农民工的平等就业也产生了深远的影响。当前，一个十分严重的问题是，尽管中央在逐步淡化农民工就业政策的区别，但在保障本地区竞争实力的前提下，某些地方政府出台的一些就业管理规定成为限制农民工平等就业的障碍。[2] 因此，农民平等劳动权的内涵十分丰富，它坚决反对和消除各种针对农民的就业歧视，反对和消除优待本地市民的就业特权；不得以任何形式限制和剥夺农民平等就业的机会和权利，切实建立和实行城乡一体化的平等就业制度是大势所趋。

三、农民平等劳动权的正当性

夏尔认为，科学的正当性定义是将正当性消解为信念或者观点：如果一个人相信现存的机制是合适的或者道德上是恰当的，那么这些机制就是正当的。[3] 农民平等劳动权的正当性首先源自多个国际人权条约的证成，其次源自各国宪法文本和法律依据，最后农民平等劳动权的理论依据为基本人权以及平等在劳动权上的具体体现。

---

❶ 王德文："中国就业形势变化与未来展望"，载《光明日报》2009 年 2 月 5 日，第 7 版。

❷ 李爱红："农民工平等就业权实现的制度设计与政策安排"，载《探索》2010 年第 5 期，第 145 页。

❸ John H. Schaar, Legitimacy in the Modern State, New Brunswick, N. J.: Transaction Publishers, 1981, p. 24.

（一）农民平等劳动权的国际法律文件保障

劳动平等权的立法保障主要有以下国际公约。联合国通过的《世界人权宣言》第4条规定："任何人不得作为奴隶或奴役来使用；一切形式的奴隶制度和奴隶买卖，均应予以禁止。"该宣言第23条第1款规定："人人有权工作、自由选择职业、享受公正和合适的工作条件并享受免于失业的保证。"❶ 该宣言还规定了人人有同工同酬的权利，不受任何歧视。我国政府除了承认《世界人权宣言》之外，还加入了国际劳工组织在1958年通过的《消除就业和职业歧视公约》（第111号公约），该公约明确禁止下列"歧视"行为："基于种族、肤色、性别、宗教、政治见解、民族血统或社会出身等原因，具有取消或损害就业或职业机会均等或待遇平等作用的任何区别、排斥或优惠。"此外，该公约还规定，"有关成员在同雇主代表组织和工人代表组织——如果这种组织存在，以及其他有关机构磋商后可能确定其效果为取消或损害就业和职业方面的机会平等或待遇平等的其他区别、排斥或特惠"❷。呼吁各国制定一项国家政策，消除在获得就业机会、培训和工作条件方面，任何基于种族、肤色、性别、宗教、政治见解、民族血统或社会出身等原因的歧视，促进机会和待遇平等。❸ 可见，这些核心公约旗帜鲜明地反对就业方面的歧视。

---

❶ "世界人权宣言"，载联合国官网，https：//www. un. org/zh/about – us/universal – declaration – of – human – rights. http：//www. npc. gov. cn，访问日期：2021年9月30日。

❷ 《1958年消除就业和职业歧视公约》，载国际劳工组织官网，https：//www. ilo. org/dyn/normlex/en/f? p = NORMLEXPUB：12100：0：：NO：12100：P12100_ILO_CODE：R111，访问日期：2021年10月1日。

❸ 姚佳："劳动法上的反歧视原则研究"，载《环球法律评论》2011年第6期，第5 – 6页。

1964年国际劳工组织第122号《就业政策公约》和第122号同名建议书是国际劳工组织在就业政策方面的两个重要文件。该公约第1条第2款第3项规定："自由选择职业，使每一工人都有最大可能的机会去取得担任他很适于担任的工作的资格，并对该项工作使用他的技能和才能，不分种族、肤色、性别、宗教、政治见解、国籍或社会出身。"❶ 其意旨在促进充分的、生产性的和自由选择的就业；缔约国应保证对所有有能力工作的人提供工作的机会。

我国1997年签署、2001年正式批准了《经济、社会和文化权利国际公约》。该公约第6条第1款明确规定，"缔约各国承认工作权，包括人人应有机会凭其自由选择和接受的工作来谋生的权利""任何人不得为奴隶""禁止奴役"，"人人有选择职业的自由"等均意味着劳动权具有防御国家的功能，国家应尊重劳动者自主选择职业的自由。该公约还规定，每个缔约国应采用一切适当尤其是立法的方法，逐渐、无歧视地充分实现公约所承认的权利。由此可知，作为一项基本人权的平等劳动权，是受到我国加入的国际性人权公约的保护的。

国际劳工组织在1998年国际劳工大会上通过的《国际劳工组织关于工作中基本原则和权利宣言及后续措施》中把"核心劳动标准"（core labor standard），进一步列举式地界定了劳动权的内涵，即结社自由、自由组织工会和进行集体谈判；禁止童工劳动；禁止强迫劳动；同工同酬以及消除就业歧视。❷ 由此可见，消除就

---

❶ 国际劳工组织网站，网址链接：https：//www. ilo. org/dyn/normlex/en/f? p = NORMLEXPUB：12100：0：：NO：：P12100_ILO_CODE：R122，访问日期：2021年10月6日。

❷ 戴臬毅："论我国农民工的平等就业权保障——以《消除就业与职业歧视公约》为视角"，载《内蒙古农业大学学报》（社会科学版）2009年第2期，第266页。

业和职业歧视，实现机会均等与待遇平等，是国际劳工组织八项核心国际劳工公约[1]规定的四项工人基本权利或核心劳工标准中的一项基本权利。我国是国际劳工组织的成员国，对八项核心国际劳工公约，我国目前共批准4项，[2] 其中就包括《消除就业和职业歧视公约》（第111号公约），这表明中国政府对包括基本劳动权利或者核心劳工标准在内的整个人权原则的认同和尊重。[3] 既然已经批准了第111号公约，那么我国就应该按照该公约的要求，消除基于"社会出身"造成的就业歧视现象。这也是农民工享有平等劳动权的国际法依据之一。由此可见，国际劳工组织是从平等劳动权的反面——就业歧视这个角度对劳工的平等劳动权进行保护的。

（二）农民平等劳动权的宪法和法律依据

在近现代宪制国家中，每个国家的宪法无不都把劳动就业权规定为一项宪法的基本权利。1874年《瑞士联邦宪法》第34条规定了三方面的劳动权，即劳动安全权、劳动合同权和劳动工伤保险权、职业介绍与劳动培训权等。1945年《联邦德国基本法》第12条第1款规定，所有德国人均有自由选择其职业、工作地点及

---

[1] 这八项公约是：1. 关于结社自由并有效承认集体谈判权利方面1948年《结社自由与保护组织权公约》（第87号公约），1949年《组织权与集体谈判权公约》（第98号公约）；2. 关于消除一切形式的强迫或强制劳动方面1930年《强迫劳动公约》（第29号公约），1957年《废除强迫劳动公约》（第105号公约）；3. 关于消除就业与职业歧视方面1951年《男女工人同工同酬公约》（第100号公约），1958年《就业与职业歧视公约》（第111号公约）；4. 关于有效废除童工方面1973年《最低就业年龄公约》（第138号公约），1999年《禁止最恶劣形式童工劳动公约》（第182号公约）。

[2] 这四项公约为：第100号公约（1990年11月），第138号公约（1999年4月），第182号公约（2002年8月），第111号公约（2006年1月）。

[3] 杨鹏飞："从选择性适用理论看核心劳工公约的批准"，载《政治与法律》2006年第5期，第11页。

训练地点之权利，职业之执行得依法律管理之。

我国《宪法》第42条明确规定：“公民有劳动的权利和义务。国家通过各种途径，创造劳动就业条件，加强劳动保护，改善劳动条件，并在发展生产的基础上，提高劳动报酬和福利待遇。”显然，公民应当平等享有劳动就业的权利且应当得到同等的保护，是我国宪法的题中应有之义。劳动权是我国宪法规定的一项自然权利，也是一项受益权，政府有责任保障所有公民特别是农民工的平等劳动权。[1] 劳动权规范性陈述主要包括《宪法》第42条（劳动权）、第43条（休息休假权）、第44条（退休权）、第45条（获得物质帮助权）等。劳动权条款本身蕴含防御权功能之内涵。2004年《宪法》修正案在第33条第3款首次将“国家尊重和保障人权”确定为宪法的一项基本原则。这就意味着平等劳动权不仅仅是个人和家庭的事情，而应该成为国家有义务，通过立法等手段保障包括农民在内的全体劳动者享有的基本人权。这也是对劳动权防御权功能从宪法高度予以确认。其中，“尊重”要求国家“消极不作为”，是对防御权功能重要地位的再认识。“保障”既包括消极不作为意义上的保障，也包括积极作为意义上的保障。此条款作为我国基本权利保障的概括性条款，应当约束所有基本权利条款，除非有特别条款将之排除适用基于权利义务的对应关系。有学者认为，“公民的权利就只是国家的义务，凡是宪法、法律规定公民应当享有的权利，国家就有义务保障其实现，否则国家权利的设定与运行就存在非合理性的瑕疵”。[2] 然而，考察我国《宪

[1] 许丽英、王跃华：“新生代农民工劳动就业权益保障与政府责任探析”，载《行政论坛》2014年第2期，第76页。

[2] 李雪洋、范辉清：“论我国公民的免于匮乏权”，载《北方法学》2008年第3期，第96页。

法》，并未有任何条款排除第33条第3款的适用。也就是说，我国劳动权保障包括国家“积极作为”的保障，亦包括国家“消极不作为”的保障，换言之，防御权功能是劳动权的题中应有之义。[1]宪法并未有任何等级区分，农民和市民完全适用宪法。

1995年1月1日实施的《劳动法》第12条列举了不得因以下事由实行就业歧视：“劳动者就业，不因民族、种族、性别、宗教信仰不同而受歧视。”我国2007年颁布的《就业促进法》，为促进经济与就业协调发展、建立劳动者平等就业制度、推进城乡统筹就业和完善积极的就业政策体系，提供了强有力的法律依据，标志着我国的就业促进工作迈入了法制化轨道。该法设专章规定“公平就业”，其对女性、少数民族、残疾人、传染病携带者以及农村劳动者等弱势群体“特别保护”与“倾斜保护”的理念昭然可见，直入“反就业歧视”之堂奥，不失为我国反就业歧视的一个巨大进步。不过，研究发现，虽然在该法第3条第2款开放式地列举规定“劳动者就业，不因民族、种族、性别、宗教信仰等不同而受歧视”，比以前的《劳动法》向前迈进了一大步，“等”字的加入，似乎为扩大禁止就业歧视的范围预留了空间，但毕竟没有明确将“社会出身”列入禁止就业歧视的范围之内。同时，这种规定的弹性太大，仅仅提供了一种扩大解释范围的可能性，实务中极有可能继续将社会出身排除在禁止就业歧视的范围之外。[2]事实上，基于“社会出身”的就业歧视时有发生，或许与《就业促进法》的模糊不无关系。

---

[1] 龚向和、袁立：“劳动权的防御权功能与国家的尊重义务”，载《北方法学》2013年第4期，第40－41页。

[2] 邵朱励：“论农民工平等就业权的法律保护”，载《沈阳工程学院学报》（社会科学版）2011年第4期，第511－514页。

（三）农民平等劳动权的理论依据

农民平等劳动权不仅具有国际法和可靠的宪法依据，而且在理论上有其正当性和合理性。

（1）农民平等劳动权是基本人权的本质要求。前已述及，宪法特别是早期宪法规定劳动权的主要目的是防御国家的侵害，相应地，国家对劳动权的义务首先是尊重义务。正如美国学者路易斯·亨金所言："在美国人的心中，权利既不是社会赠与的也不是政府赠与的，它们是天赋的和固有的。权利既不是宪法授予的，也非源于宪法，它们先于宪法而存在。宪法规定政府有义务尊重这些现在的权利。"❶ 他还指出，"我们的时代是权利的时代。权利是我们时代的观念，是已经得到普遍接受的唯一的政治与道德观念"。❷ 作为一项基本权利，平等劳动权是农民生存和参与社会生活的基础，也是农民享有其他合法权益的前提。然而，不容忽视的是，我国农民平等劳动权在现实中还受到一定的限制。因此，确认和保护农民平等劳动权，保障农民享有平等的生存和发展空间，为农民能够拥有与其他主体之间和谐相处所需的物质基础奠定可靠的制度保障，是农民享有基本权利的本质要求。❸

（2）农民平等劳动权是平等权在劳动权上的重要体现。平等是人类长期以来追求的崇高理想和价值目标。霍布斯和洛克都相信，在自然状态中每个人都是平等的。洛克还把平等视为其他权利存在的源泉和根据，他认为："人们既然都是平等独立的，任何

---

❶ ［美］路易斯·亨金、阿尔伯特·J. 罗森塔尔：《宪政与权利》，郑戈等译，生活·读书·新知三联书店1996年版，第512页。

❷ ［美］路易斯·亨金：《权利的时代》，信春鹰等译，知识出版社1997年版，"前言"第1页。

❸ 丁大晴："农民平等就业权在《就业促进法》中的缺陷与完善"，载《北方法学》2010年第4期，第82－83页。

人就不得侵害其他人的生命、健康、自由和财产。”❶ 卢梭也指出：“每个人都生而自由、平等。”❷ 1776 年美国的《独立宣言》和1789 年法国的《人权和公民权利宣言》都确认和宣扬了“人类生而平等”的法治理念。此后，“法律面前人人平等”被各国确立为一项最基本的宪法原则，平等权则被确认为一项最基本的宪法权利。“二战”后，平等权发展成为全世界一致公认的国际准则，得到了国际法的普遍确认和保护。平等权在整个宪法基本权利体系中具有一定的超越地位，是一种原理（原则）性、概括性的基本权利。对农民而言，其享有的平等劳动权正是公民平等权在劳动权上的重要体现，它客观上要求打破劳动者的农村和城市身份界限，赋予农民与城市市民争取劳动机会的平等资格。

第二节　农民平等劳动权保护存在的法律缺陷

在我国，农民平等劳动权保障仍任重而道远。孟子曰，徒法不足以自行。在这种现状下，人们寄希望于法律的实施。从整体来看，整个劳动法律制度体系基本呈现出明显的政策化倾向，可操作性不足。尤其是《就业促进法》首次明确赋予农民平等劳动权，这在我国就业形势非常严峻、就业歧视较为普遍的情况下，具有十分重要的现实意义。然而，有学者担忧：一方面，对比上述我国已经缔结的国际条约，我国劳动法律在杜绝就业歧视的原

❶ ［英］洛克：《政府论（下）》，叶启芳、瞿菊农译，商务印书馆 1964 年版，第 6 页。

❷ ［法］卢梭：《社会契约论》，何兆武译，商务印书馆 1980 年版，第 9 页。

因方面还不够完善；另一方面，在就业市场上，现实存在的就业歧视情形远非劳动法所有限列举的那四种。[1]《就业促进法》在农民平等劳动权的保护方面仍然存在诸多缺陷，与人们的期待相差甚远，亟待进一步完善。

一、城乡居民在就业领域层面的差异比较

域外学者认为，劳动权的平等原则包含形式平等和实质平等两个层次。但是，到目前为止，从我国《劳动法》《劳动合同法》和《就业促进法》等来看，农民在劳动权上尚没有完全享有形式平等，更不可能享有实质平等。

（一）劳动就业权的形式平等和实质平等

道格拉斯·雷将其表述为机会平等，他认为机会平等有两种不同的含义："一是前途考虑——每个人都有达到一个既定目标的相同可能性，二是手段考虑——每个人都有达到一个既定目标的手段。"[2] 萨托利进一步将机会平等分为平等利用的机会平等和平等起点的机会平等。平等利用就是在"进取和升迁方面没有歧视，为平等的能力（而不是为一切人）通过平等的利用机会；平等起点的概念则提出了一个完全不同的基本问题，即如何平等地发展个人潜力"。[3] 道格拉斯的手段考虑的平等和萨托利的平等利用的平等大致相当于我们所说的形式平等，这种平等所关注的是过程的平等。就劳动权而言，此种意义上的平等是指保障每个具有工

---

[1] 赵宝华：《公民劳动权的法律保障》，人民出版社2013年版，第70页。

[2] 转引自何怀宏：《公平的正义》，山东人民出版社2002年版，第109页。

[3] ［美］乔·萨托利：《民主新论》，冯克利、阎克文译，东方出版社1988年版，第390页。

作能力的公民可以平等获得就业机会，禁止各种与岗位所需能力无关的歧视。国际劳动组织及各国反就业歧视方法的各种努力就以此为主要目标。[1] 至于道格拉斯的前途考虑相同性和萨托利的平等起点相当于实质平等的概念，他们都意识到了仅有过程的平等还不足以达成完全意义上的平等。诚如哈耶克所说的，"要求法律面前人人平等的实质恰恰是，尽管人们在事实上存在着差异，但他们却应当得到平等的待遇"。[2] 劳动权实质平等的标准如萨托利所言，是为每个人提供平等的发展个人潜力的机会，然而，这可能仅仅是一种理想状态，市场经济无法提供相应的社会条件。因此，劳动权的实质平等只能得到部分实现，具体方式是通过为存在特殊需要的弱势群体提供倾斜保护，即类似美国 20 世纪为黑人等提供的肯定性行动措施（Affirmative Action Program），动用社会资源，为包括农民在内的弱势群体提供优先通道。

如果说形式平等是用工自主权与公民平等劳动权的权利边界，那么实质平等是国家保障公民平等劳动权义务的价值追求。因此，我们可以把形式平等优于相对的实质平等以及生存保障作为国家义务的边界。具体而言，其一，国家的消极保障义务以保障形式平等的公民劳动权为边界，在形式平等被侵害时承担对用工单位施加干预的义务。其二，国家的积极保证义务以生存权保障为底线，以实质平等为补充。[3]

---

[1] 李静：《公民平等劳动权法律保障机制研究》，南开大学出版社 2015 年版，第 30 页。

[2] ［英］弗雷德里希·奥古斯特·哈耶克：《自由秩序原理（上册）》，生活·读书·新知三联书店 1997 年版，第 103 页。

[3] 李静：《公民平等劳动权法律保障机制研究》，南开大学出版社 2015 年版，第 46－47 页。

（二）社会出身歧视是就业领域的一种不公平现象

平等作为劳动权的价值是指劳动权将促进平等作为其目标指向，即劳动权促进平等，这是就平等作为劳动权的工具价值而言。劳动权对于平等价值的促进意义一方面体现在劳动权为公民提供了获得财富与相应的社会地位，改变命运的机会；另一方面劳动权作为一项保障性权利，通过对弱势群体提供倾斜性保护，促进社会正义的实现。[1] 作为劳动者的一项基本权利，平等劳动权是当代人权概念的重要构成内容，也是宪法上平等权在劳动就业领域的延伸和具体化，它“承载了保障生存权的基本功能，具有生存权的本质属性”。[2] 所以，必须对全体劳动者一视同仁，实行无差别的国民待遇和一体保护。在制定《反就业歧视法》的过程中，应明确将“社会出身歧视”列入禁止就业歧视的范围。农民劳动权“在传统意义上为国家权力对个人的压抑，在近代意义则为防止歧视和差别待遇”。[3] 从基本权利的国家义务视角来看，国家应处于“中立”的立场，“平等地尊重”所有国民的工作权。《就业促进法》第20条明确规定，“国家实行城乡统筹的就业政策，建立健全城乡劳动者平等就业的制度，引导农村富余劳动力有序转移就业”，充分表明旨在通过建立健全城乡劳动者平等就业制度以保护农民平等劳动权的立法意图。然而，该法对促进就业的有关规定却有些偏袒城市居民，对农民劳动权保护不够，使得农民平等劳动权有些“缩水”，降低了农民平等劳动权的保护水平，其主

---

[1] 李静：《公民平等劳动权法律保障机制研究》，南开大学出版社2015年版，第29页。

[2] 李雄：“论平等就业权的界定”，载《河北法学》2008年第6期，第66页。

[3] 黄越钦：“宪法中工作权之意义暨其演进”，载《法令月刊》2001年第10期，第36页。

要表现在：一是在就业政策支持方面，《就业促进法》第16、17、24条突出规定了旨在通过失业保险、税收优惠、就业指导等措施以促进城市失业人员就业，[1] 但并没有对农民进城就业作出相应规定。二是在就业培训方面，《就业促进法》第50条有关于进城就业的农村劳动者参加技能培训的规定，但没有提到政府补贴培训费用的问题，而该法第49条却明确规定"失业人员参加就业培训的，按照有关规定享受政府培训补贴"。三是在就业援助方面，《就业促进法》第56条规定："县级以上地方人民政府采取多种就业形式，拓宽公益性岗位范围，开发就业岗位，确保城市有就业需求的家庭至少有一人实现就业。"该条规定中的城市居民家庭指的是有城市户籍的家庭，没有涵盖农民，降低了农民平等劳动权的保护水平。这就意味着因农村富余劳动力转移、城市建设而失地等原因进城就业尚未取得城市户籍的农民家庭被排除在就业援助的保护之外。

二、缺乏对具体歧视行为的有效法律控制

蔡维音教授认为，详究职业自由保障之主旨，并不仅止于保障人民经由工作获取生计所需的手段而已，职业自由实则为个人建立自我、自主形成其生活内容的重要凭借，并不仅是经济性的基本权利，而与人格形成本质上的联结。正是基于其与人格自由发展的联结，在进行职业自由之法益衡量时，不能只着重经济上损益的部分，而也必须注重到职业与人格形成的关联性。总之，

---

[1] 尽管《就业促进法》在相关法条中用的是"失业人员"而没有用"城市失业人员"的表述，但就现行统计口径而言，其"失业人员"指的就是"城市失业人员"。参见师振华："失业统计方法的缺失与完善"，载《中国统计》2009年第4期，第53页。

职业自由之保护意旨可归属于“自主的人格发展”之下，因之无论是在选择职业之主、客观条件的限制，抑或是在职业行使之内容与方式上的限制，皆循防御权的结构来抵挡国家的不法侵害。❶由此可见，国家对工作权的尊重义务意味着国家不得侵犯人们谋生的机会；国家应尊重个人依照自己意愿从事工作的自由。

长期以来，我国关于反就业歧视范围的法律规定过于狭窄，从内容上看，仍然停留在一般宣示层面，既没有对具体歧视性行为加以描述，更没有涉及对歧视性行为的有效控制。虽然，近年来法律有所进步，如《劳动法》第12条规定：“劳动者就业，不因民族、种族、性别、宗教信仰不同而受歧视。”但是，这种封闭式的列举规定，缺漏了我国正式加入的《消除就业和职业歧视公约》中规定的因社会出身等而产生的就业歧视，而我国现实生活中时而存在的农民因户籍问题遭受的就业歧视就是一种典型的社会出身歧视。❷《就业促进法》规定的反歧视内容似乎令人振奋，与《劳动法》相比，进步不小。然而细究其中，我们却会发现“公平就业”一章所列的反歧视条款仅具有宣示性意义，规则过于笼统，这就使得该法在实施过程中的可操作性颇受质疑。❸换言之，虽然，我国目前既是《消除就业和职业歧视公约》的缔约国，有义务消除就业歧视，又有《就业促进法》赋予了城乡劳动者平等就业的权利。但是，总体来看，该法基本上列举了一些权利性

❶ 蔡维音：《社会国之法理基础》，正典出版文化有限公司2001年版，第77－78页。

❷ 丁大晴：“农民平等就业权在《就业促进法》中的缺陷与完善”，载《北方法学》2010年第4期，第86页。

❸ 姚佳：“劳动法上的反歧视原则研究”，载《环球法律评论》2011年第6期，第6页。

的宣告，过于原则，缺少程序上的保障和实施机制。如《就业促进法》第62条规定："违反本法规定，实施就业歧视的，劳动者可以向人民法院提起诉讼。"确立了就业歧视受害者法律救济的一般原则，这是我国劳动就业立法领域的一个重大突破和进步。但仅凭这一原则性规定，劳动者通过诉讼获得维权救济仍然存在一些障碍。农民在求职过程中遭受的歧视既可能是立法歧视，也可能是行政主体作出的具体行政行为的歧视，更多的可能是用人单位、职业中介机构所实施的歧视。当进城农民遭受这些就业歧视向法院起诉时，法院未必都能受理。至于法院受理进城农民因用人单位、职业中介机构和行政机关等歧视而提起的诉讼，则又产生了属于何种性质的诉讼的问题，对此，《就业促进法》并没有作出具体规定。[1] 故而，该法由于欠缺可操作性的具体标准和救济机制，没有具体规定就业歧视受害者的救济程序，对农民平等劳动权的保护力度略显不足。

三、相关法律责任缺失或不完备

除了欠缺对具体歧视行为的有效法律规制之外，缺失相应的法律责任规定，也是我国目前无论抽象歧视行为还是具体歧视行为法律控制的共同问题。《劳动法》与《劳动合同法》均有对于违法解除劳动合同的法律责任之规定，但是由于这些法律中根本就不存在针对解除劳动合同时的歧视性行为的禁止性规定，当然也就不存在针对解聘合同时歧视性行为的法律责任问题。关于录用中存在的歧视行为，法律中尽管有明确的禁止性规定，但相应的

---

[1] 丁大晴："农民平等就业权在《就业促进法》中的缺陷与完善"，载《北方法学》2010年第4期，第86页。

法律责任规定却太少，只有《就业促进法》第 62 条的规定。[1] 该法将“法律责任”专设一章较好地避免在各行为模式条款中都规定法律责任而出现大量重复的现象，反映了立法技术上的进步。但是，《就业促进法》对政府、用人单位法律责任的规定比较笼统，不仅给法律适用带来不便，也使就业歧视受害者的合法权益无法完全得到有效保护。因此，尽管《就业促进法》第 62 条以一般性表述的方式确定了就业歧视受害者的救济原则，首次解决了就业歧视案件的可诉性问题，但由于该法没有全面、具体地规定就业歧视侵害者应承担的相应法律责任，势必使这一原则性规定的实际效果大打折扣，削弱农民平等劳动权的保护力度。[2] 换言之，《就业促进法》没有全面、具体地规定就业歧视侵害者应承担相应的法律责任，使得农民工平等劳动权的保护无法落到实处。[3]

四、缺少预防就业歧视的专门机构

长期以来，虽然我国保护劳动者就业权的机构有劳动行政部门、工会、劳动争议仲裁机构和人民法院等，但立法并没有明确赋予这些机构保护劳动者就业机会平等和处理就业歧视争议的劳动权限，《就业促进法》也没有设立专门的反就业歧视主管机构。《就业促进法》第 62 条规定：“违反本法规定，实施就业歧视的，劳动者可以向人民法院提起诉讼。”这一规定虽然赋予了就业歧视

---

[1] 李静：《公民平等劳动权法律保障机制研究》，南开大学出版社 2015 年版，第 202 页。

[2] 丁大晴：“农民平等就业权在《就业促进法》中的缺陷与完善”，载《北方法学》2010 年第 4 期，第 85 页。

[3] 邵朱励：“论农民工平等就业权的法律保护”，载《沈阳工程学院学报》（社会科学版）2011 年第 4 期，第 511 - 514 页。

受害者法律救济的权利和渠道，但是它一下子把法院推到了反就业歧视的前台，是有待斟酌的。从有力打击就业歧视现象来看，立法初衷无疑是好的，然而，这种立法存在一定的缺陷，因为诉讼需要较强的法律专业知识和能力以及较高的诉讼成本费用，对进城农民而言，动辄就去法院起诉并非上策。维权成本的高企将使本来经济收入就很有限的农民对法院望而却步。因此，有学者建议，基于农民工平等劳动权的特殊性和易受侵犯性，应在工会组织中设立一个专门针对农民就业方面受歧视提供救济的工作机构，更好地代表农民工的利益，为农民工平等劳动权提供双重保护。❶ 但这不是明智之举，因为就业歧视大多发生于劳动关系之外的求职阶段，在目前已与企业形成劳动关系的农民工的合法权益尚未得到工会有效保护的情况下，❷ 遑论没有与企业形成劳动关系或虽形成但又解除劳动关系处于求职过程中的农民就业权益的工会保护。因此，《就业促进法》没有确立高度权威性的反就业歧视的专门机构是一大缺憾。❸ 而如果在向法院起诉之前由专门的反就业歧视机构介入，就可能减少诉讼机会，同时能妥善地解决就业歧视受害者的问题。基于这种认识，借鉴其他国家的有益经验，尽快建立反劳动就业歧视委员会或类似职能的专门机构，或许是一种明智的选择。

---

❶ 坚德慧："论《就业促进法》对农民工平等就业权的保护"，载《韶关学院学报》2008 年第 5 期，第 83 页。

❷ 张玉："和谐社会中的农民工诉讼问题探析"，载《贵州社会科学》2008 年第 9 期，第 56 页。

❸ 丁大晴："农民平等就业权在《就业促进法》中的缺陷与完善"，载《北方法学》2010 年第 4 期，第 87 页。

第三节 农民平等劳动权法律保障制度之完善

针对农民在身份上错位、权益上缺位的现状，国家理应高度负责来应对农民的劳动权保障问题。法学学者服膺公平、平等，对于反歧视，更应当与政府、大众共同肩负起应有的社会责任。❶劳动权保障既然是国家的义务和责任，就必须有相应的制度设计来实现农民劳动权。法学学者可以做、能够做、必须做的是——在观念层面上树立平等、反歧视之法理念，立法者应着眼于规定劳动者应有之权益与救济途径；在劳动力市场领域，政府通过确定基准、实施监察维护公平的劳动机会；司法上致力于保障劳动者权益之确实实现。此“三位一体”或许是可探的转型之路。蔡定剑先生曾言，从观念到法律，从制度到行动，反歧视工作都需要更多的人来关注和参与。❷

一、农民平等劳动权的立法保障

《经济、社会和文化权利国际公约》第 2 条规定了公约各缔约国应承担法律义务的性质，并且规定缔约国尊重、承认和促进公约第 6 条至第 15 条所载的实体性权利的方式与方法。最典型的国家义务的例证莫过于“非歧视”的权利。缔约国有义务在其国内法中承认“免于歧视”是一项基本权利。缔约国在其立法、行政和司法活动中不得对处于其管辖权之下的个人施以任何不合理的

---

❶ 姚佳：“劳动法上的反歧视原则研究”，载《环球法律评论》2011 年第 6 期，第 7 页。

❷ 姚佳：“反歧视与劳动权保障”，载《环球法律评论》2011 年第 6 期，第 7 页。

差别待遇，即尊重人之“免于歧视”的权利。因此，在农民身份转变市民的过程中，应逐步健全和完善各项法律法规，加快建立长效机制。

（一）健全相关法律提升农民平等劳动权的保护水平

作为该公约的缔约国，我国农民贫困治理的主要任务不仅要保障困难群众的基本生活，更重要的是要促进其就业和发展自己的力量摆脱贫困。因此，由于劳动权作为经济权利关乎经济发展理念及模式，因而在立法过程中必须以社会正义为内核重构相关的法律制度体系。正义作为法律的最高价值，是人类社会实行良法之治的基本要求。鉴于《就业促进法》没有始终如一地贯彻城乡劳动者平等就业制度，反而在某些方面继续实行差异化就业政策，这种继续为城乡二元就业政策和体制留下法律生存空间的做法必须纠正，使促进就业的各种制度设计和政策措施惠及城乡全体劳动者。❶ 同时，劳动权的尊重义务表现为不得随意干涉择业自由，在诸多领域放松职业与地域限制，方便农民自由择业。其次，建议在该法第50条规定的后面增加一句“进城就业的农村劳动者参加技能培训的，按照有关规定享受政府培训补贴”。最后，建议将该法第56条关于就业援助的规定扩大解释为同样适用进城就业的农民家庭。❷ 贫困群体的生存权与就业权，从宪定权利转化为现实权利，其涉及经济和社会多方面的庞大系统工程，而健全法律机制保障尤为重要。因此，兜底性民生建设不仅要保障各类农民困难群众的基本生活，还应该注重帮助困难群众获得发展机会，增强就业能力和提升就业动机；不仅要努力扩大困难群众的就业

---

❶ 丁大晴：“农民平等就业权在《就业促进法》中的缺陷与完善”，载《北方法学》2010年第4期，第86页。

❷ 同上。

机会，而且要更加注重提升其就业质量。只有这样才能真正实现和保障农民平等的劳动权，切实保障公民的平等劳动权利。

（二）完善《就业促进法》，夯实农民平等劳动权的保护基础

平等劳动权的实质和核心就在于反就业歧视。完善反就业歧视制度是落实宪法保障人权和公民平等工作权利的前提，是社会包容性发展的一个客观标尺，是与国际接轨的需要，也是乡村振兴的需要。首先，建立城乡劳动者平等就业制度，就必须彻底改革和废除城乡二元户籍制度，尽可能依法加快户籍制方面的变革。国家和各级政府应采取积极措施来消除就业歧视，应禁止社会组织设置歧视性就业标准，破除劳动力流动的各种制度与非制度性障碍。其次，完善我国劳动就业法律制度，建构劳动法统率的劳动权保障法律体系。政府应加强对农民平等劳动权的立法保障，摒除公民身份性的制度安排，允许农民享有迁徙自由。法学的人文关怀是以权利为连接点的。劳动权是一个丰富的权利束，反歧视与平等诉求是形成这一权利束的“束点”，如果缺少平等、不进行反歧视，对劳动权的保障则无从谈起。最后，应对关于禁止就业歧视的范围作出具体规定。“国际公约和有关国家立法规定得比较广泛，除涉及民族、种族、性别、宗教信仰外，还涉及语言、政治见解（或党派、思想）、国籍、社会出身、财产、出身、年龄、阶级、容貌、残障、工会会员身份、文化程度或受教育背景等身份问题。”[1] 为此，建议将《就业促进法》第3条第2款修改为开放式列举规定，“劳动者就业，不因民族、种族、性别、宗教

---

[1] 喻术红：“反就业歧视法律问题之比较研究”，载《中国法学》2005年第1期，第131页。

信仰、社会出身等不同而受歧视”，或者在《就业促进法》的实施条例中对就业歧视进行细化，以便把农民进城求职时遭受身份歧视明确纳入法律的规制范围。[1] 也就是说，在农民寻求工作机会时实行与市民一样的国民待遇。

二、农民平等劳动权的行政执法保障

就业是最大的民生，人民幸福生活是最大的人权。劳动权的保障工作便是政府分内的义务。劳动权的满足又与国家的就业政策、就业环境和劳动力市场需求息息相关。这些经济、社会、文化权利的实现包含了许多不确定因素，在这个过程中，该类人权的实现并不能像“享有”的人权那样及时且一蹴而就，作为义务主体的政府的执政能力可能有待改进，社会大环境也可能有必要进行优化和改善，因而权利主体往往需要等待，并且还要冒着无法实现的风险、承担权利不能满足的不利后果。[2] 故而行政机关对劳动权的执法保障主要是健全公共就业创业服务制度、建立城乡均等化的公共服务和社会保障体系以及设立公平就业机会委员会等。

（一）乡村振兴视域下健全公共就业创业服务制度

《乡村振兴促进法》第 55 条规定，国家推动形成平等竞争、规范有序、城乡统一的人力资源市场，健全城乡均等的公共就业创业服务制度。政府需要通过增加投入、降低利率、扶持新兴产业等方式来扩大就业。同时，政府应为失业者提供全面的公共服

---

[1] 丁大晴：“农民平等就业权在《就业促进法》中的缺陷与完善”，载《北方法学》2010 年第 4 期，第 87 页。

[2] 武雁：《人权内容的传统人权观重申》，山东大学 2013 年博士学位论文，第 11 页。

务就业体系，如通过就业服务机构开展职业介绍、就业咨询、职业技能培训。❶ 首先，应该建立一种原则性措施，即要建立起一种能够确保国民可以自主获得劳动机会的社会与经济机制。通过国家公共政策扶持来创造收入和就业；通过私人市场运作以取得食品和劳动机会；依靠正常的商业和企业活动。不同社会机构和制度——包括市场和非市场组织——的作用的结合，对通过广泛的途径来防止饥荒以及发展经济是非常重要的。❷ 其次，政府通过财政支出对企业进行专项补助等，使得企业能实现稳岗，平稳跨越过渡期以实现企业的复工复产、自营发展。再次，搭建劳动力与用人单位之间的交互平台，建立科学合理的社会招聘运行机制，更好地实现就业的双向选择。最后，针对供需错位的问题，应继续推动职业教育发展，向企业、向社会输送更多专业技工人才。此外，进一步优化失业保险金的使用结构，增加用于职业技能培训方面的资金预算。

（二）建立城乡均等化的公共服务和社会保障体系

建立城乡均等化的公共服务和社会保障体系，对于保障各族人民劳动权利、发展和改善民生、促进社会和谐稳定意义重大。一方面，要健全城乡均等的公共就业创业服务制度。与市民一样，农民应平等享受城市居民所享有的公共服务。作为农民劳动权利内容的最低要求，国家要确保为了使农民失业者能基于自己的愿望，实际上能够就任“若干种类工作”之一，应该由公费来进行职业教育和职业培训。同时，为了保证农民获得适合职业的机会，

---

❶ 付舒：《公平理论视阈下我国社会保障制度的分层化问题研究》，吉林大学 2016 年博士学位论文，第 121 页。

❷ ［印度］阿马蒂亚·森：《以自由看待发展》，任赜、于真译，中国人民大学出版社 2002 年版，第 175 页。

应该由国家来设立为农民介绍工作的相关设施。[1] 具体而言，主要包括如下两点：一是鼓励社会力量办学，使农民子女接受义务教育。二是创造多种渠道的咨询和技能培训的机会。可以把一部分社区学校向农民开放或者开办一些针对农民的职业技能培训学校，提高农民的劳动技能，也就提高了农民的市场竞争能力。另一方面，让农民与市民一样，平等享受社会保障待遇。当国家不能提供劳动机会时，包含农民在内的公民则可以向国家请求支付一定数量的生活费。在失业者无法获得就业机会而造成生活贫困时，此时的生活保障应该当作由生存权所涵盖的问题来进行处理。国家对农村失业者应提供失业救济金。[2] 对于无正当理由拒绝工作者，无保障其工作权与生存权的必要。从而，对于虽有工作能力但拒绝工作者，得不到社会国家的给付，例如，《日本生活保险法》第4条第1项与《日本雇佣保险法》第4条第3项规定，于给付失业保险金与生活扶助时，以工作能力与工作意思为前提条件。[3] 这种对待工作义务的做法，有利于减少福利依赖，值得我们学习。

（三）设立公平就业机会委员会

如何降低劳动权领域的歧视，西方国家成功的做法是设立独立的反歧视机构——平等待遇委员会或平等机会委员会，具体负责反歧视工作的开展。在美国，根据1964年民权法案，设立了联邦就业机会均等委员会（Equal Employment Opportunity Commission, EEOC），该委员会成立以来，在消除就业歧视、促进就业方面发

---

[1] ［日］大须贺明：《生存权论》，林浩译，法律出版社2001年版，第212页。

[2] 同上书，第212页、第219页。

[3] ［日］阿部照哉等：《宪法——基本人权篇》，周宗宪译，中国政法大学出版社2006年版，第374页。

挥了极其重要的作用。各项反就业歧视联邦法律都是由 EEOC 实施和解释的，EEOC 有 5 名委员和 1 名总法律顾问，其任命均由总统提名、参议院确认，委员的任期为 5 年，总法律顾问的任期为 4 年。EEOC 有以下几种职能：（1）颁行行政条例和指南。（2）对涉嫌违反联邦反歧视法律的雇主行为作出调查或对其提起民事诉讼。（3）向公众宣传联邦平等就业机会法律政策。（4）对全美国的雇主提供反就业歧视方面的培训。EEOC 的建立，极大地加强了美国政府推行公平就业机会法律的能力。❶ 与美国相似，依照《荷兰平等待遇法》，荷兰平等待遇委员会是依法由政府设立的一个独立的、专业化的、准司法性质的机构。❷ 依据 1976 年《英国反性别歧视法》，英国设立了公平就业委员会。其他国家在成立专门的执法机构防范和打击就业歧视方面的成功经验值得我们效仿与学习。我国有必要借鉴这种经验，尽快成立一个适合本国国情的权威性的专门机构——公平就业机会委员会，负责制定和实施相关平等就业政策，对就业歧视现象进行调查，并作出裁决，如果有需要，也可为维护就业歧视受害人的利益而向法院起诉。❸ 公平就业机会委员会可以发挥其在反就业歧视方面的独特优势：一是权威性高；二是公正性强；三是办案效率高。由反就业歧视机构具体负责反歧视工作的开展，能有效促进公平就业，推动农民平等劳动权的真正实现。

（四）加强劳动监察制度建设，保护农民的劳动权益

对劳动权保障来说，依法行政要求各级政府劳动、人事部门

---

❶ 林晓云等：《美国劳动雇佣法》，法律出版社 2007 年版，第 82 页。

❷ 左玉娟："农民工平等就业权实现遭遇户籍歧视的法律分析"，载《魅力中国》2009 年第 3 期。

❸ 邵朱励："论农民工平等就业权的法律保护"，载《沈阳工程学院学报》（社会科学版）2011 年第 4 期，第 514 页。

等行政机关不仅不能随意限制公民择业自由和农民经营自由，还应当加强对本行政区域内的用人单位实施公平就业和职业平等等情况进行常规检查监督；对就业歧视、强迫劳动、侵犯农民自主经营权的行为及时予以纠正；对于存在严重就业歧视或多次就业歧视的用人单位，应当予以相应处罚。同时，给予劳动自由权以有效的保障，才能保证劳动者应享有的基本劳动权利得到落实。针对当前农民工权益遭受侵害时有发生的情况，各级政府还要制定政策创造公平就业环境，采取积极措施对贫困农民等弱势群体和就业困难人员给予扶持和帮助。❶

三、农民平等劳动权纠纷的司法救济之完善

农民劳动权的保障除了立法机关和行政机关的事前事中保障之外，司法救济和司法保障也是不可缺失的最后一道防线。

（一）健全反就业歧视的救济制度

国家和社会必须在一定程度上满足农民的衣、食、住、行等基本生活需要，即免于匮乏的权利，这正是劳动权的基本功能之一。正如诺瓦克所指出，“人权的焦点是人的生命和尊严。如果一个人遭受酷刑、被迫受奴役，或者被迫过贫穷的生活，即没有最低标准的食物、衣物或者住房，其尊严就受到了侵犯。其他经济、社会和文化权利，比如获得最低限度的教育、医疗和社会保障，同尊重隐私、家庭生活或者个人自由一样，也对有尊严地活具有根本性的重要意义”❷。也就是说，尊重和保障农民的劳动权，才能让农民有尊严地生活。笔者建议，有必要制定“反就业歧视

---

❶ 赵宝华：《公民劳动权的法律保障》，人民出版社2013年版，第85页。

❷ ［奥］曼弗雷德·诺瓦克：《国际人权制度导论》，柳华文译，北京大学出版社2010年版，第1页。

法”，如暂时条件不成熟，修改《就业促进法》有关条款，增强该法的实操性，设立专门的劳动法庭不失为新时代的创新之举措等。

首先，迫切需要制定一部“反就业歧视法”。目前我国仍没有一部专门的反就业歧视法来调整就业歧视问题。借鉴国外在就业平等方面的成功经验，制定权利义务明晰，操作性强的专门法律，构建健全的反就业歧视法律法规体系。

其次，应明确反就业歧视的诉讼程序。根据《就业促进法》第62条的规定，违反本法规定，实施就业歧视的，劳动者可以向人民法院提起诉讼。但是，由于劳动者在与用人单位的博弈中是处于弱势地位以及诉讼时间过长等，直接诉诸法院，打就业歧视官司不太现实。可以直接修改或具体解释《就业促进法》第62条，明确把劳动者受行政机关实施具体行政行为的歧视纳入行政诉讼的范围，受用人单位、职业中介机构等平等主体实施的歧视纳入民事诉讼的渠道。进而，使进城农民受到不同主体就业歧视时能够有针对性地提起行政或民事诉讼。此外，可探索设立与平等就业有关的公益诉讼制度。

再次，设立专门的劳动和社会保障法庭。苏州劳动法庭的设立于2021年，是全国首家劳动法庭，为全国范围内劳动和社会保障领域出现的新情况和新问题的处置，提供具有参考价值的“苏州样本”，形成更多可复制、可推广的审判经验。设立劳动就业法庭或专门机构，畅通就业维权渠道，加强司法保护，专门维护劳动者平等就业权利，并建立相关监督机制，畅通求职就业者反映问题和维护公平就业权利的渠道。

最后，增补规定平等劳动权保障的协商、调解和仲裁机制。

因此，我们应借鉴大陆法系模式，在继续保留现有的劳动仲裁民间性的同时，实现仲裁的自愿管辖原则，并适度压缩，将其中的一部分力量转移到司法中，建立专门的劳动司法机构，采取特殊审理程序。[1] 实际上，这种整合路径可以在不增加社会成本的基础上，达到实现司法救济制度的逻辑自洽、诉权保障，以及劳动权保障司法职业化的要求。此外，由于行政诉讼的基本功能是规范行政权力，保障公民宪法权利不受行政权力侵犯，因而农民劳动权的自由权和部分社会权可由行政诉讼法给予司法救济。司法部门可通过某些特殊手段，如在涉及农民工权益的具体司法实践中，在法律规定的限度内向农民工一方实行“司法倾斜”，对侵害农民工权益者实施更严厉的惩处。

（二）劳动争议诉讼程序之简化

现行劳动争议行政、民事诉讼程序不利于对劳动者的保护，尤其在农民工的权益受到侵害时：一是劳动案件审理周期长。现行劳动争议程序是一裁二审制，对于农民工来说，无法承受繁长的程序和时间成本，在这种情况下，要么放弃权利，要么放弃工作打官司，很难选择。二是劳动争议案件涉及标的额度小。因此，从经济成本分析，律师通常不太愿意代理这类案件。三是由司法行政部门建构的法律援助中心，远不能适应和满足劳动争议案件劳动者的需求。目前法律援助中心还不可能构建专门的劳动法专家代理机制。四是对劳动者劳动争议的法律服务、援助或帮助，司法行政部门经常持漠视态度。这种现有模式的最大特点是公共权力与民间力量、专业人员与司法职业的过度分离，其问题的症结则在于未能认真对待劳动权，乃至所有社会权利救济的特殊性。事实证明，这种过度分离模式对弱势群体的劳动权益保护并不有

---

[1] 李静：《公民平等劳动权法律保障机制研究》，南开大学出版社 2015 年版，第 257 页。

利。“直到劳动关系摆脱了一般债权法上的原则，同时国家认为劳工是经济上的弱者，有予以特殊保护之必要时，劳动司法的独立体系才开始露出曙光。由于劳动诉讼特殊性的承认，当然连带使得劳动诉讼及有关执行范围与程序也特殊化，在这种前提下，一般法院不但不能胜任，也不适宜担任裁判工作。”[1] 有鉴于此，要使农民工的劳动权益得到有效保护，对于劳动争议处理的程序改革，重在简捷和快速，以方便农民工等弱势群体。例如，一件资方欠薪劳动争议案，需经历一裁二定，最快也要半年以上，对于农民工来说，时间成本太高很难耗得起，只好放弃仲裁和诉讼请求权。因此，建议对劳动争议仲裁案的程序改革为一裁终局制后，再设置一个补救措施，即不服仲裁的当事人可向人民法院提出复议。人民法院认为需要重审的，再移交仲裁委重新审理或复查。同时，对农民工因用人单位拖欠和克扣工资、工伤待遇等问题申诉的仲裁案件要免收受理费，并尽可能减免应由农民工本人承担的费用。

四、完善法律责任制度，强化农民平等劳动权的保护力度

美国耶鲁大学的 Leighton Homer Surbeck 教授在雇佣歧视法领域曾经定义了“附随平等”“固有平等”“建构平等”逐步递进的“三维平等观”，并明确提出劳动权的实现必须融入对特殊群体的差异保护和对破坏平等者的针对性惩罚。[2] “三维平等观”非常具有创新启示意义。各级政府和社会组织负有保证农民平等就业法律实施的义务和责任。因此，完善政府和用人单位各自的法律责任制度，对强化农民平等劳动权的保护至关重要。

---

[1] 黄越钦：《劳动法新论》，中国政法大学出版社 2003 年版，第 342 页。

[2] JOHN J Donohue：Employment discrimination law in perspective；three concepts of equality. Michigan law review，1994：258.

（一）建立完善的行政责任制度，明确政府的法律责任

法治政府首先要求政府应在法律范围内依法行政。责任政府是对法治政府的发展，而并非一种否定。由于农民的社会性劳动权保障要求政府的积极行政行为，因而应在行政法规层面明确规定政府责任以实现其法治化。

首先，劳动权的实现必须融入对农民弱势群体的差异保护。农民必须有尊严地获得平等劳动权和社会保障，这表征了尊严是劳动权的题中应有之义。尊严意味着一个人和他人具有同等的地位，那么他必须是一个不受歧视、被人尊重的主体，即“一个有尊严的人，具有与他人平等的价值。这意味着必须有非歧视的相关规定，包括在种族、性别、性取向、族群、宗教、民族根源方面”。❶ 只有政府依法行政尊重农民自由权，才能促进传统身份制下的农民成为现代契约农民。同时，在《就业促进法》中，不仅应当明确政府促进就业具体行政行为的相应法律责任以及各种具体法律责任相应的行为模式及其后果，而且有定性规定，在某些方面还要有定量规定，以增强司法上的可操作性。其次，构建对破坏劳动权平等者的针对性惩罚措施。消极不作为应该纳入政府问责制范围。在存在积极作为义务的情形下，政府的消极不作为同样构成问责根据❷，即由于劳动行政等有关部门的消极不作为、乱作为等导致求职者受到损害的，应当依法承担赔偿责任。最后，规范行政问责制度和建设责任政府，是新时代的需要。此外，政府管理部门特别是制定政策和执法监督者，应从自身做起，消除歧视观念，对农民工采取反向歧视的优惠性法律和政策，从实质

---

❶ ［美］Martha C. Nussbaum：《正义的界限：残障、全球正义与动物正义》，徐子婷等译，韦伯文化国际出版有限公司 2008 年版，第 85－87 页。

❷ 李静：《公民平等劳动权法律保障机制研究》，南开大学出版社 2015 年版，第 232 页。

上保护农民工的平等劳动权。

（二）夯实用人单位的法律责任

农民劳动权的平等保护，除了政府应履行法律责任之外，用人单位也应践行法律义务，不得在招录员工时提出歧视性要求，还要求在本单位的章程和规章制度中写入反就业歧视的规定，予以公布，从而把反就业歧视视为自己的社会责任。[1] 因此，修改或完善《就业促进法》的相关条款，对用人单位民事责任和行政责任作出相关规定。一方面，应增补用人单位实施就业歧视的民事责任。从《就业促进法》第62条的规定看，应该是对侵犯劳动权的民事责任的一种确认。对故意实施就业歧视的，要规定惩罚性的赔偿责任，以有效遏制就业歧视行为和保护受害者。此外，“还应当结合我国现有的民事救济体系以及其他相关规定，构建符合我国国情的法律救济体系。例如，如果就业歧视给受害人造成精神损害的，受害人还可以主张精神损害赔偿”。[2] 另一方面，完备用人单位实施就业歧视的行政法律责任。用人单位就业歧视行为是一种严重违法行为，应承担法律责任。为此，《就业促进法》应当充实并完备用人单位实施就业歧视的法律责任内容，如罚款、无权参与政府采购的招投标活动或作为政府资助建设项目的承包商、不得作为政府振兴经济发展政策的受惠对象、在消除就业歧视行为前禁止招用员工等。[3] 对情节严重的，甚至可以采取勒令停业整顿等措施。

---

[1] 赵宝华：《公民劳动权的法律保障》，人民出版社2013年版，第85页。

[2] 林嘉：“论我国就业歧视的法律调控”，载《河南社会科学》2006年第5期，第16页。

[3] 丁大晴：“农民平等就业权在《就业促进法》中的缺陷与完善”，载《北方法学》2010年第4期，第87页。

CHAPTER 07 >> 第七章

农民健康权实现之法律保障

我们在第二章乡村贫困与反贫困的变迁史中了解到，贫困与疾病是一对难兄难弟，贫病叠加对贫困农民群体来说更是雪上加霜，由此观之，健康权对每个人有多重要，对没有保障的农民而言，更是如此。因为只要是人就会生病，要保证健康，需要有基本的医疗服务。生存权，由于带有积极因素，实质上与健康权有所重叠。[1] 第三章农民社会保障权本身就含有健康权的元素，如医疗保障权和医疗救助权等。第四章农民受教育权的制度创新提到，均等基本教育机会和健康权都是农民必不可少的生存权必备的内涵，受教育权和健康权也是不可分离的，教育蕴含健康教育。事实上，健康权在涵盖获得与健康相关的信息方面，又与教育权相互重叠。[2] 第五章农民发展权，没有健康的身体根本谈不上发展。

---

[1] ［英］詹姆斯·格里芬：《论人权》，徐向东、刘明译，译林出版社 2015 年版，第 257 页。

[2] Articles 13 – 14 of the CESCR.

我们从第六章农民劳动就业权的平等保障认识到，健康权与工作权在涵盖职业健康方面相互重叠。[1] 健康与人权在任何情况下都是相互补充和相互促进的。本章首先简要阐释农民健康权的法理基础，以及农民健康权的嬗变历程。其次，分析实现农民健康权平等保护面临的现实障碍，城乡居民健康权的不平等使农民处于疾病威胁之中。最后，农民健康权平等之保障属于兜底性民生保护建设项目，应完善立法、体系化保护以及开放性保障农民健康权。

第一节 健康权视角下的农民权利保护

一、健康权的理论基础

通过明确健康权的基本性质来理解健康权内涵具有重要的意义，这也是研究不断完善保障健康权得以实现等问题的先决条件。所以，首先必须明确健康权的法律性质，才能更好地决定公民健康权法律保障的基本内容，才能让人们真正感受到健康之所在。

（一）健康权的内涵辨析

“人的基本权利是人作为构成社会整体的自律的个人，为确保其自身的生存和发展，维护其作为人的尊严而享有的，并在人类社会历史过程中不断形成和发展的权利；从终极意义上说，这种权利既不是造物主或君主赋予的，也不是国家或宪法赋予的，而是人本身所固有的，同时又多为宪法所认可和保障，为此其固有

[1] Articles 7 (b) of the CESCR refers to “safe and healthy working conditions”.

性和宪法规定性是相互统一的。”❶ 不言而喻，生存权含有积极权利的要素，自然它也就包括一项健康的权利——至少是针对规范行动者为了生存而需要的那种程度的健康。

健康权没有一个统一的概念，为更清楚地了解健康权，首先要正确理解健康的概念，健康在传统意义上是身体健康、无缺陷、人体各项机能处于正常状态，这就是一种生物医学上的健康。科学意义上的健康应该包括生理健康、心理健康及精神健康。法学意义上的健康的认定熔传统意义上健康和生理健康、精神健康相结合的两种观点于一炉，传统的生理健康就是保证人体各机能的正常运行，有学者说：“健康是健康权之客体，只能指生理健康，对于心理这种属于精神上的活动，民法主要是通过精神损害赔偿的方法来实行保护，而不是通过健康权的这种方式予以保护。”❷不过，主流观点是生理健康和精神健康相结合的健康概念，不仅人的各项身体机能处于正常运作状态，更要有一个很好的精神面貌及心理状态，“健康不限于身体机能健康、器官健康，同时也包括精神健康和心理健康”。❸ 本书从宪法角度提出，“宪法意义上的健康权的基本含义是政府对公民健康负有责任，即国家以一定的作为或不作为来保障公民所享有和应当享有的保持其躯体生理机能正常、精神状态完满并由此对社会适应的权利”。❹ 可见，这种对健康权的定义相对比较科学与合理。

通过规定健康权为具体的国家义务，国际人权公约和国家宪

---

❶ 林来梵：《从宪法规范到规范宪法：规范宪法学的一种前言》，法律出版社 2001 年版，第 80 页。

❷ 王利明等：《人格权法》，法律出版社 1999 年版，第 61 页。

❸ 彭万林：《民法学》，中国政法大学出版社 1999 年版，第 204 页。

❹ 杜承铭、谢敏贤：“论健康权的宪法权利属性及实现”，载《河北法学》2007 年第 1 期，第 65 页。

法明示了国家对健康应负担的责任。[1] 实际上，联合国在其人权清单中也把健康权包括在内。虽然健康权不可能在字面上被理解为享有健康的权利，我们对健康的控制很有限，但是健康权是一种福利权：有权享有那些对健康具有支持作用的福利供给，其中当然包括抗生素和其他医药，但也包括污水管道、妇女教育或者改变饮食习惯方面的建议。[2] 在联合国层面，健康权不仅宣布对卫生保健的权利，还宣布了一系列构成健康前提的权利，如安全饮用水、适当卫生条件、环境健康和职业健康等。[3] 作为一项法律权利，健康权是指一般主体享受综合卫生制度服务的权利，旨在维护人在活着的时候的基本利益，健康权是法治社会下公民享有其他一切权利的载体和基础。健康权是一套人权中的一项权利，所有人权对于保护人民的健康都至关重要。若干人权——公民、政治、经济和文化权利——与健康相关，这一事实突出了所有人权的相互依赖性和不可分割性。[4] 因此，健康权保障具有优先性，健康权是一项对应于政府积极作为的人权，而不是对应于政府消极作为的人权（比如自由权、财产权等公民权利）。

（二）健康权的核心内容和法律特征

鉴于健康权在概念上含混不清，学者、活动分子和相关联合国机构遂倾向于勾勒出健康权的核心内容，包括一套国家在任何

---

[1] ［挪］艾德等：《经济、社会和文化的权利》，黄列译，中国社会科学出版社 2003 年版，第 194 页。

[2] ［英］詹姆斯·格里芬：《论人权》，徐向东、刘明译，译林出版社 2015 年版，第 120 页。

[3] B. C. A. Toebes, The Right to Health as Human Rights in International Law, 1999. p. 16.

[4] United Nations World Conference on Human Rights, Vienna Declaration and Programme of Action, UN doe. A/CONF. 157/23, 12 July 1993, Part I, para. 5.

情势下、无论其利用的资源如何，均必须保障的元素。在识别核心内容时，缔约国应努力实现权利的所有方面：确实存在着采取步骤的义务以实现充分享有权利。[1] 健康权的核心内容的灵感源自世界卫生组织的“所有人的健康”和“初级健康保健”战略。世界卫生组织的“初级健康保健”战略规定了一系列基本的健康服务。

一些挪威学者在20世纪80年代末建议，应借助衡量营养、婴儿死亡率、患病率、预期寿命、收入、失业和不充分就业的指标和与适当食物消费相关的指标来发展被称为特定国家的门槛。国家将承担即刻的义务以确保实现这些最低限度的门槛。[2] 由此可见，依据健康权核心内容的想法，“所有人的健康”战略规定，“有一个健康底线，在任何国家，均不得有人发现自己低于此标准”。[3] 虽然，很难准确指出健康权到底包含什么内容，但是，构成健康权的元素可分为两个范畴：一种包含与“健康保健”（包括治疗以及预防性健康保健）相关的元素；另一种包含与一系列“健康的基本前提”相关的诸元素。[4] 后者可被视为包括安全饮用水、适当卫生环境、适当营养、与健康相关的信息、环境健康和职业健康。这样的描述似乎无法令人得到满意的答案。与此同时，应当指出的是，健康权的性质是个人的而不是公共的。作为一项人权，健康权主要是为个人提供获得一系列健康服务的权利和自由，而不是为国家提供一种工具以便为了公众健康而采取某些必

---

[1] B. C. A. Toebes, op. cit. (note 7), p. 176.

[2] [挪] 艾德等：《经济、社会和文化的权利》，黄列译，中国社会科学出版社2003年版，第205－206页。

[3] World Health Organization, Global Strategy for Health for All by the Year 2000 (Adopted in WHO resolution WHA. 34. 36), 1981, Chapter3, p. 31, para1.

[4] B. C. A. Toebes, op. cit. (note 7), p. 245.

要措施。[1]

健康权作为一项基本权利，主要由于其具有以下几个方面的特征：一是天然性。健康权是人与生俱来的基本人身权利，它来源于人的自然本性，是人生存所激发出的基本渴望与要求。二是普遍性。基于权利主体的普遍性，即每个人都可以是健康权的主体，所有社会成员，不因种族、肤色、出身、信仰、政治见解的差异而不同，所有的卫生设施、医疗服务等要向所有公民开放，不得有任何形式的歧视，特别是对社会中的弱势群体。三是基础性。健康是人一生中最为重要的资本，是一切社会活动的前提和本源。人只有拥有了健康，其他权利的享有与行使才有可能成为现实，也才有可能创造出社会的各项财富。如果连最基本的健康权都难以得到保障，要取得社会的进步与发展也便无从谈起。总之，健康权是人固有的权利，是所有社会成员享有一切权利的基础[2]，国家和社会应将健康权的保护纳入基本权利保护体系的首要位置，只有这样，个人的健康权才能得到切实的保护。

（三）健康权的层次标准

当健康为人权所确认后，健康权就是在维护人处于生命正常状态时的根本利益，是一个公民所享有的基本权利。根据联合国的定义，健康权不单单指保障身体机能的完好状态的权利，健康权既包括获得健康的自由，也包括享有健康的权利。而获得健康的自由是指每个公民能够拥有掌握自己健康和身体的权利，不受他人干涉；享有健康的权利则是指公民能参加及时和适当的卫生保健。决定健康的基本因素也是健康权的内容，如充足的安全食

---

[1] B. C. A. Toebes, (note 7), pp. 274 – 275.

[2] 黄邵君：《论我国农民健康权的法律保障》，湘潭大学2013年硕士学位论文，第5 – 6页。

物、适当的医疗卫生条件、营养和住房供应、获得卫生方面的教育和信息、参加卫生保护制度的权利。[1] 健康权的实现标准是衡量健康权得以有效保障的基本准则，该标准应该是判断健康权顺利实现及其实现程度的重要指标。根据联合国经济、社会、文化权利委员会的第14号一般性意见，健康权有以下各种层次标准：可提供性、不歧视性、可接受性和质量。[2] 即健康权的指导原则为：健康服务的可获得性；健康服务在财政、地理和文化上的可获得性、健康服务须具有适当标准以及每个人应平等地获得健康服务，并适当关注社会中的脆弱群体的情况。[3] 因此，根据这一概念，健康权是一项获得可及、易用、可支付、适当质量与健康有关的各种服务、设施以及用品的权利，保护个体的健康权是一个法治国家和法治社会的根基。

二、农民健康权的基本内涵

拥有生命和健康是个人得以在社会上生存、享有作为人的自尊以及得到进一步发展的基本前提，是公民享有和实现一切权利的基础。因此，人人享受健康权是包括广大农民在内的公民的一项基本权利。

（一）贫困、健康与能力的内在关联

人类的一切活动必须首先建立在能够健康活着的基础上，健康既是一项最基本的可行能力，也具有最广泛的普适性。因为过早死亡或疾病缠身所造成的限制都是无法通过其他途径获得替代

---

[1] 联合国经济、社会、文化权利委员会第22届会议（2000年）第14号一般性意见：享有能达到的最高健康标准的权利（第十二条）。

[2] 同上。

[3] See B. C. A. Toebes, op. cit. （note 7）, pp. 287 - 288.

性满足的，它往往从最底部就摧毁了扩展其他可行能力的可能性。[1] 贫困发生的原因之一在于健康状况的不佳及疾病的侵扰；反过来，贫困又会造成健康水平的下降及疾病的发生。一些学者将这种由于健康状况出现问题而导致的人类资本价值减损所带来的贫困问题称为“健康贫困”。“健康贫困”的危害有两个方面：一方面，它意味着一种的机会丧失，即贫困人群由于经济原因无法购买所需的医疗卫生服务，因而其参与医疗保障的机会丧失；另一方面，由于罹患疾病没有得到所需的医疗卫生服务，势必会带来贫困人群健康状况的减损，这又意味着他们参与社会经济活动能力的丧失。这反过来又会影响贫困人群的收入，加重他们的贫困程度。[2] 需要加以注意的是，贫困与疾病的高度相关主要体现为，疾病会直接影响家庭收入与家庭消费。经济上的贫困往往与身体健康水平的低下相生相伴。绝对贫困人群由于处于社会弱势地位，从经济、社会活动及健康等方面来衡量，均面临着较一般社会群体更为严重的问题，而且在健康状况方面表现得尤为明显。[3] 同时，较低的身体健康水平又会导致更为艰难的经济生活景况，使贫困者陷于贫病恶性循环的深渊而无力摆脱。更进一步观察得知：一方面，对于家庭收入而言，如果有工作的家庭成员罹患疾病，且由于罹患疾病的原因而致使该成员不能继续进行工作，这种情况必然会对该成员的工作收入产生消极影响，进而会直接

[1] 刘民权等：“人类发展视角中的健康与公平——中国的现状与挑战”，载人类发展论坛2006健康与发展国际研讨会背景报告。

[2] 孟庆国、胡鞍钢：“消除健康贫困应成为农村卫生改革与发展的优先战略”，载《中国卫生资源》2000年第6期，第245-249页。

[3] 蔡维生、王树华：“论弱势群体的医疗保障问题”，载《中国卫生法制》2007年第6期，第388-389页。

导致家庭收入的减少。另一方面，家庭成员罹患疾病而必须进行治疗，疾病的治疗必然带来治疗费用的支出，此项支出会增加整个家庭的消费支出。❶ 有研究表明，在疾病面前，贫困家庭往往面临两难的艰难抉择，如果要继续治疗疾病就必须为此继续投入本就不多的家庭财产，这会使家庭的经济状况变得更为拮据，甚至有落入绝对贫困的风险；此外，如果为了继续生活而放弃治疗，实质上仍然不能摆脱贫困，并且疾病对健康的减损会使摆脱贫困的可能性降至最低。❷ 这两个方面相互交织在一起，进而会加重疾病，有时甚至危及生命。广大农村存在一种“贫困使小病拖成大病，大病反过来又造成贫困”的现象。“贫病交加”已经成为农村贫困家庭不变的生活主旋律。故而，疾病、贫困与健康之间有固有的高度相关性。

（二）农民健康权的基本内涵

健康是人人不可缺乏的一种需要，在自然法学派眼里，健康权是先验的，人的健康是与生俱来的权利。❸ 健康权具有基本人权属性，每个人应当公平享有，公民健康权的实现是衡量社会发展和进步的重要标志之一，健康权的实现依赖于一定的医疗卫生服务，实现公平性的关键措施就是完善医疗保障制度的建设。《世界人权宣言》规定，“人既为社会之一员，就有权享受社会保障，并有权享受人权尊严及人格自由发展所必需之经济、社会及文化各

---

❶ Somkotra T, Lagrada L: “Payments for health care and its effect on catastrophe and impoverishment Experience from the transition to Universal Coverage in Thailand,” Social Science & Medicine vol. 67, no. 12, 2008, pp. 2027 –2035.

❷ 褚亮：《贫困人口医疗救助的经济学分析》，复旦大学2009年博士学位论文，第55页。

❸ ［澳］罗斯·霍恩：《现代医疗批判》，姜雪清译，上海三联书店2005年版，第23页。

种权利之实现”。根据《经济、社会和文化权利国际公约》第12条第1款的规定，缔约国承认“人人享有权利达到的最高的体质和心理健康的标准”[1]，这是一项基本人权，并列举了缔约国为实现该权利应采取的若干步骤。该规定不仅对健康权进行了总括性定义，同时还规定了公约各缔约国有义务采取步骤逐步实现健康权以及其他经济、社会和文化权利的具体措施。因此，这是最全面的、具体的健康权规定和健康权的国际标准。此外，该公约的一般评论第14号则称“健康权是一项为实现其他人权所不可缺少的基本人权。人人有权享有可获得的最高可能达到的健康，从而可以有尊严地生活”。《联合国人权公约》规定：“本盟约缔约国确认人人有权享有社会保障，包括社会保险。”由此观之，医疗保障制度是农民健康权保障的主要手段之一。生命健康权是与生俱来的，须臾不可离开的权利，是最重要的人格权，不可以变更、转让、放弃，是人权的重要内容和表现形式。联合国经济、社会、文化权利委员会就指出，在健康权的保护方面，“必须强调公平获得卫生保健和卫生服务的条件。国家负有特殊义务，为没有足够能力的人提供必要的卫生保险和卫生保健设施，在提供卫生保障和卫生服务方面，防止出现任何国际上禁止的歧视现象，特别是在健康权的基本义务上”。[2] 而对于社会弱者来说，唯有国家伸出援助之手，才可能让他们结束困厄状态，获取基本的生存条件和做人的尊严。农民健康权理论作为健康权理论的一部分，其权利的主体从公民转化为公民中的农民，其权利的行使主体是农民，

---

[1] 国际人权法教程项目组：《国际人权法教程》第2卷，中国政法大学出版社2002年版，第30页。

[2] “经济、社会、文化权利委员会的一般性意见”，载［挪］A. 艾德、C. 克洛斯、A. 罗萨斯主编：《经济、社会和文化权利教程》（修订第二版），中国人权研究会组织翻译，四川人民出版社2004年版，第575页。

保障的是农民最基本的健康权利。作为公民的一分子，如果农民健康问题被忽视，农民的健康权问题不能落实，那么农民本应该享有的其他权利也就不能得到有效的保障。在农村贫困或边远农牧地区，作为一项社会权利的农民健康权，本身就是生存权问题，因此需要政府的积极作为。

三、农民健康权平等保护的法理

学者詹尼·弗普拉·鲁格认为，为了推进美好生活，能力和健康账户看重长寿和不生病，它着重预防和治疗，偏重那些健康状况最差的和最易遭受健康受损风险的人。它还强调个体的能动力量并支持改善健康状况的努力，从而为个体的能动力量提供所需的身心能力。❶ 健康涉及的不仅是在法律层面上提供医疗保健以及在社会层面上推广健康方法，它还包含着对人口普遍健康状况的更为广泛的考虑。为了将这些方面统一为一种健康权利论，鲁格在很大程度上借鉴阿马蒂亚·森的"能力"研究方法。正如她写道，为了健康权得以运转（粗略地说即是为了确定这个抽象权利在物质的和可测量的意义上意味着什么），确定如何测量能力和在哪种层面上提供这些能力是十分必要的。权利和能力间的互动是重要的：为了开发一种广泛的健康权理论，鲁格将阿马蒂亚·森的观点作为工具，以明确这种权利的范围。❷ 联合国人权事务高级专员玛丽·鲁宾逊曾经在《关于健康与人权的25个回答》中提到，健康权并不意味着人们必须健康的权利，也不是要求贫困的国家政府必须建立当前国内资源无法承受的昂贵的医疗卫生服务，

❶ ［美］珍娜·米莱茨基、尼克·布罗顿：《解析阿马蒂亚·森〈以自由看待发展〉》，丁婕译，上海外语教育出版社2019年版，第55页。

❷ 同上书，第55－57页。

但是，它确实要求政府在最可能的时间内实施能保障国民都有可能获得的卫生保健政策和行动计划。[1] 国家在公民健康保护方面负有责任，可以从我国的法律规定上体现，具体可以研究现行宪法的规定。现行《宪法》在总纲第21条规定“国家发展医疗卫生事业，发展现代医药和我国传统医药，鼓励和支持农村集体经济组织，国家企事业组织和街道组织举办各种医疗设施，开展群众性的卫生活动，保护人民健康”。宪法条文有健康权的隐含的含义，但并未明确健康权的宪法地位。

从权利的角度看，尊重和保障农民的基本权利（生命健康权）是新型农村合作医疗制度的出发点和落脚点，也是其法理的逻辑渊源和道德支撑。因此，维护和保障公民的生命健康，维持人的生存和发展，必须发展必要的惠及绝大多数人的医疗卫生事业，这也是国家（政府）的重要职能之一。同时，国家还制定了相关政策制度，以切实保护农民的生命健康权利。《中共中央、国务院关于进一步加强农村卫生工作的决定》指出，各级政府要积极组织引导农民建立以大病统筹为主的新型农村合作医疗制度，重点解决农民因患传染病、地方病等大病而出现的因病致贫、返贫问题。对农村贫困家庭实行医疗救助；建立独立的医疗救助基金；政府对农村合作医疗和医疗救助给予支持等。《国务院办公厅转发卫生部等部门关于建立新型农村合作医疗制度意见的通知》明确提出了建立新型农村合作医疗制度的目标和原则、组织管理、筹资标准、资金管理、医疗服务管理和组织实施等。此外，有关部门就新型农村合作医疗制度的组织领导、试点推广，农村医疗救助资金管理、拨付办法，中央财政资助中西部地

[1] 世界卫生组织：《关于健康与人权的25个问答》，世界卫生组织2002年版，第6页。

区农民参加新型农村合作医疗制度补助资金的拨付等问题专门发文，制定了具体的措施和办法保障农民的生命健康权利。从以上有关农民健康保障的宪法相关条文和政策性文件可以得出，平等保障农民健康似乎更多是一种救济性或慈善性举措，其原因至少有两点：一是缺乏具体法律规定的基本权利，二是并无法律救济渠道。故如何从健康慈善转变成健康权利或许是当今乃至未来绕不开的话题。

第二节　农民健康权发展的历史递嬗

健康是每个人安身立命的前提和追求幸福生活的基本条件，也关乎民族复兴和国家强盛的大局。尤其是经历了此次新冠肺炎疫情的严峻考验之后，全社会充分认识到健康是幸福生活最重要的指标，健康是1，其他是后面的0，没有1，再多的0也没有意义。故而，对农民健康权的演进史作一简要的勾勒是十分必要的。

一、健康权的历史演变

只要有人类存在，必然有生命与健康的话语。自有记载的人类早期历史以来，当局便采取措施促进人民的健康。❶ 虽然健康的基础奠定于以往的世纪之中，但现代公共健康是在欧洲19世纪工业革命期间形成的。❷ 工业化社会困扰在不健康的工作和生活条件

❶ G. Rosen, A History of Public Health, 1993, pp. 2－3. ［挪］艾德等：《经济、社会和文化的权利》，黄列译，中国社会科学出版社2003年版，第194页。

❷ G. Rosen, op. cit. (note 11), p. 170. See R. Roemer, loc. cit. (note 3), p. 18.

中，由此产生了严重的健康问题，也因而必须采取公共健康措施。以先驱者爱德华·查德维克为代表的英国掀起了重要的公共健康运动。受功利主义而非平均主义思想的影响，他倾力推动了《公共健康法》的出台，依据该法成立了各种健康委员会的制度。[1] 同时，与健康相关的重要发展是在欧洲19世纪下半叶组织召开了一系列国际会议，那些会议的目的，与其说是通过提高全球健康水平，不如说是在于保护欧洲国家免受外来疾病的传染。[2] 另一个平行的发展是在国家层面的宪法中规定基本社会权利。这与当时的社会的觉醒有关。[3] 个人健康在法律上被规范为健康权，即每个人都有维护和获得自身健康的权利。但是，健康作为一项人权被提出来则是第二次世界大战以后的事情。在“二战”前，作为独立法律权益的健康权并未出现，与健康相关的权利通常被归纳为社会权。“二战”后，人类社会对于种族灭绝等践踏人权的暴行深恶痛绝，痛定思痛，关注人自身权利的自然法理论在法学界复兴，人权理论和实践得到极大发展，各国纷纷把国民健康作为国家发展的目标。在联合国框架内有关人权的定义构成了一个转折点。[4] 将健康权包括在经济、社会和文化权利范畴最初是在1945年于旧金山召开的联合国大会上提出的，大众宣布“医药是和平的支柱之一”，导致在《联合国宪章》第55条中纳入了健康内容。[5] 为推动全球健康问题的解决，在包括中国在内的多数国家的倡议和推

---

[1] G. Rosen，(note 11)，p. 176.

[2] H. D. C. Roscam Abbing，op. cit. (note 3)，p. 91.

[3] H. J. J. Leenen，Sociale grondrechten en gezondheidszorg (Basic Social Rights and Health Care)，1966，p. 89.

[4] H. J. J. Leenen，op. cit. (note 16)，pp. 89 -90.

[5] World Health Organization，The First Ten Years of the World Health Organization，1958，p. 38.

动下，联合国成立了世界健康组织，并逐步建立起以《联合国人权公约》和1946年《世界健康组织法》为基础的健康权国际规范体系。该法序言将健康界定为“不仅为疾病或羸弱之消除，而系体格、精神与社会之完全健康状态”，并且首次明确提出：“享受最高而能获致之健康标准，为人人基本权利之一。不因种族、宗教、政治信仰、经济或社会情境各异而分轩轾。”[1] 由此观之，第一个设定了明确的“健康权”的组织是世界健康组织。当卫生已成为公共议题，健康概念是指一种身体、心理及社会功能均很安适的状态，并非仅是没有病痛。因而最早明确了健康权的含义以及健康权是一种人权地位后，健康权逐渐成了国际法和公众领域的重要论题之一。随后，1948年通过的联合国基本法之一的《世界人权宣言》第25条第1款规定：“人人有权享受为维持他本人和家属的健康和福利所需的生活水准，包括食物、衣着、住房、医疗和必要的社会服务。”虽然它再次肯定了健康权的价值，只是国际组织的工作目标和愿景，表述上较为保守，仅仅将健康权视为维持必要生活水准的条件，该条文尚不具国际法约束力；但是在这一开创性的条文基础上，《世界人权宣言》对健康权在国际人权法上给予了明确规定。不仅如此，规定公民健康权的还有其他的文件，第21届联合国大会在1966年通过了《经济、社会和文化权利国际公约》，此公约宣告说，对于“身体健康和精神健康的可得到的最高标准”，我们享有一项人权。[2] 这是健康权第一次在公约中出现，对缔约国具有法律约束力。其后，1978年国际初级卫生保健大会上通过的《阿拉木图健康照护宣言》里面对健康权的

---

[1] Constitution of the World Health Organization, signed at New York on 22 July 1946 and entered into force on 7 April 1948.

[2] J. L. Mackie, *Ethics* (Harmondsworth: Penguin, 1977), p. 41.

规定有:“健康是基本人权,达到尽可能的健康水平,是世界范围内的一项重要社会性目标。”该公约确认健康权是普世权利之一。签约国家宣示将逐渐发展完整的健康照护系统,以确保将健康资源做有效及公正的分配。国家有义务照顾公民健康,唯有靠着“提供适当的卫生与社会措施”才能实现。[1] 计划中设定具体目标与政策,是为使大家可以获得最低限度的医疗照顾。健康既是自然人的基本人权内容,也是社会共同的利益所在。1986 年世界卫生组织第一届国际健康促进大会上提出的《渥太华宣言》不仅首次对健康促进进行完整的阐述,同时还提出了“健康的公共政策”“改革卫生服务模式”等五大行动纲领。此外,《消除一切形式种族歧视国际公约》(1965)、《消除对妇女一切形式歧视公约》(1979)、《儿童权利公约》(1989)、《维也纳宣言和行动纲领》和其他国际文件都有健康权的相关规定。《雅加达宣言》赋予健康新的含义,即指出其所需要的基本条件,如“和平、房舍、教育、社会安全、社会关系、食物、收入、妇女权利、稳定的生态系统、资源永续使用、社会正义、人权的尊重及平等。健康所面临的最重要阻碍就是贫困”。[2] 而《残疾人权利公约》(2006)等公约中的健康权条款基本上是在该条款基础上的展开和适用,要求缔约国严格遵守非歧视性原则,并根据妇女、儿童、残疾人等特定人群的健康状况,提供必要的健康保障服务。因而该条文被视为健康权的核心条款。在这一大趋势下,区域性国际条约也对健康权作出了相应规定。如 1961 年《欧洲社会宪章》第 11 条规定了卫生保健权(right to health protection),即为了确保实现每个人的健

---

[1] WHO, Declaration of Alma - Ata, International Conference on Primary Health Care, Alma - Ata, USSH, 6 - 12. September 1978.

[2] Jakart Declaration on Health Promotion (1997).

康权益，每个国家应当承担直接责任，就可能消除不卫生的各种情况。1981 年通过的《非洲人权和人民权利宪章》的第 16 条规定了个人有权享有能达到的最高体质和心理健康的状态。1988 年通过的《美洲人权公约关于经济、社会和文化权利领域的附加议定书》第 10 条有健康权相关规定，第 11 条规定了健康环境权（right to a healthy environment），第 12 条规定了获得食物的权利。

随着上述国际法文件和公约明确将健康权作为一项基本人权进行规定和保障，清晰且完整的健康权概念在国际法层面上逐渐形成。在国际法文件和公约的示范和指引作用之下，尤其是在“二战”后福利国家和经济社会权利思潮推动下，受国际人权法尤其是健康权规范的影响，越来越多的国家选择将健康权作为一项宪法权利纳入本国宪法或者法律之中。即使一些不承认健康权的国家在制定国内卫生政策时也无不受到国际法上健康权的影响。在 19 世纪，健康权与保障公共卫生的表述已在各自国家宪法和法律中有所体现。如 1843 年《墨西哥宪法》提出国家保护公共卫生的义务，包括了政府对保障公共卫生的责任。随后，1918 年《苏联宪法》、1919 年《德国魏玛宪法》都对健康权作了相应规定。[1] 1925 年《智利宪法》直接规定保护健康权，并分为个人健康保护措施以及公共卫生措施。《巴拿马宪法》第 105 条规定了保障健康权以及国家对此权的保护义务；第 106 条提到对食物、健康教育、儿童与母亲健康照顾等的权利。《匈牙利宪法》第 70 条提到身体与心理最高可能性的健康权和国家应注意的四项义务。《南非宪法》第 27 条包含健康照顾、食物、水及社会安全等权利。更为明确和具体的健康权见于 1936 年《苏维埃宪法》第 42 条的规定，

---

[1] B. C. A. Toebes, op. cit. (note7), p. 14 at p. 79.

即“苏联公民有获得健康保障的权利”，“该权利由国家医疗机构提供的免费和优质的医疗服务所保障”。导致这种情况的原因，一是由于现代医学发展刚刚起步，面对很多疾病束手无策，人的可预期寿命相对较短；二是由于在资本主义上升期，资本首要关注的是市场利润和资本增值，其依据的理论是“社会达尔文主义”，依据的法律是财产权和契约自由，至于人的健康权尤其是女工和童工的健康权则必须受制于契约自由基础上签订的“劳动合同”。因此，健康权入宪表明，这些国家已意识到生命、健康和个人生存的内在关系，健康权从此成了国家的义务。

根据美国学者埃莉诺·金尼（Eleanor Kinney）在2001年做的一项统计，世界上有142个国家批准了《经济、社会和文化权利公约》，83个国家批准了与健康权有关的区域性公约，而在宪法中直接或者间接规定健康权的国家达到109个。2004年，金尼与布莱恩·克拉克（Brain Clark）进一步对各国宪法进行统计分析，发现世界上有67.5%的国家在宪法中规定了健康权条款。这些健康权条款大致分为五种类型：目标型（aspiration）、授权型（entitlement）、国家义务型（duty）、方案纲领型（statement），以及参照条约型（referential）。其中，授权型条款比例最高（占38.7%），国家义务型条款次之（占38.1%），方案纲领型占26.3%，目标型占11.3%，参照条约型仅占4.6%。[1] 联合国人权委员会在2008年也做了一项统计，指出全球至少有115个国家的宪法规定了健康权（right to health）或者健康照护权（right to health care），并且至少有6部宪法规定了与健康有关的责任，诸如国家发展健康服务或者为其划拨特定的财政预算。

---

[1] ［荷］亨利·范·马尔赛文、格尔·范·德：《成文宪法的比较研究》，陈云生译，华夏出版社1987年版，第246－247页。

健康权在“二战”以后经由国际人权法的途径获得蓬勃发展，并非历史的偶然，而是有着一系列深层次的原因。主要原因包括：第一，人权国际化趋势是健康权兴起的时代背景。“二战”期间，法西斯践踏人权的恶行表明，建立在主权国家基础上的人权保障模式并不牢靠，这使得“二战”后兴起的人权运动从传统国家法律制度中分离出来，形成了国际人权法的范畴。正如美国学者劳伦斯·高斯汀（Lawrence Gostin）所言，国际人权法的兴起直接刺穿了国家主权的面纱，将包括健康权在内的人权保护上升到国际法的高度，人权不再仅仅是公民个人与国家之间的事情，人权的享有亦不再仰赖于国家的恩赐。[1] 第二，国际秩序和国内政治对合法性的追求为健康权的兴起提供了双重政治动力。从国际角度看，“二战”后国际法之所以不断向人权领域扩张，一方面是因为对践踏人权行动的反思，另一方面是因为要宣示联合国框架下的国际秩序的正当性。从国内角度看，保障公民健康权也是大多数民众的呼声。对于大多数国家政府而言，为了迎合或满足民众需求，同时也是基于自身合法性的考虑，承认和保障公民健康权成为社会大势所趋。在国内外双重力量推动下，健康权得以从国际走向国内，成为大多数国家法律规定的一项人权。第三，医药技术的进步和人类平均预期寿命的延长为健康权兴起提供了医学保障前提。20世纪以前，现代医学初起，人类经常面临着鼠疫、霍乱和天花等恶性传染病的死亡威胁，活下去是当时的紧迫需求。工业革命时期的西欧国家等因此推行了一系列控制和消灭传染病的公共卫生运动。20世纪以后，人类在医药技术领域取得重大突破，在恶性传染病基本得到有效控制的情况下，人类的平均预期寿命

---

[1] 王晨光、饶浩：“国际法中健康权的产生、内涵及实施机制”，载《比较法研究》2019年第3期，第23页。

大为提高，疾病谱发生重大变化，健康权逐渐从生命权中分离出来，成为公众和政府都高度关注的社会问题。换言之，健康权作为一项法律权益是医药技术进步和人类预期寿命提高以后的产物。

二、我国农民健康权的发展进程

1949 年中华人民共和国成立时，医疗卫生体系十分薄弱，缺医少药，人均预期寿命仅为 35 岁。针对这种极端落后的卫生条件和健康状况，《中华人民共和国政治协商会议共同纲领》第 48 条规定，“推广卫生医药事业，并注意保护母亲、婴儿和儿童的健康”，在工作中确立了预防为主的卫生工作方针，组织和推动群众性卫生运动，并于 1952 年开展了“爱国卫生运动”。1958 年“大跃进”期间，许多公社建起了合作医疗制度和卫生站。1968 年年底，农村合作医疗迅速发展和普及起来。1978 年五届人大将“合作医疗”写进了宪法。尽管宪法中并没有“健康权”三个字，但是如果对我国宪法进行体系性解读，就会发现上述一系列保障人权、促进卫生健康事业发展的规定。健康权萌芽在我国宪法上的依据及其规范内涵具体如下：第一，公民健康不受侵犯（第 33 条第 3 款、第 36 条第 3 款）；第二，公民在患病时有权从国家和社会获得医疗照护、物质给付和其他服务（第 33 条第 3 款、第 45 条第 1 款）；第三，国家应发展医疗卫生事业、体育事业，保护生活和生态环境，从而保护和促进公民健康（第 21 条、第 26 条第 1 款）；第四，劳动者享受社会保险的权利（第 93 条第 2 款）。可以充满信心地说：虽然宪法没有明确采用“健康权”的文字，但是综观宪法全文和时代发展，我国宪法中包含了健康权的内容。又如，医疗救助是政府负责、专门用于补助低收入群体参加医疗保险缴费和负担疾病医疗费用的兜底性制度。[1]

农民在生命健康权利的保障和实现方面存在不平等现象，主要阻却因素表现为：始于20世纪50年代的农村合作医疗制度曾在一定程度上保障农民的生命健康权。但20世纪80年代以来，农村合作医疗覆盖率迅速下降，广大农民对于医疗服务需求得不到满足，农民沦为毫无保障的自费医疗群体。2003年11月多部委联合下发《关于实施农村医疗救助的意见》，在原"五保"制度"保医"，以及因灾致病致贫临时救助的实施经验上，举办农村医疗救助，通过资助参保、补助个人治疗和特种传染病救治等方式，重点对患大病的"五保户"与贫困农民家庭提供救助。2021年1月国家医保局、财政部出台《关于建立医疗保障待遇清单制度的意见》，明确托底性质的城乡医疗救助是我国多层次医疗保障框架体系的主体之一。

随着"健康中国战略"的提出和此次疫情防控的推进，特别是在我国已经完成了全面建成小康社会的第一个百年目标，正在迈向全面建成社会主义现代化强国的第二个百年奋斗目标之际，作为基本人权的健康权受到前所未有的重视。健康历来都是全人类所共同关注的话题。2018年的中央一号文件在增强农村民生保障方面明确提出要推动健康乡村建设，全面小康社会也要求农村呈现出一种崭新的健康状态。2020年年初，一场突如其来的全球大流行病骤然打乱了全社会的正常秩序。时至今日，全球仍然处于抗击新冠病毒感染的艰难进程中。这场前所未有的突发公共卫生事件不仅迫使全球仓促应对疫情，而且迫使人类社会进一步思索深层的人权理论及其现实意义。2019年12月28日通过并于

---

[1] 王佳："中国医疗救助发展报告"，载郑功成主编：《中国医疗保障发展报告(2020)》，社会科学文献出版社2020年版，第222页。

2020年6月1日实施的《中华人民共和国基本医疗卫生与健康促进法》（以下简称《卫健法》）在第4条明确规定："国家和社会尊重、保护公民的健康权。"这是我国宪法健康权隐性规定的合乎逻辑的必然发展。毕竟，只有全民健康才有全面小康，只有农民健康，乡村才能振兴，只有农民健康才有全民健康。应当注意到，原《中华人民共和国民法总则》和现在的《中华人民共和国民法典》都规定了公民享有健康权。但是《宪法》和《卫健法》规定的健康权则远远超出了民法上健康权的内涵和外延。民法上规定的健康权一般是指公民享有的消极权利，即不用其他人或组织帮助就可以自行实现的权利，也就是说，个人所享有的健康权是已经存在的法定权利，不受他人的侵犯，否则他人即构成民法上的侵权，并承担相应的民事责任。《卫健法》规定的健康权则主要是积极权利，即需要他人或组织提供帮助才能够实现的权利。这种权利需要有医疗机构、医护人员等专业机构和人员的帮助才能够充分实现。因此，这两部法律从积极和消极两个层面对健康权进行保护。

第三节　农民健康权实现的政府义务

教育与医疗在很大程度上可以归类为"公共品"。针对这一类服务或物品，保罗·萨缪尔森早就表示，如果仅借助市场机制，这一类服务或物品的供给总是不足的。从实际情况来看，我国农村地区教育与医疗资源根本无法满足需求，表明农村教育与医疗等公共品供给不足。从健康权实现的途径来说，农民群体可以依靠自身力量，也可以依靠政府和社会力量来实现健康权。但由于农民群体权利实现的能力相对较弱，因此，在多数情况下需要政府的积极介入，政府负有为该群体提供及时、适当的卫生保健和卫生条件的义务，并受这种义务的拘束。

一、农民健康权的国家义务

B. 托比斯认为，个人健康，虽然这一概念是主观和难以确定的，却是一个人的福利和作为人的尊严的一个重要条件。一般而言，国家被认为在这一方面承担一定的责任。❶ 阿马蒂亚·森认为，社会和经济因素，诸如基本教育、初级医疗保健，以及稳定的就业，不论是就其自身而言，还是在给予人们机会方面，都是重要的。“这些考虑要求更广的信息基础，特别要聚焦于人们能够选择他们有理由珍视的生活的可行能力。”❷ 联合国经济、社会、文化权利委员会第14号一般性指导意见指出：“实现公民的健康权，缔约国应当承担三个层次的义务：尊重、保护和实现便利的义务。”这一三层次类型的义务成功地适用于各种经济、社会和文化权利，澄清了这些权利的规范内容。❸ 首先，国家对公民健康权负有尊重义务。尊重的义务本质上属于不采取行动的消极义务，要求缔约国不得在任何情况下干预公民的健康权，这要求国家在公民的健康权上应当承担尊重的义务，不能剥夺或限制国民享有得到预防、治疗和减轻疾病痛苦的医疗服务和卫生条件的平等机会。其次，国家对健康权负有保障义务。保障义务要求缔约国采取措施，防止第三方干预公民的健康权，具体指国家有责任通过

---

❶ ［挪］艾德等：《经济、社会和文化的权利》，黄列译，中国社会科学出版社2003年版，第194页。

❷ ［印度］阿马蒂亚·森：《以自由看待发展》，任赜、于真译，中国人民大学出版社2002年版，第53页。

❸ 关于食物权，参见Eide's “food security matrix”，UN doc. E/CN. 4/ Sub. 2/1987/23，p. 29.

国家立法或采取其他有效的措施保障人民可平等获得健康服务的义务，保障所有公民有平等的机会，保护社会中的各种脆弱和边缘群体，特别是妇女、儿童、青少年和老年人得到第三方提供的卫生保健和卫生方面的服务。最后，国家对公民的健康权负有实现的义务，提供某些服务及给予便利的积极义务。《宪法》第33条关于人权的规定，为包括新型农村合作医疗制度在内的社会保障制度的宪法基础和立法依据，也是农民生命健康权的宪法基础。通过国家法律、政策和在健康上投入足够比例的可获得的预算的义务，制订实现健康权的详细计划，制定协调的卫生政策，创设基本条件，提供相应的物质帮助，提供足够数量的医院、诊所和其他卫生设施，并充分注意到在全国的均衡分布，设计运行高效便民的医疗保障报销程序。另外，建立和完善符合国情、比较完整、覆盖城乡可持续的医疗保障制度，提高国家保障公民健康权的能力，是国家履行公民健康权实现责任的重要体现。

二、公共健康保障中的政府责任

保护个人权利和维护公共健康是政府对公众同时负有的两种义务。[1] 从人权的角度来看，实现这一目标的最好方式是促进和保护每个人的权利和尊严，并特别关注被歧视者或其权利受到干涉者。同样，实现公共健康目标的最佳方式是促进所有人的健康，特别是那些在生理、心理或社会福利等方面容易受到威胁的人。如果当局没有采取必要措施确保私人提供的健康（保健）服务能够平等地供给和适当考虑到社会中的弱势群体，即违反保障健康权的义务，政府应负担相应的责任。

[1] ［挪］艾德等：《经济、社会和文化的权利》，黄列译，中国社会科学出版社2003年版，第196页。

（一）保护个人权利

在传统的权利观中，健康权是一项私权，它和生命权与财产权一样属于较为典型的消极权利，要求排除他人的非法干预。正如洛克所指出的那样，“人既然都是平等和独立的，那么任何人就不得侵犯他人的自由、生命、健康抑或是个人的财产”❶。健康权的行使是公民个人的自由，国家或者他人应当以不侵犯、不干预的消极方式对该项权利予以保障，如美国联邦最高法院前大法官本杰明·卡多佐所言：“任何一个具有完全行为能力的成人都有处置自己身体的权利，医生未经患者的同意擅自实施手术会构成侵权并应当承担相应责任。”❷ 作为消极权的健康权要求国家或他人不得妨碍公民保持自己健康的状况，不得以任何方式干预个人健康。同时，保护个人权利是实现公共健康的最佳途径，❸ 曼恩和他的同事们认为，在多数情况下保护个人权利是促进公共健康的，侵犯个人权利的强制性干预措施会对公共健康产生负面影响。❹ 这表明了对个人基本权利的保护无疑会有利于整个社会的健康状况。尊重和保护个人权利，尤其是那些之前处于社会底层群体的权利，能够增加他们保护自己健康，进而促进公共健康的能力。❺ 可见，

---

❶ ［英］洛克：《政府论》（下篇），叶启芳、瞿菊农译，商务印书馆 1964 年版，第 7 页。

❷ Tonia Dandry Aiken: Legal and ethical issues in health occupations, Second edition Saunders, 2009, p. 21.

❸ 史军：《权利与善：公共健康的伦理研究》，清华大学 2007 年博士学位论文，第 66 页。

❹ Mann J. M., Gostin L. O., Cruskin S., et al., “Health and Human Rights”, *Journal of Law, Medicine &Ethics*, 1994, pp. 7 – 23.

❺ Gostin L. O., Mann J. M., “Toward the Development of a Human Rights Impact Assessment for the Formulation and Evaluation of Public Health Policies”, Mann J. M., Gruskin S., Grodin M., et al., Health and Human Rights: A Reader, New York: Routledge, 1999, p. 68.

保护个人权利是成功的公共健康政策措施所不可或缺的[1]。当然，在传染病急剧蔓延时期，公共健康政策往往会牺牲个人权利以维护社会整体的健康利益。

（二）维护公共健康

如今，自然环境的日益恶化、社会问题的不断凸显、人类生存压力不断提升等已经逐渐成为影响健康不容忽视的因素，这些问题已经远远不能靠个体和家庭解决，只有通过国际社会集体行动和共同干预才能消除个人救济能力的不足。进入 21 世纪以来，不断爆发的公共健康危机表明，“健康问题和政治问题一样制约着现代社会的生活形式与价值取向，并提供调节具体社会环境的道德秩序”[2]。联合国《经济、社会和文化权利国际公约》将健康权归属于“社会经济文化权利”的范畴，其也凸显出国家对个人健康的实现负有责任与义务，政府应当提供保护健康所必需的实施和条件。健康权作为一项重要的基本权利，要求国家承担保障义务，需要国家通过积极的给付和作为促成这项权利的实现。政府制定的各项政策、措施，“没有别的目的，只是为了人民的和平、安全和公众福利”[3]。因此，政府开展公共卫生管理的主要责任应当是为全体社会成员谋求健康利益，即维护公共健康。“从伦理学的角度来看，政府的公共健康干预往往被理解为目地论和后果论，公众的健康水平既是政府公共健康实践的主要目的，也是衡量它

---

[1] 史军：《权利与善：公共健康的伦理研究》，清华大学 2007 年博士学位论文，第 112 页。

[2] ［法］莱昂·狄骥：《公法的变迁·法律与国家》，郑戈、冷静译，辽海出版社、春风文艺出版社 1999 年版，导论。

[3] ［英］洛克：《政府论》（下篇），叶启芳、瞿菊农译，商务印书馆 1964 年版，第 80 页。

成功与否的重要标志。”❶ 当前世界上很多国家将实现全民健康覆盖的目标作为本国的卫生系统发展和人类发展的一个指导原则。健康权保障的基本责任者是国家政府，作为公共权力的主体以保护人民的合法权益，促进公共福祉为最终目标，政府有责任保障公民享有健康权利，使人人享有基本卫生保健。❷ 因此，健康权的社会属性逐渐凸显出来，它不仅限制国家及他人的恣意侵犯，而且要求国家及他人积极作为。只有这样，才能确保公民健康权得到有效落实。

三、农民健康权实现的现实困境

长期以来，农民基本上既没有社会保障，也无任何医疗保障。1982 年农村经济体制改革以后，卫生部进行的第二次国家卫生服务调查显示，农村居民能够得到某种程度的医疗保障的人口只有 12.68%，其中享受合作医疗的仅占 6.57%。这就意味着，87.32% 的农民没有任何社会医疗保障。❸ 虽然这种医疗保障水平层次很低，但是总比完全缺乏医疗保障要好些。

随着经济社会的快速发展，对于仅靠出售土地生产的农作物生存的农民，医疗费用的迅速飙升，远超农民实际收入增长幅度，大大超过农民的承受能力。1993 年以后，国家试图发展和重建农民合作医疗制度。但是，总的情况不容乐观，主要问题在于：一是政府官员不重视合作医疗的观念；二是最主要的问题是资金筹

---

❶ J. F. Childress and R. R. Faden，Public Health Ethics：*Mapping the Terrain*，*Journal of Law*，*Medicine &Ethics*，Vol. 30，No. 2，2002，p. 170.

❷ 赵福昌、陈晓阳：“公民健康权保障：新医改的价值向度”，载《财政研究》2012 年第 1 期，第 44 页。

❸ 李小云等：《中国农村情况报告》，社会科学文献出版社 2004 年版，第139 页。

措困难；三是缺乏相应的法律保障。这是农村合作医疗制度不能持续、稳定发展的又一个主要原因。[1] 由此观之，在没有最基本的医疗保障的境遇下，农民一旦生病就得完全由自己支付医疗费用，这对于依赖贫瘠的土地谋生和生活本来就艰难的农民而言，无异于雪上加霜。进入21世纪后，由于生活环境不断恶化，加上人们的生活收入有了显著提高后出现了不良的消费方式及生活习惯，如酗酒、吸烟等，从而对农民的健康产生了很大的影响，农民的健康问题依然严峻。随着全民医疗水平普遍有所提高，农民健康问题得到了一定的重视及关注，但是，由于我国农民普遍教育水平低，农村医疗卫生条件普遍较差，农民不能获得基本医疗卫生服务，乡村医疗制度实施不力。在2003年的“非典”疫情和2020年以后这几年的新冠肺炎疫情这种波及全球的灾难面前，医疗卫生领域出现了“市场化过度”和“市场化不足”同时并存的情况。政府在卫生领域同时存在“缺位”和“越位”的情况，导致政府没有担当起维护城乡卫生发展的公平性责任，使得广大农民在卫生保健方面处于不利地位，在一定程度上承担了改革成本。[2] 事实上，反观大多数发达的市场经济国家都拒绝让市场力量支配医疗卫生领域。

城乡间卫生医疗资源分配不均衡的问题仍然较为突出。从政府预算医疗投入角度看，由于沿袭了重城市、轻农村的发展思路，政府卫生经费中的医疗经费投入严重偏向城市。各地财政对农村机构一直是差额拨款，亏欠卫生事业费的情况较为严重，许多乡村一级医疗机构无法按时发放工资，房屋基本建设、设备更新换代、人才培养等经费非常有限。很多医疗机构都将政府投入的各

---

[1] 刘翠霄：《中国农民社会保障制度研究》，法律出版社2006年版，第15－21页。

[2] 胡鞍钢：《透视SARS：健康与发展》，清华大学出版社2003年版，第193页。

种补助经费用来发放工资，从而最终造成了我国城乡医疗资源配置差距巨大的现状。从城乡间医务人员数量及技术水平看，无论是数量还是专业素质，乡村医疗服务人员长期不足，医疗水平偏低。[1] 另外，实际上，穷人比富人有着更高的健康保健需求。有研究显示，“增加低收入者的转移支付，是改善国民健康最有效的手段。这是因为穷人最有可能将增加的收入用于提高健康水平”。[2] 由此可见，城乡卫生资源分配不当和不均衡，已经造成隐形的歧视。实践中，制度实施最大的障碍就在于农民对“新农合”参保率不高，合作医疗基金缺乏统一管理和有效监督。我国医疗救助制度得以产生与发展的一个很重要的原因在于，其弥补了医疗保险制度功能的不足。长期以来，农村医疗救助制度基本上被悬置。对于法律意识薄弱，从法律的权利和义务关系来说的话，更多的时候农民只是在履行国家赋予的义务，而很少去行使自己的权利，尤其健康权的行使需要有完善的国家医疗体系及全民保险制度作为支撑。而从农村医疗保障体系长期基本缺失到农村医疗保障体系的不完善以及农民思想观念的陈旧，使得我国农民健康权一直处于被学术界经常提起并引发一系列讨论的状态，而作为行使权利的主体，农民却从不去关注。随着党的十八大再次确立了依法治国的思想及十八届四中全会开始全面推进深化改革，尤其是依法治国又达到了一个新的高度，法律思维传播必然能提高我国广大农民的健康权益保障的意识，从而使更多的农民拥有健康的权利。

---

[1] 尹文：《论我国社会保障医疗资源配置》，武汉科技大学2008年硕士学位论文，第16页。

[2] 项益才：“社会保障的本质与功能新论——以人的生存与发展为视角”，载《江西社会科学》2011年第10期，第212页。

四、农民健康权实现存在的法律障碍

在法律上，农民本来就是公民，却无法获得作为公民所应享有的健康权的平等保护。虽然健康权作为社会权和最重要的人格权，是人权保障的第一要义，但在现实中，健康权的实现受一国现有的经济发展水平、制度状况和公民文化等制约，宪法对健康权规定的缺失、经济不发达、农民的收入不高等都成了农民健康权实现的障碍。总的来说，妨碍农民健康权平等实现的关联因素主要有以下三种。

（一）农民健康权在普通法律规范上的保护障碍

除了在宪法上应明确农民健康权保障条文之外，在普通法律层面同样存在以下几个法律障碍。首先，关于农民健康权保障的法律规范性文件很少。虽然我国现在也制定了《药品管理法》《传染病防治法》等，国务院制定的行政法规有 28 部，卫生部制定了近千件卫生规章，还有大量的地方卫生法规。但关系农民的最基本健康法律规范确实是缺失的，如农民基本的卫生保健、农村公共卫生管理都没有规定。目前，关于各级农村合作医疗的管理机构是在各种管理办法和实施方案等政策框架下进行的，尚未有法律规范性质的规范性文件来保障其各项制度的实施，这在客观上削弱了该制度实施所应该有的社会效果。其次，违反相关法律的法律责任不明确。任何违法行为总要承担责任，但卫生法律、法规和规章大部分是一些技术性的东西，同时，它的规范性还很强，体现的是国家的权力，而不是国家的义务和责任。许多法律的责任规定不明确，如新农村合作医疗管理机构只有监督管理权，而没有相关的行政处罚权，对各种违规行为只能按照一些管理办法处理，相关行政或经济处罚尚没有法律依据，这在客观上也影响到了监管效果。最后，现有关于健康权保护运行制度上存在障碍。对于外出务工的农民，须连续缴纳一定年限的社保，才能获得社会医疗保障。这对于农民就显得过于苛刻。另一个制度上的难点，就是城乡之间、地区之间，社保不能有效对接。绝大多数农民享受不到医疗社会保障权保障且缺乏最基本的医疗条件。虽然“新农合”对于农民提升对大病抵抗的能力的确起到了一定的作用，但是仍然有一些不足之处需要完善，对于在经济上极为困难的农民而言，根本没有钱看病。

（二）医疗保障制度中农民医疗保障权利不平等

罗尔斯曾写道：“正义是社会制度的首要价值，正像真理是思想体系的首要价值一样。一种理论，无论它多么精致和简洁，只要它不真实，就必须加以拒绝和修正；同样，某些法律和制度，不管它们如何有效率和有条理，只要它们不正义，就必须加以改造或废除。”❶ 然而，因当前“城乡二元体制”格局及健康权的历史性问题，我国在为公民提供健康权保障时仍存在着事实上的制度性歧视，农民往往处于被忽略的地位，只能进行自我保障。如今，有些与人权没有关系的因素影响着人们享有平等的健康权，也影响着公民享受健康权的水平，比如说，法律中存在根据户籍来享有医疗资源的条款。❷ 目前，受城乡二元结构的影响，农村与城市仍不能均等地享有公共卫生资源。城乡居民间存在着一定的医疗保障不平衡，受个人经济支付能力的限制，有些贫困人口失去了基本的医疗卫生服务，约有 1/3 的患者因经济困难无法就诊。另外，据统计，目前我国有毒有害企业超过 1600 万家，受到职业

---

❶ ［美］罗尔斯：《正义论》，何怀宏译，中国社会科学出版社 1988 年版，第 1 页。

❷ 雷华顺、岳远雷：“论我国公民的健康权及其保障”，载《中国卫生事业管理》2008 年第 2 期，第 101 页。

危害的人数超过2亿人，其中绝大多数是农民工。[1] 职业病已成为重大公共卫生和社会问题。职业病对劳动力资源的损害，将对经济可持续发展造成重大影响，社会也将为此付出巨大的经济成本。[2]

（三）农民经济承受能力不足严重影响健康权的保障和实现

因病致贫、返贫，因贫致病现象严重。疾病与贫困相互关联，互为因果。医疗费用居高不下，农村因病致贫、因病返贫的人数与日俱增。农村2900万特殊困难人员中，因病致贫的比例达到50%以上。[3] 有农谚称“脱贫三五年，一病回从前”。因病致贫的罪魁祸首是大病风险，大病对于农户的经济影响主要体现在两个方面：一是大病治疗直接对农户形成较大的经济负担；二是大病对于农户的人力资本造成影响，对于农户的长期收入与消费会产生影响。贫困农户在受到大病冲击以后，要花8年左右的时间才能恢复到大病前的消费水平；要花10年左右的时间才能恢复到大病前的生产经营投入水平。此外，大病的患病率呈现逐年上升的趋势。由此可见，农民的经济承受能力成为影响其生命健康权利的决定性因素。

第四节 农民健康权保障的制度重构

健康权作为农民的一项基本权利，更好地保障农民健康权也

---

[1] 来洁：“职业病：农民工面前又一难题”，载《经济日报》2005年1月13日，第13版。

[2] 刘翠霄：《中国农民社会保障制度研究》，法律出版社2006年版，第210页。

[3] 严俊：《中国农村社会保障政策研究》，人民出版社2009年版，第119－122页。

是我国建设法治国家的一项重要任务，保障健康权的根本目标就是保障人民的身体各项机能正常运行，保证身体状况达到一个健康水平。要通过完善立法、体系化保护以及开放性保护，积极促进该权利的实现。

一、农民健康权的立法保障

综观各国的医疗保障体系，其建立和完善过程中大多伴有相应法律文本的出台，如日本制定了《日本国家健康保险法》，德国出台了《德国农民医疗保险法》。在完善农村医疗保障制度的过程中，我国同样有必要得到相关的立法支持，医疗保障制度不能仅停留于公共政策和卫生管理部门的规章层级上。其原因在于，农民健康权的实现离不开法律的保障。

（一）立法的目标：平等待遇与特殊保护

缔约国应当通过必要立法以确保健康服务的私人提供者考虑可获得性和平等原则。[1] 狄骥曾言，“平等的根源产生源于人人都享有因其本质所决定的权利，并且这些权利应当是等同的。立法者不能制定损害人与人之间平等的法律，因为这样的法律必然有损于某些人的自然权利”。“对于法律面前的平等来说，其重要之处在于，平等作为近代民主政治理念并不是实质上的，而是形式上的。只有这样，形式上的平等，才和自由连在一起。”[2] 虽然健康权是我国基本权利的内容之一，但是它仍然没有明确的法律地位。根据宪法有关条文，健康权只是作为一项隐性权利，严格说

[1] ［挪］艾德等：《经济、社会和文化的权利》，黄列译，中国社会科学出版社 2003 年版，第 202－203 页。

[2] ［日］伊藤正已：“法律面前的平等”，载《国家学会杂志》1964 年第 1 期，第 37 页。

来，我国目前不能把健康权看作公民的基本权利。目前，只有在一些位阶较低的个别法规中才能找到有关健康权的详细记载，很显然，在某种意义上，这是漠视健康权存在的一种表现，不符合作为基本权利的要求。因此，建议在宪法关于“公民的基本权利义务”部分增加一款关于“公民的生命权和健康权不受侵犯”的条文，以此来确认健康权作为基本权利中的地位。通过立法手段为人民健康设置法律上的具体权利，就意味着必须为其提供制度性的权利救济。在健康保障制度体系中，引入权利的范式和理论，即赋予个体可以主张健康权利的资格，并通过立法将这种主张和资格确认下来，经由行政执法的实施和执行，最后依赖于司法或准司法机制为这种主张提供救济。这样既能够弥补政策驱动型健康保障制度体系对个体多样性和差异性重视不足的缺点，还能通过立法、执法和司法机制的引入，为农民健康提供完整的法治保障。[1] 此外，为了追求实质平等，应对农民等弱势群体作出差异规定，给予农民倾斜性保护。

（二）健康权公平的立法理念：修改《社会保险法》

健康权公平就是指每个社会成员都应该享有平等的接受医疗保障的权利而使社会整体健康水平一致。它的内涵包括社会所有成员具有公平的机会享有医疗保障和得到无差别的健康水平。健康权是一种积极性的请求权，它包含着给付性的国家基本医疗保障义务，健康权保障应当成为农村医疗保障立法的调整主线。要平等保护公民健康权，重视实现社会公平，取消城市农村的分割歧视。健康权公平性是农村医疗保障制度的核心价值，医疗保障

[1] 李广德：“社会权司法化的正当性挑战及其出路”，载《法律科学》（西北政法大学学报）2022 年第 2 期，第 172 页。

制度的建立在于促进公众的整体健康水平，因为社会安排的缺陷和本身制度的不合理所导致的健康差异意味着社会的不公正。以健康权公平为立法出发点引导农村医疗保障制度法律体系的建设，是农村医疗保障制度的内在要求。因此，应当借鉴国外的经验，完善国内的相关法律法规保障。在医疗福利方面，应该逐步建立全民统一的医疗保险制度，修改我国《社会保险法》，合并职工基本医疗保险、新型农村合作医疗和城镇居民基本医疗保险。智力是农民发展的关键，而体力是农民发展的基础，没有健康强壮的体魄，发展便无从谈起，不少贫困地区因病致贫者高达50%～60%，可见强健的体魄对于保障农民的发展是多么重要。[1] 立法应优先发展农村居民基本医疗保险、基本养老保险，同时，改革医疗体制，特别是强化医疗机构的竞争和市场化水平，降低医疗费用，提高医疗服务水平。

（三）制定一部统一的卫生基本法

长期以来，我国并没有一部统领性法律来指导卫生立法，现行的卫生法律、法规之间缺乏有效协调，有的甚至还互相冲突，造成法律规范适应的混乱局面，给法律适用造成许多困扰。针对这些问题，在卫生统一立法方面，我们除了将健康权入宪之外，还需要国家通过立法以法律文件形式对健康权的地位进行明确规定。针对农民健康权的立法必须坚持以权利本位为指导，包括立法赋权农民健康、设定政府义务等。在健康权的问题上，法律应以书面形式赋予其真正意义，才能使权利得到切实保障，实现从应然到实然的飞跃。具体说来，一项权利在被法律确认之前，一

---

[1] 邓大松、刘昌平等：《新农村社会保障体系研究》，人民出版社2007年版，第169－170页。

味谈论如何保障，是缺乏法律支撑的；反之，如果没有具体的保障措施，得到法律确认的权利也可能被滥用，因此，赋予法律权利和制度保障是权利实现的两个方面。实践中也时常出现未经法律赋权就进行制度实施的情形，这实际上是在摸索权利行使的可行性，为法律赋权、法律保障探路。法律保护是农民健康权平等保护的基础。因此，需要制定“医疗卫生与健康促进法”，让农民获得更多的健康利益。

二、构建城乡均等的医疗公共服务保障制度

实现医疗保障制度城乡一体化是健康权公平性的要求，医疗保障制度既是一种准公共产品，又具有社会福利的属性。高质量的医疗保健应当为一种全体国民可以获得的权利，而不应当有任何歧视性对待，农民同样应该享受，而不管他们的经济生活状况或社会地位如何。我国在未来应当做到以下几点。

（一）构建城乡一体化的均等医疗保障制度

当前制约我国健康乡村建设的短板频现，故而健康乡村建设应当在补齐短板中进行持续推动。基本医疗卫生资源的享有对公民健康权的保障来说仅是一个最基本的层面，国家应通过均衡配置医疗资源，构建“大病进医院，小病在社区”的医疗保障新格局，建立城乡之间医疗设施与医务人员对口援建，从而实现城乡间医疗资源的平衡分配和共享。城乡一体化的医疗保障制度，能够为农民的生存和发展奠定基础，关系农民切身利益的医疗保障水平的提高，有利于提高农民生产的积极性，促进农村建设和发展。在健康权方面，必须注重获得卫生保健和卫生服务的条件的公平性。国家对此负有不可推卸的责任，国家应当通过积极的作为为能力欠缺的人提供必要的医疗卫生保险和医疗设备，保证其

在患病时健康权得到保障。因此，构建城乡一体化及公平、高效、可持续的医疗保障制度是我国医疗保障追求的最终目标，是公民健康权平等享有的要求。

（二）加大财政资金投入力度

公平性是医疗保障制度价值的核心，医疗公正是对健康权的尊重。提供公共产品是现代国家的一项基本职能，农村医疗作为一项公共产品，其运行、可持续发展离不开政府的主导，政府的主导体现在政府对农村医疗进行资金投入。国家财政拨款是农村医疗保障基金的重要来源。如果国家没有投入足够比例的资金用于健康预算，也有可能违反健康权的义务。[1] 目前我国农村医疗保障制度建设还不完善，政府财政资金的支持不足是一个重要因素。[2] 农民生活条件差，自我保障能力弱，政府应当承担责任给予农民更多的保障。因此，在构建现代医疗保障制度时，国家要力争做到公平，建立使全体国民受益的医疗保障制度，发挥医疗保障的再分配功能，合理配置城乡医疗资源投入，逐渐缩小城乡差距，实现医疗保障城乡一体化。[3] 中央及地方政府要逐年提高对农村医疗的资金投入，深化基层医疗卫生改革、拓展多元投资渠道，通过增加资金投入在农村投资建设一些基础性设施，改善乡镇医院的条件，将村医待遇和村卫生室建设纳入财政预算。同时，完善医疗服务功能，让每个农民都能享有安全可靠的医疗保障服务。此外，协调推进农村地区长期慢性病的预防与医治。

---

[1] ［挪］艾德等：《经济、社会和文化的权利》，黄列译，中国社会科学出版社2003年版，第203页。

[2] 张建平："发展中国家建立农村医疗保障制度的经验及其启示"，载《西北大学学报》（哲学社会科学版）2007年第2期，第74页。

[3] 孔洁、王茂福："构建医疗保障制度的理念分析——从贫困人口的角度探讨"，载《社会工作》2007年第5期，第33页。

（三）填补农民医疗救助的空缺，建立公共卫生预警和快速反应制度

WTO在《世界卫生组织法》中明确宣示，政府对其人民的健康负有责任，只有通过提供适当的卫生保健的社会措施才能履行其职责。首先，构建城乡一体化的医疗保险制度和大病救助制度。以追求社会公平为目标、以民生为本的医疗保障制度的关键措施是调整城乡之间的资源配置，对农民工群体，要强力推进农业转移人口参加城镇居民医疗保险和城镇居民养老保险。在加快构建农村社会养老服务体系和加强农村最低生活保障规范管理的同时，继续提高农村合作医疗筹资标准和保障水平，完善重大疾病保险和救治制度。对无钱就医的贫困者进行救治等于救治一个贫困家庭，以避免其整个家庭落入贫困状态。医疗救助对于因病致贫的贫困户而言，更是逐步脱贫进而根除贫困的治本之策。[1] 其次，将医疗救助和乡村精准脱贫融为一体。提供医疗救助已成为城乡困难家庭脱离贫困的主要方式之一。作为一项政府提供给贫困人群的政策措施，医疗救助的减贫及脱贫效果已得到了受助者的认可。因此，在医疗社会政策方面，应在完善基本医疗保险、医疗服务的同时，切实加强对农民困难群体医疗服务的扶持力度，加快实施统一的城乡医疗救助制度。在医疗救助上加大力度，当下至少要做到通过政策扶持，防止和避免因病致贫、因病返贫。最后，建立公共卫生预警和快速反应制度。预警制度帮助政府对可能发生的各类公共卫生危机事件事先有一个充分的估计，选择最佳应对策略并作好应急准备，最大限度地保护农民的身体健康。

---

[1] 张妤婕：《医疗救助法律制度研究》，西南政法大学2016年博士学位论文，第103页。

（四）加大农村卫生医疗人才的培养力度

针对农村医疗服务供给能力尚需提高的短板，从实现乡村振兴战略的高度，定位和谋划村级医疗卫生事业，优化乡村卫生服务，主要有以下三个方面：首先，拓展乡村医疗服务网点。鉴于广大农民看病难、医疗供求失衡问题，应扩宽基层医疗服务网点的覆盖面，同时提高农村的医疗卫生水平，规范医疗行为。其次，提高乡村医护人才的技能培训。在医疗体系内部，加大对已经从业的乡村医护人员的专业技能培训，提高其业务水平、服务质量以及综合素质。与此同时，对于乡村医疗服务机构的工作环境和医护人员的待遇也应由财政拨款予以改善。最后，采取切实可行的法律和政策，稳住农民健康“守门人”队伍。在农村，卫生人员少、卫生人才更少的局面随处可见，应加强对乡村医疗机构的宣传或制定相关人才优惠政策，完善乡村医生养老政策，鼓励和吸引医学毕业生到农村乡镇卫生院工作；吸引高水平、高层次的医学专业人才投身于“新农合”事业，并通过志愿者服务、对口支援以及医教结合等各种方式解决乡镇卫生院人才匮乏的问题，确保农民能够在本地获得最大限度的健康保障。

三、农民健康权的可诉性及其实现的司法救济

常言道，有权利必有救济。没有救济的权利无异于空头支票。司法救济是最常用，可能也是最有效的救济路径，也是基本权利保护的最后屏障。农民健康权的司法救济是指农民在健康权受到损害时可以依法提起诉讼，司法机关可以依法定职权按照法定程序对农民健康权进行补救的路径。

（一）健康权的可诉性和健康权诉讼的效能

可诉性是指权利可以获得司法救济。出于对社会权的不同认

识，引发人们对健康权可诉性的质疑。对于可诉性，学术界通常从两个不同角度予以界定。一是从权利主体的角度出发，即认为可诉性是权利个体由于国家违背其义务而对其提起诉讼的能力。二是从权利判断主体的角度出发，认为可诉性一般被理解为法院或准司法机构审查权利的能力。[1] 尊重、保障和实现三层分析法的益处之一在于它有助于促进我们对健康权（和其他人权）的可审判性的理解。有充分的理由推定违反尊重健康权的义务的行为是可审判的；在一定情况下，违反保障义务的行为也是可审判的。[2] 健康权是从社会基本权中发展而来的，社会权利"也许比其他权利更具平等性"[3]。社会权利甚至是民主的必要条件，构成民主体制中的重要制度性要素，"保护性和福利性权利为公民发挥其政治作用提供了安全保障"。[4] 比如健康权的生成理由之一是它构成确保公民个人参与政治的前提条件。[5] 由此观之，健康权的司法救济无疑能够对公民自由权的享有和行使产生积极的影响。事实上，即使是在美国能动司法等政治司法化的语境下，出于民主原因反对司法审查的人也并不是批评司法审查本身，而是批评法官在基本宪法问题上拥有最后的发言权这一事实。只要我们承认人权的不可分割性和社会权利的神圣地位，承认社会权亦是为人类尊严和自主权所固有，并承认政府和多数主义的卢梭式民主并不能总

---

[1] Kitty Arambulo, Giving Meaning to Economic, Social and Cultural Rights: A Continuing Struggle, Human Rights and Human Welfare (2003), Vol. 3, p. 114.

[2] ［挪］艾德等：《经济、社会和文化的权利》，黄列译，中国社会科学出版社 2003 年版，第 203－205 页。

[3] Cecile Fabre, Social Rights Under the Constitution: Government and the Decent Life, Oxford University Press, 2000, p. 123.

[4] David Miller, Market, State and Community, Clarendon Press, 1989, p. 249.

[5] 李广德："健康作为权利的法理展开"，载《法制与社会发展》2019 年第 3 期，第 25 页。

是充分地保障社会权[1]，我们就应当将问题的关键从如何消解和克服民主正当性的追问，转移到如何确保法院的裁判能符合司法本身的正义追求。

健康权诉讼之所以能够兴盛，无疑是因为司法实施的方式所具有的实际效果功能。一方面，对当事人的救济效能。法院和司法手段能直接为相关权利主体提供他们所需要的健康需求。就针对当事人的直接救济效能的效用评价而言，胜诉率和执行情况无疑是评价的两个重要指标。胜诉率意味着提起健康权诉讼对于当事人的直接功效，决定了这一方式能够发生和启动的基础；而执行率更是关涉社会权司法化的可执行性和法院的执行能力这一正当性问题，决定了司法方式实施健康权的最终有效性；另一方面，对政策的影响效能，即健康权司法诉讼将弥补政府其他分支机构在医疗保障和健康维护上的不足，具体而言，主要体现在两个层面：一是司法裁判生效后，因为判决的影响力而产生的对医疗体制带来的促进作用；二是执行法院的药品和医疗服务提供等给付裁判对国家整体的卫生健康资源（主要是卫生财政）的影响，主要体现为是否会对其他民众造成“侵占”，从而是否破坏了整体上的健康平等，最终是否有损健康公正和健康正义。[2] 因此，应当肯定健康权诉讼之于当事人的救济功能以及之于卫生政策的积极功能和推动作用，从而有助于农民健康权的平等保障。

---

[1] Larry D. Kramer, The People Themselves: Popular Constitutionalism and Judicial Review, Oxford University Press, 2005, p. 23. 关于司法审查与民主的悖论及其可能出路的经典讨论，参见［美］约翰·哈特·伊利：《民主与不信任——司法审查的一个理论》，张卓明译，法律出版社 2021 年版，第 176 页。

[2] 李广德：“社会权司法化的正当性挑战及其出路”，载《法律科学（西北政法大学学报）》2022 年第 2 期，第 170－171 页。

（二）健康权实现的三种常见模式评析

健康权对于现代政治文明而言具有基础性价值。通过司法为健康权的实施提供救济与保护的现象在不同的法域内都存在。[1] 全球范围内的健康权诉讼实践，根据司法介入程度的强弱，可分为强司法救济、弱司法救济和准司法救济三种模式。强司法救济是指可以直接依据健康权的法律渊源，以健康权受到侵害作为请求权的事实基础直接向法院提起诉讼的模式，主要以南非、印度和巴西、阿根廷、哥伦比亚、哥斯达黎加等为代表；弱司法救济是指以平等原则、正当程序原则等作为诉讼理由而间接为健康权保护，主要以加拿大和美国为代表；准司法救济则指通过准司法性质的机制为健康权提供保护，以欧盟的集体申诉制度为典型代表。[2] 第二种和第三种模式的创设恰恰是为了规避传统理论所认为的社会权不可诉的挑战，而第一种模式则完全相反，它直面健康权的司法实施。社会权司法化的正当性挑战，也是这一层面的体现。法定的司法救济权，乃是公民健康权遭受侵害时的有力保障。因此，国家应当以立法形式畅通健康权司法救济途径。如果一项权利在遭受他人侵害时没有法定的救济方式，权利也就失去了其真正的价值所在。

（三）农民健康权司法保护策略的规范性功能

通过司法实施健康权、生存权，仍然具有其独特的价值，也具有必要性。这种独特的规范性功能，内嵌于权利的作用机制与

---

[1] 对非洲、亚洲、中东、美洲以及欧洲健康权的规范与实践研究，可参见 Brigit Toebes et al. ed. The Right to Health: A Multi - country Study of Law, Policy and Practice, Springer, 2014。这是目前对健康权国别与地域研究最为广泛的一本著作，更揭示了健康权这一制度现象在全球范围内的普遍性。

[2] 李广德：“健康权如何救济？——基于司法介入程度的制度类型化”，载《清华法学》2019 年第 3 期，第 9 - 13 页。

司法的制度角色之中，即通过司法实施包括健康权在内的生存权，是权利与司法这两种机制和两种制度性存在的结构耦合。

权利相对于卫生政策的范式功能。在实现对公民健康的保障这一制度目标上，长期以来，我国基本依赖于医疗卫生政策来构建起医疗卫生制度体系尤其是医疗卫生给付体系，这种政策驱动型的健康保障模式，是政府基于“以人民为中心”的理念的政治伦理主动构建起来的健康保障制度体系；是通过从上往下覆盖的方式所织就的一张细密的健康保障网，并通过配套的政策来执行制度。但是，这种政策驱动型的健康保障制度模式，既忽视了人民健康需求的个体差异性，又缺乏法治所追求的稳定性。因此，政策驱动型的健康制度模式须向法治保障型的健康制度模式迈进，发挥政策与法治相互协同和相互补充的功能。而权利范式是法治型健康制度体系转型所能依赖的重要理论依据和制度契机，亦即通过健康权的价值取向和理论工具，来构建人民健康法治保障的制度体系。通过立法等手段为人民健康设置制度上的权利，就意味着必须为其提供制度性的救济。在健康保障制度体系中，引入权利范式理论，即赋予个体可以主张健康权利的资格，并通过立法将这种主张和资格确认下来，经由行政执法的实施和执行，最后依赖于司法或准司法机制为这种主张提供救济。这样既能够弥补政策驱动型健康保障制度体系对个体多样性和差异性重视不足的缺点，还能通过立法、执法和司法机制的引入，为公民健康提供完整的法治保障。[1] 由此观之，对于保障农民健康，权利和司法分别具有其不可代替的功能，从而充分体现出生存权司法化的正当性和规范价值之所在。

---

[1] 李广德：“社会权司法化的正当性挑战及其出路”，载《法律科学（西北政法大学学报）》2022 年第 2 期，第 172 - 173 页。

CHAPTER 08 >>

第八章

乡村生态振兴视域下农民环境权的法律保障

我们在第七章探讨了生存权视域中的农民健康权法律保障，健康对人的生存和发展至关重要，它是人类进行生产、生活的重要前提。保护和促进农民健康权对维护农民群体与生俱来的尊严、增强个人和社区抵御疾病的能力是非常必要的。环境权不仅与健康权有重大关系，而且与生存权具有密切联系。一个不言而喻的客观事实是，环境问题会影响到我们每一个人的生存和发展。由此可见，环境权是其他基本权利存在的基础，如果没有环境权，其他人权便很难存在与发展。环境权对于实现公民的生存权具有不可替代的功能。[1] 本章探讨生态振兴视域下环境权的概念与属性，环境权与生存权、健康权之内在勾连，“三农”视角下农民环境权的特殊

---

[1] 王菲：《以人权为基础的环境保护的困境及其出路探究》，吉林大学2021年博士学位论文，第80页。

性，继而讨论乡村环境治理之困境在于农民环境权的缺失，最后提出生态振兴视域下农民环境权保护之完善建议。

第一节　乡村生态振兴视域下农民环境权概述

当代的中外学者都曾把我们生活的当下宣称为权利的时代，或者迈向权利的时代。[1] 环境权的提出源自人类面临的环境危机以及人权观念的发展。"环境权"应运而生是基于以下认识，即为维持人类的生命与健康，在由环境的破坏而对个人或地区居民产生现实危害之前，排除或减少（认可排除或预防妨害的请求权）作为危害之原因的公害，就相当重要。[2] 因此，环境权此类权利乃是为了应对伴随经济发展而来的一系列环境污染和人的尊严流逝等负面影响而衍生出的新型权利。

一、乡村生态振兴视域下环境权的内涵与属性

以工业文明向生态文明的迈进过程作为考察尺度，可以得出结论：在对工业文明进行反思与批判的过程中，生态文明的理念开始了在权利话语时代的萌发并启发了环境权的产生。因而，生态文明完全能够成为环境权内涵阐释的思想基础和逻辑起点。[3] 环境权的首要内涵便是其与人类主体的不可分割性，是一种为人所

[1] ［美］路易斯·亨金：《权利的时代》，信春鹰等译，知识出版社1997年版，前言第1页；张文显、姚建宗："权利时代的理论景象"，载《法制与社会发展》2005年第5期，第5页。

[2] ［日］芦部信喜：《宪法》，林来梵等译，清华大学出版社2018年版，第217页。

[3] 郭杰、张桂芝："生态文明视域下环境权的内涵拓展"，载《东岳论丛》2020年第10期，第183页。

能享有的权利；对环境权内涵的阐释，既有助于彰显环境权的公法属性，也有助于拓展环境权对公共政治和政策的关注。

（一）乡村生态振兴视域下环境权的历史含义

环境权的概念自20世纪60年代在西方被首次提出，至今已有50多年的历史，我国环境法学者纷纷从不同层次和维度对它进行了专门探究。[1] 现代工业文明的发展导致人类身处其中的环境遭到了破坏，从而人类的生活乃至生存受到了威胁，这是环境权作为一种权利被提出的基本背景。[2] 在人权的代际理论中，环境权属于作为群体权利的、新型的第三代人权，在世界范围内获得了广泛的认识、应用和发展。正如迈克尔·安德森（Michael Anderson）所言，采纳一项新的实体性权利的理由之一是既定的人权标准很难直接解决环境问题，且缺乏精确性，这就为迫切需要解决的环境问题制造了困难，一种独立的环境人权更适合应对目前存在的环境问题。[3] 相比于其他人权，环境人权是一次新兴的权利，传统的人权学说很难预测到现在复杂的环境问题。而传统的环境法主要是由程序权利构成的，它的重点在于保护人民免受工业发展造成的污染，并未考虑到解决清洁水和充足食物供应等问题。因此，必须有一个独立的实体性环境人权来解决目前存在的环境问题。[4] 然而，迄今为止，环境权依然还是一个属性不明、范围不定、主

---

[1] 吴卫星：《环境权理论的新展开》，北京大学出版社2018年版，第3-22页。

[2] 杨鑫："生存权的基本内涵及其在人权体系中的地位"，载《武汉科技大学学报》（社会科学版）2014年第4期，第159页。

[3] Anderson M. "Human rights approaches to environmental protection: an overview," in Human rights approaches to environmental protection, eds. Boyle A, Anderson M (Cheltenham: Edward Elgar Publishing, 1996), p. 1.

[4] Dinah Shelton: "Developing substantive environmental rights," Journal of Human Rights and the Environment, 2010 (1), p. 89.

体不清的模糊概念，这是一个见仁见智的话题，遑论建立起能行使、可救济、好操作的环境权制度。早在30多年前，肯·萨罗-维瓦（Ken Saro-Wiwa）就曾宣称："环境权是人的首要权利。"❶本质上看，环境权作为一种与人密不可分的权利，蕴含了三种价值维度，其不但将居住繁衍与人联系起来，还使得宜居环境成为人的必要需求，而且，环境权更强调了这两种所需价值在时间维度上的持续性。❷蒂姆教授通过对大约五十个明确表达实体宪法环境权的标本进行调查，发现到目前为止最常用的表述是一种对洁净或者健康环境的权利❸［安东（Anton），1998］。更为流行的表述非布伦特兰的环境权定义莫属：对充分实现健康和福祉的环境所享有的权利。❹与伦特兰的观点相似，日本学者大须贺明从宪法中的生存权法律条文来推导出环境权，着重强调环境权的人权属性，坚持以保护人的健康作为其重要目的。

在中国，环境权一直是环境法理论研究的热点，蔡守秋教授率先在国内引发了环境权的理论研究，他将环境权划分为广义的和狭义的权利，在其后续的研究中又将环境权定义为"环境法律关系的主体就其赖以生存、发展的环境所享有的基本权利和承担的基本义务"。❺环境权是在工业文明发展的过程中，法律赋予法律关系的主体在其生存的自然环境方面享有的权益。正因为环境权是环境法学的核心范畴，是解决环境法合法性问题的"权利

---

❶［英］简·汉考克：《环境人权：权力、伦理与法律》，李华译，重庆出版社2007年版，第49页。

❷ 郭杰、张桂芝："生态文明视域下环境权的内涵拓展"，载《东岳论丛》2020年第10期，第184页。

❸［英］蒂姆·海沃德：《宪法环境权》，周尚君、杨天江译，法律出版社2014年版，第18页。

❹ 同上书，第19页。

❺ 蔡守秋："环境权初探"，载《中国社会科学》1982年第3期，第29页。

基石”。[1] 吕忠梅教授一直致力于公民环境权的研究，强调环境权的私法性质，认为环境权是“公民享有的在不被污染和破坏的环境中及利用环境资源的权利”。偏重于研究环境权与公法学之间关系的陈泉生教授指出，“环境权是环境法律关系的主体享有适宜健康和良好生活环境，以及合理利用环境资源的权利”，强调环境权是环境时代的人权。与此同时，根据环境法学界以往的相关研究，还有学者把环境权解说为，在人类获得了生存权、财产权等权利以后，以自负义务的履行为实现手段的，保有和维护适宜生存繁衍的自然环境的权利。[2] 党的十八大作出了“大力推进生态文明建设”的战略决策，建设生态文明是关系人民福祉、关乎民族未来的长远大计。面对资源约束趋紧、环境污染严重、生态系统退化的严峻形势，必须树立尊重自然、顺应自然、保护自然的生态文明理念。而进行生态文明建设绝非朝夕之间可以完成，关键在于人、自然与社会三者之间的和谐相处。[3] 有学者认为，“环境权是生态文明时代的标志性权利”。[4] 乡村振兴本身便有生态文明之义。尽管环境法学界对于什么是环境权的表述存在分歧，但这些概念之间并没有本质差异，只是不同研究路径的展现，国内外学者们在环境权核心要素上保持了基本一致的态度，普遍意识到环境权与公民的身体健康和生活环境以及人类的存续发展息息相关。概而言之，环境权被理解为公众或法律关系主体享用清洁、健康、适宜的环境的权利。

---

[1] 吕忠梅：“环境权入宪的理路与设想”，载《法学杂志》2018 年第 1 期，第 26 页。

[2] 徐祥民：“环境权论——人权发展历史分期的视角”，《中国社会科学》2004 年第 4 期，第 125－128 页。

[3] 张明君：《环境法与生态文明建设》，吉林大学出版社 2017 年版，第 59 页。

[4] 杨朝霞：“环境权的理论辨析”，载《环境保护》2015 年第 24 期，第 52 页。

（二）生态文明视域下环境权的属性

如果说权利的性质是作为一项权利所固有的、本质的属性[1]，环境权究竟是一项什么性质的权利？任何权利的产生，都是社会利益矛盾的结果，也可以说是社会进步过程中新的社会结构要求对旧的秩序和利益发生变革的结果。[2] 工业文明本身的缺陷和弊端不断地压缩人类基本需求的空间，人类对工业文明的不断妥协和让步最终会导致基本生存空间的丧失，人性尊严将不复存在。生态文明以及环境权的产生旨在消除工业文明的弊端，帮助人类拓展并优化既有生存空间。从这种意义上讲，环境权的根本目的就是保障人类获得基本生存所必需的环境条件，这构成了环境权的基本权利属性。只要人仍然生存并生活在自然环境中，环境权就仍以提升人作为主体的生存条件和生活品质为目标。[3] 因此，其属性正如芦部信喜教授所言，环境权就是为了预防和排除环境破坏而被主张的权利，在其享有良好环境不受妨碍的侧面上乃属于自由权，因此可以将其理解为构成了《日本宪法》第 13 条幸福追求权之内容的一部分。不过环境权的具体化和实现，也需要公权力采取积极的环境保护和改善之措施，为此在这一侧面上，则又可以作为社会权加以定性。[4] 基于宪法的立场，环境权属于继生存权和发展权之后的新型人权——幸福权（舒适权），兼有自由权和社会权的双重属性。从权利的保护方式来看，环境权既要有自由权

---

[1] 梁慧星、陈华彬：《物权法》，法律出版社 2016 年版，第 6 页。

[2] 吕忠梅：《环境法学概要》，法律出版社 2016 年版，第 132 页。

[3] 郭杰、张桂芝："生态文明视域下环境权的内涵拓展"，载《东岳论丛》2020 年第 10 期，第 185 页。

[4] ［日］芦部信喜：《宪法》，林来梵等译，清华大学出版社 2018 年版，第 217－218 页。

的保护手段，又要有社会权的保护方式。日本宪法学界的通说认为，环境权不仅拥有作为自由权的性质，而且还拥有作为社会权的性质，是一种复合的权利。[1] 一般认为，社会权和自由权往往是与积极权利和消极权利相联系的，即自由权的实现主要体现为使其免受公权力和私权利的侵犯，社会权的实现则要求国家权力在切实履行确保社会权免于遭受侵犯的消极保护义务的同时，更加强化积极保障义务。[2] 因此，环境权的实现，既要防范来自国家的侵犯，很多时候也需要国家的积极作为，正所谓"环保靠政府"。事实上，国家环境保护义务的积极履行，正是环境权保护和实现的重要保障。

（三）环境权与生存权、健康权之关系

环境权与健康权、生存权等人权之间的关系始终是关系环境权能否独立存在的焦点问题。[3] 许多人权学者认为，在没有充分理由的情况下增加新权利会威胁到传统人权系统的完整性。其实，这是权利之间相互交叉关系的表象，也是对环境权核心内涵的一种误解，环境权与现存的人权之间并不存在冲突的情况。王菲博士认为，作为第二代核心权利的生存权，被明确界定为"最低限度的生存保障"，即充足的食物、衣物、住宿等需要，是人在社会中赖以生存的最低保障，这与公民在良好环境中生物性的需求无关。[4] 笔者认为，这一观点值得商榷。不管是狭义的生存权还是广

---

[1] 王社坤：《环境利用权研究》，中国环境出版社 2013 年版，第 19 – 20 页。

[2] 张敏："社会权实现的困境及出路——以正义为视角"，载《河北法学》2014 年第 1 期，第 170 – 171 页。

[3] 吕忠梅：《超越与保守：可持续发展视野下的环境法创新》，法律出版社 2003 年版，第 235 – 239 页。

[4] 王菲：《以人权为基础的环境保护的困境及其出路探究》，吉林大学 2021 年博士学位论文，第 80 页。

义的生存权，都不可能与环境权无关，相反，环境权本身隶属于广义的生存权，不管是广义还是狭义的生存权与环境权都是唇齿相依的关系，皮之不存，毛将焉附。

1964 年的《日本宪法》第 25 条对生存权作了规定，通常是指人的生命不受非法剥夺，同时还包括生命能够存续的权利。现代社会因污染导致的各种疾病正在威胁、剥夺人类的生存权。而环境破坏不仅仅是从根基上破坏了健康，甚至还有使人不能生存下去之危险。正因如此，有些学者认为环境权的核心是生存权❶，有些学者认为环境权是生存权的当代内容❷。2016 年 5 月 23 日，193 个国家在内罗毕召开第二届联合国环境大会，共同商讨因环境变化引起的人类健康问题。会议上发布的一份名为《健康星球、健康人类》的报告显示，全球死亡总人数的 23% 与环境污染有关，25% 以上 5 岁以下儿童死于环境污染。❸ 这份令人触目惊心的数据让全世界都认识到环境与健康问题成为当今人类面临的严重威胁，如何善待环境已经成为保证人类健康发展亟待解决的新课题。生存权的基本宗旨在为了解决环境问题的法学理论之上，是投射下了自己的投影的，这就是作为权利凝聚在一起所构建起来的环境权。在这样的意义上，可以说环境权带有非常浓厚的生存权色彩。❹ 有学者认为，尽管“健康”也是环境权的内在本质之一，与环境权有一定的重叠，但此“健康”非彼“健康”。健康权要求政府为人民创造卫生服务条件、工作条件，要求人民获得住房与充足的食物，还要确保人民身心健康，这与生存权属于同一范畴，

---

❶ 吕忠梅：《环境法》，法律出版社 1997 年版，第 116 页。

❷ 徐显明：“生存权论”，载《中国社会科学》1992 年第 5 期，第 47 页。

❸ 张世钢：“第二届联合国环境大会助推全球可持续发展”，载《世界环境》2017 年第 1 期，第 20－21 页。

❹ ［日］大须贺明：《生存权论》，林浩译，法律出版社 2001 年版，第 196－198 页。

属于传统人权的内容。这些内涵无论如何扩大，都仅限于对人类身体健康的影响，基于环境问题造成的健康问题很难纳入健康权的内容。因此，只有将环境权作为一项独立于传统人权的基本权利，才能为人在良好环境中生存提供最完整和最充分的权利保障。❶ 从学术研究的角度来看，的确有一定道理。基本健康照护包括提供干净饮水和污水处理，而预防性的保健计划必须限制某些活动，以免让人类暴露于有害健康的环境中。❷ 其实，就环境对人类健康而言，这两者均不可或缺。

虽然生存权与环境权关系紧密，人类的生存必须有美丽的人居环境。但是环境权与生存权还是有明显的不同。对此，李艳芳教授作了比较精辟的解读：第一，两种权利产生的原因不同。生存权是因贫困、失业而威胁人的生存问题而产生的；而环境权则是因人类忽视环境而过度利用环境进而导致严重的污染问题而产生的。第二，两种权利的价值追求不同。生存权追求的是人的政治权利与经济社会文化权利，尤其是经济社会文化权利；环境权所追求的是人类免受环境污染危害的权利。第三，两种权利包含的内容有所不同。生存权的主要内容是人的劳动权、受教育权、工作权、休息权、健康权等直接与人的生存密不可分的权利；环境权的主要内容是通过参与环境保护活动获得良好生存环境的权利，生存权的范围显然大于环境权的范围，在某种程度上，环境权隶属于生存权。第四，两种权利的实现手段不同。生存权的实现依赖劳动权的实现、社会保障制度的完善、受教育权的平等实现等；而实现环境权的主要手段是协同对环境进行保护。由于环境权与生存权是两种不同的权利，各自具有自己独特的产生背景

---

❶ 吕忠梅："环境权入宪的理路与设想"，载《法学杂志》2018 年第 1 期，第 32 页。

❷ 《儿童权利公约》第 24 条第 2 款第 3 项特别提到"清洁饮水"和卫生措施。

和内容，因而应将环境权与生存权作为两种并行的权利，而不应当用生存权取代环境权。[1] 由此观之，环境权与生存权之间既有比较明显的差异，又有相当紧密的关系，本书认为，广义的生存权必然包含环境权。

二、乡村生态振兴视域下农民环境权概述

由于特有的城乡二元结构，包含环境权在内的农民权利在很大程度上被制度性消解，作为一个群体，农民与其他群体相比，很多法定权利缺失或得不到有效保障。[2] 因此，我们应该科学地界定农村环境权的含义和生态振兴视域下的农村环境权的特殊性。

人权总是被认为人作为人不可缺少而必须享有且不可剥夺、转让的权利，但是我们要从这样的观点中抽离出来，强调人权是为了保障人不被压抑的生存条件束缚。[3] 由此观之，基本人权被定义为人类生存不可缺少的权利。环境保护与生存权之间交会无疑潜含着一个把环境保护本身视为应予宪法保障的基本权利的理由。环境保护与生存权保障之间，初看之下，似乎是一种相互冲突的关系。环境保护与生存权保障之间至少具有依存与互利的关系。环境保护可以作为实现生存权保障的方法，因为一个受到破坏的环境，势必直接危及人类的生存权、健康权或财产权，所以，建立一个可靠且有效的环境保护机制与体系，将可确保当代及未来世代人类的福祉。基于人权与环境之间确实存在着明确的现实关联，环境损害常常被认为与侵犯人权相关，因为对环境的破坏直

---

[1] 李艳芳："论环境权及其与生存权和发展权的关系"，载中国民商法网，http://old.civillaw.com.cn/article/default.asp?id=8601，访问日期：2021年12月13日。

[2] 胡美灵：《当代中国农民权利的嬗变》，知识产权出版社2008年版，第192页。

[3] 沈宗灵、黄坍森：《西方人权学说》（下），四川人民出版社1994年版，第24－25页。

接构成对生命、生活、健康以及福祉的威胁。

在阐释农民环境权之前应对“农民”的基本内涵做必要的辨析。“农民”是一个具有多面性的概念，至今仍未有权威的界定，学界的现有研究主要是从职业、身份、阶级等角度着手的。20 世纪 60 年代后，西方世界兴起对“农民”定义的讨论。法国社会学家孟德拉斯提出，“农民是相对于城市或一个精英集团来定义自身的，只要没有城市，就不会有农民；农民（Paysans）按其字面上的本义是地方之人，他们超越不了自己的土地的有限视野”[1]。美国社会学家埃费里特·M. 罗吉斯和拉伯尔·T. 伯德格认为：“农民是自给自足的农业生产者，但又不是完全自给自足型的，他们至少是部分市场定向的。他们要购买一些消费品和生产资料，需要社会的服务。但是，尽管他们要卖出部分农产品，他们也不是像商业农场主那样，把农业作为一个企业。”[2] 而伟大的思想家马克思则将农民定义为特定社会生产关系的一个阶级。由此可见，对于农民的概念，众说纷纭。

基于对环境、气候的自然因素的高度依赖性，农民环境权是农民最重要的合法权利之一，是农民得以生存和发展的基础。有学者认为，农民环境权是指广大农民享有于安全、健康、舒适的环境中生存的权利，是农民应有的基础性权利之一。[3] 即农民环境权是以农村地缘关系为基础而相互交往的人们所具有的享用清洁、健康、适宜的环境的权利。有学者认为，农民环境权涵盖环境资

---

[1] ［法］孟德拉斯：《农民的终结》，李培林译，社会科学文献出版社 2005 年版，第 37－43 页。

[2] ［美］埃费里特·M. 罗吉斯、［美］拉伯尔·T. 伯德格：《乡村的社会变迁》，王晓毅译，浙江人民出版社 1988 年版，第 321 页。

[3] 吴爽：“生态文明视阈下农民环境权保护的法律应对”，载《农村经济》2014 年第 3 期，第 116－120 页。

源利用权、环境状况知情权、环境事务参与权以及环境侵害请求权。[1] 也有学者指出，农民环境权就是特指生活在农村地区的居民所享有的各种环境权，包括乡村环境享用权、环境知情权、环境参与权、环境收益分配权以及环境请求权等内容。[2] 农民环境权的权利内容同样包括实体性权利和程序性权利。实体性权利主要是指公民的环境利益，如通风权、采光权、清洁权等，程序性权利包括公民的环境知情权、参与权、获得司法救济权等。[3] 吕忠梅教授认为，环境权是一个具有人权属性的“权利束”，是兼具财产权、人身权以及其他经济性权利和生态性权利的复合性权利。[4] 因此，笔者认为，上述各种观点从不同角度表达了农民环境权的概念，都具有各自特点；笔者尤其倾向于吕忠梅教授的深刻洞见，该种见解突破了传统狭隘的观点，即仅局限于环境利益、主要关注生态性权利，农民环境权本质上不是单一的一种权利，而是复合型权利，即权利束，除了生态性权利之外，还有财产性权利、人身权以及其他经济性权利。

三、“三农”视角下农民环境权的特殊性

乡村要振兴，生态必须振兴。乡村自然环境是农民赖以生存和发展的基础。由于长期以来我国现行环境治理的法律法规和政府政策关注的重点都在大中城市以及工业企业，对农村具体环境

---

[1] 张祝平、楼海波：《历史环境权的历史演进及影响》，暨南大学出版社2015年版，第12－18页。

[2] 张诚、姚志友：“农民环境权与乡村环境善治”，载《长白学刊》2018年第3期，第86－91页。

[3] 程玮欣：《论我国农民环境权的实现路径》，华中科技大学2019年硕士学位论文，第20－21页。

[4] 吕忠梅：“环境权入宪的理路与设想”，载《法学杂志》2018年第1期，第33页。

问题的解决方案提出频次很低，加上地方行政机构对于经济效益的追求，使得农村环保问题一直处于边缘化的状态，当前农村生态环境污染问题比较严峻。以下从“三农”，即农业、农村与农民方面来探讨农民环境权的特殊性。

（一）农民环境权的主体：“农民”的特殊性

农民环境权的主体是享有权利的人，即农民，指不仅拥有农村户口，同时还应当在农村地区居住并生活的人。农民群体在环境资源的享用和环境污染的承担方面与城市居民严重不对等。农民问题是“三农”问题的核心，而农民环境权则是农民的一项基础性权利。农民环境权，突出的是将农民作为环境权的主体进行重点考察。一方面，农民占中国总人口的大多数，农民环境权的享有状况反映了全国环境保护的水平；另一方面，囿于二元结构的制约，农民环境权的享有状况又具有自身的特殊性。[1] 不过值得注意的是，在人类命运共同体理念指导下，城镇居民根本无法与农村的生态环境隔离开来。

（二）农民环境权的发生场域：“农村”的特殊性

农民环境权是指农民能够享用光照、水、土地、空气等自然资源和可持续维持良好环境的权利。它被认为是维护持续基础健康生活和追求幸福舒适生活的权利。但是由于农村经济发展相对滞后，农民的法律意识和法学知识都比较匮乏，因此他们在权利的捍卫和保护方面都显得较为淡漠。在掌握农村环境污染的特点，了解我国现行环境保护法不足的基础上，应完善相关法律制度，为建立健全农村生态环境保护法律体系提供参考。

---

[1] 周作翰、张英洪：“当代中国农民的环境权”，载《湖南师范大学社会科学学报》2007 年第 3 期，第 5 – 11 页。

（三）农民环境权的承载内容："农业"的特殊性

农民环境权主体范围的划分标准之一就是居住的地域范围，农民环境权是指农民在居住的农村地区享有良好健康的人居环境的权利。环境权的客体是各种天然的和经过人工改造的自然因素的综合。环境权的对象是指自然环境和文化财产，如水、大气、日照等广泛的事物。[1] 因此，农民环境权中的客体更多的是指农村生态环境，但是这种自然环境却承受着来自农村内部和外部城市的双重污染。食物、水资源的源头在农村，如果农村环境得不到切实有效的保护，人们赖以生存的食物、水、空气就会受到污染。由此导致的结果，不仅会摧毁乡村农民的生命健康权，也势必殃及城市居民的生命健康权。

四、保护农民环境权的重要意义

如前面所述，农民环境权既有人身权、财产权和其他经济性权利，又有生态权益。在乡村振兴背景下，"既要金山银山，又要绿水青山，绿水青山就是金山银山"。环境要素的生态价值之于人类本身就具有重要的美学价值与生态意义。

（一）保护农民群体地位的需要

由于过去仅注重经济发展而忽视了环境恶化问题，环境污染问题制约了经济的发展，对贫困地区而言，更是雪上加霜。再加上制度不健全，有相当多的人口生活在温饱线以下。农民环境权的民主正当性可以被塑造成一项基础规范，诚如萨克斯所言，"使最不利的个人与其自身社会中的某种最低值之下的风险的负担相

---

[1] ［日］交告尚史等：《日本环境法概论》，田林、丁倩雯译，中国法制出版社2014年版，第148页。

隔离”。把这条规范构思为一项根本的、实体性的环境权是最为恰当的。[1] 随着工业化、城市化和农业现代化的快速发展，高污染工业向农村转移且缺乏有效的环境监测及治理，农村环境问题日益凸显。近年来，有鉴于对环境污染问题的深层次认识，以“自上而下”的行政命令来推动环保工作的开展。也正因如此，农村地区环保制度的缺失没有得到重视，直接导致农民的环境权益无法得到保障和有效救济。[2] 故而，尊重和保障农民的环境权益能够帮助提升农民的地位，缩小其与城市居民的差距。农村环境脱贫，全力保障农民环境权迫在眉睫，它对于维持和谐稳定的社会秩序有着重要的意义。

（二）乡村振兴和解决“三农”问题的需要

实施乡村振兴战略，是新时代做好“三农”工作的总抓手。为解决严峻的“三农”问题，2017 年在党的十九大会议当中，中央提出了“乡村振兴”战略，并于 2018 年将其明确为国家战略，成为创建美好乡村环境的重要措施。“乡村生态振兴”作为“乡村振兴”不可或缺的一部分，在乡村振兴战略的实践中起着重要的作用，而“乡村生态振兴”的实现有赖于乡村生态环境的有效治理。发展乡村休闲农业和乡村旅游产业等特色产业，就应打造优美的乡村生态环境、人居环境。生态振兴不仅有利于农村生活环境的改善，还有利于农民健康权的保障。在经济水平达到一定高度的今天，环境污染问题也呈现出一定的严重性，环境不仅与国家经济社会可持续发展息息相关，更是我们人类生存生活的基础。

---

[1] 转引自［英］蒂姆·海沃德：《宪法环境权》，周尚君、杨天江译，法律出版社 2014 年版，第 115－116 页。

[2] 吕忠梅、刘超：“资源分配悲剧性选择中的环境权——从环境资源分配角度看环境权的利益属性”，载《河北法学》2009 年第 1 期，第 106 页。

我国是农业大国，农村发展是我国社会发展的工作重点，农村的环境是影响乡村全面振兴的重要因素。虽然在社会各界的努力下，农村环保情况有所改善，但是农村生态环境被破坏的情况还时有发生，只有加快制定相关农村生态环境保护法，严格落实环保制度，才能真正制止农村生态环境破坏。因此，了解我国农村生态文明法治建设所处的困境，分析问题产生的原因，站在乡村振兴的角度研究农村环保法治问题具有重要的现实意义。

（三）有利于实现城乡环境正义的需要

环境正义肇始于20世纪80年代美国的环境正义运动，其意是指环境权主体享有同等环境权利，承担同等环境义务，且环境权利与环境义务相对应，而与其相对的则是环境不正义。[1] 之后，环境正义被誉为“在环境法律、法规、政策的制定、遵守和执行等方面，全体人民，不论其种族、民族、收入、原始国籍和教育程度等方面，都应公平对待并卓有成效地参与”。[2] 随着环境正义理论研究的进一步拓展，其内核早已超越公众参与国家环境决策这一范畴。环境正义的核心目标不仅是要保护弱势群体的人身权益和财产权益，而且包括有效保护人类赖以生存的自然环境。在我国，习近平同志在领导新时代中国特色社会主义生态治理的伟大实践中，坚持把马克思主义关于人与自然关系的理论与中国生态治理的实践相结合，创造性地提出了生态治理观。[3] 然而，城乡二元制结构在经济发展进程中不可避免地导致出现环境不正义的现

---

[1] 李淑文：《环境正义视角下农民环境权研究》，知识产权出版社2014年版，第58页。

[2] 张斌、陈学谦：“环境正义研究述评”，载《伦理学研究》2008年第4期，第60页。

[3] 龚天平、饶婷：“习近平生态治理观的环境正义意蕴”，载《武汉大学学报》（哲学社会科学版）2020年第1期，第109页。

象，有些地方工业化、城市化垃圾向农村倾倒、转移，导致国内环境公平问题凸显。因此，保障农民环境权不仅是治理农村生态环境的有效途径，还是推进乡村生态振兴战略的有力措施，契合了城乡一体化均衡发展的理念。换言之，生态振兴视域下农民环境权的有效保护对实现乡村生态有效治理、农村环境改善、乡村生态振兴乃至乡村振兴都有着巨大的推动作用。

第二节　乡村环境治理之困境与农民环境权的缺失

虽然国家已经越来越重视环境保护，出台了一系列政策性措施，环境保护相关立法也在逐步完善，势必极大地推动农村生态环境整治，助力乡村生态振兴。但是到目前为止，在乡村生态振兴的战略背景下，我们不难发现，还存在一些不足，这些不足主要体现有以下五方面。

一、乡村生态环境治理之困境现状

生态宜居是乡村振兴战略的内在要求，更是增进广大农村居民生态福祉的重要内容。自然环境资源，直接关系到农民环境权是否得到保障以及保障的成果。然而，全球环境变暖、雾霾、酸雨、沙漠化、沙尘暴等环境因素已经威胁到了人们赖以生存的生态环境。

首先，随着市场经济的迅猛发展和城镇化步伐的加快，在高速化的城市发展中，全国各地暴露出越来越多的环境问题，某些农村地区生态破坏日渐严重，环境污染愈演愈烈，必然会伴随着这些乡村的人居环境的恶化。

其次，农村环境治理缺乏应有的重视和资金投入，农民环境权得不到有效的保障。长期以来，中国污染防治投资几乎全部投放到工业和城市。城市环境污染向农村扩散，而农村从财政渠道得到的污染治理和环境管理建设资金有限，也难以申请到用于专项治理的排污费。[1] 换句话说，在国家对城市生态环境重视的同时，却相对忽略了对农村生态环境的保护。在某些地方，城市环境的改善是以牺牲农村环境为代价的。在这些地方，工业“三废”排放和乡镇工业污染，严重危害了当地农民的生命健康安全。[2]

最后，自然环境资源、农业的内在属性和农民环保意识不足等叠加加剧了生态环境的恶化。森林草原资源破坏严重，土地荒漠化、水土流失加剧、自然灾害频繁；农药、化肥等农用化学物的大量使用，加剧了环境的负担。由此观之，这些交互式因素无疑不仅严重破坏了生存环境，而且可能危及农民的身心健康。

二、农民环境权保护法律制度供给不足

目前，《宪法》第26条明确规定，“国家保护和改善生活环境和生态环境，防治污染和其他公害”。从这条宪法条文可知，国家具有保护和改善环境的义务，以此构建起从中央到地方的环境保护行政体系。但是，宪法仅仅明确国家具有保护环境的义务，由环境行政部门具体负责环境的保护，这样单向性的环境保护对维护公民环境权和保护生态环境略显不足。[3] 实际上，农民环境权保

---

[1] 张祝平、楼海波：《历史环境权的历史演进及影响》，暨南大学出版社2015年版，第99页。

[2] 徐丽媛：“新农村建设与农民环境权的保护”，载《农业考古》2006年第3期，第88页。

[3] 赵英杰、孙瑞东：“宪法视角下环境权之人权属性分析”，载《华北理工大学学报》（社会科学版）2018年第3期，第40页。

护制度供给不足的原因在于公共权力的膨胀必然导致权利的萎缩，某些乡村人居环境的恶化与当地农民环境权的缺失不无关系。

（一）现行生态立法存在缺陷：农民环境权缺位

许多国家在包括宪法在内的国内立法和其他法令中规定了公民享有环境权，如美国、日本等一些国家不但在法律中明确规定环境权的保护，而且在实践中也开始了环境权的保护。尽管我国宪法修正案并没有明确确立“环境权”，但是很明显修宪者已经意识到生态文明的重要性。“生态文明”等内容进入宪法后，与既有的《宪法》第26条共同构成了“环境宪法”这一“部门宪法”的核心内容。基于此种宪法文本的变动，生态文明建设的规范供给力度大大加强，环境法治也迈向了宪法化的新阶段。党的十九大报告中再次强调要加快生态文明体制改革，建设美丽中国，并对此作出一系列安排布局，将“绿水青山就是金山银山”等理念写入了党章。[1]

但是，《宪法》没有明确规定农民环境权。首先，《宪法》没有明确把环境权作为公民的基本权利加以确认，或许导致公民对环境权概念认识不清。其次，《环境保护法》侧重于明确政府在环保工作中的权力以及公民的环保义务，也没有明确定义公民环境权。自然而然，由于自身以及外在诸多因素，农民的环境权益并没有得到有效的保障，从而不利于农村社会经济秩序的稳定和全社会的环境保护。最后，《民法典》对公民环境权的规定过于笼统和抽象。虽然，《民法典》规定了污染环境对他人造成损害的必须承担民事责任，但这种规定并没有起到提前预防的警示作用。由

---

[1] 习近平：《决胜全面建成小康社会，夺取新时代中国特色社会主义伟大胜利——在中国共产党第十九次全国代表大会上的报告》，人民出版社2017年版，第50－52页。

此观之，环境权的法律地位不明确，直接影响到农民的生存权，进而影响到乡村生态振兴。

（二）在立法上，农民环境权保护法律依据不足

法律是农村环境问题防治的有力武器，但是目前我国农村环境保护法存在一定缺陷，尤其是尚未出台专门的土壤污染防治法。很多法规没有将农村地区的环境污染和破坏纳入立法调整的视野。从立法角度来看，如《环境保护法》《水污染防治法》等，面对农村环境问题，适用性不足，不能满足当前农村环境保护的需要。[1]农村环境污染很大程度上有别于城市污染，其中农业生产导致的面源污染不同于城市的点源污染。而现行环境法律法规体系基本是建立在城市和重要点源污染防治上的，主要侧重于城市环境问题的防治，对农村环境污染问题及其特点重视不够，对农村污染治理和环境管理的具体困难考虑不足，导致现行环境法规在农村地区适用性不强。基于农村环境问题与城市环境问题突出特点完全不同，所以，环境保护法应该专门详细规定农村生态环境建设问题。

三、在环境执法上，农民环境权缺位或被忽视

环境权是一项综合性权利，包括公民环境安全权、环境知情权、环境参与权、环境监督权。在现实法律实践中，一方面，由于宪法并没有确立环境权在公民基本人权中的地位，因而公民在自身生存的环境受到威胁后，并不能直接诉诸法律途径予以保护，只有通过间接手段来保护自己的环境安全，比如通过举报、检举

---

[1] 张祝平、楼海波：《历史环境权的历史演进及影响》，暨南大学出版社 2015 年版，第 98－99 页。

等方式。另一方面，公民环境权侵害标准体系的建设与研究对公民环境权保障具有重要价值。《环境保护法》第39条规定了国家建立、健全环境与健康监测、调查和风险评估制度，鼓励和组织开展环境质量对公众健康影响的研究。但是环境基准研究和环境健康风险评估仍处于起步阶段，各种污染物以及新出现的污染物对人体危害的阙量值研究还需进一步完善。[1] 乡村环境保护法律体系中对何种行为应该处罚以及处罚的程度规定得过于抽象，实操性不足，导致环保执行部门环境执法困难。由此可见，环境基本法对具体环境权保护面临不足。

近年来，在农村生态环境执法中，既对实施效果关注不够，更缺乏保障实施效果可持续的机制。其原因在于对农村生态整治机制不完善与环境整治缺乏监督与评价。首先，农村生态环境整治的评估与监督机制还没建立。从环保执法单位设置来看，目前，农村环保机构只延伸到县级，县以下几乎没有专门的环境管理人员，没有下沉到村。因此，执法人员很难及时制止破坏农村生态环境的行为，也难以对农村环境进行切实有效的监管。其次，农村环境保护监督水平存在两个层面的问题。一方面农村整体没有形成环保氛围，另一方面环境保护监督范围受到挤压，环境保护法主体功能不能很好发挥，因此，工作人员执法难。最后，从农村环境执法力度来看，地方政府往往重视GDP多于环境保护，因此一旦环保执法触碰到经济利益，执法工作就很难开展。[2] 实践表明，农村生态环境整治并没有得到地方政府的高度重视。

---

[1] 赵英杰、孙瑞东："宪法视角下环境权之人权属性分析"，载《华北理工大学学报》（社会科学版）2018年第3期，第41页。

[2] 杨柳："乡村振兴视阈下农村生态环境保护的法律问题研究"，载《读书文摘（下半月）》2019年8期，第36页。

四、农民环境权主体法律地位弱势与参与机制的缺失

乡村环境治理困境除了环境权保护制度供给不足、农民生态环境整治机制不完善之外，还与农民参与机制缺失有关。哈贝马斯认为，实现权利体系所需要的社会基础之建成，既不依靠自发运作的市场社会的力量，也不依靠有意运作的福利国家的措施，而是依靠产生于市民社会和公共领域、通过民主程序而转化为交往权力的交往之流和舆论影响。❶ 在广大农村，农民的主动性不足不仅与乡村环境参与立法等机制缺失有关，而且基于与己关系不大的思想而导致乡村环境保护意识普遍淡漠。

（一）农民乡村环境参与机制缺失

立法过程即立法者意志和意见的形成过程，是一个对权利不断论证和商谈的交往过程，其中所遵循的商谈原则借助法律形式的建制化，获得了民主原则的内容，民主原则赋予了立法的合法性力量，“民主原则是商谈原则和法律形式相互交叠的结果。这种相互交叠，我把它理解为权利的逻辑起源”。❷ 农民生态环境参与机制缺失的表现大致有如下三点：首先，国家对生态环境保护的法律不够健全，有时会出现发现问题无法可依的局面。从理论上来说，涉农法律和政策的制定必须有农民的广泛参与。但是，前文已提到，涉农法律相对而言并不多见，农村生态环境整治实践中，还没有针对农村环境保护的系统法律体系，农村环境保护法律还存在一定空白。其次，与农民有关的市民社会商谈机制不健全。“如果事关自身切实利益的事务，自己都无权参与决定，意味

---

❶ ［德］哈贝马斯：《在事实与规范之间》，童世骏译，生活·读书·新知三联书店2003年版，第545页。

❷ 同上书，第148页。

着自己不被认为有能力决定和照顾自己的利益，自己的人格没有获得社会的尊重。”[1] 实际上，在某些地方，公共政策出台前很少征求农民的真实意见。最后，有些地方政府没有设立专门的环境保护部门，对村民的反馈没能及时地解决，地方政府与村民没有做到及时沟通，也阻碍了生态环境保护的进程。因此，国家应该加大对环境保护法律层面的重视，制定相应的地方法律规定，在拟定环保法律和政策的过程中必须听取广大农民的意见与建议，构建立法、政府与农民的商谈机制。

（二）农民环境权法律保护意识淡薄

改革开放以后，国家虽然重视对环境保护的教育，但是在某些农村，因为教育条件差、经济不发达以及环境治理落后等特殊条件，对环境保护的教育并没有做到广泛推广。很多生活在农村的老年人没有在生活上意识到环境破坏的严峻性。随意的生活习性、四处堆放的生活垃圾、不正确的耕种和畜牧业养殖、肆意猎杀野生动物等，这些举动都在潜移默化地破坏着乡村生态环境。即便政府对环境治理已经采取了相对应的措施，由于村民的环保意识薄弱，并没有完全配合，政府环保措施的效果欠佳。由于农村的特殊性，人们的环境保护意识比较薄弱。因此，应该高度重视如何教育农民养成良好的爱护人居环境的生活习惯。

五、农民环境权行政保障机制和司法救济机制不健全

在乡村环境治理过程中，除了要提高农民环境权的主体地位和增强其环保意识之外，还要有一系列的保障和救济机制，以便

---

[1] 胡中华：“环境正义视域下的公众参与”，载《华中科技大学学报》（社会科学版）2011 年第 4 期，第 66－67 页。

能切实提高农民参与环境治理的效果，其中，行政保障和司法救济是两种典型机制。

行政保障是指政府应为农民环境权的行使提供便利和保障，如构建政府环境工作公众满意度考核机制、建立农村环境补偿机制、制定环境信息公开细则、提供环境服务、建立环境保护农民参与评优创先机制等。但目前行政保障机制还不够健全，在有些地方还存在考核流于形式、程序繁杂、消极应对公众参与、忽视公民权等问题。[1] 司法救济是指农民认为自身的环境权受到侵犯或者因环境问题造成损失或产生其他纠纷时，有权向司法机关提起诉讼，要求获得公正审判的待遇。遗憾的是，被动地接受和默默地忍让仍然是广大农民在环境权益受到侵害时的主要选择，他们往往不知道或不愿意寻求司法的途径，从而致使违法者逃脱法律制裁、大量环境损害未得到应有的赔偿。近几年来，我国虽然通过设立专门的环境公益诉讼制度来解决环境污染损害纠纷，但每年与环境污染问题有关的上访案件仍然存在，这反映了某些农民在一些环境侵权案件中因无法通过司法途径得到救济而不得不选择上访这一自力救济途径。[2] 更有一部分环境案件，由于司法保障的非乡土化与农民的小农意识，农民不愿意将争端诉诸法律以谋求解决。因此，在乡村振兴战略背景下，在环境保护制度与体系日益完善的今天，农民不能再次被阻挡于我们的制度之外了。

---

[1] 张诚、姚志友："农民环境权与乡村环境善治"，载《长白学刊》2018年第3期，第89页。

[2] 王京歌："环境正义视角下的农民环境权保护"，载《河南大学学报》（社会科学版）2017年第3期，第58页。

第三节 乡村生态振兴视域下农民环境权保护之完善

依据《乡村振兴法》，全面实施乡村振兴战略含有生态振兴，促进乡村振兴应当按照生态宜居的要求推进生态文明建设。作为与城市居民平等的法律主体，农民必须平等地享有各项法律权利。环境权作为一项基本权利，农民是这一权利的当然主体。环境权是环境法的灵魂，是“环境立法、执法和诉讼，公众参与环境保护和环境公益诉讼的基础”[1]。本书针对我国现行农村环境保护法的缺陷和不足，以乡村振兴战略为契机，从农村环境污染特点入手，有针对性地提出几点完善农村环境保护的对策，以期为建立系统科学的农村环境保护法提供参考，为探寻农村生态文明建设提供理论支持。鉴于环境正义的内在要求和完善农民权利体系的需要，我们必须重视农民环境权保护问题，在立法、执法、司法中确保农民环境权益的实现。

一、在立法层面，创设农民环境权法律保障体系

关于环境保护方面的挑战，是一个涉及“公共物品”资源配置的更一般问题的一部分。为了高效地提供公共物品，我们不仅应考虑国家行动和社会提供的可能性，还必须考察培育社会价值观和责任感以发挥应有的作用，如环境伦理的发展能够起到强制

---

[1] 蔡守秋：“规定环境权条款，彰显保护人民切身利益——对修改《环境保护法》的思考与建议”，载《绿叶》2011 年第 8 期，第 19 页。

性法规所起到的作用。[1] 应将其从应然权利转变为实然权利，树立乡村振兴新理念，建立和完善权利补偿机制，保障农民环境权的实现和救济，进一步健全我国农民环境权利保障建设，推动农村社会的良性运转。

（一）树立融乡村环境、反贫困和可持续发展于一体的乡村振兴理念

某些农村生态环境恶化与贫困有着紧密的关联。有资料表明，发展中国家环境退化的一个重要原因就是贫困阶层为了生计而不得不违背自然的生态规律，过度开发自然环境。我国贫困人口大多生活在中西部生态环境脆弱区，多数靠天吃饭，过度垦殖终致其陷入灾害与贫困循环往复并不断恶化的境地。承前所述，在城市化和工业化的过程中某些地方随意倾倒工业、建筑垃圾，随意排放污水，污染了乡村水资源环境。由此可见，污染源多而阻却的力度很小或不足对乡村环境构成巨大的压力。而实际上，“摆脱贫困与维护良好的环境之间，并没有必然的矛盾。现实中两者可能存在的冲突，常常是人们技术选择的结果，是某种摆脱贫困的方式导致的或者两者在近期可能存在的矛盾，而人们原本可选择其他的方式避开两者在近期可能存在的矛盾，而且使两者呈现几乎总是相互促进的良性循环”[2]。由此观之，国人应充分意识到破坏乡村环境的严重性、扩散性，才能权衡利弊，选择相应的对策。依据中共中央、国务院提出的绿色发展新理念，抓好贫困区域的空气、土壤和水污染的防治问题，建立最严格的环境监测、风险

---

[1] ［印度］阿马蒂亚·森：《以自由看待发展》，任赜、于真译，中国人民大学出版社2002年版，第267页。

[2] 李小云等：《环境与贫困——中国实践与国际经验》，社会科学文献出版社2005年版，第12页。

评估与控制制度，依法实施最严厉的生态保护制度，从实现和维护贫困群体发展权的视角，解决好贫困群体与自然和谐共生的问题。全面实施乡村振兴战略必然含有生态振兴，促进乡村振兴应当按照生态宜居的要求推进生态文明建设。因此，应树立融乡村环境保护、反贫困和可持续发展于一体的乡村振兴新理念。

（二）在宪法上增补“农民环境权”条款，从源头上保障乡村振兴

宪法是从“国家义务”的角度来宣告对生活环境和生态环境的保护与改善，并没有以列举的方式在公民的基本权利与义务这一章节中提及环境权。任何致力于从宪法上贯彻和保护人权的国家都应当把一项要求充分环境的权利宪法化。因为在一个国家的宪法中，以规范性义务的最为严格的形式予以贯彻实施，这样它们才能够获得全部的效力。[1] 环境权的主要目的在于确保个人对权利实体的享有并获得保护。宪法环境权的实效应当被确认为有别于它们的一般目的，那就是保障每个人比没有这些权利时更为安稳地享有环境的保护。这可以通过个人权利诉讼、合理的立法措施和适当支持的公民行动以及它们之间的结合加以实现。[2] 其实，环境权话语有在权利冲突中捍卫环境权的功能：“环境权可能与私人财产权利、企业经营权或者经济发展的公共利益等存在着紧张的冲突关系。”[3] 环境权的引入，能够改变权利冲突中的权衡格局。与此同时，环境权也有固化格局的作用。比如，环境权入宪有“禁止倒退义务”的作用，因为义务性规范受到环境权话语的支

---

[1] ［英］蒂姆·海沃德：《宪法环境权》，周尚君、杨天江译，法律出版社2014年版，第46-48页。

[2] 同上书，第93-94页。

[3] 吴卫星：《环境权理论的新展开》，北京大学出版社2018年版，第211页。

持，能够防止义务倒退。反向思考，我们就可以得出这一结论，那些针对可能会影响生态环境的工业企业设定的红线并非静止不变的，而是具有一定的流动性的。[1] 因此，建议在宪法上对环境权进行保护，可以将环境权专门规定在宪法基本权利一章，将公（农）民环境权写入宪法，在环境保护法体系中进一步明确环境使用权、信息知情权、公众参与权等。这样既能提高公民尤其是农民的环保意识，又能在一定程度上制约公权力的滥用。

（三）农民环境权的立法保障，有利于乡村生态文明建设

除了环境权入宪之外，宪法权利必须转化为部门法的权利才能落到实处，没有部门法保护的宪法权利永远只有宣示的意义。农民环境权的立法确认是农村环境权益制度的根基，对于农村环境保护工作具有举足轻重的意义。没有环境权的民法典是一个瘸腿的贵族，没有民法家园的环境权是一个流浪的孤儿。[2]《乡村振兴促进法》第4条第3款规定，坚持人与自然和谐共生，统筹山水林田湖草沙系统治理，推动绿色发展，推进生态文明建设。但是，综观该法，没有明确的环境权条文规定。作为环境保护领域基本法的《环境保护法》仅以纲领性的方式强调了一切单位和个人都有保护环境的义务，仍然没有列明环境权。已初步构建的环境保护法体系，并没有专门针对农村环境保护的法律法规，这使农民因环境权受损而寻求救济之时法律依据不足。[3] 为消除此种障碍，可以从我国根本法以及涉及农村环境保护、农民基本权利保护的

[1] 熊静波："环境权概念的分析性诠释——以霍菲尔德的权利理论为分析工具"，载《安徽大学学报》（哲学社会科学版）2021年第4期，第125-126页。

[2] 杨朝霞："环境权的性质"，载《中国法学》2020年第2期，第302页。

[3] 王樱霏："基于农民环境权的农村旅游法制问题探究"，载《农业经济》2016年第12期，第50-51页。

基本法上打开思路。有学者认为，应在宪法上将环境权作为公民的基本权利加以确认，并将环境保护法从消极的防治污染转变为积极的治理环境。[1] 我们应该在《环境保护法》中补充规定环境权的基本概念和内容，增设环境权保护，有利于公民的真正维权。在该法第52条中增设环境监督权。根据“公共信托理论”，公民通过宪法将对环境的管理权和自然资源的所有权信托给国家，公民有权利参与对国家管理环境和自然资源的状况进行监督，因此在环境基本法中增加“每个公民都有举报环境违法的义务”。通过环境特别法、行政法和行政许可法来细化公民的环境知情权、参与权规则，实现宪法与环境基本法、普通法衔接。[2] 在环境保护法律体系中要进一步明确农村环境污染防治问题，加快颁行农村环境污染防治的专门法律，整合地方农村环境保护的规范性文件，形成系统的农村环境保护法，完善相关法律法规。农民环境权的存在比没有它更能推动立法对环境的关注。其实，它不仅会影响对既存的制定法条款的司法解释，而且会在总体上鼓舞司法人员对法律概念的更具环境意义的使用和推进。[3] 以乡村振兴战略为契机，在农村经济发展中融入可持续发展理念，在确保农村经济发展的同时，通过法律来加强农村生态环境保护。

二、在行政执法层面，农民环境权的行政救济

乡村振兴是党和国家为解决好“三农”问题而提出的战略思

---

[1] 吕忠梅：“环境权入宪的理路与设想”，载《法学杂志》2018年第1期，第32-35页。

[2] 赵英杰、孙瑞东：“宪法视角下环境权之人权属性分析”，载《华北理工大学学报》（社会科学版）2018年第3期，第43页。

[3] ［英］蒂姆·海沃德：《宪法环境权》，周尚君、杨天江译，法律出版社2014年版，第94页。

想，人与自然和谐共生是乡村振兴战略的重要原则之一。环境权在确保个人能够像人那样生存和生活这一点，也是服务于个人利益的，因此，当良好的环境享受已经受到阻碍或者将要受到阻碍时，可以请求对该阻碍行为加以排除或者进行预防。[1] 作为环境保护的有力武器，法律对于保障乡村生态振兴和农村生态文明建设具有不可替代的作用，而环境行政执法是实现“乡村生态振兴”的重要手段。

（一）增强农村环保执法力度和提高执法水平

乡村生态振兴与农民环境权的保护实际上是一体两面，当务之急是要提高环境执法部门的执法水平。首先，应该完善地方性环保法规建设。对土地的污染、生活环境的大肆破坏、森林资源破坏等行为，地方人大、政府应该制定相关的地方性法规和规章，如垃圾分类处理的地方法规、政策，垃圾区域的规划与管理，森林保护的法规。用完善的法律规定来治理和管理，有利于更好地约束污染环境行为。其次，加大农村地区的环境监管力度。以习近平新时代中国特色社会主义思想为指导，坚持环境污染防与治共进原则，结合环境问题区域性特点，因地制宜地建立地方区域性环保监管体系，进而充分发挥地方环境保护的主体功能，进一步加强农村生态环境地方监管体系的建立。相关机构在执法过程中要对农村垃圾污染、水土污染、空气污染等问题进行严格查处。最后，要着重完善农村环境管理队伍建设。长期以来，县以下没有环境执法机构和专业的执法人员，不利于广袤乡村的生态环境保护，因此，应加强乡镇环境机构建设和执法人员培养建设。

---

[1] ［日］大须贺明：《生存权论》，林浩译，法律出版社2001年版，第194－197页。

（二）构建农民环境权纠纷的行政处理机制

诚然，司法诉讼仍是主体间纠纷解决和权利救济的最主要方式，但环境权纠纷的司法解决却颇为复杂。构建一种纠纷解决的开放结构，要通过让司法机关以外的能够解决环境权纠纷的主体参与进来，多方联动以求高效解决环境权纠纷。比如，由代行公民权利的某机关确定或成立某部门专门解决环境诉讼纠纷，让排污企业出资专门应对案件的审理及相关诉讼材料几乎一致的纠纷。❶ 公害纠纷的行政处理制度存在的意义，就在于发挥行政的长处弥补司法救济的缺陷。❷ 因此，当环境利益被制度化后，特定或不特定私主体的环境利益便会以生命健康权的形式在诉求中体现，这种环境责任与环境利益的双重张力需要在侵权责任法中调和，也使得环境权成为一种私法意义上的权利。

（三）农民环境权的行政救济

在日本，行政救济即行政不服审查制度，是指有权利要求环境健康信息公开，如危险化学物质信息、全国儿童健康与环境调查信息等，或有资格参与到环境健康政策对话等相关活动中来的权利人或第三人，依据《行政不服审查法》的规定对行政机关作出的决定提出异议的申请制度。❸ 公害事件被害人除可通过民事诉讼追究加害人的环境侵权责任，还可以通过行政程序获得损害赔偿救济。日本在1969年颁布了《日本有关公害健康被害救济的特别措施法》，提供了公害救济制度的蓝本，亦为《日本公害健康被害补偿

---

❶ 解亘：《法政策学——有关制度设计的学问》，载《环球法律评论》2005年第2期，第191页。

❷ ［日］原田尚彦：《环境法》，于敏译，法律出版社1999年版，第36页。

❸ 向佐群："日本公害事件受害者的救济体系及对我国的借鉴"，载《中南林业科技大学学报》（社会科学版）2020年第1期，第32页。

法》的制定奠定了基础。由此，在我国农民环境权被政府侵害或不作为时，农民可以提起行政诉讼来保护自己的环境权。通过司法制约行政，在某种程度上是一种完善农村环境监管的重要路径。

三、完善农民环境权保护机制，切实发挥农民的主体作用

生态环境保护问题是我国当前重要的战略措施和方针，国家加大对农村的生态保护措施，建设农村的基础设施。前文已经述及，在某种程度上，农民环境权被弱化的困境或许与农民主体认知不足有一定的关系。为此，农民应改变传统的落后观念，树立起环境权的主体意识，将环境权益与自我权益挂钩，把环境权视为超越代际的权利。❶ 有必要开展环境保护教育活动，让村民了解生态环境保护的重要性。若要确保环境决策的科学性与合理性，就必须吸纳含利益群体等公众参与国际环境决策的制定。环境决策的“公共性”要求环境决策应该以民主价值为依归，以环境正义为目标，以公众参与为形式，将公众意见作为决策的依据，从而避免对环境可能造成的损害，保护相关利害关系人的环境利益。❷ 日本政府为了合理地控制并缩小政府行政行为以及企业开发商的商业行为对环境造成的影响，在其实施行为之前有义务对项目事先进行舆论评价。❸ 此外，为了充分保障公民的环境权，法律应规定公民的环境知情权，赋予公民通过法定途径获得相关环境信息的权利。根据《乡村振兴促进法》“生态保护”专章，广大农民拥有环境资源利用权、环境保护信息知情权、环境保护参与权、

---

❶ 王兆鑫：“农民环境权的宪法‘关怀’与权利困惑”，载《昆明学院学报》2020年第2期，第115－120页。

❷ 马奔：“环境正义与公众参与——协商民主理论的观点”，载《山东社会科学》2006年第10期，第132页。

❸ ［日］原田尚彦：《环境法》，于敏译，法律出版社1999年版，第127－128页。

环境污染侵权损害救济权等权利。毋庸置疑，农民是农民环境权法律保护的主体与核心，保护农民环境自治权有利于保障农民自由选择自身生产生活方式的权利，提升农民环境权主体的法律地位。[1] 因此，要提高环境保护意识，转变观念营造绿色循环经济。调动村民环境保护的积极性，增强村民自身的意识，配合执行当地政府所颁布的规定。此外，《乡村振兴促进法》第 4 条第 2 款规定，坚持农民主体地位，充分尊重农民意愿，保障农民民主权利和其他合法权益，调动农民的积极性、主动性、创造性，维护农民根本利益。农村生态环境整治需要政府、企业与农民的多方协同和广泛参与，但农民始终是农村生态环境整治的主体。因此，要想调动农民的积极性，使其主体地位得到充分发挥，就必须建立有效的共建共管共享参与机制。

四、科学预算，为农村生态环境整治提供资金保障

前文提到，资金投入严重不足是导致农村生态环境没有得到根本改善的关键因素之一。保护农民的环境权不仅需要各级政府为农村人居环境整治提供资金保障，而且需要政府设计相关制度融反贫困和发挥农民自己环保责任的主观能动性于一体的绿色小额信贷机制。

（一）国家加大对农村基础设施的建设以及资金的投入

长期以来，局限于全国农村环境差异比较大等因素，与城市相比，农村人居环境整治对资金的需求大而获得的却极少，国家对农村环境的保护福利和政策比较薄弱。为了规范创新农村生态

[1] 徐丽媛："新农村建设与农民环境权的保护"，载《农业考古》2006 年第 3 期，第 87－89 页。

环境保护管理机制，当地政府应该加大农民环境权利保护的投入成本，设立有关农民环境维权部门或者环境保护的基础设施，运用财政补贴、税收政策以及“以奖促治”“工业反哺”等方式，建立起个人、集体、政府等多渠道融资体系。[1] 2019 年中央一号文件提出了“建立地方为主、中央补助的政府投入机制”。中央财政对农村“厕所革命”整村推进等给予补助，对农村人居环境整治先进县给予奖励。中央预算内投资安排专门资金支持农村人居环境整治。允许县级政府按规定统筹整合相关资金，集中用于农村人居环境整治。针对农村人居环境有待改善的短板，我国在未来应当因地制宜重点解决贫困人口的饮水安全问题，继续加大对农村危房和“空心院”改造的投入力度，在不断加强环保宣传的基础上尝试建立起监督机制。不过，在乡村生态环境治理中，必须做到人与生态自然共同发展的重要理念，打造绿色乡村发展之路，做到环境与经济共同发展的可持续发展政策，通过生态保护来促进乡村振兴，加大对生态环境保护的基础设施建设。

（二）绿色小额信贷助推农民环境权实现

为了乡村环境基础设施建设得更加顺畅，除了各级政府加大资金投入力度以外，绿色小额信贷也是不错的制度创新，能有效地助推农民环境权的实现。绿色小额信贷是指将扶贫、环境保护与经济活动相结合，通过引导小额信贷领域的经济活动，促使扶贫、环境保护和经济可持续发展。绿色小额信贷是一种兼具扶贫与环保功能的金融服务创新模式。[2] 国外研究人员从减少贫困和环

---

[1] 王芳：“生态文明视域下的农民环境权法律保护”，载《农业经济》2015 年第 7 期，第 63－64 页。

[2] 张燕、陈胜、侯娟：“绿色小额信贷助推我国农民环境权实现的探析”，载《华中农业大学学报》（社会科学版）2013 年第 3 期，第 118－123 页。

境保护的问题出发，认为绿色小额信贷可以在改善低收入者的生活水平的同时，促进对环境的保护。Andrew Victor Posner（2007）阐述了绿色小额信贷如何促进美国社会平等和环境可持续性。❶ 他还认为环境问题同社会经济发展紧密相关，构建一个环境可持续发展、社会公平的绿色经济发展模式是21世纪人类亟待解决的问题。可见，绿色小额信贷与助推农民环境权实现呈现出正相关的关系。

绿色小额信贷秉承环境（减少环境风险）、社会（改善的工作条件、健康和安全危害减少）和经济（可持续性的生活、新的业务机会）的三重底线，兼具扶贫和环保功能，其激励农民使用清洁能源，有助于改善和保护农村环境，使农民享有无害于身心健康和生命安全的环境的权利；其支持小微企业发展清洁技术或开发绿色能源，无形中推动农村环境保护，并为农民提供绿色就业机会，使农民享有在适宜于健康生活的环境中工作的权利；其支持农民和村集体建立一个环保性的农村社区，使农民享有优美的环境生活的权利。因此，发展绿色小额信贷有助于农民环境权的实现，两者契合度高。❷ 美国联邦政府于1980年颁布了《美国综合环境反应、赔偿和责任法》，该法案规定，客户企业活动产生的环境污染问题，银行等金融机构需要对其负一定的责任，并要求支付相应的环境修复费用，信贷机构在贷款过程中开始注重对企业进行环境绩效评估和环境风险评估，这在一定程度上刺激和促进了绿色小额信贷的发展。❸ 我国当前尚没有针对绿色小额信贷的

---

❶ ANDREW V P. Green microfinance: a blueprint for advancing social equality and environmental sustainability in the United D. Northridge: California State University, 2007: 2-15.

❷ 张燕、陈胜、侯娟："绿色小额信贷助推我国农民环境权实现的探析"，载《华中农业大学学报》（社会科学版）2013年第3期，第118-123页。

❸ 王会芝："美国绿色小额信贷发展的经验与启示"，载《经济界》2014年第3期，第81-84页。

相关法律规范，建议借鉴美国等国家的相关经验，将绿色小额信贷政策法律化，增强绿色小额信贷的法律执行力，通过立法手段监督和指导绿色小额信贷结构的运行，同时针对农民低收入人群和微（小）型企业的经济活动，也制定相应的政策法规，以保证在其经济活动过程中融入环境保护的内容。因此，绿色小额信贷既能保护农民的环境权，并进而推动乡村生态振兴，又能为小微企业发展乡村绿色环保项目而帮助农民就业进而达到脱贫目的，绿色、美丽的乡村自然吸引全国乃至世界各地的游客慕名而来，无疑会推动农村特色旅游产业的兴旺发达。

五、加强农民环境权救济的司法保障

“没有救济就没有权利。”农民环境权是农民所享有的基本权利之一，具有基本权利属性，关乎广大农民的生存与发展。“真实的权利永远具体，并非订一份宪章、发一个宣言或来一番思考本身就可提供的。”❶ 前文虽对农民环境权的体系安排提供了一种思路，但若要使环境权的法权价值得以充分实现，还需构建与之配套的救济制度。

（一）农民环境权的司法救济

首先梳理一下基本权利的司法救济途径。司法救济是现代法治社会中社会成员维护自身权利的一种基本方式，是对公民基本权利的国家保护，也是将抽象的权利转化为具体利益的实现手段。法院有能力处理环境诉讼所涉及的复杂问题，这一点已经为环境专家法院的经验所证明。因此，有待讨论的与其说是法官的技术

---

❶ 苏力：“公民权利论的迷思：历史中国的国人、村民和分配正义”，载《环球法律评论》2017 年第 5 期，第 23 页。

能力，还不如说是法官的宪法权限。关于这一点，法院在处理环境诉讼时必须有效利用的法学在其重要的方面与人权诉讼较为普遍的要求类同。这就意味着，如果无法对法院裁决既定的宪法正当性提出反对意见，那么，对法院裁决一种充分环境的权利的宪法正当性同样也无法提出深刻的反对意见。❶ 环境权的司法救济可分为两种基本方式：环境权人自身提起的诉讼和环保组织基于环境权的法定诉讼信托而提起的诉讼。一是环境权人的诉讼。对污染、破坏公共环境的行为，无论该环境中的人文和自然资源是国家所有还是集体所有，享有环境权、具备相应能力、没有违法违纪记录的公民，均可提起环境权诉讼。具体而言，包括环境权民事诉讼和环境权行政诉讼。农民环境权除要由宪法规定外，还须宪法切实加以保护。依赖于宪法的司法化，即建立宪法诉讼制度。托马斯·弗莱纳认为："由于有宪法法院这种机构，国家与公民之间的许多基本的社会冲突和不一致已经有可能得到解决。"❷ 因此，建立宪法诉讼制度，来对环境权这一"宪法权利"加以保护是必要的。二是环境权信托诉讼。环境权人可能会由于资金、知识、时间、勇气、意愿等原因而无法或者难以起诉，对此，环保组织可基于公民环境权和法定诉讼信托❸而提起环境权信托诉讼，保护受损的环境权益。❹ 我们深知，一种无法诉诸法律保护的权利，实

---

❶ ［英］蒂姆·海沃德：《宪法环境权》，周尚君、杨天江译，法律出版社2014年版，第13页。

❷ ［瑞士］托马斯·弗莱纳：《人权是什么?》，谢鹏程译，中国社会科学出版社2000年版，第130页。

❸ 许卫："论诉讼信托"，载《河北法学》2006年第9期，第107-108页；肖建华：《民事诉讼当事人研究》，中国政法大学出版社2002年版，第145页。

❹ 王明远："论环境权诉讼——通过私人诉讼维护环境公益"，载《比较法研究》2008年第3期，第63页。

际上根本就不是什么法律权利。[1] 在我国当前的法治建设中，司法力量在环境权益保护中的积极意义已经获得政府的重视，环境司法得到长足的发展，如环境司法专门化的推进。同时，我们应该适当借鉴发达国家环境权多种诉讼模式，改善农民环境权益的司法救济途径，不断健全农民环境权益保障制度。

（二）构建生态环境损害赔偿诉讼制度，增设农民环境权赔偿制度

为建设美丽乡村，《乡村振兴促进法》设置"生态保护"专章。其中第 34 条规定，国家健全重要生态系统保护制度和生态保护补偿机制，实施重要生态系统保护和修复工程，加强乡村生态保护和环境治理，绿化美化乡村环境。我们应当尽快建立起合理的补偿与救济机制，从制度和法律的层面有效地保障受到不平等待遇的弱势群体的环境权，维护社会的公平与正义，进一步完善环境污染的救助体系。早在 2017 年中共中央办公厅、国务院办公厅通过的《生态环境损害赔偿制度改革方案》（以下简称《改革方案》）和 2019 年最高人民法院出台的《关于审理生态环境损害赔偿案件的若干规定（试行）》（以下简称《若干规定》）规定了"生态环境损害赔偿诉讼"制度，该制度也有助于实现对环境权益的保护。只不过，这里的生态环境损害赔偿诉讼应属于"责令赔偿生态环境损害"之行政命令的司法执行诉讼。[2] 其宗旨和核心在于对生态环境损害进行赔偿。由本就肩负环境监管职责的地方政府和环保部门提起"生态环境损害赔偿诉讼"，未免具有懈怠行政权、滥用司法资源、损害行政权与司法权之间权力平

---

[1] 程燎原、王人博：《权利论》，广西师范大学出版社 2014 年版，第 363 页。

[2] 杨朝霞："论环境权的性质"，载《中国法学》2020 年第 2 期，第 297－298 页。

衡的嫌疑。[1] 当环境资源权益的分配与享有出现不公平的状况时，必须对处于不利地位的弱势群体给予补偿，这样才能够保持社会的良性运转，保证社会秩序的稳定。

对农民在环境资源保护中平等权与享受良好生活居住环境的权益受到的侵害，是否能够得到补偿以及如何寻求救济，《环境保护法》的规定并不明确。就法理而言，农民环境权利受到损害，应当得到有效的补偿与救济。就环境损害赔偿制度而言，《侵权责任法》第八章虽对环境污染责任予以明确规定，但该责任制度所保护的范围仅限于因侵权行为所致的人身损害和财产损害。[2]《环境保护法》第 64 条虽以引致条款的形式规定“生态损害责任依照《侵权责任法》有关规定承担侵权责任”，但吊诡的是我国《侵权责任法》对生态环境损害赔偿责任并无明确规定，因而，在我国现行法域之下，生态环境损害赔偿制度实为立法空白。[3] 不管是基于乡村振兴的宏观角度，还是农民权利保护的微观视角，承认农民的民事主体资格，能够充分激励人们积极维护自身的环境权利，实现环境治理的社会共治模式。

（三）健全环境权纠纷检察公益诉讼

公益诉讼是指“有关组织和个人依据法律规定，对违反法律而给国家、社会公共利益造成了事实上损害或潜在损害的行为，向法院起诉，由法院追究违法者的法律责任的诉讼活动”。[4] 作为一项针对社会权利的司法救济制度，公益诉讼制度在保护农民环

---

[1] 王明远：“论我国环境公益诉讼的发展方向——基于行政权与司法权关系理论的分析”，载《中国法学》2016 年第 1 期，第 56－57 页。

[2] 吕忠梅：“‘生态环境损害赔偿’的法律辨析”，载《法学论坛》2017 年第 3 期，第 5 页。

[3] 侯国跃、刘玖林：“民法典绿色原则：何以可能以及如何展开”，载《求是学刊》2019 年第 1 期，第 110 页。

[4] 颜运秋：《公益诉讼理念研究》，中国检察出版社 2002 年版，第 58 页。

境权方面，有利于弥补传统民事诉讼的多种缺陷的作用。公民环境权保护可以结合当下的民事环境公益诉讼和行政环境公益诉讼。吕忠梅教授认为，生态环境损害行为并不直接侵害民事主体的人身与财产权益，而是对生态系统本身造成损害，基于生态系统的公共物品属性，该损害后果的本质体现为对环境公共利益的侵害。因之，该类损害的索赔主体不包括自然人个人，而应适用公益诉讼制度。[1] 目前，我国已经建立环境公益诉讼制度，环境公益诉讼制度就是典型的环境权信托诉讼制度。

检察机关作为宪法所规定的法律监督机关，可基于民事行政公诉权和国家生态文明建设义务，作为候补主体，通过提起检察公益诉讼，在保护环境权益方面发挥最后的保障作用。换言之，对污染环境等危害生态文明建设的行政行为和民事行为，有关公民、环保组织、自然资源资产管理机关和环保机关在合理期限内均没有起诉的，检察机关依法履行有关诉前程序之后，可基于国家生态文明建设的义务和民事行政公诉权，提起环境检察公益诉讼。[2] 与此同时，在借鉴美国“私人检察长制度”基础上通过环境基本法赋予公民环境公益诉讼的主体资格，针对威胁自身环境安全权利的环境污染、生态破坏行为，公民检举揭发后，环境行政主管部门和检察机关消极不作为的，公民可以提起环境公益诉讼。[3] 因此，通过在宪法中设定公民环境权来构建起农民环境权保护和政府环境保护的双向互动的模式，从而最终实现环境权的公平化、环境保护法治化，这是农民环境权创新保障的法治模式。

---

[1] 吕忠梅：“‘生态环境损害赔偿’的法律辨析”，载《法学论坛》2017 年第 3 期，第 6 页。

[2] 杨朝霞：“环境权的性质”，载《中国法学》2020 年第 2 期，第 299 页。

[3] 赵英杰、孙瑞东：“宪法视角下环境权之人权属性分析”，载《华北理工大学学报》（社会科学版）2018 年第 3 期，第 43 页。

CHAPTER 09 >> 第九章

乡村振兴视域下农民生存权法律保障机制的构建

第八章讨论了生存权视域下的农民环境权，环境权此类权利乃是为了应对伴随经济发展而来的一系列环境污染和人的尊严流逝等负面影响而衍生出的新型权利。本章在此基础上继续全面地研究农民生存权的法律机制构建问题。国家对人权的尊重与保护义务是相互联系和互动的整体性义务，尊重的背后实际上存在着国家应该履行保护、满足与促进的义务。❶ 基本权利中的社会权是宪法篇章中与自由权对应的权利体系，其整体性价值乃是出于公民平等发展自我、维护人性尊严的“机会”和“条件”。这种价值具有优先的地位，而且这种优先性的价值判断应及于法律之全部领域——立法、行政、司法都受其指引和推动。❷

---

❶ 蒋银华：《国家义务论——以人权保障为视角》，中国政法大学出版社2012年版，第158页。

❷ ［德］Klause Stern：“基本权保护义务之功能——法学上的一大发现”，蔡宗珍译，载《月旦法学杂志》2009年第12期，第56页。

从基本权利实现看，生存权的实现依赖于立法、行政和司法救济，从三维赋权（立法赋权、行政赋权以及司法赋权）的角度论述完善供给制度的应对策略。诚如赫费所言，为了使正义的责任完全发挥作用，要有一种分层次的机制，它以对人权的宪法保证开始，并在立法与宪法相结合中以及通过最高法院对这种结合的审查中延伸；另外，政府和行政部门对宪法及宪法一致的法律负责，且这种责任又应该以行政法院的形式予以审查。[1] 因此，基于这种认识，首先，国家应当完善相关法律法规，用法治取代政策之治，基本权利制度化是一种权威的标志，它表明这些权利所代表的利益受到特别保护，权利为这些利益的规范效力提供制度化的确认。其次，采取行政措施实现困难农民群体的生存权，从而实现对农民生存权的保障和行政救济。最后，由于生存权同财产权等其他权利存在功能互补的问题，对农民生存权的保护措施和实现方式，可通过对其他权利的保护得以落实；借鉴日本生存权独立诉讼救济，构建生存权之独立诉讼制度。

第一节 农民生存权利规范体系的立法保障

德国著名思想家洪堡认为：“如果公民之间有争端，国家就有义务对权利进行裁决。”[2] 公民的社会保障权的义务主体是国家。保护弱势群体的基本生存权益，维护弱势群体的自由和尊严成为

[1] ［德］赫费：《政治的正义性——法和国家的批判哲学之基础》，庞学铨等译，上海译文出版社 1998 年版，第 401 – 406 页。

[2] ［德］威廉·冯·洪堡：《论国家的作用》，林荣远、冯兴元译，中国社会科学出版社 1998 年版，第 137 页。

我国人权保护的首要任务和衡量我国人权事业发展的重要指标。《经济、社会和文化权利国际公约》第2条第1款规定："每一缔约国家承担尽最大能力个别或经由国际援助或合作，特别是经济和技术方面的援助和合作，采取步骤，以便用一切适当方法，尤其包括用立法方法，逐渐达到本公约中所承认的权利的充分的实现。"公约特别强调采取立法措施以实现公约所载的权利。经济、社会和文化权利委员会承认，"在许多情况下，立法是非常适宜的，而在某些情况下，立法是责无旁贷的"❶。基本权利保护义务的首要承担者为立法机关，其理由：一是保护的具体实现只能等立法机关予以手段选择与具体化；二是在同其他私人（侵权人）的关系上，基本权利保护意味着限制该私人的权利与自由。因此，在其侵害性层面上，基本权利保护也需要法律的规制。❷ 在法治社会中，立法对于社会权的意义并非可有可无，权利的实现在很大程度上需要通过立法才能实现持续性的保障。

一、明确生存权的宪法地位

宪法对基本权利的规定"是一个国家的宪法秩序，以及整体客观法秩序的哲学立场的表达，是国家在各种生活关系、秩序领域中作用的逻辑起点和价值根源"❸。鉴于生存权是国民高位阶的基本权利，应该建立健全由宪法、法律、法规和规章等组成的层次分明、内容统一的法律保障体系。在现代社会，"立法的本意价值应当符合民主、自由、人权和法治的精神，符合最大多数人的

---

❶ General Comment No. 3,（note 6）, para. 3.

❷ ［日］小山刚：《基本权利保护的法理》，吴东、崔东日译，中国政法大学出版社2021年版，第50页。

❸ 赵宏："实质理性下的形式理性：德国《基本法》中基本权的规范模式"，载《比较法研究》2007年第2期，第19页。

最大利益，符合人类社会的本质和每个人的生存与发展”。[1] 宪法上的生存权条款作为农民生存权保障的顶层设计，其主观权利功能确认了生存权不可被任意限制和剥夺，其客观价值功能则保证其在下位立法中价值优先，进一步激活下位立法并“形塑”下位立法。公民于社会中生存条件之保障为其享有于法秩序中实现人格自立、平等发展的前提而生存条件确保之维护，必要时须通过外来协助实现。构建弱势群体，如农民生存权制度非为承“托”体系中其他制度的缺失与不逮，而是要承“兜”住满足农民人格尊严之生存条件的现实落差。[2] 即立法者要从宪法和法律的角度去确立应有权利，让农民拥有平等的生存权。

基于农民生存权的宪法保障理念并未确立，应首先树立鲜明的政府责任理念。宪制贯彻执行法治：通过事先界定权力与政府的限度，它给个人与政府的关系带来了可预见性与安全。社会福利制度是现代被证明有效的保障公民发展的基础制度，这是毋庸置疑的。宪法作为元规则的根本法，在社会福利制度的构建中起到了决定性的指导作用，因此需要建立符合本国宪法社会福利保障模式。《德国基本法》第1条规定：“人之尊严不可侵犯，尊重及保护此项尊严为所有国家机关之义务。”虽然《德国基本法》没有对公民生存权作出直接规定，但其中的尊严权的外延可以扩展至生存权，尊严权不仅仅保护公民的基本物质需要，还要让人有尊严地生活，实际上尊严权保护的内容比生存权要多得多。因此笔者认为，德国宪法中尊严权的外延可以扩展至发展权。在日

---

[1] ［德］韦伯：《新教伦理与资本主义精神》，陈维钢等译，生活·读书·新知三联书店1987年版，第56页。

[2] 金昱茜：“论我国社会救助法中的制度兜底功能”，载《行政法学研究》2022年第3期，第148页。

本，“二战”后的《日本宪法》第25条规定：全体国民都享有健康和文化的最低限度的生活的权利，国家则对公民的生存权和发展权予以保护。其他国家在不同时期也将生存权纳入了宪法保护范围。如1948年《意大利宪法》第38条、《印度宪法》第38条，等等。《美国宪法》及其修正条款中虽然没有关于生存权内容的规定，但是在“30年代为推行新政而制定的社会保护法和劳动保护立法等法律中，可以说社会权又确实得到了保障”。[1] 由此可见，国外对生存权的保护有的可以直接从宪法的条款中推导出来，有的在宪法条文中并无明确规定，但在法律中有相关的规定。我国宪法中却并未直接规定生存权和发展权的内容，生存权和发展权并没有被列入宪法文本中，“只能从规定其他具体人权形式的宪法和法律规范中才能勉强推导出发展权”。[2] 2004年人权入宪，但没有对该条款的内容作出具体解释。借用法布尔教授论证社会权宪法化的逻辑进路，我们可以将生存权宪法地位的确立及维系归结为对人权的追求和保障。在法布尔教授看来，拥有尊严的生活（decent life）乃是人之所以为人的基本特征，而尊严生活是以人的“自治”（autonomy）与“福利”（well – being）为前提的，而“自治与福利”的实现不仅要求国家和他人不为非法侵犯行为，还要求他们为那些处于贫困之中的人提供最低限度的资源；一旦国家或他人未能提供这些基本资源抑或作为侵犯或剥夺公民已有福利利益的行为，那么“自治与福利”则无法得到保障和实现，人的尊严生活最终也无法实现。所以，为了人们能够拥有尊严地生活，必须对国家或他人的不法行为进行拘束，而社

---

[1] ［日］大须贺明：《生存权论》，林浩译，法律出版社2001年版，第5页。

[2] 汪习根：“论发展权与宪法发展”，载《政治与法律》2002年第1期，第17页。

会权利宪法化则具备这种拘束能力。[1] 麦迪逊（Madison）认为，“将权利透过文字予以严正宣示，一方面可以约束政府施政，不得侵害宪法保障人民的基本权；另一方面也可以约束人民，不得依仗多数决定侵害少数弱势的基本权”。[2] 一如卡斯·孙斯坦（Cass Sunstein）所言，宪法在本质上是一种法律文件，宪法权利的基本意义在于为社会活动家和普通公民提供纠正错误的司法手段；或者在未然之前借助指令性的救济，或者在已然之后通过赔偿措施。[3]

宪法作为根本法、母法，将生存权、发展权纳入宪法能引起人们的重视，有利于对农民生存权的保障。由此可推知，农民等弱势群体的生存权和发展权等基本人权首先应该在宪法条文中予以明确体现，可约束立法机关在实现这些权利过程中所表现出来的消极怠慢行为。诚如我国台湾地区学者许庆雄所言，任何政权都不能回避此政治责任；社会舆论可借宪法规定，严密监督政府以充实社会权立法，促进社会权因适应不同社会发展的需要而获得具体保障；一旦通过相关法律，立刻使此法律保障成为公民的具体权利，任何政权只能往更充分保障的方向修法或立法，不得任意废改以及剥夺已经是国民具体权利的社会权。[4] 故而，要在立法上创造公平的社会环境，将生存权和发展权纳入宪法，加强对基本权利的具体界定和保障。

---

[1] See Fabre Social Rights under the Constitution，Oxford University Press，2000：8.

[2] David Currie，Written Constitution and Social Rights，in Writing A National Identy－Political，Economic，And Cultural Perspective On The Written Constitution 41－42，Viven Hart&Shannon Stimson eds，1993.

[3] ［英］蒂姆·海沃德：《宪法环境权》，周尚君、杨天江译，法律出版社2014年版，第93页。

[4] 许庆雄：《宪法入门》，月旦出版有限公司1996年版，第137－138页。

与此同时，考虑到生存权在人权体系中的重要地位和关乎人民的生命和尊严之维护，立法机关基于信赖保护原则在财产法、劳动法和人格权法等立法中设专门条款规定生存权的内容，予以保护，是为可取。也有学者认为，基础生存所需是生存权保护的积极面，具有原始的分享权，当人民陷入无法自力生存的状况时，可以直接依据宪法要求国家给予救助。❶ 因为，一旦权利享有宪法地位，那么就可以要求民主多数在立法时对人格尊严宪法价值进行考量；当然，当立法或行政未能保护甚至侵犯宪法人格尊严价值时，其行为理应因违背宪法而无效，换言之，权利一旦被宪法化，就能够起到立法机关所不具有的多种类型之政治功能。❷ 毫无疑问，旨在保障抽象人权的健康权、环境权、物质帮助权当然也契合于这种逻辑进路，也应一并纳入宪法之中。社会权利入宪的实质在于保障人权，更是宪法对于“平等的深切关注与平等价值优位的选择”的体现。❸

二、尽快制定反贫困法和脱贫权的法律保障

宪法权利是一项与法律权利截然不同的规范实体，正如沃尔德伦指出的，法律权利是一种“高度具体的制度化设计”，而宪法权利只是意味着应当实施一些具体化的制度设计以便保护权利实体，它无须将设计类型具体化。❹ 英国社会学家 T. H. 马歇尔认为，

---

❶ 蔡维音：《社会国之法理基础》，台湾正典出版文化有限公司 2001 年版，第 50 页。

❷ See Emily Zackin, Looking for Rights in All the Wrong Places: Why State Constitutions Contain America's Positive Rights Princeton University Press, 2013, pp. 48 – 49.

❸ 郑贤君：“基本权利的宪法构成及其实证化”，载《法学研究》2002 年第 2 期，第 45 – 46 页。

❹ ［英］蒂姆·海沃德：《宪法环境权》，周尚君、杨天江译，法律出版社 2014 年版，第 50 页。

公民的基本权利是走向现代世界之关键。因此，脱贫权、生存权等基本权利均应上升为法律才得以获得根本保障。

承前所述，以往我国反贫困基本上依靠政策推动，其实法律比之政策更具优势。立法的优越之处在于，它一般较之开放结构的宪法规范更为具体和详尽。较之广义建构的宪法或国际法规范，法院往往更易于接受实施具体的立法权力和责任。[1] 基于这种认识，应该制定与社会经济发展相适应的反贫困法，转向制度反贫困。反贫困立法理想途径是进入全国人大常委会的立法规划。制定反贫困法的宗旨和目标是：其一，使全国的反贫困工作有法可依。长期以来，各级政府的反贫困机构在性质、地位、作用和任务等方面都没有明确的法律规定，反贫困机构对项目资金也没有决策权，其工作优劣完全取决于领导的重视程度，难以充分发挥其应有的职能和作用。其二，使我国反贫困开发事业走上法治化、规范化轨道。明确反贫困机构及其人员的职责、职能与工作机制，对反贫困开发的范围和目标、反贫困对象、反贫困标准、反贫困投入、社会帮扶等进行规范，促进反贫困开发工作更有力、有序地开展。其三，总结中央和地方反贫困开发的成功经验，以立法的形式进行固化和提升，使之具有稳定性和持续性。[2] 反贫困工作和脱贫权法治化，对脱贫权一并给予法律保障，既是依法治国的必然要求，又是乡村振兴建设的基石。与此同时，《农业法》虽有专门条款对农民权利予以保障，但在具体的实践中仍缺乏可操作性。因此，国家需要完善《农业法》，依据《宪法》关于生存权原

---

[1] M. Scheinin, "Economic and Social Rights as Legal Rights", Chapter 3 in the volume, at p. 53.

[2] 刘宇琼、余少祥："国外扶贫立法模式评析与中国的路径选择"，载《国外社会科学》2020 年第 6 期，第 93 - 104 页。

则性规定的指引，结合我国农村发展现状，制定出一部专门保护农民这一弱势群体的法律，反贫困法是符合脱贫权发展的现实需求，对各地的立法给予具体指导的生存权保障的法律体系。因此，国家有责任通过完善生存权保障法律制度来保护农民等弱势群体的生存权和发展权。

三、完善农民生存权保障相关配套法律

借鉴、移植国外相关立法成果是加快我国法治建设进程的重要途径。公民社会保障是权利公平的基础，最低生活保障以实现被救助主体的人格尊严、安全即生存等权利为基点。[1] 生存权的目标是保障那些无法自食其力的、生活在贫困线下的弱势群体的最低生活需求，切实保障困难群体的生存权。通过制定生活保障法或生存权保障法等社会保障立法兜底反贫困问题，完善生存权保障的法律体系，实现贫困人口的权利重构，并从生存权和发展权这个高度设计贫困者应有的平等权利，如平等教育权、社会保障权、劳动就业权、健康权以及环境权等合法权益，才能一劳永逸地解决因权利缺失导致的贫困问题，构建城乡一体化的养老保险制度、医疗保障、最低生活保障、教育均等的体系化法律制度保障。但是，同时应确定生存权保障的合理标准，防止福利依赖的发生。哈耶克认为，救济额的发放不应超过维持生活与健康必要的标准，否则“由于可以获得救济，这引致某些人疏忽了他们为防范紧急事件本应能够自己做好的准备”。[2] 社会救助超出它应有

---

[1] 蒋悟真、尹迪：“社会救助法与社会保险法的衔接与调试”，载《法学》2014 年第 4 期，第 66 页。

[2] ［英］弗雷德里希·奥古斯特·哈耶克：《自由宪章》，杨玉生译，中国社会科学出版社 1999 年版，第 440 页。

标准，“建立旨在救助那些贫困潦倒者的社会安全网的信条，被那种我们当中那些有相当自立能力的人也应公平分享的信条搞得毫无意义”[1]。故而，将生存权保障纳入法制轨道，国家才真正履行了对农民生存权的尊重、保护和实现的义务。

诺贝尔经济学奖获得者阿马蒂亚·森指出，“在私人所有制的市场经济中，社会保障是对于市场交换和生产过程的补充，这两种类型的机会结合起来决定了一个人的交换权利”。[2] 也就是说，社会保障也是决定一个人的交换权利的重要因素。“如果没有社会保障系统，今天美国或英国的失业状况会使很多人挨饿。”[3] 正是社会保障系统保证了那些失业者具有最低限度的交换权利。不管在何种制度下，社会中总会有弱势群体存在，比如年老体弱者、身有残疾者等。也不管一个经济体系保持如何好的运行态势，总有一些人会遇到意想不到的事情，并因此陷入困境。同时，事实正如阿马蒂亚·森所说，市场机制对效率的贡献是无可怀疑的，但是，效率结果本身并不保证分配公平。“为了社会公平和正义，市场机制的深远力量必须通过创造基本的社会机会来补充。”[4] 故而，在一国管辖范围内，良好的立法基础对于有效实施和执行经济和社会权利至关重要。[5] 普通法律透过对各种基本权利的内容进

---

[1] ［英］弗雷德里希·奥古斯特·哈耶克：《自由宪章》，杨玉生译，中国社会科学出版社1999年版，第439页。

[2] ［印度］阿马蒂亚·森：《贫困与饥荒》，王宇、王文玉译，商务印书馆2001年版，第12页。

[3] 同上书，第13页。

[4] ［印度］阿马蒂亚·森：《以自由看待发展》，任赜、于真译，中国人民大学出版社2002年版，第56页。

[5] N. Nicol, “The Implementation of the Right to Housing in United Kingdom Law”, in R. Burchill et al. (eds.), Economic, Social and Cultural Rights: Their Implementation in United Kingdom Law, 1999, pp. 57-65.

行具体的界定和保障，使农民的基本生存权利得到保障。国家应尽快出台专门的社会保障方面的法律规范，强制对国民收入进行再分配，维护受助者的尊严与体面，保障贫困人群的合法权益，推动社会保障事业健康有序地发展，确保社会保障在保障贫困人口的基本生存、预防贫困以及全民健康发展方面发挥重要的作用。❶ 由此观之，考虑到生存权在人权体系中的重要地位和关乎人民的生命和尊严之维护，除了制定生活保障法之外，立法机关还应基于信赖保护原则在财产法、劳动法和人格权法等立法中设专门条款规定生存权的内容，对生存权予以保护，是为可取。

第二节　农民生存权全方位的行政救济保障

当法律赋予行政权一定的裁量空间时，保护义务的实现就会落到法律之下运行的各类机关之上。❷ 国家和社会在加强和维护人类能力方面具有广泛的作用。农民可行能力和享有的自由依赖于政治、经济制度的安排。行政保障是对生存权提供一般性的制度供给、物质供给，生存权的关联性权利则以自身的保障体系为前提，形成对生存权的另一种保障，这两者都可以构成生存权的保障体系。一旦生存权的这些保障措施依然不能满足生存的需要，或者生存权受到来自公权力和私人的侵害，则需要提供进一步的救济。前者就是行政的临时给付和紧急给付，后者则需要通过行

❶ 朱霞梅：《反贫困的理论与实践》，复旦大学 2010 年博士学位论文，第 170 页。

❷ ［日］小山刚：《基本权利保护的法理》，吴东、崔东日译，中国政法大学出版社 2021 年版，第 55 页。

政复议、宪法诉讼、行政诉讼、民事诉讼等方式来实现。[1] 行政机关应严格依据《行政程序法》，为权利受侵害的农民提供公正的行政复议、行政申诉和行政诉讼途径等。

一、生存权保障的行政给付和正当行政程序

正当程序是英美特有的一项原则。从行政发展的历史来看，对于此种风险的防范必然要依赖于正当行政程序，进一步来说，是依赖作为其内核的程序性权利。行政给付应由《行政程序法》加以规范。

（一）行政给付的《行政程序法》立法保障

在1938年，德国学者厄斯多夫·福斯多夫在《作为给付主体的行政》中指出："行政法的任务不再限于消极地保障人民不受国家的过度侵害，而在于要求国家必须以公平、均富、和谐、克服困窘为新的行政理念，积极为人民提供'生存照顾'，国家亦不再是夜警，而是各项给付的主体。"[2] 行政给付的概念是由德国学者厄斯多夫·福斯多夫首先从生存考虑的角度提出的，不过最初的内涵只包括"对被现代的大量生活方式所束缚的人提供生活上所必要的给付"的内容，"二战"以后其内容有所发展，"将对国民进行的行政的全部给付活动纳入其中"。[3] 生存权的隐含意义，即国家通过干预社会分配，制定偏袒需要基本生活保障人群的政策和法律，对需要基本生活保障的人给予特殊的扶持和保护。故而，

---

[1] 张扩振：《生存权保障》，中国政法大学出版社2016年版，第145－146页。

[2] 黄锦堂："行政法的概念、起源与体系"，载翁岳生：《行政法》，中国法制出版社2002年版，第24页。

[3] 杨建顺：《比较行政法——给付行政的法原理及实证性研究》，中国人民大学出版社2008年版，第6页。

日本学者大须贺明将生存权进一步定义为请求权，更加侧重于生存权权利的实现，他认为，生存权系个人按照维持生存标准而向国家请求提供相应物质保障条件的权利。[1] 事实上，“基本权利作为具有直接效力的权利首先得益于宪法的保障是一种广为流传的误解。因为人们忘记了基本权利，若不能在日常行政实践中受到重视，并通过行政诉讼程序得到保障，它们其实是毫无意义的”。[2] 因此，由于社会保障一般均需要行政给付，肯定存在大量的有关行政机关的福利纠纷。因此，国家应制定行政给付相关的实体性和程序性的法律规范，尤其是有公正的行政程序法，为觉得给付不公平的当事人提供顺畅的救济渠道。

（二）行政给付应遵循正当行政程序

生存权保障的行政给付应遵循正当行政程序，应保障生存权申请人等的知情权、监督权、申诉权、听证权、申请行政复议权、提起行政诉讼权以及在程序设计中加强对隐私权的保护。正当程序的构成要素包括程序的合法性、主体的平等性、过程的公开性、决策的自治性和结果的合理性。[3] 道格拉斯大法官认为，正是程序决定了法治与任意或反复无常的人治之间的大部分差距。坚定地遵守严格的程序，是我们赖以实现人人在法律面前平等享有正义的主要保证。[4] 考克斯教授论述了正当程序条款下的积极权利，认为正当程序要求政府有为公民通过最低限度需要的义务。[5] 可见，

---

[1] ［日］大须贺明：《生存权论》，林浩译，法律出版社2001年版，第16页。

[2] ［德］弗里德赫尔穆·胡芬：《行政诉讼法》，莫光华译，法律出版社2003年版，第8页。

[3] 汪进元：《基本权利的保护范围》，法律出版社2013年版，第115-118页。

[4] 陈瑞华：《看得见的正义》，北京大学出版社2013年版，第4页。

[5] Archibald Cox, The Supreme Court, 1965, Term - Foreword: Constitutional Adjudication and the Promotion of Human Rights, 80 Harv. L. Rev. 91 (1966).

行政程序的正当性是现代国家行政法治的基本要求。生存权保障程序正义关注的是在正当行政程序中，申请者应当拥有的权利，并体现为生存权保障行政程序的正当性构建，即“行政程序产生的合法性与行政程序运行机制的合理性以及行政程序保障人的尊严的人道性的有机结合”。❶ 其原因之一是，行政机关对生存权保障金的审批与发放拥有广泛的自由裁量权，并且其介入生存权保障对象私人领域的机会和频率均大幅增加。一旦裁量权处于失范和失控状态，必然会漠视甚至侵害生存权保障对象的生存权益。“福利官员的自由裁量权越多，申请人的权利就越少、越弱”。❷ 围绕生存权保障的正当行政程序，生存权保障的程序内涵表现在：其一，从生存权保障运行的整个行政程序来看，贫困者对程序的价值层面拥有要求平等保护的权利。生存权保障获得者的给付应当公平，其获得的利益均是依据统一标准。任何生存权保障需要者、生存权保障申请者和生存权保障获得者，都不能享有特权，亦都不能被歧视。没有特殊的和正当的理由，不能对相同或相似情况的申请人给予区别对待。其二，就生存权保障程序展开来看，主要包括生存权保障实施机构在拒绝、减少或者终止生存权保障待遇时，应当以书面方式通知并说明理由和依据，告知其听证权、申诉权和救济权。尤其应注意的是，政府在干涉公民的财产之前，必须为他们举行听证会。这种规定完成了两种不同的任务。首先，它有助于找到确凿证据。在一个独立法庭前举行听证会可以确保财产不因冲动、奇思怪想、歧视或其他不相关的原因而被剥夺。听证会上必须出示证据才能证明剥夺财产是正当的法律事实。其

❶ 陈驰：“正当行政程序之价值基础”，载《现代法学》2005年第2期，第188页。

❷ ［英］内维尔·哈里斯等：《社会保障法》，李西霞、李凌译，北京大学出版社2006年版，第37页。

次，参加听证会的权利发挥了民主决策的参与功能。不举行听证会就不能剥夺人们的财产，也就是说政府在采取对人们不利的行动前，必须先听听他们想要说的。这种限制也提高了政府的合法性。❶ 当然，需要强调的是，在生存权保障程序及其展开中，必须注意对贫困者人格尊严权的维护。最低生活保障制度通过划定一条定量的生存权保障标准线，人为地在社会成员中区分不同目标群体，从而把稀缺资源有效地分配给最需要的人，“这样也就必然会产生不同程度的‘耻辱感’问题”。❷

二、创新财政体制，加强财政平衡措施

生存权的保障有宪法和法律依据之后，其行政给付除了应遵循正当行政程序之外，还必须有相应的财政作支撑。降低交易成本是制度变迁的重要动力。一国内部各地区之间财政收支差异可能巨大，要帮扶欠发达地区解决贫困问题，财政转移平衡制度也就应运而生。新制度取代旧制度是利益调整的过程。

财政平衡措施是西方发达国家为了解决区域之间经济发展不平衡、落后地区发展资金不足和竞争能力差、人民生活水平低下等问题经常采用的经济手段。1969 年，联邦德国为解决西部各邦财政赤字严重等问题，对基本法中的财政条款进行了全面的修改，建立了邦与邦之间水平式的财政平衡措施和联邦与各邦之间垂直式的财政平衡措施，取得了显著的效果。20 世纪 30 年代，美国罗斯福新政时期除了通过《美国社会保障法》《美国工业复兴法》和《美国农业调整法》等以外，联邦政府拨出了巨额资金帮扶经济落

❶ ［美］凯斯·R. 孙斯坦：《自由市场与社会正义》，金朝武等译，中国政法大学出版社 2001 年版，第 291 页。

❷ 杨思斌：《中国社会救助立法研究》，中国工人出版社 2009 年版，第 257 页。

后的州和地区，有效地解决了国民就业问题和贫困问题。[1] 改善社会贫困人口环境的战略必须确保这些人有掌握自己命运的机会，而机会常常被更有权势和武断的社会成员阻塞。在这种情况下，较之高水平的公共支出，土地改革及其他方式的重新分配基本资源可更有效地保障经济、社会和文化权利。但在工业化和后工业化社会，农业是经济的一个无足轻重的组成部分，经济、社会和文化权利因而要求确立一个相对强大的国家服务制度，既为那些有可能被边缘化的人提供平等机会的便利，也为那些自己不能谋生的人确保获得社会保障。[2] 具体而言，首先，在农民身份的变迁中，财政体制发挥着重要作用。由于生存权的实现依赖国家对社会财富的转移，因此可以说是以社会的力量支持贫弱和处于困境公民的生存，并维持多数公民的基本福利的方式。[3] 社会保障的目的是保障国民的生活保障。以生存权为背景的社会保障，第一要义在于以通过财政的分配实现这种静止的或具有终结意义的平等为追求目标。[4] 在操作层面上，可借鉴发达国家人口老龄化与财政投入之间的比例关系，确定各地区财政投入的力度和数量。其次，缩小地区之间最低生活标准的差距。中央结合各地区经济发展情况，根据生存权保障金统计缺口，适当地向贫困地区倾斜，由中央拨付给省级政府，再由省政府依据自身的财力情况及贫困实际情况，适当向本省贫困地方提高生存权保障专项资金拨付比例。

---

[1] 叶阳明：《德国宪政秩序》，五南图书出版公司 2005 年版，第 153 页。

[2] ［挪］艾德：“作为人权的经济、社会和文化权利”，载［挪］艾德等：《经济、社会和文化的权利》，黄列译，中国社会科学出版社 2003 年版，第 24－25 页。

[3] 王堃：“社会福利保障的宪法路径选择”，载《政治与法律》2020 年第 4 期，第 61 页。

[4] ［日］菊池馨实：《社会保障法制的将来构想》，韩君玲译，商务印书馆 2018 年版，第 16 页。

简言之，一方面，对于财政富余的地方，还可以在全国平均水平之上进一步提高财政对农村医保的投入比例。财政对医疗保障的投入应明确其底线，确保稳定的财政来源投入医疗保障基金中。另一方面，调动社会资源，鼓励社会捐赠。同时，还应调动东南部发达地区的各省市对西北部落后地区各省市采取一帮一的扶助措施，实现国民生存权的平等保护。❶ 最后，实现城乡基本公共服务的均等化。根据《乡村振兴促进法》第53条的规定，国家发展农村社会事业，促进公共教育、医疗卫生、社会保障等资源向农村倾斜，提升乡村基本公共服务水平，推进城乡基本公共服务均等化。城乡基本公共服务的均等化必须构建起现代财政制度，完善财政预算编制，建立财政转移支付同农业转移人口市民化挂钩机制，把进城落户农户纳入城镇住房和社会保障体系，实现农村养老保险和医疗保险与城镇社保体系有序对接，实现城镇基本公共服务常住人口全覆盖。❷ 与此同时，加大各级财政对农村的投入力度，统筹城乡基础设施和公共服务设施建设，改善农村生产生活环境，让农民共同分享经济社会发展的成果。

三、构建完善的生存权行政救济制度

事实上，“基本权利作为具有直接效力的权利首先得益于宪法的保障是一种广为流传的误解。因为人们忘记了基本权利，若不能在日常行政实践中受到重视，并通过行政诉讼程序得到保障，它们其实是毫无意义的”。❸ 权利人的社会保障待遇的获得，往往

❶ 汪进元：《基本权利的保护范围》，法律出版社2013年版，第274－275页。

❷ 冯道军、施远涛：“从新制度主义看中国农民身份的制度变迁”，载《甘肃社会科学》2014年第3期，第125页。

❸ ［德］弗里德赫尔穆·胡芬：《行政诉讼法》，莫光华译，法律出版社2003年版，第8页。

取决于主管行政机关的行政给付决定。如果权利人认为行政决定侵害了其社会保障待遇，不服该行政决定，有权寻求行政救济。❶即弱势群体在接受生存权行政给付待遇时觉得自身可能遭受不公平、被剥夺等问题，应有相应的救济渠道。行政救济是行政机关依法对公民、法人之间及其与行政机关之间有关行政管理事项纠纷作出行政裁定的有关制度。对于我国而言，行政诉讼制度应当成为实现福利权的突破口。正如奥托·麦耶的名言“宪法消逝，行政法长存”一般，作为动态宪法的行政法，是宪法发展到行政国阶段不可或缺的组成部分。❷ 与正式法院程序相比较，立法可为处于不利地位的群体提供花费较低、更为便捷和更易于获得的行政救济。在许多诉讼中，行政救济应可充分解决问题。但这些须为“可获得的、可负担得起的、及时以及有效”，而且，“对此类行政程序的最终司法上诉权常常也是适当的”。❸ 故而，在保障生存权方面，行政救济具有司法救济难以比拟的优势。这里所言的行政救济主要包括行政复议、行政仲裁、行政诉讼和行政赔偿等。

（一）完善生存权申诉和行政复议制度

由于行政复议是行政机关内部的救济程序，在当下司法对行政行为的监督较困难的情况下，由行政机关的上级机关审查下级行政机关的行为的方式可能更为有效，可以更有效地救济公民的生存权。❹ 行政复议之所以具有救济的功能是因为它是由监督性的行政机关作为第三人对行政行为的合法性与合理性进行审查，依法作出复议决定，完善我国现行的行政复议制度，重在强化其救

---

❶ 韩德培：《人权的理论与实践》，武汉大学出版社 1995 年版，第 669 页。

❷ 陈端洪：《中国行政法》，法律出版社 1998 年版，第 125 页。

❸ General Comment No. 9，（note 1），para. 9.

❹ 张扩振：《生存权保障》，中国政法大学出版社 2016 年版，第 148 - 149 页。

济功能而非其行政监督功能，是中国特色行政法治化的最佳路径。与诉讼相比，以行政复议方式来救济生存权是较为快捷的方式。有鉴于此，建议构建城乡社会福利委员会，受理并裁决当事人因政府不予发放、降量发放和停止发放“低保”款物提起的申诉；对申诉裁决不服的，提起行政复议或直接提起行政诉讼[1]，确保生存权保障真正公平。但是，若选择行政复议，行政复议裁决的终局性违背了司法是最后一道防线的法治理念：“从权力分配和制约的角度看，即使是最高行政机关的行为，也是行使行政权的行为，应当受到司法权的监督和制约。行政复议只是行政系统内部的行为，难以逃脱偏袒的嫌疑，如果当事人对复议决定不满，应给予其提起诉讼、寻求司法救济的权利。”[2] 因此，似乎可以修改为原则上所有行政行为都可以行政复议，当事人若不服复议决定，可以选择继续行政诉讼。

（二）健全生存权行政仲裁制度

行政救济除了申诉和行政复议之外，还有行政仲裁。行政仲裁是指行政机关依法对公民及社会组织间的纠纷作出一定约束的裁决。它是行政机关履行法定职责的一种执行活动，但同时具有解决涉农纠纷的救济功能。比较常见的行政仲裁如劳动仲裁频率较高。劳动仲裁是指行政机关对农民工就业过程中出现的劳动纠纷，依据劳动仲裁法律规定作出处理。这对行政机关而言既是履行法定义务，又为农民提供一定的行政救济。与此同时，对农地承包权、流转权等有关争议，其专业性较强，也可由农业部门提供仲裁，因而政府应加强农业仲裁制度建设。当然，如不服仲裁

---

[1] 汪进元：《基本权利的保护范围》，法律出版社 2013 年版，第 275 页。

[2] 马怀德：“论抽象行政行为纳入行政复议的范围”，载《中国法学》1998 年第 2 期，第 44 页。

决定，可以再向当地相关法院提起诉讼。

（三）完善生存权行政诉讼制度

由于生存权具有自由权的属性，需要具有自由权属性的关联性权利的支持，所以当公权力机关侵害公民相关权利，危害公民生存权时，相对人可以提出撤销诉讼，以制止公权力机关的危害。[1] 从具体的行政诉讼环节来看，福利案件往往涉及高度政策性、技术因素的争议，诸如如何认定工伤等问题，这就使法院在对某些实体性问题进行判断时，存在相当的难度。因此，如果要实现对于福利权的有效保障，则需要在行政诉讼审查中对合法性和合理性同时审查。此外，还可能涉及对程序违法的审查。对福利案件的审查，需对程序是否合法作出判断，主要考虑是否逾越时限，是否履行了充分的告知义务，是否说明理由等因素。[2] 最低生活保障需要国家的给付以及其他形式的对贫困公民的补助，均可以成为行政给付诉讼的范围。[3] 但受现行《行政诉讼法》受案范围所限，首先，应拓展受案范围。除侵犯农民自由权案件外，还应将侵犯农民土地权、劳动权、受教育权、健康权等已法治化的社会权案件纳入受理范围。当没有具体法律规定，而公民的宪法权利又受到实际侵害时，可以直接适用宪法给予救济。[4] 其次，完善行政诉讼判决的执行制度。对侵犯农民生存权而作出的履行义务判决，行政机关若不能在法定期内正确履行法定义务，应设置妨碍司法罪追究相关责任人的刑事责任。

---

[1] 张扩振：《生存权保障》，中国政法大学出版社 2016 年版，第 165 页。

[2] 胡敏洁：“转型时期的福利权实现路径”，载《中国法学》2008 年第 6 期，第 71 页。

[3] 张扩振：《生存权保障》，中国政法大学出版社 2016 年版，第 166 页。

[4] 温辉：《受教育权入宪研究》，北京大学出版社 2003 年版，第 161 页。

第三节 农民生存权的司法救济的法律保障

属于基本权利的包括：法治国家的基本要素，法律面前人人平等和可靠的适用法律裁定程序。生存权的司法保障问题，究其实质，就是生存权的可司法性。宪法所确立的大量基本权利，从形式上看，并不比西方法治国家的宪法少多少。但问题的关键在于，公民的宪法权利一旦受到公权力的非法侵犯，公民无法向任何一个司法机构提出救济之诉。换言之，现有的司法制度并不足以保证公民充分地行使诉权，使自己的宪法权利通过专门的程序得到司法上的救济。司法救济义务是“国家给付义务”的一种，那么在这个义务之下，法院提供的“给付”是什么呢？这种“给付”就是审判活动本身，具体包括：(1) 受理案件之义务；(2) 进行公正审判、及时审判的义务；(3) 作出判决的义务。[1] 国家对农民社会保障权的国家救济程序的给付主要是指国家对农民社会保障权的司法救济义务。由此观之，生存权的司法救济与保障就显得非常必要。

一、生存权、程序正义与司法救济

法治的保障既是一项经济权利，也是一项民主权利。它在公民身边建起坚实的保护墙，保证他们在从事生产活动时无须畏惧政府。[2] 法治的最高价值在于最大限度地实现正义。法律的正义唯

---

[1] 张翔：《基本权利的规范构建》，高等教育出版社 2008 年版，第 85－86 页。

[2] [美] 凯斯·R. 孙斯坦：《自由市场与社会正义》，金朝武等译，中国政法大学出版社 2001 年版，第 290 页。

有通过诉讼程序的公正才能真正得到实现。生存权的实现离不开法治，但是以请求权形态表现出来的生存权并没有真正形成于广大发展中国家的明文立法中，还不是公民实实在在的、能够实现的法律权利。这是在实践中需要予以解决的问题。

（一）生存权与诉讼程序的公正

生存权作为一种积极权利，只有得以真实实现，才能避免成为“没有牙齿的政治热望”。[1] 正如美国学者孙斯坦教授所指出的，“如果积极权利是不可执行的，宪法本身可能就成了区区一张纸，同样的，可能会对其他权利带来负面后果”。[2] 生存权的国家尊重、保障和实现的义务，离不开公正的司法程序。程序正义是形成于法的形成和实施过程中的正义。程序的正义就是程序的内在价值和程序性权利得到充分实现的一种状态，是对程序公正的规范性命题。[3] 程序正义是通过法律程序的本身而不是其所要产生的结果得到实现的价值目标，因此，程序正义是程序法中对权利和义务实行分配时应符合的正义标准。[4] 程序公正始终是法哲学的基本论题。正如英国学者格里芬所言，程序正义保护我们的生命、自由和财产。[5] 而福利权本身就被视为“新财产权”。1970 年的“福利听证案”具有划时代的意义，它是利用正当程序条款保护新财产

---

[1] Matthew Diller, Poverty Lawyering in the Golden Age, 93 Mich. L Rev. 1401, 1428 (1995).

[2] Cass R. Sunstein, Against Positive in Western Rights? Post—Communist Application 225, 229 (Andras Sajo ed., 1996).

[3] 王锡梓：《行政程序法理念与制度研究》，中国民主法制出版社 2007 年版，第 140－141 页。

[4] 孙玲：“浅论实体正义与程序正义”，载中国法院网，https://www.chinacourt.org/article/detail/2015/07/id/1662621.shtml，访问日期：2021 年 10 月 16 日。

[5] ［英］詹姆斯·格里芬：《论人权》，徐向东、刘明译，译林出版社 2015 年版，第 50 页。

权的开创者。布伦南法官在判决中认为，对公民至关重要的社会福利，不能再被视为随时都可以取消的馈赠，而是类似于财产的个人权利。[1] 由此观之，程序公正是正确选择和适用法律以保障生存权，从而它也是法律正义的根本保证。

（二）诉讼程序的公正价值

尽管公正是表征社会进步和法治文明的一个普遍性范畴，但法哲学家往往认为公正在解决这一特殊过程中具有更高的价值。[2] 英国法学家西奥多·贝克尔把公正视为法院得以存续所不可缺少的“司法程序的心脏”。不过，程序公正的前提是司法独立，其原因诚如拉德布鲁赫所言，行政是国家利益的代表，司法则是权利的庇护者。司法程序的公正价值在于以下三个方面：首先，诉讼程序公正对社会冲突具有重要的抑制和预防作用。程序公正是裁决结果公正的前提。而公正的裁决结果则有助于社会成员建立恰当的行为预期，消除实施冲突而又能逃避制裁的侥幸心理，从而正确选择自己的行为，力求避免发生冲突。一般而言，程序公正是社会机体健康的重要表征。其次，程序公正可以增加诉讼的感召力。它能够使冲突主体对权益享有的主观信念转化为获得胜诉，从而使这种权益通过诉讼程序得到实现的信念。最后，程序公正对解决冲突的其他手段的公正性以及全社会公正观念的强化具有重要的倡导意义。在解决冲突的诸种手段中，诉讼的示范效应是不言而喻的。[3] 在具体诉讼案件中，没有人比自己更能维护自己的

---

[1] 张千帆：《西方宪政体系》（上册·美国宪法），中国政法大学出版社2004年版，第264－265页。

[2] ［美］戈尔丁：《法律哲学》，齐海滨译，生活·读书·新知三联书店1987年版，第23页。

[3] 顾培东：《社会冲突与诉讼机制》，法律出版社2004年版，第52－60页。

权益。比如听证权，1970 年戈德博格诉凯利案之后，美国联邦最高法院在诸多判决中，开始表明正当法律程序的核心在于为当事人提供听证的机会。❶ 美国联邦最高法院大法官怀特在 1974 年沃尔夫诉麦克唐奈尔案中写道，“法院一贯认为，在个人被剥夺财产或利益之前的某个时间，某种形式的听证是必需的”。❷ 故而，作为新财产权的福利主要是通过美国法院适用正当程序和平等保护的规定来实施的。

二、权利可司法性的制度功能

相对于国家其他分支机构而言，通过法院及其司法方式实施生存权的制度性优势，既是司法与立法和行政的关系与分工的经典问题，亦是生存权实施的特殊性在三者制度角色上的实践差异。庞德认为：“相对于立法而言，法律的司法裁决具有真正的优势，因为后者是通过具体的案件来运作的，经过了长期的审判适用和为形成实践原则的不断试错之后才被归纳概括。”❸ 一部宪法能极大地方便向经济市场及所有财产制过渡。为了做到这一点，宪法保护必须在司法上是可以强制执行的。因此，就应当有一个独立的法庭来维护宪法所确立的任何权利。普通公民就必须有在授权保护公民免受政府官员侵害的法庭上提出异议的一般权利。如果没有司法检查，那么宪法就会像记载它们的纸一样没有任何价值，而只是文字或公关文件，而不是赋予人们真实权利的

---

❶ 胡敏洁：“美国社会保障行政中的听证制度”，载《行政法学研究》2007 年第 2 期，第 136 页。

❷ 王锡锌：“正当法律程序与‘最低限度的公正’”，载《法学评论》2002 年第 2 期，第 26 页。

❸ Roscoe Pound, The Formative Era of American Law, Little Brown and Company, 1938, p. 45.

法律文件。[1] 当国家的政治部门不能够或不愿意时，法院已经在努力保护公民的健康。法院可通过提高透明度、规范政府权力的使用以防止或纠正侵犯人权或民主的进程。[2] 总之，法院在保护法治和保障民主制度的制衡方面发挥重要作用。司法方式在实施社会权上的制度性优势，与权利的本质和优势相一致，主要体现在以下几个方面。

首先，法院可以保护社会弱势群体的基本权利。因为包括医疗卫生保健在内的生存权利的政策模式是一种自上而下、统一覆盖的布局少数人的权利。在立法和政策制定的过程中，直接受影响的群体可能在议会中没有代表，或者没有资格被立法机关询问等，导致少数人在政策制定的过程中处于失声的状态；在这种情况下，不管是基于法院的规范性、制度性职能之合理推论，还是为社会权尤其是健康权裁判的经验所证实，法官都应肩负重要的职责。[3] “法院的制度使命不仅符合基本的民主主义理想，而且也是基本的民主主义理想所要求的。我们需要确保我们的规范是集体和包容性商谈的产物，而不是强加于少数人的声音，而法院处于帮助我们实现这一目标的极佳地位。”[4] 实际上，法院的使命注定就是维护底层民众的权利。

其次，法院促进福利立法和福利政策的形成。法院在特定的时间和领域内可以扮演一定的政策改变者抑或形成者的角色，尤

---

[1] ［美］凯斯·R. 孙斯坦：《自由市场与社会正义》，金朝武等译，中国政法大学出版社2001年版，第284页。

[2] Jose M. Zuniga, Stephen P. Marks, and Lawrence, O. Costin. eds. , Advancing the Human Right to Health, Oxford University Press, 2013.

[3] Alicia Yamin and Siri Gloppen, Eds, Litigating Health Rights: Can Courts Bring More Justice to Health's Harvard University Press, 2011, p. 236.

[4] Alicia Yamin and Siri Gloppen, Eds, Litigating Health Rights: Can Courts Brim More Justice to Health's Harvard University Press, 2011, p. 237.

其是在立法者减少某些福利项目时，法院具有审查立法裁量的职能。这在那些强调司法机关对于立法机关承担监督功能的国家更为明显。❶ 可见，法院在某种程度上，通过个案的判决，不仅可以发挥纠错的功能，而且可以监督立法不作为或立法失误。

最后，法院通过对福利行政的监督而保障普罗大众的生存权利。虽然法院不能直接建立某些福利项目，但是这些福利项目一旦建立，福利行政的过程就将受到法院的监督和控制。由此，法院可以通过对行政裁量和行政过程的控制，保障福利权益并影响社会政策。❷ 正是因为"对社会权利的司法裁判，可以将以往立法机关可能无法获取的信息与事实呈现于公众视野，尤其是边缘群体的权利被侵害的情形。因此，司法所发挥的作用是宝贵的"。❸因此，司法的功能以保障权利为根本宗旨，"司法是维护社会公平正义的最后一道防线"的法谚表明司法是恢复秩序的最后依赖，而秩序的实质不过是以权利和义务为内容的法律关系的原本形态。

三、基本权利的可诉性与农民生存权可能的司法救济

基本权利通过宪法等法律形式被确认或认可，只是对权利的宣示，是否实际享有宪法等认可的权利，还需要接受实践的检验,❹ 即应然权利能否转化为实然权利，需要司法这座法律之桥。因此，丹宁勋爵曾言，为了了解法律到底是什么，你必须看看它

---

❶ 胡敏洁："宪法规范、违宪审查与福利权的保障"，载《中外法学》2007年第6期，第675页。

❷ 同上文，第676页。

❸ Patrick Macklem &Craig Scott, Constitutional Ropes of Sand or Justiciable Guarantees: Social Rights In New South African Constitution, 141 University of Pennsylvania Law Review 1 [1992], p. 148.

❹ 温辉：《受教育权入宪研究》，北京大学出版社2003年版，第173页。

在实践中所起的作用。

（一）“权利”与“可诉性”的内在勾勒

权利首先是一种资格和利益，权利的享有者可以据此享受一定的好处或不受干涉的权利；权利也意味着满足这些要求是社会的义务。国家必须建立各种制度和程序，制订计划，利用一切资源来满足这些要求。❶ 与此同时，权利的另一个必然结果是社会必须建立权利救济机制。若无裁判制度，个人凭自身武力实现自我权利的话，则权利的行使，终将沦为个人相互的斗争。因此，裁判制度对权利的保障即属不可欠缺，若无裁判保障权利，则权利的宣言、承认，亦将成为空谈。❷ 即无救济则无权利。国际人权公约具有法律约束力，即公约对各自的缔约国产生法律义务。有学者认为，由于经济和社会权利的性质，它们是“不可审判的”。谢宁对此回应道：“若干作者已证明这样的观点缺乏根据。”❸ 相反，如果特定的社会群体受到了政府政策严重不利的对待，他们已经对政府的其他分支机构失去了信任，那么唯一正确的安排就是司法机构有资格帮助其脱离困境。否认这一点，反而诉诸宪法权限的论点，事实上这是对一种更为自由主义而更少福利主义的政治哲学的虚假维护❹。实际上，如果一味地遵循这种否定的理论进路，那就等同于宣布社会权利根本就不是人权。❺ 因此，从法律制

---

❶ 温辉：《受教育权入宪研究》，北京大学出版社2003年版，第173页。

❷ ［美］路易斯·亨金：《权利的时代》，信春鹰译，知识出版社1997年版，第3页。

❸ ［日］阿部照哉等：《宪法——基本人权篇》，周宗宪译，中国政法大学出版社2006年版，第329页。

❹ M. 谢宁：《作为法律权利的经济和社会权利》，载［挪］艾德等：《经济、社会和文化的权利》，黄列译，中国社会科学出版社2003年版，第33页。

❺ ［英］蒂姆·海沃德：《宪法环境权》，周尚君、杨天江译，法律出版社2014年版，第61页。

度上看，相对于政府的保障责任而言，唯一可以从平等性和穷尽性来保障法律上权利的实然性的，只有诉权。“所以说，诉权是现代法治社会中第一制度性的权利，只有诉权是可以要求政府承担无限的保护责任的，这种保护责任不仅是可能的，也是现实的。”[1]

（二）比较法视域下域外国家基本权利的可诉性

从目前情况来看，美国法学界和实务界对政府福利金等的可诉性问题，存在着两种观点：一是当政府福利金是国民的一种日常生活必需品时，可视为一种权利；二是相对国民而言，政府福利金是一种期待可得利益，如有国会立法的具体化规定，可视为一种权利，并受宪法正当程序和平等保护条款的保护。美国联邦最高法院持后一种观点。[2] 由此可见，美、德等西方国家关于生存权的司法保护问题，主要是通过有关生存权的关联诉讼予以解决的。国内有学者指出，社会保障是生存权的救济方式，[3] 这是否意味着社会保障权和生存权是同一种权利的两种表达方式？我们在前面相关章节已经探讨过，这种推定并不成立，其依据是从给付主体、给付条件、司法救济之前提，以及国际公约和有些国家宪法中同时存在生存权和社会保障权。有鉴于此，虽然这两种权利均为受益性权利，有交融之处，但是并不是同一种权利。接下来我们要研究的是关于生存权通过独立诉讼获得救济的问题。尽管日本法学界和实务界占主导地位的仍然是抽象权利说，但是随着《日本生活保护法》等专门性立法的制定和完善，生存权的独立诉

---

[1] 莫纪宏：“论人权的司法救济”，载《法商研究》2000年第5期，第85页。

[2] Erwin Chemerinsky：Constitutional Law—Principles and Policies，third Edition，Aspen Publishers，2006，p. 559.

[3] 徐显明：“生存权论”，载《中国社会科学》1992年第5期，第56页。

讼案件也有不少。其中有代表性的案例有1960年的“朝日诉讼”和1982年的“堀木诉讼”等。仓辽吉对“朝日诉讼”中第一审判决评价认为，“当国家违反努力实现生存权的职责，作出妨碍实现生存权的行为之际，这样的行为必然是无效的”。[1] 该案意义首先在于它是日本第一起具有代表性的独立诉讼案件，其次在于东京地方法院在第一审判决中直接依据《日本宪法》第25条生存权条款和《生活保护法》第1~5条的规定，判定厚生省大臣的行政处分违法。[2] 采用生存权之独立诉讼制度的国家除日本之外，还有韩国等。与此同时，日本司法实务界还建立了有关生存权诉讼的宪法基准：涉及限制“最低限度生活”的立法和“救贫”措施及“既得利益”等问题，适用“严重审查标准”，即一般情况下被宣布为违宪；而涉及限制已达到“最低限度生活”标准以上的生活之立法以及“防贫”措施等，适用“合理性审查标准”，即一般情况下不作违宪裁决。此外，平等保护原则和正当程序原则也在生存权诉讼中得到了广泛的适用。[3] 即生存权诉讼的宪法基准是依据弱势群体的实际经济状况等来衡量的。有鉴于此，以美国和日本为代表的很多国家都采用了特别的保护措施，如日本法院在审理生存权纠纷时，就确立了对限制“最低限度生活”的立法和“救贫”措施等采用严格审查标准。[4]

一切基本人权原则上是为了确保个人尊严、保障个人利益而展开的，可以说并非过言。为此，人权不可侵犯的大原则必然要明确

---

[1] ［日］大须贺明：《生存权论》，林浩译，法律出版社2001年版，第306页。

[2] 同上书，第299-302页。

[3] ［日］阿部照哉等：《宪法——基本人权篇》，周宗宪译，中国政法大学出版社2006年版，第238-246页。

[4] 汪进元：“论生存权的保护领域和实现途径”，载《法学评论》2010年第5期，第18页。

宣示对个人尊严实施保障，这就是国家权力不能对此进行侵害。因为在国家违反了尊重人权义务而导致对人权和个人利益产生侵害时，最首当其冲者应该是个人必须可以请求对自己权利造成侵害的救济。如果连这样的权利也不存在，不管是个人的尊重，还是人权的保障，在宪法上都会化为空文。❶ “与传统权利不同……社会权利，诸如合理居住条件、医疗护理或者足够的长期干预，提供援助，扫清社会障碍……司法机构在解释和实施这些福利性和社会权利立法方面所具有的创造性特征几乎是难以掩饰的。”❷ 故而，福利权利化已经成为一种全球化的趋势，而在某种意义上，权利化必然意味着司法化，这也就承认了司法在福利权和社会权上面的制度能力和实施角色。由于生存权同财产权、自由权等其他权利在权域范围和保护领域方面有重叠的现象，或者说存在功能互补的问题，所以对生存权的保护措施和实现方式，往往通过宪法和法律对其他权利的保护得以落实，其中劳动权、社会保障权、健康权和财产权等与生存权的关联性最为紧密，在很多情况下，这些权利的保护和实现也就意味着生存权得到了有效的保障。❸ 即生存权通过关联诉讼获得救济。由于生存权同自由权和财产权等在权域范围和保护领域方面有重叠的现象，所以对生存权的保护措施和实现方式，往往可以透过宪法和法律对其他权利的保护予以落实。但是，事实上，农民生存权的独立诉讼救济同样也不可缺少。司法保护可以使生存权获得较为彻底的实现，使其具备“法”和“规范”的属性。

---

❶ ［日］大须贺明：《生存权论》，林浩译，法律出版社2001年版，第106页。

❷ ［意］莫诺·卡佩莱蒂：《比较法视野中的司法程序》，徐昕、王奕译，清华大学出版社2005年版，第20－22页。

❸ 汪进元：《基本权利的保护范围》，法律出版社2013年版，第269页。

（三）农民生存权可能的司法救济

在我国，生存权尚不具有可诉性和司法性，遭受侵犯也好像并无救济途径。例外的是依据《城市居民最低生活保障条例》规定，城市居民对民政部门作出的“低保”决定不服的，可以提起行政复议和行政诉讼，但是《农村五保供养工作条例》却没有建立类似的制度。尽管中国农村人口多，贫困面大，有可能出现诉累等现象，但是农民生存权的国民待遇是不能忽视的。相反，正因为农村人口多，贫困面大，更需要建立健全农民生存权的司法救济，拓宽农民生存权的保障途径。[1] 因此，国家对农民社会保障权的司法救济程序的给付义务要求国家对农民提供公平正义的救济程序，应修改相关法律、行政法规等，赋予对农民生存权的司法救济，统一城乡贫困者生存权的救济途径，切实保障农民的实质平等和生存权利。

法院通过对农民生存权的司法救济，可以满足并实现对底层民众的人性尊严的基本要求。在社会权利的司法裁判问题上，与其说是法院没有能力对社会权进行司法保护，不如说是法院并没有介入社会权保护的意愿。[2] 一旦法院本身具有积极介入这类型权利的意愿，这项权利就能够得到法院的保护和实施。总之，有关法院在诉讼中扮演的角色，关键问题不是社会权利能否司法化，而是司法的过程即审判的程序是否完整以及是否真正遵守内含于社会权之中的正义呼唤。[3] 实际上，农民的生存权应该具有“强行

---

[1] 汪进元：“论生存权的保护领域和实现途径”，载《法学评论》2010 年第 5 期，第 20－21 页；汪进元：《基本权利的保护范围》，法律出版社 2013 年版，第 274 页。

[2] 秦前红、涂云新：“经济、社会、文化权利的可司法性研究”，载《法学评论》2012 年第 4 期，第 14 页。

[3] Malcolm Langford ed., Social Rights Jurisprudence: merging Trends in International and Comparative Law, Cambridge University Press, 2008, p. 43.

性”，即如果当事人能够证明其生活状况低于生存权所保护的最低水平（这应该是法定的），国家和社会就必须尽到保护的义务，法院应适用基本权利被侵害的“严格审查”基准。如果国家没有提供这样的保护，那么公民就应该有权请求赋予农民生存权的司法救济，在乡村振兴视域下，统一城乡贫困者生存权的救济渠道，这是理所当然的事情，法院在保障生存权方面应发挥积极而重要的作用。

（四）构建生存权行政公益诉讼机制

对于市场机制而言，“科斯的产权定理也清楚地表明，政府的职能是根据财富最大化来确定权利，并使之市场化，变为一种可交易的权利，而不是干预市场，更不能取代市场的作用进行决策”。[1] 科斯定理中的“产权”概念是一种民事权利，而不是指财产所有权。多数情况下，科斯是在所有权已确定的情况下，研究其他权利的界定。张乃根教授在分析科斯定理时明确指出该定理的核心内容之一是“权利的界定是市场交易的基本前提”。[2] 耶林指出，所有的权利都面临着被侵犯、被抑制的危险，因为权利人主张的利益常常与否定其利益主张的他人的利益相对抗。所以权利的前提就在于时刻准备着去主张权利，要实现权利，就必须时刻准备着为权利而斗争。为权利而斗争实际上就是为法律而斗争，权利与法律是一体两面的，正如二者在德文中共用“Recht”一词一样，法律是权利的主观抽象，权利是法律的客观具体。法权的完美，不在于法典形式的完美，也不在于容忍不法的“和平”，而

---

❶ 徐卉：《通向社会正义之路——公益诉讼理论研究》，法律出版社2009年版，第238页。

❷ 张乃根：《法经济学——经济学视野里的法律现象》，上海人民出版社2014年版，第96页。

在于不断通过斗争来捍卫法权的秩序。[1] 可诉性程度是国家义务系统构造的最后“验收标准”，也是论证其作为独立法律理论的重要一环。[2] 法的生命在于斗争，在法治社会，斗争的主要方式就是诉讼。鉴于行政诉讼是“民告官”，慑于权力的淫威，司法不独立，其成功率很低。相反，通过其他诉讼形式，如民事诉讼、刑事诉讼则可能更容易维护公民的生存权。如果两者间的实力有着天壤之别，则公民的生存利益就需要新的机制来加以保护，这种机制就是行政诉讼中的公益诉讼。[3] 公益诉讼是指“当行政主体的违法行为或不作为对公共利益造成侵害或有侵害之虞时，法律容许无直接利害关系人为维护公共利益而向人民法院提起行政诉讼的制度，是针对国家公权机关的作为或不作为提起的诉讼”。[4] 部分国家给付义务的特质与公益诉讼的目的与性质在本质上基本契合。从原告资格来看，公益诉讼突破了传统诉讼中的直接利害关系人理论，“法律必须设法给没有利害关系的或没有直接利害关系的居民找到一个位置，以便防止政府内部的不法行为，否则没有人有资格反对这种不法行为”。[5] 因此，以公益律师和公益团体为主体、以农民等社会弱势群体为代理对象展开的行政公益诉讼，或许就是一种更为明智的选择。

---

[1] ［德］耶林：《为权利而斗争》，郑永流译，法律出版社 2007 年版，第 21 页。

[2] 龚向和等：《民生保障的国家义务研究》，东南大学出版社 2019 年版，第 93 页。

[3] 张扩振：《生存权保障》，中国政法大学出版社 2016 年版，第 167 页。

[4] 蔡虹、梁远：“也论行政公益诉讼”，载《法学评论》2002 年第 3 期，第 100－107 页。

[5] ［英］威廉·韦德：《行政法》，徐炳译，中国大百科全书出版社 2007 年版，第 365 页。

附　录

中华人民共和国乡村振兴促进法

（2021 年 4 月 29 日第十三届全国人民代表大会常务委员会第二十八次会议通过）

目　录

第一章 总 则

第一条 为了全面实施乡村振兴战略，促进农业全面升级、农村全面进步、农民全面发展，加快农业农村现代化，全面建设社会主义现代化国家，制定本法。

第二条 全面实施乡村振兴战略，开展促进乡村产业振兴、人才振兴、文化振兴、生态振兴、组织振兴，推进城乡融合发展等活动，适用本法。

本法所称乡村，是指城市建成区以外具有自然、社会、经济特征和生产、生活、生态、文化等多重功能的地域综合体，包括乡镇和村庄等。

第三条 促进乡村振兴应当按照产业兴旺、生态宜居、乡风文明、治理有效、生活富裕的总要求，统筹推进农村经济建设、政治建设、文化建设、社会建设、生态文明建设和党的建设，充分发挥乡村在保障农产品供给和粮食安全、保护生态环境、传承发展中华优秀传统文化等方面的特有功能。

第四条 全面实施乡村振兴战略，应当坚持中国共产党的领导，贯彻创新、协调、绿色、开放、共享的新发展理念，走中国特色社会主义乡村振兴道路，促进共同富裕，遵循以下原则：

（一）坚持农业农村优先发展，在干部配备上优先考虑，在要素配置上优先满足，在资金投入上优先保障，在公共服务上优先安排；

（二）坚持农民主体地位，充分尊重农民意愿，保障农民民主权利和其他合法权益，调动农民的积极性、主动性、创造性，维护农民根本利益；

（三）坚持人与自然和谐共生，统筹山水林田湖草沙系统治理，推动绿色发展，推进生态文明建设；

（四）坚持改革创新，充分发挥市场在资源配置中的决定性作用，更好发挥政府作用，推进农业供给侧结构性改革和高质量发展，不断解放和发展乡村社会生产力，激发农村发展活力；

（五）坚持因地制宜、规划先行、循序渐进，顺应村庄发展规律，根据乡村的历史文化、发展现状、区位条件、资源禀赋、产业基础分类推进。

第五条 国家巩固和完善以家庭承包经营为基础、统分结合的双层经营体制，发展壮大农村集体所有制经济。

第六条 国家建立健全城乡融合发展的体制机制和政策体系，推动城乡要素有序流动、平等交换和公共资源均衡配置，坚持以工补农、以城带乡，推动形成工农互促、城乡互补、协调发展、共同繁荣的新型工农城乡关系。

第七条 国家坚持以社会主义核心价值观为引领，大力弘扬民族精神和时代精神，加强乡村优秀传统文化保护和公共文化服务体系建设，繁荣发展乡村文化。

每年农历秋分日为中国农民丰收节。

第八条 国家实施以我为主、立足国内、确保产能、适度进口、科技支撑的粮食安全战略，坚持藏粮于地、藏粮于技，采取措施不断提高粮食综合生产能力，建设国家粮食安全产业带，完善粮食加工、流通、储备体系，确保谷物基本自给、口粮绝对安全，保障国家粮食安全。

国家完善粮食加工、储存、运输标准，提高粮食加工出品率和利用率，推动节粮减损。

第九条 国家建立健全中央统筹、省负总责、市县乡抓落实的乡村振兴工作机制。

各级人民政府应当将乡村振兴促进工作纳入国民经济和社会发展规划，并建立乡村振兴考核评价制度、工作年度报告制度和监督检查制度。

第十条 国务院农业农村主管部门负责全国乡村振兴促进工作的统筹协调、宏观指导和监督检查；国务院其他有关部门在各自职责范围内负责有关的乡村振兴促进工作。

县级以上地方人民政府农业农村主管部门负责本行政区域内乡村振兴促进工作的统筹协调、指导和监督检查；县级以上地方人民政府其他有关部门在各自职责范围内负责有关的乡村振兴促进工作。

第十一条 各级人民政府及其有关部门应当采取多种形式，广泛宣传乡村振兴促进相关法律法规和政策，鼓励、支持人民团体、社会组织、企事业单位等社会各方面参与乡村振兴促进相关活动。

对在乡村振兴促进工作中作出显著成绩的单位和个人，按照国家有关规定给予表彰和奖励。

第二章 产业发展

第十二条 国家完善农村集体产权制度，增强农村集体所有制经济发展活力，促进集体资产保值增值，确保农民受益。

各级人民政府应当坚持以农民为主体，以乡村优势特色资源为依托，支持、促进农村一二三产业融合发展，推动建立现代农业产业体系、生产体系和经营体系，推进数字乡村建设，培育新产业、新业态、新模式和新型农业经营主体，促进小农户和现代农业发展有机衔接。

第十三条 国家采取措施优化农业生产力布局，推进农业结构调整，发展优势特色产业，保障粮食和重要农产品有效供给和质量安全，推动品种培优、品质提升、品牌打造和标准化生产，推动农业对外开放，提高农业质量、效益和竞争力。

国家实行重要农产品保障战略，分品种明确保障目标，构建科学合理、安全高效的重要农产品供给保障体系。

第十四条 国家建立农用地分类管理制度，严格保护耕地，严格控制农用地转为建设用地，严格控制耕地转为林地、园地等其他类型农用地。省、自治区、直辖市人民政府应当采取措施确保耕地总量不减少、质量有提高。

国家实行永久基本农田保护制度，建设粮食生产功能区、重要农产品生产保护区，建设并保护高标准农田。

地方各级人民政府应当推进农村土地整理和农用地科学安全利用，加强农田水利等基础设施建设，改善农业生产条件。

第十五条 国家加强农业种质资源保护利用和种质资源库建设，支持育种基础性、前沿性和应用技术研究，实施农作物和畜禽等良种培育、育种关键技术攻关，鼓励种业科技成果转化和优良品种推广，建立并实施种业国家安全审查机制，促进种业高质量发展。

第十六条 国家采取措施加强农业科技创新，培育创新主体，构建以企业为主体、产学研协同的创新机制，强化高等学校、科研机构、农业企业创新能力，建立创新平台，加强新品种、新技术、新装备、新产品研发，加强农业知识产权保护，推进生物种业、智慧农业、设施农业、农产品加工、绿色农业投入品等领域创新，建设现代农业产业技术体系，推动农业农村创新驱动发展。

国家健全农业科研项目评审、人才评价、成果产权保护制度，保障对农业科技基础性、公益性研究的投入，激发农业科技人员创新积极性。

第十七条 国家加强农业技术推广体系建设，促进建立有利于农业科技成果转化推广的激励机制和利益分享机制，鼓励企业、高等学校、职业学校、科研机构、科学技术社会团体、农民专业合作社、农业专业化社会化服务组织、农业科技人员等创新推广方式，开展农业技术推广服务。

第十八条 国家鼓励农业机械生产研发和推广应用，推进主要农作物生产全程机械化，提高设施农业、林草业、畜牧业、渔业和农产品初加工的装备水平，推动农机农艺融合、机械化信息化融合，促进机械化生产与农田建设相适应、服务模式与农业适度规模经营相适应。

国家鼓励农业信息化建设，加强农业信息监测预警和综合服务，推进农业生产经营信息化。

第十九条 各级人民政府应当发挥农村资源和生态优势，支持特色农业、休闲农业、现代农产品加工业、乡村手工业、绿色建材、红色旅游、乡村旅游、康养和乡村物流、电子商务等乡村产业的发展；引导新型经营主体通过特色化、专业化经营，合理配置生产要素，促进乡村产业深度融合；支持特色农产品优势区、现代农业产业园、农业科技园、农村创业园、休闲农业和乡村旅游重点村镇等的建设；统筹农产品生产地、集散地、销售地市场建设，加强农产品流通骨干网络和冷链物流体系建设；鼓励企业获得国际通行的农产品认证，增强乡村产业竞争力。

发展乡村产业应当符合国土空间规划和产业政策、环境保护的要求。

第二十条 各级人民政府应当完善扶持政策，加强指导服务，支持农民、返乡入乡人员在乡村创业创新，促进乡村产业发展和农民就业。

第二十一条 各级人民政府应当建立健全有利于农民收入稳定增长的机制，鼓励支持农民拓宽增收渠道，促进农民增加收入。

国家采取措施支持农村集体经济组织发展，为本集体成员提供生产生活服务，保障成员从集体经营收入中获得收益分配的权利。

国家支持农民专业合作社、家庭农场和涉农企业、电子商务企业、农业专业化社会化服务组织等以多种方式与农民建立紧密型利益联结机制，让农民共享全产业链增值收益。

第二十二条 各级人民政府应当加强国有农（林、牧、渔）场规划建设，推进国有农（林、牧、渔）场现代农业发展，鼓励国有农（林、牧、渔）场在农业农村现代化建设中发挥示范引领作用。

第二十三条 各级人民政府应当深化供销合作社综合改革，鼓励供销合作社加强与农民利益联结，完善市场运作机制，强化为农服务功能，发挥其为农服务综合性合作经济组织的作用。

第三章 人才支撑

第二十四条 国家健全乡村人才工作体制机制，采取措施鼓励和支持社会各方面提供教育培训、技术支持、创业指导等服务，培养本土人才，引导城市人才下乡，推动专业人才服务乡村，促进农业农村人才队伍建设。

第二十五条 各级人民政府应当加强农村教育工作统筹，持续改善农村学校办学条件，支持开展网络远程教育，提高农村基础教育质量，加大乡村教师培养力度，采取公费师范教育等方式吸引高等学校毕业生到乡村任教，对长期在乡村任教的教师在职称评定等方面给予优待，保障和改善乡村教师待遇，提高乡村教师学历水平、整体素质和乡村教育现代化水平。

各级人民政府应当采取措施加强乡村医疗卫生队伍建设，支持县乡村医疗卫生人员参加培训、进修，建立县乡村上下贯通的职业发展机制，对在乡村工作的医疗卫生人员实行优惠待遇，鼓励医学院校毕业生到乡村工作，支持医师到乡村医疗卫生机构执业、开办乡村诊所、普及医疗卫生知识，提高乡村医疗卫生服务能力。

各级人民政府应当采取措施培育农业科技人才、经营管理人才、法律服务人才、社会工作人才，加强乡村文化人才队伍建设，培育乡村文化骨干力量。

第二十六条 各级人民政府应当采取措施，加强职业教育和继续教育，组织开展农业技能培训、返乡创业就业培训和职业技能培训，培养有文化、懂技术、善经营、会管理的高素质农民和农村实用人才、创新创业带头人。

第二十七条 县级以上人民政府及其教育行政部门应当指导、支持高等学校、职业学校设置涉农相关专业，加大农村专业人才培养力度，鼓励高等学校、职业学校毕业生到农村就业创业。

第二十八条 国家鼓励城市人才向乡村流动，建立健全城乡、区域、校地之间人才培养合作与交流机制。

县级以上人民政府应当建立鼓励各类人才参与乡村建设的激励机制，搭建社会工作和乡村建设志愿服务平台，支持和引导各类人才通过多种方式服务乡村振兴。

乡镇人民政府和村民委员会、农村集体经济组织应当为返乡入乡人员和各类人才提供必要的生产生活服务。农村集体经济组织可以根据实际情况提供相关的福利待遇。

第四章 文化繁荣

第二十九条 各级人民政府应当组织开展新时代文明实践活动，加强农村精神文明建设，不断提高乡村社会文明程度。

第三十条 各级人民政府应当采取措施丰富农民文化体育生活，倡导科学健康的生产生活方式，发挥村规民约积极作用，普及科学知识，推进移风易俗，破除大操大办、铺张浪费等陈规陋习，提倡孝老爱亲、勤俭节约、诚实守信，促进男女平等，创建文明村镇、文明家庭，培育文明乡风、良好家风、淳朴民风，建设文明乡村。

第三十一条 各级人民政府应当健全完善乡村公共文化体育设施网络和服务运行机制，鼓励开展形式多样的农民群众性文化体育、节日民俗等活动，充分利用广播电视、视听网络和书籍报刊，拓展乡村文化服务渠道，提供便利可及的公共文化服务。

各级人民政府应当支持农业农村农民题材文艺创作，鼓励制作反映农民生产生活和乡村振兴实践的优秀文艺作品。

第三十二条 各级人民政府应当采取措施保护农业文化遗产和非物质文化遗产，挖掘优秀农业文化深厚内涵，弘扬红色文化，传承和发展优秀传统文化。

县级以上地方人民政府应当加强对历史文化名镇名村、传统村落和乡村风貌、少数民族特色村寨的保护，开展保护状况监测和评估，采取措施防御和减轻火灾、洪水、地震等灾害。

第三十三条 县级以上地方人民政府应当坚持规划引导、典型示范，有计划地建设特色鲜明、优势突出的农业文化展示区、文化产业特色村落，发展乡村特色文化体育产业，推动乡村地区传统工艺振兴，积极推动智慧广电乡村建设，活跃繁荣农村文化市场。

第五章 生态保护

第三十四条 国家健全重要生态系统保护制度和生态保护补偿机制，实施重要生态系统保护和修复工程，加强乡村生态保护和环境治理，绿化美化乡村环境，建设美丽乡村。

第三十五条 国家鼓励和支持农业生产者采用节水、节肥、节药、节能等先进的种植养殖技术，推动种养结合、农业资源综合开发，优先发展生态循环农业。

各级人民政府应当采取措施加强农业面源污染防治，推进农业投入品减量化、生产清洁化、废弃物资源化、产业模式生态化，引导全社会形成节约适度、绿色低碳、文明健康的生产生活和消费方式。

第三十六条 各级人民政府应当实施国土综合整治和生态修复，加强森林、草原、湿地等保护修复，开展荒漠化、石漠化、水土流失综合治理，改善乡村生态环境。

第三十七条 各级人民政府应当建立政府、村级组织、企业、农民等各方面参与的共建共管共享机制，综合整治农村水系，因地制宜推广卫生厕所和简便易行的垃圾分类，治理农村垃圾和污水，加强乡村无障碍设施建设，鼓励和支持使用清洁能源、可再生能源，持续改善农村人居环境。

第三十八条 国家建立健全农村住房建设质量安全管理制度和相关技术标准体系，建立农村低收入群体安全住房保障机制。建设农村住房应当避让灾害易发区域，符合抗震、防洪等基本安全要求。

县级以上地方人民政府应当加强农村住房建设管理和服务，强化新建农村住房规划管控，严格禁止违法占用耕地建房；鼓励农村住房设计体现地域、民族和乡土特色，鼓励农村住房建设采用新型建造技术和绿色建材，引导农民建设功能现代、结构安全、成本经济、绿色环保、与乡村环境相协调的宜居住房。

第三十九条 国家对农业投入品实行严格管理，对剧毒、高毒、高残留的农药、兽药采取禁用限用措施。农产品生产经营者不得使用国家禁用的农药、兽药或者其他有毒有害物质，不得违反农产品质量安全标准和国家有关规定超剂量、超范围使用农药、兽药、肥料、饲料添加剂等农业投入品。

第四十条 国家实行耕地养护、修复、休耕和草原森林河流湖泊休养生息制度。县级以上人民政府及其有关部门依法划定江河湖海限捕、禁捕的时间和区域，并可以根据地下水超采情况，划定禁止、限制开采地下水区域。

禁止违法将污染环境、破坏生态的产业、企业向农村转移。禁止违法将城镇垃圾、工业固体废物、未经达标处理的城镇污水等向农业农村转移。禁止向农用地排放重金属或者其他有毒有害物质含量超标的污水、污泥，以及可能造成土壤污染的清淤底泥、尾矿、矿渣等；禁止将有毒有害废物用作肥料或者用于造田和土地复垦。

地方各级人民政府及其有关部门应当采取措施，推进废旧农膜和农药等农业投入品包装废弃物回收处理，推进农作物秸秆、畜禽粪污的资源化利用，严格控制河流湖库、近岸海域投饵网箱养殖。

第六章 组织建设

第四十一条 建立健全党委领导、政府负责、民主协商、社会协同、公众参与、法治保障、科技支撑的现代乡村社会治理体制和自治、法治、德治相结合的乡村社会治理体系，建设充满活力、和谐有序的善治乡村。

地方各级人民政府应当加强乡镇人民政府社会管理和服务能力建设，把乡镇建成乡村治理中心、农村服务中心、乡村经济中心。

第四十二条 中国共产党农村基层组织，按照中国共产党章程和有关规定发挥全面领导作用。村民委员会、农村集体经济组织等应当在乡镇党委和村党组织的领导下，实行村民自治，发展集体所有制经济，维护农民合法权益，并应当接受村民监督。

第四十三条 国家建立健全农业农村工作干部队伍的培养、配备、使用、管理机制，选拔优秀干部充实到农业农村工作干部队伍，采取措施提高农业农村工作干部队伍的能力和水平，落实农村基层干部相关待遇保障，建设懂农业、爱农村、爱农民的农业农村工作干部队伍。

第四十四条 地方各级人民政府应当构建简约高效的基层管理体制，科学设置乡镇机构，加强乡村干部培训，健全农村基层服务体系，夯实乡村治理基础。

第四十五条 乡镇人民政府应当指导和支持农村基层群众性自治组织规范化、制度化建设，健全村民委员会民主决策机制和村务公开制度，增强村民自我管理、自我教育、自我服务、自我监督能力。

第四十六条 各级人民政府应当引导和支持农村集体经济组织发挥依法管理集体资产、合理开发集体资源、服务集体成员等方面的作用，保障农村集体经济组织的独立运营。

县级以上地方人民政府应当支持发展农民专业合作社、家庭农场、农业企业等多种经营主体，健全农业农村社会化服务体系。

第四十七条 县级以上地方人民政府应当采取措施加强基层群团组织建设，支持、规范和引导农村社会组织发展，发挥基层群团组织、农村社会组织团结群众、联系群众、服务群众等方面的作用。

第四十八条 地方各级人民政府应当加强基层执法队伍建设，鼓励乡镇人民政府根据需要设立法律顾问和公职律师，鼓励有条件的地方在村民委员会建立公共法律服务工作室，深入开展法治宣传教育和人民调解工作，健全乡村矛盾纠纷调处化解机制，推进法治乡村建设。

第四十九条 地方各级人民政府应当健全农村社会治安防控体系，加强农村警务工作，推动平安乡村建设；健全农村公共安全体系，强化农村公共卫生、安全生产、防灾减灾救灾、应急救援、应急广播、食品、药品、交通、消防等安全管理责任。

第七章 城乡融合

第五十条 各级人民政府应当协同推进乡村振兴战略和新型城镇化战略的实施，整体筹划城镇和乡村发展，科学有序统筹安排生态、农业、城镇等功能空间，优化城乡产业发展、基础设施、公共服务设施等布局，逐步健全全民覆盖、普惠共享、城乡一体的基本公共服务体系，加快县域城乡融合发展，促进农业高质高效、乡村宜居宜业、农民富裕富足。

第五十一条 县级人民政府和乡镇人民政府应当优化本行政区域内乡村发展布局，按照尊重农民意愿、方便群众生产生活、保持乡村功能和特色的原则，因地制宜安排村庄布局，依法编制村庄规划，分类有序推进村庄建设，严格规范村庄撤并，严禁违背农民意愿、违反法定程序撤并村庄。

第五十二条 县级以上地方人民政府应当统筹规划、建设、管护城乡道路以及垃圾污水处理、供水供电供气、物流、客运、信息通信、广播电视、消防、防灾减灾等公共基础设施和新型基础设施，推动城乡基础设施互联互通，保障乡村发展能源需求，保障农村饮用水安全，满足农民生产生活需要。

第五十三条 国家发展农村社会事业，促进公共教育、医疗卫生、社会保障等资源向农村倾斜，提升乡村基本公共服务水平，推进城乡基本公共服务均等化。

国家健全乡村便民服务体系，提升乡村公共服务数字化智能化水平，支持完善村级综合服务设施和综合信息平台，培育服务机构和服务类社会组织，完善服务运行机制，促进公共服务与自我服务有效衔接，增强生产生活服务功能。

第五十四条 国家完善城乡统筹的社会保障制度，建立健全保障机制，支持乡村提高社会保障管理服务水平；建立健全城乡居民基本养老保险待遇确定和基础养老金标准正常调整机制，确保城乡居民基本养老保险待遇随经济社会发展逐步提高。

国家支持农民按照规定参加城乡居民基本养老保险、基本医疗保险，鼓励具备条件的灵活就业人员和农业产业化从业人员参加职工基本养老保险、职工基本医疗保险等社会保险。

国家推进城乡最低生活保障制度统筹发展，提高农村特困人员供养等社会救助水平，加强对农村留守儿童、妇女和老年人以及残疾人、困境儿童的关爱服务，支持发展农村普惠型养老服务和互助性养老。

第五十五条 国家推动形成平等竞争、规范有序、城乡统一的人力资源市场，健全城乡均等的公共就业创业服务制度。

县级以上地方人民政府应当采取措施促进在城镇稳定就业和生活的农民自愿有序进城落户，不得以退出土地承包经营权、宅基地使用权、集体收益分配权等作为农民进城落户的条件；推进取得居住证的农民及其随迁家属享受城镇基本公共服务。

国家鼓励社会资本到乡村发展与农民利益联结型项目，鼓励城市居民到乡村旅游、休闲度假、养生养老等，但不得破坏乡村生态环境，不得损害农村集体经济组织及其成员的合法权益。

第五十六条 县级以上人民政府应当采取措施促进城乡产业协同发展，在保障农民主体地位的基础上健全联农带农激励机制，实现乡村经济多元化和农业全产业链发展。

第五十七条 各级人民政府及其有关部门应当采取措施鼓励农民进城务工，全面落实城乡劳动者平等就业、同工同酬，依法保障农民工工资支付和社会保障权益。

第八章 扶持措施

第五十八条 国家建立健全农业支持保护体系和实施乡村振兴战略财政投入保障制度。县级以上人民政府应当优先保障用于乡村振兴的财政投入，确保投入力度不断增强、总量持续增加、与乡村振兴目标任务相适应。

省、自治区、直辖市人民政府可以依法发行政府债券，用于现代农业设施建设和乡村建设。

各级人民政府应当完善涉农资金统筹整合长效机制，强化财政资金监督管理，全面实施预算绩效管理，提高财政资金使用效益。

第五十九条 各级人民政府应当采取措施增强脱贫地区内生发展能力，建立农村低收入人口、欠发达地区帮扶长效机制，持续推进脱贫地区发展；建立健全易返贫致贫人口动态监测预警和帮扶机制，实现巩固拓展脱贫攻坚成果同乡村振兴有效衔接。

国家加大对革命老区、民族地区、边疆地区实施乡村振兴战略的支持力度。

第六十条 国家按照增加总量、优化存量、提高效能的原则，构建以高质量绿色发展为导向的新型农业补贴政策体系。

第六十一条 各级人民政府应当坚持取之于农、主要用之于农的原则，按照国家有关规定调整完善土地使用权出让收入使用范围，提高农业农村投入比例，重点用于高标准农田建设、农田水利建设、现代种业提升、农村供水保障、农村人居环境整治、农村土地综合整治、耕地及永久基本农田保护、村庄公共设施建设和管护、农村教育、农村文化和精神文明建设支出，以及与农业农村直接相关的山水林田湖草沙生态保护修复、以工代赈工程建设等。

第六十二条 县级以上人民政府设立的相关专项资金、基金应当按照规定加强对乡村振兴的支持。

国家支持以市场化方式设立乡村振兴基金，重点支持乡村产业发展和公共基础设施建设。

县级以上地方人民政府应当优化乡村营商环境，鼓励创新投融资方式，引导社会资本投向乡村。

第六十三条 国家综合运用财政、金融等政策措施，完善政府性融资担保机制，依法完善乡村资产抵押担保权能，改进、加强乡村振兴的金融支持和服务。

财政出资设立的农业信贷担保机构应当主要为从事农业生产和与农业生产直接相关的经营主体服务。

第六十四条 国家健全多层次资本市场，多渠道推动涉农企业股权融资，发展并规范债券市场，促进涉农企业利用多种方式融资；丰富农产品期货品种，发挥期货市场价格发现和风险分散功能。

第六十五条 国家建立健全多层次、广覆盖、可持续的农村金融服务体系，完善金融支持乡村振兴考核评估机制，促进农村普惠金融发展，鼓励金融机构依法将更多资源配置到乡村发展的重点领域和薄弱环节。

政策性金融机构应当在业务范围内为乡村振兴提供信贷支持和其他金融服务，加大对乡村振兴的支持力度。

商业银行应当结合自身职能定位和业务优势，创新金融产品和服务模式，扩大基础金融服务覆盖面，增加对农民和农业经营主体的信贷规模，为乡村振兴提供金融服务。

农村商业银行、农村合作银行、农村信用社等农村中小金融机构应当主要为本地农业农村农民服务，当年新增可贷资金主要用于当地农业农村发展。

第六十六条 国家建立健全多层次农业保险体系，完善政策性农业保险制度，鼓励商业性保险公司开展农业保险业务，支持农民和农业经营主体依法开展互助合作保险。

县级以上人民政府应当采取保费补贴等措施，支持保险机构适当增加保险品种，扩大农业保险覆盖面，促进农业保险发展。

第六十七条 县级以上地方人民政府应当推进节约集约用地，提高土地使用效率，依法采取措施盘活农村存量建设用地，激活农村土地资源，完善农村新增建设用地保障机制，满足乡村产业、公共服务设施和农民住宅用地合理需求。

县级以上地方人民政府应当保障乡村产业用地，建设用地指标应当向乡村发展倾斜，县域内新增耕地指标应当优先用于折抵乡村产业发展所需建设用地指标，探索灵活多样的供地新方式。

经国土空间规划确定为工业、商业等经营性用途并依法登记的集体经营性建设用地，土地所有权人可以依法通过出让、出租等方式交由单位或者个人使用，优先用于发展集体所有制经济和乡村产业。

第九章 监督检查

第六十八条 国家实行乡村振兴战略实施目标责任制和考核评价制度。上级人民政府应当对下级人民政府实施乡村振兴战略的目标完成情况等进行考核，考核结果作为地方人民政府及其负责人综合考核评价的重要内容。

第六十九条 国务院和省、自治区、直辖市人民政府有关部门建立客观反映乡村振兴进展的指标和统计体系。县级以上地方人民政府应当对本行政区域内乡村振兴战略实施情况进行评估。

第七十条 县级以上各级人民政府应当向本级人民代表大会或者其常务委员会报告乡村振兴促进工作情况。乡镇人民政府应当向本级人民代表大会报告乡村振兴促进工作情况。

第七十一条 地方各级人民政府应当每年向上一级人民政府报告乡村振兴促进工作情况。

县级以上人民政府定期对下一级人民政府乡村振兴促进工作情况开展监督检查。

第七十二条 县级以上人民政府发展改革、财政、农业农村、审计等部门按照各自职责对农业农村投入优先保障机制落实情况、乡村振兴资金使用情况和绩效等实施监督。

第七十三条 各级人民政府及其有关部门在乡村振兴促进工作中不履行或者不正确履行职责的，依照法律法规和国家有关规定追究责任，对直接负责的主管人员和其他直接责任人员依法给予处分。

违反有关农产品质量安全、生态环境保护、土地管理等法律法规的，由有关主管部门依法予以处罚；构成犯罪的，依法追究刑事责任。

第十章 附 则

第七十四条 本法自 2021 年 6 月 1 日起施行。

中华人民共和国就业促进法

（2007 年 8 月 30 日第十届全国人民代表大会常务委员会第二十九次会议通过　根据 2015 年 4 月 24 日第十二届全国人民代表大会常务委员会第十四次会议《关于修改〈中华人民共和国电力法〉等六部法律的决定》修正）

目　录

第一章　总　则

第一条　为了促进就业，促进经济发展与扩大就业相协调，促进社会和谐稳定，制定本法。

第二条　国家把扩大就业放在经济社会发展的突出位置，实施积极的就业政策，坚持劳动者自主择业、市场调节就业、政府促进就业的方针，多渠道扩大就业。

第三条 劳动者依法享有平等就业和自主择业的权利。

劳动者就业，不因民族、种族、性别、宗教信仰等不同而受歧视。

第四条 县级以上人民政府把扩大就业作为经济和社会发展的重要目标，纳入国民经济和社会发展规划，并制定促进就业的中长期规划和年度工作计划。

第五条 县级以上人民政府通过发展经济和调整产业结构、规范人力资源市场、完善就业服务、加强职业教育和培训、提供就业援助等措施，创造就业条件，扩大就业。

第六条 国务院建立全国促进就业工作协调机制，研究就业工作中的重大问题，协调推动全国的促进就业工作。国务院劳动行政部门具体负责全国的促进就业工作。

省、自治区、直辖市人民政府根据促进就业工作的需要，建立促进就业工作协调机制，协调解决本行政区域就业工作中的重大问题。

县级以上人民政府有关部门按照各自的职责分工，共同做好促进就业工作。

第七条 国家倡导劳动者树立正确的择业观念，提高就业能力和创业能力；鼓励劳动者自主创业、自谋职业。

各级人民政府和有关部门应当简化程序，提高效率，为劳动者自主创业、自谋职业提供便利。

第八条 用人单位依法享有自主用人的权利。

用人单位应当依照本法以及其他法律、法规的规定，保障劳动者的合法权益。

第九条 工会、共产主义青年团、妇女联合会、残疾人联合会以及其他社会组织，协助人民政府开展促进就业工作，依法维护劳动者的劳动权利。

第十条 各级人民政府和有关部门对在促进就业工作中作出显著成绩的单位和个人，给予表彰和奖励。

第二章 政策支持

第十一条 县级以上人民政府应当把扩大就业作为重要职责，统筹协调产业政策与就业政策。

第十二条 国家鼓励各类企业在法律、法规规定的范围内，通过兴办产业或者拓展经营，增加就业岗位。

国家鼓励发展劳动密集型产业、服务业，扶持中小企业，多渠道、多方式增加就业岗位。

国家鼓励、支持、引导非公有制经济发展，扩大就业，增加就业岗位。

第十三条 国家发展国内外贸易和国际经济合作，拓宽就业渠道。

第十四条 县级以上人民政府在安排政府投资和确定重大建设项目时，应当发挥投资和重大建设项目带动就业的作用，增加就业岗位。

第十五条 国家实行有利于促进就业的财政政策，加大资金投入，改善就业环境，扩大就业。

县级以上人民政府应当根据就业状况和就业工作目标，在财政预算中安排就业专项资金用于促进就业工作。

就业专项资金用于职业介绍、职业培训、公益性岗位、职业技能鉴定、特定就业政策和社会保险等的补贴，小额贷款担保基金和微利项目的小额担保贷款贴息，以及扶持公共就业服务等。就业专项资金的使用管理办法由国务院财政部门和劳动行政部门规定。

第十六条 国家建立健全失业保险制度，依法确保失业人员的基本生活，并促进其实现就业。

第十七条 国家鼓励企业增加就业岗位，扶持失业人员和残疾人就业，对下列企业、人员依法给予税收优惠：

（一）吸纳符合国家规定条件的失业人员达到规定要求的企业；

（二）失业人员创办的中小企业；

（三）安置残疾人员达到规定比例或者集中使用残疾人的企业；

（四）从事个体经营的符合国家规定条件的失业人员；

（五）从事个体经营的残疾人；

（六）国务院规定给予税收优惠的其他企业、人员。

第十八条 对本法第十七条第四项、第五项规定的人员，有关部门应当在经营场地等方面给予照顾，免除行政事业性收费。

第十九条 国家实行有利于促进就业的金融政策，增加中小企业的融资渠道；鼓励金融机构改进金融服务，加大对中小企业的信贷支持，并对自主创业人员在一定期限内给予小额信贷等扶持。

第二十条 国家实行城乡统筹的就业政策，建立健全城乡劳动者平等就业的制度，引导农业富余劳动力有序转移就业。

县级以上地方人民政府推进小城镇建设和加快县域经济发展，引导农业富余劳动力就地就近转移就业；在制定小城镇规划时，将本地区农业富余劳动力转移就业作为重要内容。

县级以上地方人民政府引导农业富余劳动力有序向城市异地转移就业；劳动力输出地和输入地人民政府应当互相配合，改善农村劳动者进城就业的环境和条件。

第二十一条 国家支持区域经济发展，鼓励区域协作，统筹协调不同地区就业的均衡增长。

国家支持民族地区发展经济，扩大就业。

第二十二条 各级人民政府统筹做好城镇新增劳动力就业、农业富余劳动力转移就业和失业人员就业工作。

第二十三条 各级人民政府采取措施，逐步完善和实施与非全日制用工等灵活就业相适应的劳动和社会保险政策，为灵活就业人员提供帮助和服务。

第二十四条 地方各级人民政府和有关部门应当加强对失业人员从事个体经营的指导，提供政策咨询、就业培训和开业指导等服务。

第三章 公平就业

第二十五条 各级人民政府创造公平就业的环境，消除就业歧视，制定政策并采取措施对就业困难人员给予扶持和援助。

第二十六条 用人单位招用人员、职业中介机构从事职业中介活动，应当向劳动者提供平等的就业机会和公平的就业条件，不得实施就业歧视。

第二十七条 国家保障妇女享有与男子平等的劳动权利。

用人单位招用人员，除国家规定的不适合妇女的工种或者岗位外，不得以性别为由拒绝录用妇女或者提高对妇女的录用标准。

用人单位录用女职工，不得在劳动合同中规定限制女职工结婚、生育的内容。

第二十八条 各民族劳动者享有平等的劳动权利。

用人单位招用人员，应当依法对少数民族劳动者给予适当照顾。

第二十九条 国家保障残疾人的劳动权利。

各级人民政府应当对残疾人就业统筹规划，为残疾人创造就业条件。

用人单位招用人员，不得歧视残疾人。

第三十条 用人单位招用人员，不得以是传染病病原携带者为由拒绝录用。但是，经医学鉴定传染病病原携带者在治愈前或者排除传染嫌疑前，不得从事法律、行政法规和国务院卫生行政部门规定禁止从事的易使传染病扩散的工作。

第三十一条 农村劳动者进城就业享有与城镇劳动者平等的劳动权利，不得对农村劳动者进城就业设置歧视性限制。

第四章 就业服务和管理

第三十二条 县级以上人民政府培育和完善统一开放、竞争有序的人力资源市场，为劳动者就业提供服务。

第三十三条 县级以上人民政府鼓励社会各方面依法开展就业服务活动，加强对公共就业服务和职业中介服务的指导和监督，逐步完善覆盖城乡的就业服务体系。

第三十四条 县级以上人民政府加强人力资源市场信息网络及相关设施建设，建立健全人力资源市场信息服务体系，完善市场信息发布制度。

第三十五条 县级以上人民政府建立健全公共就业服务体系，设立公共就业服务机构，为劳动者免费提供下列服务：

（一）就业政策法规咨询；

（二）职业供求信息、市场工资指导价位信息和职业培训信息发布；

（三）职业指导和职业介绍；

（四）对就业困难人员实施就业援助；

（五）办理就业登记、失业登记等事务；

（六）其他公共就业服务。

公共就业服务机构应当不断提高服务的质量和效率，不得从事经营性活动。

公共就业服务经费纳入同级财政预算。

第三十六条 县级以上地方人民政府对职业中介机构提供公益性就业服务的，按照规定给予补贴。

国家鼓励社会各界为公益性就业服务提供捐赠、资助。

第三十七条 地方各级人民政府和有关部门不得举办或者与他人联合举办经营性的职业中介机构。

地方各级人民政府和有关部门、公共就业服务机构举办的招聘会，不得向劳动者收取费用。

第三十八条 县级以上人民政府和有关部门加强对职业中介机构的管理，鼓励其提高服务质量，发挥其在促进就业中的作用。

第三十九条 从事职业中介活动，应当遵循合法、诚实信用、公平、公开的原则。

用人单位通过职业中介机构招用人员，应当如实向职业中介机构提供岗位需求信息。

禁止任何组织或者个人利用职业中介活动侵害劳动者的合法权益。

第四十条 设立职业中介机构应当具备下列条件：

（一）有明确的章程和管理制度；

（二）有开展业务必备的固定场所、办公设施和一定数额的开办资金；

（三）有一定数量具备相应职业资格的专职工作人员；

（四）法律、法规规定的其他条件。

设立职业中介机构应当在工商行政管理部门办理登记后，向劳动行政部门申请行政许可。

未经依法许可和登记的机构，不得从事职业中介活动。

国家对外商投资职业中介机构和向劳动者提供境外就业服务的职业中介机构另有规定的，依照其规定。

第四十一条 职业中介机构不得有下列行为：

（一）提供虚假就业信息；

（二）为无合法证照的用人单位提供职业中介服务；

（三）伪造、涂改、转让职业中介许可证；

（四）扣押劳动者的居民身份证和其他证件，或者向劳动者收取押金；

（五）其他违反法律、法规规定的行为。

第四十二条 县级以上人民政府建立失业预警制度，对可能出现的较大规模的失业，实施预防、调节和控制。

第四十三条 国家建立劳动力调查统计制度和就业登记、失业登记制度，开展劳动力资源和就业、失业状况调查统计，并公布调查统计结果。

统计部门和劳动行政部门进行劳动力调查统计和就业、失业登记时，用人单位和个人应当如实提供调查统计和登记所需要的情况。

第五章 职业教育和培训

第四十四条 国家依法发展职业教育，鼓励开展职业培训，促进劳动者提高职业技能，增强就业能力和创业能力。

第四十五条 县级以上人民政府根据经济社会发展和市场需求，制定并实施职业能力开发计划。

第四十六条 县级以上人民政府加强统筹协调，鼓励和支持各类职业院校、职业技能培训机构和用人单位依法开展就业前培训、在职培训、再就业培训和创业培训；鼓励劳动者参加各种形式的培训。

第四十七条 县级以上地方人民政府和有关部门根据市场需求和产业发展方向，鼓励、指导企业加强职业教育和培训。

职业院校、职业技能培训机构与企业应当密切联系，实行产教结合，为经济建设服务，培养实用人才和熟练劳动者。

企业应当按照国家有关规定提取职工教育经费，对劳动者进行职业技能培训和继续教育培训。

第四十八条 国家采取措施建立健全劳动预备制度，县级以上地方人民政府对有就业要求的初高中毕业生实行一定期限的职业教育和培训，使其取得相应的职业资格或者掌握一定的职业技能。

第四十九条 地方各级人民政府鼓励和支持开展就业培训，帮助失业人员提高职业技能，增强其就业能力和创业能力。失业人员参加就业培训的，按照有关规定享受政府培训补贴。

第五十条 地方各级人民政府采取有效措施，组织和引导进城就业的农村劳动者参加技能培训，鼓励各类培训机构为进城就业的农村劳动者提供技能培训，增强其就业能力和创业能力。

第五十一条 国家对从事涉及公共安全、人身健康、生命财产安全等特殊工种的劳动者，实行职业资格证书制度，具体办法由国务院规定。

第六章 就业援助

第五十二条 各级人民政府建立健全就业援助制度，采取税费减免、贷款贴息、社会保险补贴、岗位补贴等办法，通过公益性岗位安置等途径，对就业困难人员实行优先扶持和重点帮助。

就业困难人员是指因身体状况、技能水平、家庭因素、失去土地等原因难以实现就业，以及连续失业一定时间仍未能实现就业的人员。就业困难人员的具体范围，由省、自治区、直辖市人民政府根据本行政区域的实际情况规定。

第五十三条 政府投资开发的公益性岗位，应当优先安排符合岗位要求的就业困难人员。被安排在公益性岗位工作的，按照国家规定给予岗位补贴。

第五十四条 地方各级人民政府加强基层就业援助服务工作，对就业困难人员实施重点帮助，提供有针对性的就业服务和公益性岗位援助。

地方各级人民政府鼓励和支持社会各方面为就业困难人员提供技能培训、岗位信息等服务。

第五十五条 各级人民政府采取特别扶助措施，促进残疾人就业。

用人单位应当按照国家规定安排残疾人就业，具体办法由国务院规定。

第五十六条 县级以上地方人民政府采取多种就业形式，拓宽公益性岗位范围，开发就业岗位，确保城市有就业需求的家庭至少有一人实现就业。

法定劳动年龄内的家庭人员均处于失业状况的城市居民家庭，可以向住所地街道、社区公共就业服务机构申请就业援助。街道、社区公共就业服务机构经确认属实的，应当为该家庭中至少一人提供适当的就业岗位。

第五十七条 国家鼓励资源开采型城市和独立工矿区发展与市场需求相适应的产业，引导劳动者转移就业。

对因资源枯竭或者经济结构调整等原因造成就业困难人员集中的地区，上级人民政府应当给予必要的扶持和帮助。

第七章 监督检查

第五十八条 各级人民政府和有关部门应当建立促进就业的目标责任制度。县级以上人民政府按照促进就业目标责任制的要求，对所属的有关部门和下一级人民政府进行考核和监督。

第五十九条 审计机关、财政部门应当依法对就业专项资金的管理和使用情况进行监督检查。

第六十条 劳动行政部门应当对本法实施情况进行监督检查，建立举报制度，受理对违反本法行为的举报，并及时予以核实、处理。

第八章 法律责任

第六十一条 违反本法规定，劳动行政等有关部门及其工作人员滥用职权、玩忽职守、徇私舞弊的，对直接负责的主管人员和其他直接责任人员依法给予处分。

第六十二条 违反本法规定，实施就业歧视的，劳动者可以向人民法院提起诉讼。

第六十三条 违反本法规定，地方各级人民政府和有关部门、公共就业服务机构举办经营性的职业中介机构，从事经营性职业中介活动，向劳动者收取费用的，由上级主管机关责令限期改正，将违法收取的费用退还劳动者，并对直接负责的主管人员和其他直接责任人员依法给予处分。

第六十四条　违反本法规定，未经许可和登记，擅自从事职业中介活动的，由劳动行政部门或者其他主管部门依法予以关闭；有违法所得的，没收违法所得，并处一万元以上五万元以下的罚款。

第六十五条　违反本法规定，职业中介机构提供虚假就业信息，为无合法证照的用人单位提供职业中介服务，伪造、涂改、转让职业中介许可证的，由劳动行政部门或者其他主管部门责令改正；有违法所得的，没收违法所得，并处一万元以上五万元以下的罚款；情节严重的，吊销职业中介许可证。

第六十六条　违反本法规定，职业中介机构扣押劳动者居民身份证等证件的，由劳动行政部门责令限期退还劳动者，并依照有关法律规定给予处罚。

违反本法规定，职业中介机构向劳动者收取押金的，由劳动行政部门责令限期退还劳动者，并以每人五百元以上二千元以下的标准处以罚款。

第六十七条　违反本法规定，企业未按照国家规定提取职工教育经费，或者挪用职工教育经费的，由劳动行政部门责令改正，并依法给予处罚。

第六十八条　违反本法规定，侵害劳动者合法权益，造成财产损失或者其他损害的，依法承担民事责任；构成犯罪的，依法追究刑事责任。

第九章　附　则

第六十九条　本法自2008年1月1日起施行。

中华人民共和国社会保险法

（2010 年 10 月 28 日第十一届全国人民代表大会常务委员会第十七次会议通过　根据 2018 年 12 月 29 日第十三届全国人民代表大会常务委员会第七次会议《关于修改〈中华人民共和国社会保险法〉的决定》修正）

目　录

第一章　总　则

第一条　为了规范社会保险关系，维护公民参加社会保险和享受社会保险待遇的合法权益，使公民共享发展成果，促进社会和谐稳定，根据宪法，制定本法。

第二条 国家建立基本养老保险、基本医疗保险、工伤保险、失业保险、生育保险等社会保险制度，保障公民在年老、疾病、工伤、失业、生育等情况下依法从国家和社会获得物质帮助的权利。

第三条 社会保险制度坚持广覆盖、保基本、多层次、可持续的方针，社会保险水平应当与经济社会发展水平相适应。

第四条 中华人民共和国境内的用人单位和个人依法缴纳社会保险费，有权查询缴费记录、个人权益记录，要求社会保险经办机构提供社会保险咨询等相关服务。

个人依法享受社会保险待遇，有权监督本单位为其缴费情况。

第五条 县级以上人民政府将社会保险事业纳入国民经济和社会发展规划。

国家多渠道筹集社会保险资金。县级以上人民政府对社会保险事业给予必要的经费支持。

国家通过税收优惠政策支持社会保险事业。

第六条 国家对社会保险基金实行严格监管。

国务院和省、自治区、直辖市人民政府建立健全社会保险基金监督管理制度，保障社会保险基金安全、有效运行。

县级以上人民政府采取措施，鼓励和支持社会各方面参与社会保险基金的监督。

第七条 国务院社会保险行政部门负责全国的社会保险管理工作，国务院其他有关部门在各自的职责范围内负责有关的社会保险工作。

县级以上地方人民政府社会保险行政部门负责本行政区域的

社会保险管理工作，县级以上地方人民政府其他有关部门在各自的职责范围内负责有关的社会保险工作。

第八条 社会保险经办机构提供社会保险服务，负责社会保险登记、个人权益记录、社会保险待遇支付等工作。

第九条 工会依法维护职工的合法权益，有权参与社会保险重大事项的研究，参加社会保险监督委员会，对与职工社会保险权益有关的事项进行监督。

第二章 基本养老保险

第十条 职工应当参加基本养老保险，由用人单位和职工共同缴纳基本养老保险费。

无雇工的个体工商户、未在用人单位参加基本养老保险的非全日制从业人员以及其他灵活就业人员可以参加基本养老保险，由个人缴纳基本养老保险费。

公务员和参照公务员法管理的工作人员养老保险的办法由国务院规定。

第十一条 基本养老保险实行社会统筹与个人账户相结合。

基本养老保险基金由用人单位和个人缴费以及政府补贴等组成。

第十二条 用人单位应当按照国家规定的本单位职工工资总额的比例缴纳基本养老保险费，记入基本养老保险统筹基金。

职工应当按照国家规定的本人工资的比例缴纳基本养老保险费，记入个人账户。

无雇工的个体工商户、未在用人单位参加基本养老保险的非全日制从业人员以及其他灵活就业人员参加基本养老保险的，应当按照国家规定缴纳基本养老保险费，分别记入基本养老保险统筹基金和个人账户。

第十三条 国有企业、事业单位职工参加基本养老保险前，视同缴费年限期间应当缴纳的基本养老保险费由政府承担。

基本养老保险基金出现支付不足时，政府给予补贴。

第十四条 个人账户不得提前支取，记账利率不得低于银行定期存款利率，免征利息税。个人死亡的，个人账户余额可以继承。

第十五条 基本养老金由统筹养老金和个人账户养老金组成。

基本养老金根据个人累计缴费年限、缴费工资、当地职工平均工资、个人账户金额、城镇人口平均预期寿命等因素确定。

第十六条 参加基本养老保险的个人，达到法定退休年龄时累计缴费满十五年的，按月领取基本养老金。

参加基本养老保险的个人，达到法定退休年龄时累计缴费不足十五年的，可以缴费至满十五年，按月领取基本养老金；也可以转入新型农村社会养老保险或者城镇居民社会养老保险，按照国务院规定享受相应的养老保险待遇。

第十七条 参加基本养老保险的个人，因病或者非因工死亡的，其遗属可以领取丧葬补助金和抚恤金；在未达到法定退休年龄时因病或者非因工致残完全丧失劳动能力的，可以领取病残津贴。所需资金从基本养老保险基金中支付。

第十八条 国家建立基本养老金正常调整机制。根据职工平均工资增长、物价上涨情况，适时提高基本养老保险待遇水平。

第十九条 个人跨统筹地区就业的，其基本养老保险关系随本人转移，缴费年限累计计算。个人达到法定退休年龄时，基本养老金分段计算、统一支付。具体办法由国务院规定。

第二十条 国家建立和完善新型农村社会养老保险制度。

新型农村社会养老保险实行个人缴费、集体补助和政府补贴相结合。

第二十一条 新型农村社会养老保险待遇由基础养老金和个人账户养老金组成。

参加新型农村社会养老保险的农村居民，符合国家规定条件的，按月领取新型农村社会养老保险待遇。

第二十二条 国家建立和完善城镇居民社会养老保险制度。

省、自治区、直辖市人民政府根据实际情况，可以将城镇居民社会养老保险和新型农村社会养老保险合并实施。

第三章 基本医疗保险

第二十三条 职工应当参加职工基本医疗保险，由用人单位和职工按照国家规定共同缴纳基本医疗保险费。

无雇工的个体工商户、未在用人单位参加职工基本医疗保险的非全日制从业人员以及其他灵活就业人员可以参加职工基本医疗保险，由个人按照国家规定缴纳基本医疗保险费。

第二十四条 国家建立和完善新型农村合作医疗制度。

新型农村合作医疗的管理办法，由国务院规定。

第二十五条 国家建立和完善城镇居民基本医疗保险制度。

城镇居民基本医疗保险实行个人缴费和政府补贴相结合。

享受最低生活保障的人、丧失劳动能力的残疾人、低收入家庭六十周岁以上的老年人和未成年人等所需个人缴费部分，由政府给予补贴。

第二十六条 职工基本医疗保险、新型农村合作医疗和城镇居民基本医疗保险的待遇标准按照国家规定执行。

第二十七条 参加职工基本医疗保险的个人，达到法定退休年龄时累计缴费达到国家规定年限的，退休后不再缴纳基本医疗保险费，按照国家规定享受基本医疗保险待遇；未达到国家规定年限的，可以缴费至国家规定年限。

第二十八条 符合基本医疗保险药品目录、诊疗项目、医疗服务设施标准以及急诊、抢救的医疗费用，按照国家规定从基本医疗保险基金中支付。

第二十九条 参保人员医疗费用中应当由基本医疗保险基金支付的部分，由社会保险经办机构与医疗机构、药品经营单位直接结算。

社会保险行政部门和卫生行政部门应当建立异地就医医疗费用结算制度，方便参保人员享受基本医疗保险待遇。

第三十条 下列医疗费用不纳入基本医疗保险基金支付范围：

（一）应当从工伤保险基金中支付的；

（二）应当由第三人负担的；

（三）应当由公共卫生负担的；

（四）在境外就医的。

医疗费用依法应当由第三人负担，第三人不支付或者无法确定第三人的，由基本医疗保险基金先行支付。基本医疗保险基金先行支付后，有权向第三人追偿。

第三十一条 社会保险经办机构根据管理服务的需要，可以与医疗机构、药品经营单位签订服务协议，规范医疗服务行为。

医疗机构应当为参保人员提供合理、必要的医疗服务。

第三十二条 个人跨统筹地区就业的，其基本医疗保险关系随本人转移，缴费年限累计计算。

第四章　工伤保险

第三十三条　职工应当参加工伤保险，由用人单位缴纳工伤保险费，职工不缴纳工伤保险费。

第三十四条　国家根据不同行业的工伤风险程度确定行业的差别费率，并根据使用工伤保险基金、工伤发生率等情况在每个行业内确定费率档次。行业差别费率和行业内费率档次由国务院社会保险行政部门制定，报国务院批准后公布施行。

社会保险经办机构根据用人单位使用工伤保险基金、工伤发生率和所属行业费率档次等情况，确定用人单位缴费费率。

第三十五条　用人单位应当按照本单位职工工资总额，根据社会保险经办机构确定的费率缴纳工伤保险费。

第三十六条　职工因工作原因受到事故伤害或者患职业病，且经工伤认定的，享受工伤保险待遇；其中，经劳动能力鉴定丧失劳动能力的，享受伤残待遇。

工伤认定和劳动能力鉴定应当简捷、方便。

第三十七条　职工因下列情形之一导致本人在工作中伤亡的，不认定为工伤：

（一）故意犯罪；

（二）醉酒或者吸毒；

（三）自残或者自杀；

（四）法律、行政法规规定的其他情形。

第三十八条　因工伤发生的下列费用，按照国家规定从工伤保险基金中支付：

（一）治疗工伤的医疗费用和康复费用；

（二）住院伙食补助费；

（三）到统筹地区以外就医的交通食宿费；

（四）安装配置伤残辅助器具所需费用；

（五）生活不能自理的，经劳动能力鉴定委员会确认的生活护理费；

（六）一次性伤残补助金和一至四级伤残职工按月领取的伤残津贴；

（七）终止或者解除劳动合同时，应当享受的一次性医疗补助金；

（八）因工死亡的，其遗属领取的丧葬补助金、供养亲属抚恤金和因工死亡补助金；

（九）劳动能力鉴定费。

第三十九条　因工伤发生的下列费用，按照国家规定由用人单位支付：

（一）治疗工伤期间的工资福利；

（二）五级、六级伤残职工按月领取的伤残津贴；

（三）终止或者解除劳动合同时，应当享受的一次性伤残就业补助金。

第四十条　工伤职工符合领取基本养老金条件的，停发伤残津贴，享受基本养老保险待遇。基本养老保险待遇低于伤残津贴的，从工伤保险基金中补足差额。

第四十一条　职工所在用人单位未依法缴纳工伤保险费，发生工伤事故的，由用人单位支付工伤保险待遇。用人单位不支付的，从工伤保险基金中先行支付。

从工伤保险基金中先行支付的工伤保险待遇应当由用人单位偿还。用人单位不偿还的，社会保险经办机构可以依照本法第六十三条的规定追偿。

第四十二条 由于第三人的原因造成工伤，第三人不支付工伤医疗费用或者无法确定第三人的，由工伤保险基金先行支付。工伤保险基金先行支付后，有权向第三人追偿。

第四十三条 工伤职工有下列情形之一的，停止享受工伤保险待遇：

（一）丧失享受待遇条件的；

（二）拒不接受劳动能力鉴定的；

（三）拒绝治疗的。

第五章 失业保险

第四十四条 职工应当参加失业保险，由用人单位和职工按照国家规定共同缴纳失业保险费。

第四十五条 失业人员符合下列条件的，从失业保险基金中领取失业保险金：

（一）失业前用人单位和本人已经缴纳失业保险费满一年的；

（二）非因本人意愿中断就业的；

（三）已经进行失业登记，并有求职要求的。

第四十六条 失业人员失业前用人单位和本人累计缴费满一年不足五年的，领取失业保险金的期限最长为十二个月；累计缴费满五年不足十年的，领取失业保险金的期限最长为十八个月；累计缴费十年以上的，领取失业保险金的期限最长为二十四个月。重新就业后，再次失业的，缴费时间重新计算，领取失业保险金的期限与前次失业应当领取而尚未领取的失业保险金的期限合并计算，最长不超过二十四个月。

第四十七条 失业保险金的标准，由省、自治区、直辖市人民政府确定，不得低于城市居民最低生活保障标准。

第四十八条 失业人员在领取失业保险金期间，参加职工基本医疗保险，享受基本医疗保险待遇。

失业人员应当缴纳的基本医疗保险费从失业保险基金中支付，个人不缴纳基本医疗保险费。

第四十九条 失业人员在领取失业保险金期间死亡的，参照当地对在职职工死亡的规定，向其遗属发给一次性丧葬补助金和抚恤金。所需资金从失业保险基金中支付。

个人死亡同时符合领取基本养老保险丧葬补助金、工伤保险丧葬补助金和失业保险丧葬补助金条件的，其遗属只能选择领取其中的一项。

第五十条 用人单位应当及时为失业人员出具终止或者解除劳动关系的证明，并将失业人员的名单自终止或者解除劳动关系之日起十五日内告知社会保险经办机构。

失业人员应当持本单位为其出具的终止或者解除劳动关系的证明，及时到指定的公共就业服务机构办理失业登记。

失业人员凭失业登记证明和个人身份证明，到社会保险经办机构办理领取失业保险金的手续。失业保险金领取期限自办理失业登记之日起计算。

第五十一条 失业人员在领取失业保险金期间有下列情形之一的，停止领取失业保险金，并同时停止享受其他失业保险待遇：

（一）重新就业的；

（二）应征服兵役的；

（三）移居境外的；

（四）享受基本养老保险待遇的；

（五）无正当理由，拒不接受当地人民政府指定部门或者机构介绍的适当工作或者提供的培训的。

第五十二条 职工跨统筹地区就业的，其失业保险关系随本人转移，缴费年限累计计算。

第六章 生育保险

第五十三条 职工应当参加生育保险，由用人单位按照国家规定缴纳生育保险费，职工不缴纳生育保险费。

第五十四条 用人单位已经缴纳生育保险费的，其职工享受生育保险待遇；职工未就业配偶按照国家规定享受生育医疗费用待遇。所需资金从生育保险基金中支付。

生育保险待遇包括生育医疗费用和生育津贴。

第五十五条 生育医疗费用包括下列各项：

（一）生育的医疗费用；

（二）计划生育的医疗费用；

（三）法律、法规规定的其他项目费用。

第五十六条 职工有下列情形之一的，可以按照国家规定享受生育津贴：

（一）女职工生育享受产假；

（二）享受计划生育手术休假；

（三）法律、法规规定的其他情形。

生育津贴按照职工所在用人单位上年度职工月平均工资计发。

第七章 社会保险费征缴

第五十七条 用人单位应当自成立之日起三十日内凭营业执

照、登记证书或者单位印章，向当地社会保险经办机构申请办理社会保险登记。社会保险经办机构应当自收到申请之日起十五日内予以审核，发给社会保险登记证件。

用人单位的社会保险登记事项发生变更或者用人单位依法终止的，应当自变更或者终止之日起三十日内，到社会保险经办机构办理变更或者注销社会保险登记。

市场监督管理部门、民政部门和机构编制管理机关应当及时向社会保险经办机构通报用人单位的成立、终止情况，公安机关应当及时向社会保险经办机构通报个人的出生、死亡以及户口登记、迁移、注销等情况。

第五十八条 用人单位应当自用工之日起三十日内为其职工向社会保险经办机构申请办理社会保险登记。未办理社会保险登记的，由社会保险经办机构核定其应当缴纳的社会保险费。

自愿参加社会保险的无雇工的个体工商户、未在用人单位参加社会保险的非全日制从业人员以及其他灵活就业人员，应当向社会保险经办机构申请办理社会保险登记。

国家建立全国统一的个人社会保障号码。个人社会保障号码为公民身份号码。

第五十九条 县级以上人民政府加强社会保险费的征收工作。

社会保险费实行统一征收，实施步骤和具体办法由国务院规定。

第六十条 用人单位应当自行申报、按时足额缴纳社会保险费，非因不可抗力等法定事由不得缓缴、减免。职工应当缴纳的社会保险费由用人单位代扣代缴，用人单位应当按月将缴纳社会保险费的明细情况告知本人。

无雇工的个体工商户、未在用人单位参加社会保险的非全日制从业人员以及其他灵活就业人员，可以直接向社会保险费征收机构缴纳社会保险费。

第六十一条 社会保险费征收机构应当依法按时足额征收社会保险费，并将缴费情况定期告知用人单位和个人。

第六十二条 用人单位未按规定申报应当缴纳的社会保险费数额的，按照该单位上月缴费额的百分之一百一十确定应当缴纳数额；缴费单位补办申报手续后，由社会保险费征收机构按照规定结算。

第六十三条 用人单位未按时足额缴纳社会保险费的，由社会保险费征收机构责令其限期缴纳或者补足。

用人单位逾期仍未缴纳或者补足社会保险费的，社会保险费征收机构可以向银行和其他金融机构查询其存款账户；并可以申请县级以上有关行政部门作出划拨社会保险费的决定，书面通知其开户银行或者其他金融机构划拨社会保险费。用人单位账户余额少于应当缴纳的社会保险费的，社会保险费征收机构可以要求该用人单位提供担保，签订延期缴费协议。

用人单位未足额缴纳社会保险费且未提供担保的，社会保险费征收机构可以申请人民法院扣押、查封、拍卖其价值相当于应当缴纳社会保险费的财产，以拍卖所得抵缴社会保险费。

第八章　社会保险基金

第六十四条 社会保险基金包括基本养老保险基金、基本医疗保险基金、工伤保险基金、失业保险基金和生育保险基金。除基本医疗保险基金与生育保险基金合并建账及核算外，其他各项社会保险基金按照社会保险险种分别建账，分账核算。社会保险基金执行国家统一的会计制度。

社会保险基金专款专用，任何组织和个人不得侵占或者挪用。

基本养老保险基金逐步实行全国统筹，其他社会保险基金逐步实行省级统筹，具体时间、步骤由国务院规定。

第六十五条 社会保险基金通过预算实现收支平衡。

县级以上人民政府在社会保险基金出现支付不足时，给予补贴。

第六十六条 社会保险基金按照统筹层次设立预算。除基本医疗保险基金与生育保险基金预算合并编制外，其他社会保险基金预算按照社会保险项目分别编制。

第六十七条 社会保险基金预算、决算草案的编制、审核和批准，依照法律和国务院规定执行。

第六十八条 社会保险基金存入财政专户，具体管理办法由国务院规定。

第六十九条 社会保险基金在保证安全的前提下，按照国务院规定投资运营实现保值增值。

社会保险基金不得违规投资运营，不得用于平衡其他政府预算，不得用于兴建、改建办公场所和支付人员经费、运行费用、管理费用，或者违反法律、行政法规规定挪作其他用途。

第七十条 社会保险经办机构应当定期向社会公布参加社会保险情况以及社会保险基金的收入、支出、结余和收益情况。

第七十一条 国家设立全国社会保障基金，由中央财政预算拨款以及国务院批准的其他方式筹集的资金构成，用于社会保障支出的补充、调剂。全国社会保障基金由全国社会保障基金管理运营机构负责管理运营，在保证安全的前提下实现保值增值。

全国社会保障基金应当定期向社会公布收支、管理和投资运营的情况。国务院财政部门、社会保险行政部门、审计机关对全国社会保障基金的收支、管理和投资运营情况实施监督。

第九章　社会保险经办

第七十二条　统筹地区设立社会保险经办机构。社会保险经办机构根据工作需要，经所在地的社会保险行政部门和机构编制管理机关批准，可以在本统筹地区设立分支机构和服务网点。

社会保险经办机构的人员经费和经办社会保险发生的基本运行费用、管理费用，由同级财政按照国家规定予以保障。

第七十三条　社会保险经办机构应当建立健全业务、财务、安全和风险管理制度。

社会保险经办机构应当按时足额支付社会保险待遇。

第七十四条　社会保险经办机构通过业务经办、统计、调查获取社会保险工作所需的数据，有关单位和个人应当及时、如实提供。

社会保险经办机构应当及时为用人单位建立档案，完整、准确地记录参加社会保险的人员、缴费等社会保险数据，妥善保管登记、申报的原始凭证和支付结算的会计凭证。

社会保险经办机构应当及时、完整、准确地记录参加社会保险的个人缴费和用人单位为其缴费，以及享受社会保险待遇等个人权益记录，定期将个人权益记录单免费寄送本人。

用人单位和个人可以免费向社会保险经办机构查询、核对其缴费和享受社会保险待遇记录，要求社会保险经办机构提供社会保险咨询等相关服务。

第七十五条　全国社会保险信息系统按照国家统一规划，由县级以上人民政府按照分级负责的原则共同建设。

第十章　社会保险监督

第七十六条　各级人民代表大会常务委员会听取和审议本级人民政府对社会保险基金的收支、管理、投资运营以及监督检查情况的专项工作报告，组织对本法实施情况的执法检查等，依法行使监督职权。

第七十七条　县级以上人民政府社会保险行政部门应当加强对用人单位和个人遵守社会保险法律、法规情况的监督检查。

社会保险行政部门实施监督检查时，被检查的用人单位和个人应当如实提供与社会保险有关的资料，不得拒绝检查或者谎报、瞒报。

第七十八条　财政部门、审计机关按照各自职责，对社会保险基金的收支、管理和投资运营情况实施监督。

第七十九条　社会保险行政部门对社会保险基金的收支、管理和投资运营情况进行监督检查，发现存在问题的，应当提出整改建议，依法作出处理决定或者向有关行政部门提出处理建议。社会保险基金检查结果应当定期向社会公布。

社会保险行政部门对社会保险基金实施监督检查，有权采取下列措施：

（一）查阅、记录、复制与社会保险基金收支、管理和投资运营相关的资料，对可能被转移、隐匿或者灭失的资料予以封存；

（二）询问与调查事项有关的单位和个人，要求其对与调查事项有关的问题作出说明、提供有关证明材料；

（三）对隐匿、转移、侵占、挪用社会保险基金的行为予以制止并责令改正。

第八十条 统筹地区人民政府成立由用人单位代表、参保人员代表，以及工会代表、专家等组成的社会保险监督委员会，掌握、分析社会保险基金的收支、管理和投资运营情况，对社会保险工作提出咨询意见和建议，实施社会监督。

社会保险经办机构应当定期向社会保险监督委员会汇报社会保险基金的收支、管理和投资运营情况。社会保险监督委员会可以聘请会计师事务所对社会保险基金的收支、管理和投资运营情况进行年度审计和专项审计。审计结果应当向社会公开。

社会保险监督委员会发现社会保险基金收支、管理和投资运营中存在问题的，有权提出改正建议；对社会保险经办机构及其工作人员的违法行为，有权向有关部门提出依法处理建议。

第八十一条 社会保险行政部门和其他有关行政部门、社会保险经办机构、社会保险费征收机构及其工作人员，应当依法为用人单位和个人的信息保密，不得以任何形式泄露。

第八十二条 任何组织或者个人有权对违反社会保险法律、法规的行为进行举报、投诉。

社会保险行政部门、卫生行政部门、社会保险经办机构、社会保险费征收机构和财政部门、审计机关对属于本部门、本机构职责范围的举报、投诉，应当依法处理；对不属于本部门、本机构职责范围的，应当书面通知并移交有权处理的部门、机构处理。有权处理的部门、机构应当及时处理，不得推诿。

第八十三条 用人单位或者个人认为社会保险费征收机构的行为侵害自己合法权益的，可以依法申请行政复议或者提起行政诉讼。

用人单位或者个人对社会保险经办机构不依法办理社会保险登记、核定社会保险费、支付社会保险待遇、办理社会保险转移接续手续或者侵害其他社会保险权益的行为，可以依法申请行政复议或者提起行政诉讼。

个人与所在用人单位发生社会保险争议的，可以依法申请调解、仲裁，提起诉讼。用人单位侵害个人社会保险权益的，个人也可以要求社会保险行政部门或者社会保险费征收机构依法处理。

第十一章 法律责任

第八十四条 用人单位不办理社会保险登记的，由社会保险行政部门责令限期改正；逾期不改正的，对用人单位处应缴社会保险费数额一倍以上三倍以下的罚款，对其直接负责的主管人员和其他直接责任人员处五百元以上三千元以下的罚款。

第八十五条 用人单位拒不出具终止或者解除劳动关系证明的，依照《中华人民共和国劳动合同法》的规定处理。

第八十六条 用人单位未按时足额缴纳社会保险费的，由社会保险费征收机构责令限期缴纳或者补足，并自欠缴之日起，按日加收万分之五的滞纳金；逾期仍不缴纳的，由有关行政部门处欠缴数额一倍以上三倍以下的罚款。

第八十七条 社会保险经办机构以及医疗机构、药品经营单位等社会保险服务机构以欺诈、伪造证明材料或者其他手段骗取社会保险基金支出的，由社会保险行政部门责令退回骗取的社会保险金，处骗取金额二倍以上五倍以下的罚款；属于社会保险服务机构的，解除服务协议；直接负责的主管人员和其他直接责任人员有执业资格的，依法吊销其执业资格。

第八十八条 以欺诈、伪造证明材料或者其他手段骗取社会保险待遇的，由社会保险行政部门责令退回骗取的社会保险金，处骗取金额二倍以上五倍以下的罚款。

第八十九条 社会保险经办机构及其工作人员有下列行为之一的，由社会保险行政部门责令改正；给社会保险基金、用人单位或者个人造成损失的，依法承担赔偿责任；对直接负责的主管人员和其他直接责任人员依法给予处分：

（一）未履行社会保险法定职责的；

（二）未将社会保险基金存入财政专户的；

（三）克扣或者拒不按时支付社会保险待遇的；

（四）丢失或者篡改缴费记录、享受社会保险待遇记录等社会保险数据、个人权益记录的；

（五）有违反社会保险法律、法规的其他行为的。

第九十条 社会保险费征收机构擅自更改社会保险费缴费基数、费率，导致少收或者多收社会保险费的，由有关行政部门责令其追缴应当缴纳的社会保险费或者退还不应当缴纳的社会保险费；对直接负责的主管人员和其他直接责任人员依法给予处分。

第九十一条 违反本法规定，隐匿、转移、侵占、挪用社会保险基金或者违规投资运营的，由社会保险行政部门、财政部门、审计机关责令追回；有违法所得的，没收违法所得；对直接负责的主管人员和其他直接责任人员依法给予处分。

第九十二条 社会保险行政部门和其他有关行政部门、社会保险经办机构、社会保险费征收机构及其工作人员泄露用人单位和个人信息的，对直接负责的主管人员和其他直接责任人员依法给予处分；给用人单位或者个人造成损失的，应当承担赔偿责任。

第九十三条 国家工作人员在社会保险管理、监督工作中滥用职权、玩忽职守、徇私舞弊的，依法给予处分。

第九十四条 违反本法规定，构成犯罪的，依法追究刑事责任。

第十二章 附 则

第九十五条 进城务工的农村居民依照本法规定参加社会保险。

第九十六条 征收农村集体所有的土地，应当足额安排被征地农民的社会保险费，按照国务院规定将被征地农民纳入相应的社会保险制度。

第九十七条 外国人在中国境内就业的，参照本法规定参加社会保险。

第九十八条 本法自 2011 年 7 月 1 日起施行。

中华人民共和国社会救助法

（草案征求意见稿）

第一章　总　则

第一条【立法目的】　为了保障公民的基本生活，使公民共享改革发展成果，促进社会公平正义，维护社会和谐稳定，根据宪法，制定本法。

第二条【公民权利】　中华人民共和国公民依照本法享有申请和获得社会救助的权利。

第三条【国家制度】　国家建立和完善社会救助制度，保障公民在依靠自身努力难以维持基本生活的情况下，依法从国家和社会获得物质帮助和服务。

第四条【基本原则】　社会救助工作坚持中国共产党的领导和以人民为中心，坚持保基本、兜底线、救急难、可持续，坚持与其他社会保障制度相衔接，坚持城乡统筹发展，坚持社会救助水平与经济社会发展水平相适应。

社会救助工作应当遵循公开、公平、公正、便民、及时的原则。

第五条【发展规划】　县级以上人民政府应当将社会救助纳入国民经济和社会发展规划，建立健全政府负责、民政部门牵头、有关部门协同、社会力量参与的社会救助工作机制，统筹协调社会救助政策，整合优化社会救助资源，提高社会救助管理服务能力。

第六条【应急机制】 国家建立突发公共事件困难群众救助机制。各级人民政府应当将困难群众急难救助纳入突发公共事件相关应急预案，制定应急期社会救助政策和紧急救助程序。

第七条【管理体制】 国务院领导全国的社会救助工作，地方各级人民政府负责本行政区域内的社会救助工作。

国务院民政部门负责统筹协调全国社会救助体系建设。国务院民政、教育、人力资源社会保障、住房城乡建设、卫生健康、应急管理、医疗保障等部门，按照各自职责负责相应的社会救助管理工作。

县级以上地方人民政府民政部门负责统筹协调行政区域内社会救助体系建设，民政、教育、人力资源社会保障、住房城乡建设、卫生健康、应急管理、医疗保障等部门，按照各自职责负责本行政区域内相应的社会救助管理工作。

本条所列行政部门统称社会救助管理部门。

第八条【基层职责】 乡镇人民政府、街道办事处按照本法规定做好社会救助工作，具体事务由社会救助经办机构承担。

村民委员会、居民委员会协助做好有关社会救助工作。

本法所称社会救助经办机构是指法律、法规授权的办理社会救助具体事务的组织机构。

第九条【经费保障】 地方各级人民政府应当结合经济社会发展水平和财力状况合理安排社会救助资金，按规定列入预算，全面实施预算绩效管理，中央财政给予适当补助。社会救助资金支付按照国库管理有关规定执行。

第十条【社会参与】 工会、共产主义青年团、妇女联合会、残疾人联合会、红十字会等组织根据职责或者章程参与社会救助，开展社会帮扶活动。

国家鼓励、支持公民、法人和其他组织依法参与社会救助。

第十一条【信息共享】 县级以上人民政府应当加强社会救助信息化建设，建立社会救助资源库，实现社会救助信息互联互通、资源共享。

第十二条【宣传教育】 各级人民政府及其社会救助管理部门应当通过各种形式，开展社会救助法律、法规、规章和政策的宣传。

广播、电视、报刊、互联网等媒体应当加强社会救助公益宣传。

第十三条【表彰奖励】 对在社会救助工作中作出显著成绩的公民个人和社会组织，按照国家有关规定给予表彰、奖励。

第二章　社会救助对象

第十四条【社会救助对象】 社会救助对象包括下列家庭或者人员：

（一）最低生活保障家庭；

（二）特困人员；

（三）低收入家庭；

（四）支出型贫困家庭；

（五）受灾人员；

（六）生活无着的流浪乞讨人员；

（七）临时遇困家庭或者人员；

（八）需要急救，但身份不明或者无力支付费用的人员；

（九）省、自治区、直辖市人民政府确定的其他特殊困难家庭或者人员。

第十五条【最低生活保障家庭】 本法所称最低生活保障家庭，指经县级民政部门或者乡镇人民政府、街道办事处审核确认，符合下列规定的家庭：

（一）共同生活的家庭成员人均收入低于当地最低生活保障标准；

（二）家庭财产状况符合当地有关规定。

第十六条【特困人员】 本法所称特困人员，指经县级民政部门或者乡镇人民政府、街道办事处审核确认，符合无劳动能力、无生活来源且无法定赡养、抚养、扶养义务人，或者其法定赡养、抚养、扶养义务人无赡养、抚养、扶养能力的老年人、残疾人以及未成年人。

第十七条【低收入家庭】 本法所称低收入家庭，指经县级民政部门会同相关社会救助管理部门审核确认，符合下列规定的家庭：

（一）共同生活的家庭成员人均收入低于当地低收入标准；

（二）家庭财产状况符合当地有关规定；

（三）未纳入最低生活保障、特困供养范围。

第十八条【支出型贫困家庭】 本法所称支出型贫困家庭，指经县级民政部门会同有关社会救助管理部门审核确认，符合下列规定的家庭：

（一）共同生活的家庭成员年人均收入低于上年度当地居民人均可支配收入；

（二）家庭财产状况符合当地有关规定；

（三）医疗、教育等必需支出占家庭总收入的比例达到或者超过当地规定，导致基本生活出现严重困难；

（四）未纳入最低生活保障、特困供养或者低收入家庭救助范围。

第十九条【受灾人员】 本法所称受灾人员，指基本生活受到自然灾害严重影响的人员。

第二十条【生活无着的流浪乞讨人员】 本法所称生活无着的流浪乞讨人员，指离家在外身陷生存困境、自身无力解决食宿、处于流浪、乞讨状态的人员。

第二十一条【临时遇困家庭或者人员】 本法所称临时遇困家庭或者人员，指遭遇突发事件、意外伤害、重大疾病或其他特殊原因导致基本生活暂时陷入困境的家庭或人员。

第二十二条【需要急救，但身份不明或无力支付费用的人员】 本法所称需要急救，但身份不明或无力支付费用的人员，指在中华人民共和国境内发生急危重伤病、需要急救但身份不明确或无力支付相应费用的人员。

第二十三条【积极工作】 社会救助对象应当根据自身能力参加劳动，自助自立，勤俭节约，努力提高生活水平。

社会救助对象中有劳动能力和就业条件的，应当积极就业；未就业的，应当接受公共就业服务机构等提供的免费培训、介绍的工作；无正当理由，不得拒绝接受与其健康状况、劳动能力等相适应的工作。

第二十四条【法定义务优先】 获得社会救助，家庭成员之间和其他负有赡养、抚养、扶养义务的组织和个人应当先行履行法定赡养、抚养、扶养义务。

第二十五条【救助对象认定条件】 最低生活保障标准、低收入标准，由省、自治区、直辖市或者设区的市级人民政府确定。最低生活保障家庭、低收入家庭、支出型贫困家庭收入状况、财产状况的认定条件以及低收入家庭、支出型贫困家庭申请专项救助的认定条件，由省、自治区、直辖市或者设区的市级人民政府按照国家有关规定制定。

第三章 社会救助内容

第二十六条【救助措施】 国家建立并实施以下社会救助制度，对符合本法第十四条规定的社会救助对象范围的家庭或者人员，根据其家庭经济状况或者实际困难，分类给予相应的社会救助：

（一）最低生活保障；

（二）特困人员救助供养；

（三）医疗救助；

（四）疾病应急救助；

（五）教育救助；

（六）住房救助；

（七）就业救助；

（八）受灾人员救助；

（九）生活无着的流浪乞讨人员救助；

（十）临时救助；

（十一）法律法规规定的其他社会救助制度。

根据本法规定，上述社会救助制度可以单项实施，也可以多项综合实施。

县级以上地方人民政府可以在本条第一款规定的救助制度基础上，补充确定本行政区域内的其他救助措施。

第二十七条【救助方式】 实施社会救助，可以通过发放救助金、配发实物等方式，也可以通过提供服务的方式。

第二十八条【最低生活保障】 国家对最低生活保障对象按月发放最低生活保障金，实施最低生活保障。

最低生活保障金可以分档发放，也可以按照共同生活的家庭成员人均收入与当地最低生活保障标准的实际差额发放。

对低收入家庭中的重度残疾人、重病患者等特殊困难人员，可以纳入最低生活保障范围，发放最低生活保障金。

对领取最低生活保障金后生活仍有特殊困难的老年人、未成年人、重度残疾人、重病患者等，应当采取必要措施给予生活保障。

第二十九条【特困人员救助供养】 国家采取以下方式实施特困人员救助供养：

（一）提供基本生活条件；

（二）提供必要的照料服务；

（三）提供疾病治疗；

（四）办理丧葬事宜。

特困人员中的未成年人年满十八周岁后，仍在义务教育或者高中教育（含中等职业教育）阶段就读的，应当继续予以供养。

特困人员可以在供养服务机构集中供养，也可以在家分散供养。特困人员可以自行选择供养形式。

特困人员救助供养应当与城乡居民基本养老保险、基本医疗保障、最低生活保障、孤儿基本生活保障等制度相衔接。

第三十条【医疗救助】 国家对最低生活保障对象、特困人员、低收入家庭成员等符合条件的医疗救助对象，对其参加城乡居民基本医疗保险的个人缴费部分，以及经基本医疗保险、大病保险和其他补充医疗保险支付后，个人及其家庭难以承担的符合规定的基本医疗自负费用，按规定给予补助。

第三十一条【疾病应急救助】 对需要急救但身份不明或者无力支付费用的急危重伤病患者，采取以下方式给予疾病应急救助：

（一）对无法查明身份患者所发生的急救费用，给予补助；

（二）对身份明确但无力缴费的患者所拖欠的急救费用，给予补助。

第三十二条【教育救助】 国家对不同教育阶段的特困人员、最低生活保障家庭成员、低收入家庭成员，以及不能入学接受义务教育的适龄残疾未成年人，分类实施教育救助。根据特困人员、最低生活保障家庭成员的需求以及低收入家庭成员实际情况，在学前教育、义务教育、高中阶段教育（含中等职业教育）、普通高等教育阶段，按规定采取减免相关费用、发放助学金、安排勤工助学岗位、送教上门等方式，实施教育救助。

第三十三条【住房救助】 国家对住房困难的最低生活保障家庭、分散供养的特困人员、低收入家庭，实施住房救助。属于城镇住房救助对象的，配租公租房或者发放住房补贴；属于农村住房救助对象的，通过农村危房改造等方式实施救助。

第三十四条【就业救助】 国家对最低生活保障家庭、低收入家庭中有劳动能力并处于失业状态的成员，通过鼓励企业吸纳、鼓励自谋职业和自主创业、公益性岗位安置等途径，实施就业救助。

加强就业救助与失业保险、最低生活保障、最低工资等制度衔接，鼓励和引导就业救助对象主动就业创业。

第三十五条【受灾人员救助】 国家对受灾人员实施必要的应急救助、过渡期生活救助、旱灾临时生活困难救助、冬春临时生活困难救助和遇难人员家属抚慰、因灾倒损民房恢复重建等救助。

第三十六条【生活无着的流浪乞讨人员救助】 国家对生活无着的流浪乞讨人员实施临时食宿、急病救治、协助返回等救助。

对其中的残疾人、未成年人、老年人和行动不便的其他人员，应当引导、护送到生活无着的流浪乞讨人员救助管理机构；对突发疾病人员，应当立即通知急救机构进行救治。

第三十七条【临时救助】 国家对遭遇突发性、紧迫性、临时性困难，生活陷入困境，其他社会救助制度无法覆盖或者救助之后基本生活仍有困难的家庭或者人员，采取以下方式给予临时救助：

（一）发放临时救助金；

（二）配发实物；

（三）提供必要的服务。

对于情况紧急，需要立即采取救助措施的，应当直接实施救助，事后补充说明情况。

第三十八条【救助待遇】 特困人员救助供养标准由省、自治区、直辖市或者设区的市级人民政府确定。

医疗救助、疾病应急救助、教育救助、住房救助、生活无着的流浪乞讨人员救助、临时救助等具体救助标准，由县级以上地方人民政府确定。

第四章　社会救助程序

第三十九条【救助申请】 申请社会救助应当按规定向户籍所在地或者经常居住地的乡镇人民政府、街道办事处提出。

本人或者共同生活的家庭成员申请社会救助有困难的，可以委托村民委员会、居民委员会或者其他人员代为提出申请。

第四十条【受理、转办申请】 乡镇人民政府、街道办事处应当建立统一受理社会救助申请的窗口，完善协同办理机制，及时受理、转办、协办申请事项。

乡镇人民政府、街道办事处应当主动了解本行政区域居民的生活状况，发现需要救助的困难家庭和个人，及时组织救助。

第四十一条【家庭状况报告】 申请社会救助，应当按规定如实报告本人和共同生活的家庭成员信息和家庭收入、支出、财产等情况，并授权县级以上人民政府民政部门进行信息核对。

第四十二条【调查核实】 乡镇人民政府、街道办事处受理申请后，可以依法依规通过入户调查、邻里访问、信函索证、信息核查等方式，对申请人报告的情况进行调查核实。

申请人及其家庭、相关单位和个人应当配合调查。

第四十三条【信息核对】 经社会救助申请人及其共同生活的家庭成员授权，根据乡镇人民政府、街道办事处申请以及相关社会救助管理部门需要等社会救助工作实际，县级以上人民政府民政部门可以通过户籍管理、税务、社会保险、不动产登记、市场主体登记、住房公积金管理、车船管理等单位和银行、保险、证券等金融机构或提供货币资金转移服务的非银行支付机构查询、核对社会救助申请人及其共同生活的家庭成员收入、财产等状况；必要时，可以对其法定赡养人、抚养人、扶养人的相关信息进行核查。有关单位和机构应当依法依规予以配合。

第四十四条【审核确认】 乡镇人民政府、街道办事处应当根据本法第四十二条、第四十三条规定的调查核实、信息核对结果，提出审核意见，报请相关县级人民政府社会救助管理部门确认。

经县级人民政府授权，乡镇人民政府、街道办事处可以根据本法第四十二条、第四十三条规定的调查核实、信息核查结果，作出确认决定。

第四十五条【结果公示】 作出确认决定的县级人民政府社会救助管理部门或者乡镇人民政府、街道办事处，应当公示社会救助审核确认结果。

第四十六条【报告及核查】 家庭人口、收入、财产、支出等状况发生变化的，社会救助对象应当及时告知社会救助管理部门或者乡镇人民政府、街道办事处。

社会救助管理部门和乡镇人民政府、街道办事处应当对已经获得社会救助的家庭或者个人定期进行核查，并根据需要进行实地抽查。

第四十七条【核查抽查方式】 社会救助管理部门和乡镇人民政府、街道办事处依法进行核查抽查可以采取以下方式：

（一）查阅、复制与社会救助事项有关资料；

（二）询问与社会救助事项有关的单位、个人，要求其对相关情况作出说明或者提供相关材料。

有关单位、个人应当配合，如实说明或者提供相关材料，不得隐瞒、拒绝和阻碍。

社会救助管理部门以及作出确认决定的乡镇人民政府、街道办事处，可以根据社会救助对象家庭人口、经济状况等变化情况作出相应调整、终止社会救助的决定。

第四十八条【不利告知】 社会救助管理部门或者乡镇人民政府、街道办事处作出调减、终止社会救助决定，应当符合法定事由和规定程序，并告知社会救助对象。

第四十九条【确认结果互认】 已经被确认为最低生活保障对象、特困人员、低收入家庭、支出型贫困家庭的，确认结果信息共享互认，其他社会救助管理部门不再重复审核其家庭经济状况。

第五十条【依职权救助】 自然灾害发生后，受灾地区人民政府依照职权直接实施受灾人员救助。

第五十一条【教育救助程序】 申请教育救助，应当按照国家有关规定向就读学校提出，按规定程序审核、确认后，由学校按照国家有关规定实施。

第五十二条【疾病应急救助程序】 对急危重伤病、需要急救但身份不明确或无力支付相应费用的患者，医疗机构应当立即实施紧急救治，不得拒绝。

紧急救治发生的费用，医疗机构可以向疾病应急救助基金申请补助。

第五十三条【救助管理机构救助程序】 县级以上地方人民政府根据需要设立的救助管理机构，负责接受流浪乞讨人员的求助。

对符合条件的求助人员，救助管理机构应当及时提供救助，不得拒绝；对不符合条件的求助人员，应当说明不予救助的理由。

第五十四条【网上办理】 县级以上地方人民政府应当加强互联网等信息技术在社会救助工作中的应用，为困难群众提供方便快捷的在线申请、办理和查询、投诉等服务。

第五章 社会力量参与

第五十五条【社会力量参与】 国家鼓励、支持公民、法人和其他组织等社会力量，通过捐赠、设立帮扶项目、创办服务机构、提供志愿服务等方式，参与社会救助。

第五十六条【慈善救助】 国家鼓励、支持慈善组织依法依规开展慈善活动，为社会救助对象提供救助帮扶。

县级以上地方人民政府要建立政府救助与慈善救助衔接机制，为慈善组织开展慈善救助提供便利。

第五十七条【购买服务】 社会救助管理部门和乡镇人民政府、街道办事处可以将社会救助中属于政府职责范围且适合通过市场化方式提供的具体服务事项，按照政府采购方式和程序，向社会力量购买。

第五十八条【社会工作】 县级以上人民政府应当发挥社会组织和社会工作者作用，为有需求的社会救助对象提供心理疏导、资源链接、能力提升、社会融入等服务。

第五十九条【志愿服务】 国家倡导和鼓励社会力量参与社会救助志愿服务。

第六十条【优惠政策】 社会力量参与社会救助，依法享受相关优惠政策。

第六十一条【支持举措】 县级以上人民政府及其社会救助管理部门应当建立社会力量参与社会救助的机制和渠道，依法做好信息发布、政策咨询、业务指导、项目指引、公益服务记录或证明等工作，为社会力量参与社会救助创造条件、提供便利。

第六章　监督管理

第六十二条【统筹协调】 县级以上人民政府应当建立社会救助工作统筹协调机制，加强制度衔接和工作配合，合理配置社会救助资源，发挥社会救助综合社会效益。

第六十三条【监管职责】 县级以上人民政府及其社会救助

管理部门依法履行对社会救助工作的监督检查职责。

第六十四条【财政审计监督】 县级以上人民政府财政部门依法对社会救助资金、物资的管理使用情况实施监督。

社会救助资金和物资的筹集、分配、管理、使用情况，应当依法接受审计监督。

第六十五条【人大监督】 县级以上人民政府应当定期向本级人民代表大会或者其常务委员会报告社会救助工作，依法接受监督。

第六十六条【社会监督】 履行社会救助职责的工作人员行使职权，应当接受社会监督。

任何单位、个人有权对履行社会救助职责的工作人员在社会救助工作中的违法行为进行举报、投诉。受理举报、投诉的机关应当及时核实、处理。

第六十七条【信息公开】 县级人民政府及其社会救助管理部门应当及时公开社会救助政策、救助标准以及社会救助资金、物资管理和使用等情况，接受社会监督。

第六十八条【服务热线】 县级以上人民政府及其社会救助管理部门应当开通社会救助服务热线，接受群众政策咨询、投诉举报。

第六十九条【信息保护】 履行社会救助职责和参与社会救助工作的单位及其工作人员对在社会救助工作中知悉的公民个人信息等，除按照规定应当公示的信息外，应当予以保密。

第七十条【权利救济】 申请或者已获得社会救助的家庭或者人员，对社会救助管理部门作出的具体行政行为不服的，可以依法申请行政复议或者提起行政诉讼。

第七十一条【信用监管】 建立社会救助对象信用记录制度，

对本法第七十四条、七十五条明确的违法行为，县级以上人民政府社会救助管理部门应当记入信用记录，纳入全国信用信息共享平台，依法开展失信惩戒。

第七章 法律责任

第七十二条【社会救助机关及工作人员责任】 违反本法规定，有下列情形之一的，由上级行政机关或者监察机关责令改正；对直接负责的主管人员和其他直接责任人员依法给予处分：

（一）符合申请条件的救助申请不予受理的；

（二）符合救助条件的申请不予审核确认的；

（三）不符合救助条件的申请予以审核确认的；

（四）丢失或者篡改接受、发放、登记社会救助款物、服务记录等数据的；

（五）不按照规定发放救助金、救助物资或者提供相关救助服务的；

（六）利用职权非法查询与社会救助申请无关的公民个人信息，或者利用职务之便，向他人出售或者提供公民个人信息的；

（七）在履行社会救助职责过程中有其他滥用职权、玩忽职守、徇私舞弊行为的。

前款第（二）、第（三）项情形中，已按规定履行信息核对和调查审核职责，因非主观原因出现失误偏差的，对相关工作人员实行尽职免责。

第七十三条【截留、挤占、挪用、私分社会救助资金物资责任】 违反本法规定，截留、挤占、挪用、私分社会救助资金、物资的，由有关部门责令追回；有非法所得的，没收非法所得；对直接负责的主管人员和其他直接责任人员依法给予处分。

第七十四条【出具虚假证明材料责任】 违反本法规定，出具虚假证明材料的，依照法律、行政法规规定将单位或者个人违法情况纳入信用记录，并予以公示。

对出具虚假证明材料的单位，社会救助管理部门应当建议相关单位或者其上级主管机关依法依纪对相关责任人予以处理。

第七十五条【骗取社会救助法律责任】 采取虚报、隐瞒、伪造等手段，骗取社会救助资金、物资或者服务的，由有关社会救助审核确认机关决定停止社会救助，责令退回非法获取的救助资金、物资，可以处以非法所得救助款额或者物资价值1倍以上3倍以下的罚款；不缴纳罚款的，社会救助管理部门可以依法申请人民法院强制执行；构成违反治安管理行为的，依法给予治安管理处罚。

第七十六条【非法占有救助资金或者物资法律责任】 拒不履行社会救助管理部门或者乡镇人民政府、街道办事处作出的调整、终止社会救助决定，非法占有社会救助资金或者物资的，社会救助管理部门应当责令其限期退回；逾期不退回的，社会救助管理部门可以依法申请人民法院强制执行。

第七十七条【干扰社会救助责任】 以暴力、威胁等方式干扰社会救助工作，扰乱社会救助管理部门工作秩序，构成违反治安管理行为的，依法给予治安管理处罚。

第七十八条【刑事责任】 违反本法规定，构成犯罪的，依法追究刑事责任。

第八章　附　则

第七十九条【共同生活的家庭成员】　本法所称共同生活的家庭成员，指配偶、父母、子女和其他共同生活的近亲属。

本条所称的共同生活应当综合考虑共同居所、共同享受家庭权利、共同承担家庭义务、家庭共同财产、相互扶助关爱、持续时间等因素认定。

第八十条【生效时间】　本法自20　年　月　日起施行。

关于进一步做好低保等社会救助兜底保障工作的通知

（征求意见稿）

各省、自治区、直辖市民政厅（局）、党委农办、财政局、乡村振兴局，新疆生产建设兵团民政局、党委农办、乡村振兴局：

为贯彻落实国务院常务会议精神，及时将符合条件的困难群众纳入社会救助范围，巩固拓展脱贫攻坚兜底保障成果，实现低保等社会救助扩围增效，切实兜住、兜准、兜好困难群众基本生活底线，现就进一步做好低保等社会救助兜底保障工作通知如下。

一、加大低保扩围增效工作力度

（一）完善低保准入条件。落实最低生活保障审核确认办法等政策文件，以低保申请家庭收入、财产状况作为低保准入的主要判定依据，并适当考虑其家庭刚性支出情况。不得随意附加非必要条件，不得以特定职业、特定行业或特殊身份等为由，直接认定为不符合低保条件；不得以特定职业、特定行业、特殊身份或特殊政策等为由，未经家庭经济状况调查直接将某个群体或个人纳入低保。符合整户纳入低保条件的，不得仅将申请家庭个别成员纳入低保。采取“劳动力系数”等方式核算低保申请家庭收入的，要客观考虑申请家庭实际就业、产业情况，对确实难以就业、较长时间无法获得收入的，根据家庭实际困难情况综合判断是否纳入低保范围。

（二）完善低保边缘家庭认定条件。低保边缘家庭一般指不符合低保条件，家庭人均收入低于当地低保标准1.5倍，且财产状况符合相关规定的家庭，有条件的地方可将收入标准放宽至2倍。鼓励各地制定区别于低保家庭财产状况的低保边缘家庭财产状况条件。依靠兄弟姐妹或60周岁及以上的老人扶养或抚养的成年无业重度残疾人，低保边缘家庭中的重残人员、重病患者等特殊困难人员，经本人申请，可单独纳入低保范围。

（三）完善低保家庭经济状况评估认定方法。认定大额财产时应综合考虑困难群众实际生活需要，并随经济社会发展逐步调整，不得以名下有房有车或有市场主体登记等信息就简单认定为不符合低保条件。细化完善低保等社会救助家庭经济状况评估认定方法，综合评估特殊困难人员需求状况。鼓励地方探索在申请环节实行证明事项告知承诺制，以书面形式将申请低保所需的证明义务和证明内容一次性告知申请人，申请人书面承诺已经符合告知的条件、标准、要求，愿意承担不实承诺的法律责任后，乡镇（街道）可不再索要有关证明而依据申请人承诺开展后续工作。

（四）完善低保渐退政策。鼓励具备就业能力的低保对象积极就业，对就业后家庭人均收入超过当地低保标准的低保家庭，可根据家庭成员务工收入情况给予原则上不超过6个月的渐退期。低保对象死亡后，其个人或所在家庭需停发、减发低保金的，应自其死亡之日起三个月内完成相关手续。

二、进一步加强急难临时救助

（一）全面落实生活困难未参保失业人员临时救助政策。对受疫情影响无法返岗复工、连续三个月无收入来源，生活困难且失业保险政策无法覆盖的农民工等未参保失业人员，未纳入低保范围的，经本人申请，由务工地或经常居住地发放一次性临时救助金。各地民政部门要会同人力资源社会保障部门研究加强急难临时救助与就业政策、失业保险的政策衔接，帮助有劳动能力的临时遇困人员渡过难关。

（二）加强因疫因灾遇困群众临时救助。及时将未就业大学生等其他基本生活受到疫情影响陷入困境的家庭或个人纳入临时救助范围，做到凡困必帮、有难必救。加强与受灾人员救助政策的衔接，对经过应急期救助、过渡期生活救助后基本生活仍有较大困难的受灾群众，及时给予临时救助，防止因灾返贫。

三、巩固拓展社会救助兜底保障成果

加强民政与乡村振兴等部门的信息共享，健全防止返贫动态监测数据共享和对接机制，每季度或每半年开展一次数据比对筛查，动态掌握未纳入社会救助兜底保障范围的防止返贫监测对象情况。对全部或部分丧失劳动能力的低收入人口，特别是一些因病因残因意外事故等支出负担较重、增收压力大、返贫风险高的低保边缘群体、支出型困难群体、重病重残人员等要密切关注，做好风险监测预警，符合低保等社会救助条件的，要及时纳入救助范围。各级民政部门在保障好救助对象基本生活的同时，要及时将困难群众信息推送至相关部门，由相关部门根据职责提供其他专项社会救助或帮扶，形成救助帮扶合力。

四、健全完善社会救助工作机制

（一）建立易地搬迁与低保工作衔接机制。加强摸排统计，做好迁入地、迁出地政策衔接，根据实际情况及时调整变更低保类别、低保标准或补助水平，防止困难群众因易地搬迁造成漏保、脱保、断保，防止同一困难群众重复纳入城市和农村低保等情况。

（二）加强社会救助家庭经济状况核对机制建设。丰富完善社会救助家庭经济状况核对项目，加快实现民政系统内部婚姻、殡葬、社会救助、未成年人、老年人保障等信息互通共享；加大与相关部门沟通协调力度，推动不动产登记、银行存款信息、缴纳公积金养老金、市场主体登记、死亡人员等信息比对；完善异地协同查询核对机制，对异地发来的核对请求及时办理。

（三）健全低收入人口动态监测和分层分类救助帮扶机制。拓展全国低收入人口动态监测信息平台应用，加强与教育、人社、住建、卫健、应急、医保、乡村振兴、总工会、残联等相关部门数据比对，针对重病、残疾、就学、失业等情况设置预警指标，充分发挥平台监测预警作用，及时给予救助帮扶，做到早发现、早介入、早帮扶。

五、优化规范社会救助办理流程

（一）明确办理时限。明确低保审核确认流程的办理时限，以及办理流程中启动家庭经济状况调查、发起核对、审核确认、公示等各环节的具体办理时限。低保审核确认工作一般应当自受理之日起 30 个工作日之内完成；低保审核确认权限下放到乡镇（街道）的地方，一般应当自受理之日起 20 个工作日之内完成；如遇公示有异议、人户分离、异地申办或家庭经济状况调查难度较大等特殊情况，可以延长至 45 个工作日。充分发挥乡镇（街道）临时救助备用金作用，对于情况紧急的困难群众实行“先行救助”，事后补充说明情况。

（二）落实公示制度。对经初审后拟纳入低保的申请家庭，需在申请家庭所在村（社区）进行 7 天公示。审核确认后，在低保家庭所在村（社区）公布申请人姓名、家庭成员数量、保障金额等信息。社会救助公示应当依法保护个人隐私，不得公开无关信息。

（三）优化非本地户籍地人员救助申请程序。共同生活的家庭成员户籍所在地不在同一省（自治区、直辖市）的，可以由其中一个户籍所在地与经常居住地一致的家庭成员向其户籍所在地提出低保申请或低保边缘家庭、支出型困难家庭申请；共同生活的家庭成员户籍所在地与经常居住地均不一致的，可由任一家庭成员向其户籍所在地提出申请。有条件的地区可以有序推进持有居住证人员在居住地提出低保或低保边缘家庭、支出型困难家庭申请。全面推行由急难发生地实施临时救助，为临时遇困群众救急解难。

六、落实保障措施

（一）强化资金保障。地方各级财政要把保障困难群众基本生活放在重要位置，落实属地责任，加强社会救助扩围增效工作资金保障，统筹使用中央财政困难群众救助补助资金和地方各级财政安排的资金，扎实做好低保等社会救助兜底保障工作。

（二）加强监督检查。各地要牢固树立“低保金就是高压线”的意识，切实管好用好困难群众救助资金，不得挤占、挪用、截留或扩大资金使用范围，守护好人民群众的每一分“保命钱”。要结合困难群众救助资金审计整改、社会救助综合治理等加强对社会救助扩围增效工作的督促检查。加强容错纠错机制建设，激励基层干部担当作为，对秉持公心、履职尽责但因客观原因出现失误偏差且能够及时纠正的经办人员依法依规免于问责。

（三）加强能力建设。各地要加强政府购买社会救助服务，充分发挥社工、志愿者等作用，在村级全面设立社会救助协理员，困难群众较多的村（社区）建立社会救助服务站（点）。加强社会救助业务培训、人才队伍建设，采取政策解读、专家授课、案例培训、经验介绍等方式，增强社会救助经办服务人员对政策的理解和把握，提升服务水平。

（四）加强社会救助信用体系建设。加强社会救助领域信用管理，引导鼓励社会救助对象诚信申报。强化低保家庭如实申报义务，低保申请人要对家庭成员情况、家庭经济状况进行如实申报，低保对象在家庭成员、家庭经济状况发生变化时要及时报告当地民政部门或低保审核确认机关。对发生重大变化超过三个月未主动报告的，进行批评教育。对申请时采取虚报、隐瞒、伪造等手段骗取低保金的，停止低保；对数额较大的，要追回低保金；对情节严重的骗保行为，要追究法律责任。民政部门要加强监督检查，通过社会救助家庭经济状况核对系统，随时抽查或定期分批次核对低保等社会救助对象家庭经济状况，及时发现变化情况。

民政部
中央农村工作领导小组办公室
财政部
国家乡村振兴局

参考文献

一、外文译著

[1] 孟德斯鸠．论法的精神：上、下册［M］．张雁深，译．北京：商务印书馆，1961．

[2] 芦部信喜．宪法诉讼理论［M］．东京：有斐阁，1973．

[3] 休谟．人性论：上、下册［M］．关文运，译．北京：商务印书馆，1980．

[4] 洛克．政府论［M］．叶启芳，瞿菊农，译，北京：商务印书馆，1982．

[5] 刘易斯．经济增长理论［M］．周师铭，等，译．北京：商务印书馆，1983．

[6] 霍布斯．利维坦［M］．黎思复，黎廷弼，译．北京：商务印书馆，1986．

[7] 托达罗．第三世界的经济发展：上册［M］．于同申，苏荣生，等，译．北京：中国人民大学出版社，1988．

[8] 罗吉斯，伯德格．乡村的社会变迁［M］．王晓毅，译．杭州：浙江人民出版社，1988．

[9] 邦纳罗蒂．为平等而密谋：上册［M］．陈叔平，译．北京：商务印书馆，1989.

[10] 霍贝尔．原始人的法［M］．严存生，等，译．贵阳：贵州人民出版社，1992.

[11] 麦考密克，奥塔·魏因贝格尔．制度法论［M］．周叶谦，译．北京：中国政法大学出版社，1994.

[12] 科斯．财产权利与制度变迁：产权学派与新制度学派译文集［M］．刘守英，等，译．上海：上海人民出版社，1994.

[13] 诺斯．经济史中的结构与变迁［M］．陈郁，罗华平，等，译．北京：生活·读书·新知三联书店，1994.

[14] 米尔恩．人的权利与人的多样性［M］．夏勇，张志铭，译．北京：中国大百科全书出版社，1995.

[15] 勒鲁．论平等［M］．王允道，译．北京：商务印书馆，1996.

[16] Evan. 法律社会学［M］．郑哲民，译．台北：巨流图书公司，1996.

[17] 霍布豪斯．自由主义［M］．朱曾汉，译．北京：商务印书馆，1996.

[18] 亨金．权利的时代［M］．信春鹰，译．北京：知识产权出版社，1997.

[19] 密尔．代议制政府［M］．汪瑄，译．北京：商务印书馆，1997.

[20] 哈耶克．通往奴役之路［M］．王明毅，冯兴元，等，译．北京：中国社会科学出版社，1997.

[21] 卢梭．论人类不平等的起源和基础［M］．李常山，译．北京：商务印书馆，1997.

[22] 李普赛特．政治人：政治的社会基础［M］．张绍宗，译．上海：上海人民出版社，1997.

[23] 哈耶克．自由秩序原理：上册［M］．邓正来，译．北京：生活·读书·新知三联书店，1997.

[24] 维尔．宪政与分权［M］．苏力，译．北京：生活·读书·新知三联书店，1997.

[25] 韦伯．经济与社会［M］．林荣远，译．北京：商务印书馆，1997.

[26] 汤普森．宪法的政治理论［M］．张志铭，译．北京：生活·读书·新知三联书店，1998.

[27] 范伯格．自由、权利和社会正义——现代社会哲学［M］．王守昌，等，译．贵阳：贵州人民出版社，1998.

[28] 德沃金．认真对待权利［M］．信春鹰，吴玉章，译．北京：中国大百科全书出版社，1998.

[29] 博登海默．法理学：法律哲学与法律方法［M］．邓正来，译．北京：中国政法大学出版社，1999.

[30] 诺斯，罗伯特·托马斯．西方世界的兴起［M］．厉以平，蔡磊，译．北京：华夏出版社，1999.

[31] 原田尚彦．环境法［M］．于敏，译．北京：法律出版社，1999.

[32] 盐野宏．行政法［M］．杨建顺，译．北京：法律出版社，1999.

[33] 狄骥．公法的变迁·法律与国家［M］．郑戈，译．沈阳：辽海出版社、春风文艺出版社，1999.

[34] 哈耶克．自由宪章［M］．杨玉生，译．北京：中国社会科学出版社，1999.

[35] 达仁道夫. 现代社会冲突 [M]. 林荣远，译. 北京：中国社会科学出版社，2000.

[36] 哈耶克. 法律、立法与自由 [M]. 邓正来，张守东，李静冰，译. 北京：中国大百科全书出版社，2000.

[37] 毛雷尔. 行政法学总论 [M]. 高家伟，译. 北京：法律出版社，2000.

[38] 哈耶克. 致命的自负 [M]. 冯克利，胡晋华，等，译. 北京：中国社会科学出版社，2000.

[39] 柏克. 自由与传统 [M]. 蒋庆，王瑞昌，王天成，译. 北京：商务印书馆，2001.

[40] 阿克顿. 自由与权力 [M]. 侯健，等，译. 北京：商务印书馆，2001.

[41] 唐纳利. 普遍人权的理论与实践 [M]. 王浦劬，等，译. 北京：中国社会科学出版社，2001.

[42] 孙斯坦. 自由市场与社会正义 [M]. 金朝武，等，译. 北京：中国政法大学出版社，2001.

[43] 昂格尔. 现代社会中的法律 [M]. 吴玉章，周汉华，译. 北京：译林出版社，2001.

[44] 森. 贫困与饥荒：论权利与剥夺 [M]. 王宇，王文玉，译. 北京：商务印书馆，2001.

[45] 罗尔斯. 正义论 [M]. 何怀宏，何包钢，廖申白，译. 北京：中国社会科学出版社，2001.

[46] 大须贺明. 生存权论 [M]. 林浩，译. 北京：法律出版社，2001.

[47] 斯科特. 农民的道义经济学：东南亚的反叛与生存 [M]. 程立显，等，译. 北京：译林出版社，2001.

[48] 波斯纳. 正义/司法的经济学 [M]. 苏力，译. 北京：中国政法大学出版社，2002.

[49] 迪贝卢. 社会保障法 [M]. 蒋将元，译. 北京：法律出版社，2002.

[50] 森. 以自由看待发展 [M]. 任赜、于真，译. 北京：中国人民大学出版社，2002.

[51] 三浦隆. 实践宪法学 [M]. 李力，白云海，译. 北京：中国人民公安大学出版社，2002.

[52] 艾德，等. 经济、社会和文化的权利 [M]. 黄列，译. 北京：中国社会科学出版社，2003.

[53] 怀特科. 当今世界的社会福利 [M]. 解俊杰，译. 北京：法律出版社，2003.

[54] 伯尔曼. 法律与宗教 [M]. 梁治平，译. 北京：中国政法大学出版社，2003.

[55] 卢梭. 社会契约论 [M]. 何兆武，译. 北京：商务印书馆，2003.

[56] 安德森. 福利资本主义的三个世界 [M]. 郑秉文，译. 北京：法律出版社，2003.

[57] 德沃金. 至上的美德——平等的理论与实践 [M]. 冯克利，译. 南京：江苏人民出版社，2003.

[58] 奥康纳. 自然的理由——生态学马克思主义研究 [M]. 唐正东，臧佩洪，译. 南京：南京大学出版社，2003.

[59] 费希特. 自然权基础 [M]. 谢地坤，程志民，译. 北京：商务印书馆，2004.

[60] 萨缪尔森，诺德豪斯. 经济学：第 16 版 [M]. 萧琛，译. 北京：人民邮电出版社，2004.

［61］布伦南，布坎南．宪政经济学［M］．冯克利，等，译．北京：中国社会科学出版社，2004.

［62］霍尔姆斯，桑斯坦．权利的成本——为什么自由依赖于税［M］．毕竞悦，译．北京：北京大学出版社，2004.

［63］施米特．宪法学说［M］．刘锋，译．上海：上海人民出版社，2005.

［64］霍恩．现代医疗批判［M］．姜雪清，译．上海：上海三联书店，2005.

［65］卡佩莱蒂．比较法视野中的司法程序［M］．徐昕，王奕，译．北京：清华大学出版社，2005.

［66］韦伯．韦伯作品集·法律社会学［M］．康乐，简惠美，译．南宁：广西师范大学出版社，2005.

［67］孟德拉斯．农民的终结［M］．李培林，译．北京：社会科学文献出版社，2005.

［68］哈里斯，等．社会保障法［M］．李西霞，李凌，译．北京：北京大学出版社，2006.

［69］阿部照哉，等．宪法：上册——总论篇、统治机构篇［M］．周宗宪，译．北京：中国政法大学出版社，2006.

［70］阿部照哉，等．宪法：下册——基本人权篇［M］．周宗宪，译．北京：中国政法大学出版社，2006.

［71］黑塞．联邦德国宪法纲要［M］．李辉，译．北京：商务印书馆，2007.

［72］亚历山大，等．宪政的哲学基础［M］．付子堂，等，译．北京：中国政法大学出版社，2007.

［73］芦部信喜．宪法［M］．林来梵，等，译．北京：北京大学出版社，2007.

[74] 卡罗尔·哈洛. 国家责任——以侵权法为中心展开 [M]. 涂永前，马佳昌，译. 北京：北京大学出版社，2009.

[75] 阿伦特. 人的境况 [M]. 王寅丽，译. 上海：上海世纪出版集团，2009.

[76] 埃利希. 法社会学原理 [M]. 舒国滢，译. 北京：中国大百科全书出版社，2009.

[77] 伯林. 自由论 [M]. 胡传胜，译. 北京：译林出版社，2011.

[78] 森. 正义的理念 [M]. 王磊，李航，译. 北京：中国人民大学出版社，2012.

[79] 洛克. 自由与人权 [M]. 高适，译. 武汉：华中科技大学出版社，2012.

[80] 霍奇森. 受教育人权 [M]. 申素平，译. 北京：教育科学出版社，2012.

[81] 海沃德. 宪法环境权 [M]. 周尚君，杨天江，译. 北京：法律出版社，2014.

[82] 森. 从增长到发展 [M]. 刘民权，等，译. 北京：中国人民出版社，2015.

[83] 格里芬. 论人权 [M]. 徐向东，刘明，译. 南京：译林出版社，2015.

[84] 罗文斯坦. 现代宪法论 [M]. 王锴，姚凤梅，译. 北京：清华大学出版社，2017.

[85] 菊池馨实. 社会保障法制的将来构想 [M]. 韩君玲，译. 北京：商务印书馆，2018.

[86] 罗曼. 论人权 [M]. 李宏昀，周爱民，译. 上海：上海人民出版社，2018.

[87] 芦部信喜．宪法 [M]．林来梵，等，译．北京：清华大学出版社，2018.

[88] 米莱茨基，布罗顿．解析阿马蒂亚·森《以自由看待发展》[M]．丁婕，译．上海：上海外语教育出版社，2019.

[89] 小山刚．基本权利保护的法理 [M]．吴东，崔东日，译．北京：中国政法大学出版社，2021.

二、中文著作

[1] 谢瑞智．宪法词典 [M]．新北：文笙书局，1979.

[2] 林纪东．比较宪法 [M]．台北：五南图书出版股份有限公司，1980.

[3] 俞可平．从权利政治学到公益政治学——新自由主义之后的社群主义 [M]．刘军宁，等．自由与社群．北京：生活·读书·新知三联书店，1998.

[4] 杨幼炯．政治科学总论 [M]．台北：台湾中华书局，1967.

[5] 李琮．西欧社会保障制度 [M]．北京：中国社会科学出版社，1989.

[6] 许志雄．宪法之基础理论 [M]．台北：稻禾出版社，1992.

[7] 许庆雄．宪法入门 [M]．台北：月旦出版社股份有限公司，1996.

[8] 陈泉生．环境法原理 [M]．北京：法律出版社，1997.

[9] 陈炳才，许江萍．英国——从凯恩斯主义到货币主义 [M]．武汉：武汉大学出版社，1997.

[10] 费孝通．乡土中国　生育制度 [M]．北京：北京大学

出版社，1998.

［11］程燎原，王人博．权利及其救济［M］．济南：山东人民出版社，1998.

［12］蔡守秋．环境政策法律问题研究［M］．武汉：武汉大学出版社，1999.

［13］吕忠梅．环境法新视野［M］．北京：中国政法大学出版社，2000.

［14］郑功成．社会保障学［M］．北京：商务印书馆，2000.

［15］李明．社会保障与社会保障税［M］．北京：中国税务出版社，2000.

［16］种明钊．社会保障法律制度研究［M］．北京：法律出版社，2000.

［17］郑秉文，等．社会保障分析导论［M］．北京：法律出版社，2001.

［18］蔡维音．社会国之法理基础［M］．台南：台湾正典出版文化有限公司，2001.

［19］陈新民．德国公法学基础理论：上、下册［M］．济南：山东人民出版社，2001.

［20］李迎生．社会保障与社会结构转型：二元社会保障体系研究［M］．北京：中国人民大学出版社，2001.

［21］刘燕生．社会保障的起源、发展和道路选择［M］．北京：法律出版社，2001.

［22］和春雷．社会保障制度的国际比较［M］．北京：法律出版社，2001.

［23］李珍．社会保障理论［M］．北京：中国劳动社会保障出版社，2001.

[24] 汪习根．法治社会的基本人权——发展权法律制度研究[M]．北京：中国人民公安大学出版社，2002.

[25] 顾俊礼，田德文．福利国家论析——以欧洲为背景的比较研究[M]．北京：经济管理出版社，2002.

[26] 胡乐亭．社会保障概论[M]．北京：中国财政经济出版社，2002.

[27] 温辉．受教育权入宪研究[M]．北京：北京大学出版社，2003.

[28] 黄越钦．劳动法新论[M]．北京：中国政法大学出版社，2003.

[29] 杨翠迎．中国农村社会保障制度研究[M]．北京：中国农业出版社，2003.

[30] 周训芳．环境权论[M]．北京：法律出版社，2003.

[31] 李建良．宪法理论与实践（一）[M]．台北：学林文化事业有限公司，2003.

[32] 孙立平．断裂——20 世纪 90 年代以来的中国社会[M]．北京：社会科学文献出版社，2003.

[33] 洪大用．转型时期中国社会救助[M]．沈阳：辽宁教育出版社，2004.

[34] 法治斌，董保城．宪法新论[M]．台北：元照出版公司，2004.

[35] 许志雄，等．现代宪法论[M]．台北：元照出版公司，2004.

[36] 顾培东．社会冲突与诉讼机制[M]．北京：法律出版社，2004.

[37] 张知本．宪法论[M]．北京：中国方正出版社，2004.

［38］陈佳贵，王延中．中国社会保障发展报告［M］．北京：社会科学文献出版社，2004.

［39］景天魁，等．社会公正理论与政策［M］．北京：社会科学文献出版社，2004.

［40］刘云升，任广浩．农民权利及其法律保障问题研究［M］．北京：中国社会科学出版社，2004.

［41］叶阳明．德国宪政秩序［M］．台中：台湾五南图书出版公司，2005.

［42］周刚志．论公共财政与宪政国家［M］．北京：北京大学出版社，2005.

［43］邹诗鹏．生存论研究［M］．上海：上海人民出版社，2005.

［44］董保城，等．国家责任法：兼论大陆地区行政补偿与行政赔偿［M］．台北：元照出版有限公司，2005.

［45］陈慈阳．宪法学［M］．台北：元照出版有限公司，2005.

［46］温铁军．三农问题与世纪反思［M］．北京：生活·读书·新知三联书店，2005.

［47］谢志强，李慧英．社会政策概论［M］．北京：中国水利水电出版社，2005.

［48］刘翠霄．中国农民社会保障制度研究［M］．北京：法律出版社，2006.

［49］蒋月．中国农民工劳动权利保护研究［M］．北京：法律出版社，2006.

［50］毛汉光．中国人权史——生存权篇［M］．南宁：广西师范大学出版社，2006.

［51］胡锦光．违宪审查比较研究［M］．北京：中国人民大

学出版社，2006.

[52] 张文显．西方法哲学思潮研究［M］. 北京：法律出版社，2006.

[53] 范斌．福利社会学［M］. 北京：社会科学文献出版社，2006.

[54] 吕学静．现代各国社会保障制度［M］. 北京：中国劳动社会保障出版社，2006.

[55] 杨玲．美国、瑞典社会保障制度比较研究［M］. 武汉：武汉大学出版社，2006.

[56] 宋斌文．当代中国农民的社会保障问题研究［M］. 北京：中国财政经济出版社，2006.

[57] 李建良．宪法理论与实践（二）［M］. 台北：新学林出版股份有限公司，2007.

[58] 许宗力．宪法与法治国家行政［M］. 台北：元照出版有限公司，2007.

[59] 邓大松，刘昌平，等．新农村社会保障体系研究［M］. 北京：人民出版社，2007.

[60] 李珍．社会保障理论［M］. 北京：中国劳动社会保障出版社，2007.

[61] 穆怀忠．社会保障国际比较［M］. 北京：中国劳动社会保障出版社，2007.

[62] 夏勇．人权概念的起源——权利的历史哲学［M］. 北京：中国社会科学出版社，2007.

[63] 林卡，陈梦雅．社会政策的理论和研究范式［M］. 北京：中国劳动社会保障出版社，2007.

[64] 夏正林．社会权规范研究［M］. 济南：山东人民出版

社，2007.

［65］郑贤君．基本权利研究［M］．北京：中国民主法制出版社，2007.

［66］李迎生．转型时期的社会政策——问题与选择［M］．北京：中国人民大学出版社，2007.

［67］范履冰．受教育权法律救济研究［M］．北京：法律出版社，2008.

［68］陈蒙蒙．美国社会保障制度研究［M］．南京：江苏人民出版社，2008.

［69］季建业．农民权利论［M］．北京：中国社会科学出版社，2008.

［70］郑造桓．公民权利与社会保障［M］．杭州：浙江大学出版社，2008.

［71］汪习根．发展权全球治理机制研究［M］．北京：中国社会科学出版社，2008.

［72］韩德强．论人的尊严［M］．北京：法律出版社，2009.

［73］陈国刚．福利权研究［M］．北京：中国民主与法制出版社，2009.

［74］严俊．中国农村社会保障政策研究［M］．北京：人民出版社，2009.

［75］王佳慧．当代中国农民权利保护的法理［M］．北京：中国社会科学出版社，2009.

［76］谢建社．中国农民工权利保障［M］．北京：社会科学文献出版社，2009.

［77］黄金荣．司法保障人权的限度——经济和社会权利可诉性问题研究［M］．北京：社会科学文献出版社，2009.

[78] 郭日君. 社会保障权 [M]. 上海：上海世纪出版集团，2010.

[79] 蒯小明. 中国农村社会救助发展中的国家责任研究 [M]. 北京：首都经济贸易大学出版社，2009.

[80] 曹建民，龙章月，牛剑平. 中国农村社会保障制度研究 [M]. 北京：人民出版社，2010.

[81] 郑贤君. 社会福利权理论 [M]. 北京：中国政法大学出版社，2011.

[82] 周弘. 30 国（地区）社会保障制度报告 [M]. 北京：中国劳动社会保障出版社，2011.

[83] 张英洪. 认真对待农民权利 [M]. 北京：中国社会出版社，2011.

[84] 蒋银华. 国家义务论——以人权保障为视角 [M]. 北京：中国政法大学出版社，2012.

[85] 杜文勇. 受教育权宪法规范论 [M]. 北京：法律出版社，2012.

[86] 汪进元. 基本权利的保护范围 [M]. 北京：法律出版社，2013.

[87] 赵宝华. 公民劳动权的法律保障 [M]. 北京：人民出版社，2013.

[88] 陈瑞华. 看得见的正义 [M]. 北京：北京大学出版社，2013.

[89] 谷春德. 中国特色人权理论与实践研究 [M]. 北京：中国人民大学出版社，2013.

[90] 丁建定. 中国社会保障制度体系完善研究 [M]. 北京：人民出版社，2013.

[91] 李静. 公民平等劳动权法律保障机制研究 [M]. 天津: 南开大学出版社, 2015.

[92] 杨海坤. 农民权利的公法保护 [M]. 北京: 北京大学出版社, 2015.

[93] 樊晓燕. 农民工社会保障制度的困境与破解 [M]. 北京: 中国社会科学出版社, 2015.

[94] 丁德昌. 农民发展权法治保障研究 [M]. 北京: 中国政法大学出版社, 2015.

[95] 张祝平, 楼海波. 历史环境权的历史演进及影响 [M]. 广州: 暨南大学出版社, 2015.

[96] 张扩振. 生存权保障 [M]. 北京: 中国政法大学出版社, 2016.

[97] 周忠学. 失地农民社会保障权的国家义务研究 [M]. 北京: 中国政法大学出版社, 2017.

[98] 罗岳平. 环境保护沉思录 [M]. 北京: 中国环境出版社, 2017.

[99] 林来梵. 从宪法规范到规范宪法 [M]. 北京: 法律出版社, 2017.

[100] 谭德宇. 新农村建设中的农民主体性研究 [M]. 北京: 人民出版社, 2017.

[101] 江维国, 胡杨名, 于勇. 乡村振兴战略下的中国农村残疾人社会保障研究 [M]. 北京: 中国社会科学出版社, 2018.

[102] 吴卫星. 环境权理论的新展开 [M]. 北京: 北京大学出版社, 2018.

[103] 董宏伟. 社会权保障 [M]. 南京: 东南大学出版社, 2018.

[104] 乔煜. 反贫困战略下的西部农村社会保障法律创新研究 [M]. 北京：光明日报出版社，2018.

[105] 刘同君，等. 农民权利发展 [M]. 南京：东南大学出版社，2018.

[106] 龚向和，等. 民生保障的国家义务研究 [M]. 南京：东南大学出版社，2019.

[107] 李秉勤，房莉杰. 反贫困理论前沿与创新实践 [M]. 北京：社会科学文献出版社，2019.

[108] 程亚萍. 人权视域下的社会权研究 [M]. 北京：中国社会科学出版社，2019.

[109] 肖新喜. 中国农民社会保障制度研究 [M]. 北京：中国政法大学出版社，2019.

[110] 刘耀辉. 国家给付义务研究 [M]. 北京：知识产权出版社，2020.

[111] 王聪. 从罗尔斯到德沃金：基于契约主义的西方权利观念嬗变 [M]. 上海：复旦大学出版社，2020.

三、期刊论文

[1] 徐显明. 生存权论 [J]. 中国社会科学，1992 (5).

[2] 李龙. 论生存权 [J]. 法学评论，1992 (5).

[3] 艾德. 人权对社会和经济发展的要求 [J]. 刘俊海，徐海燕，译. 外国法译评，1997 (4).

[4] 刘翠霄. 中国农民的社会保障问题 [J]. 法学研究，2001 (6).

[5] 郑贤君. 基本权利的宪法构成及其实证化 [J]. 法学研究，2002 (2).

[6] 陈洪连. 当前农民权利缺位与失衡的现状分析及对策思考 [J]. 宁夏社会科学, 2005 (5).

[7] 汪进元, 陈兵. 权利限制的立宪模式之比较 [J]. 法学评论, 2005 (5).

[8] 郝铁川. 构建和谐本位的法治社会 [J]. 新华文摘, 2005 (10).

[9] 陈焱, 李明. 农民生存权研究综述 [J]. 中国农业大学学报, 2005 (1).

[10] 张翔. 基本权利的受益权功能与国家的给付义务——从基本权利分析框架的革新开始 [J]. 中国法学, 2006 (1).

[11] 刘国, 方农生. 立法不作为基本理论研究 [J]. 江南大学学报（人文社会科学版）, 2006 (1).

[12] 廖艺萍. 农民"话语权"与农村社会和谐 [J]. 理论与现代化, 2006 (7).

[13] 上官丕亮. 究竟什么是生存权 [J]. 江苏警官学院学报, 2006 (6).

[14] 胡敏洁. 宪法规范、违宪审查与福利权的保障 [J]. 中外法学, 2007 (6).

[15] 胡敏洁. 一种双重面向的权利——论福利权的法律性质 [J]. 河北法学, 2007 (10).

[16] 黄错. 规范主义经济宪法学的理论架构——以布坎南的思想为主轴 [J]. 法商研究, 2007 (2).

[17] 张爱军. 论社会转型与农民生存权 [J]. 学海, 2007 (3).

[18] 马岭. 生存权的广义与狭义 [J]. 金陵法律评论 2007 年秋季卷.

[19] 齐延平. 论人权教育的功能 [J]. 人权, 2007 (1).

[20] 祁全明. 生存权理念与相邻关系立法 [J]. 甘肃政法成人教育学院学报, 2007 (4).

[21] 杨福忠. 立法不作为侵权赔偿: 国家赔偿责任形式的新发展 [J]. 政治与法律, 2008 (9).

[22] 胡大伟. 论生存权的法律性质 [J]. 北方法学, 2008 (4).

[23] 王三秀. 哈耶克弱势群体生存权保障思想述评 [J]. 华中科技大学学报 (社会科学版), 2008 (5).

[24] 龚向和, 龚向田. 生存权的本真含义探析 [J]. 求索, 2008 (3).

[25] 吴盛光. 宪政经济学的兴起、建构及其意义 [J]. 理论探索, 2008 (4).

[26] 胡敏洁. 转型时期的福利权实现路径 [J]. 中国法学, 2008 (6).

[27] 申素平. 受教育权的理论内涵与现实边界 [J]. 中国高教研究, 2008 (3).

[28] 汪习根, 杨丰菀. 论农民平等发展权 [J]. 湖北社会科学, 2009 (9).

[29] 张磊, 吕斯达, 吴为. 中国农民权利缺失现状及其原因分析 [J]. 中国集体经济, 2009 (2).

[30] 逯雨刚. 农民人身权的主要权能缺失及法治对策 [J]. 河北法学, 2009 (12).

[31] 李谷成, 冯中朝. 基于人类发展视角的人力资本投资——兼论对中国发展过程的启示 [J]. 经济学家, 2009 (6).

[32] 李磊. 农民社会保障权的实现与农村反贫困 [J]. 江淮论坛, 2009 (5).

[33] 王三秀. 美国福利权保障立法价值重心的转移及其启示

[J]. 法商研究，2009（4）.

[34] 姜小莉. 论我国农民健康权的平等保护 [J]. 绍兴文理学院学报（哲学社会科学版），2009（4）.

[35] 李长健. 中国农业补贴法律制度的具体设计——以生存权和发展权平等为中心 [J]. 河北法学，2009（9）.

[36] 郑功成. 维护生存权与底线公平的根本性制度保障 [J]. 中国社会保障，2009（9）.

[37] 汪进元. 论生存权的保护领域和实现途径 [J]. 法学评论，2010（5）.

[38] 丁大晴. 农民平等就业权在《就业促进法》中的缺陷与完善 [J]. 北方法学，2010（4）.

[39] 李爱红. 农民工平等就业权实现的制度设计与政策安排 [J]. 探索，2010（5）.

[40] 刘翠霄. 从英美看社会保障制度在经济社会发展中的重要作用 [J]. 环球法学评论，2010（4）.

[41] 张维新. 农民子女平等受教育权的法理分析 [J]. 辽宁师范大学学报（社会科学版），2010（5）.

[42] 周佑勇，尚海龙. 论行政立法不作为违法——基于法律文本的解析 [J]. 现代法学，2011（5）.

[43] 于立深. 行政立法不作为研究 [J]. 法制与社会发展，2011（2）.

[44] 赵新龙. 权利递嬗的历史逻辑——生存权保障机制的法哲学史考察 [J]. 政治与法律，2011（4）.

[45] 刘立明. 生存权与发展权比较视域中的最低生活保障制度 [J]. 贵州大学学报（社会科学版），2011（5）.

[46] 吕文慧. 从人力资本理论和人类可行能力理论比较中解

读我国经济转型问题［J］. 经济问题探索，2011（11）.

［47］丁同民. 农民发展权法律保护的路径初探［J］. 中州学刊，2011（4）.

［48］汪习根. 免于贫困的权利及其法律保障机制［J］. 法学研究，2012（1）.

［49］翟翌. 福利权的底线及社会保障权的扩张解释新方案——以人格尊严为视角［J］. 东北大学学报（社会科学版），2012（4）.

［50］赵万一. 中国农民权利的制度重构及其实现途径［J］. 中国法学，2012（3）.

［51］翟翌. “社会保障权”对“福利权”及“弱势群体权利”的超越——以欧债危机与中国宪法文本为背景［J］. 理论学刊，2012（3）.

［52］秦前红，涂云新. 经济、社会、文化权利的可司法性研究［J］. 法学评论，2012（4）.

［53］顾海波. 基于法治原则的教育救济制度——以保障高校学生受教育权为视角［J］. 中国高教研究，2012（10）.

［54］张扩振，王堃. 生存权保障模式的批判分析［J］. 云南大学学报（法学版），2012（6）.

［55］龚向和，袁立. 劳动权的防御权功能与国家的尊重义务［J］. 北方法学，2013（4）.

［56］郑智航. 论免于贫困的权利在中国的实现——以中国的反贫困政策为中心的分析［J］. 法商研究，2013（2）.

［57］冯道军，施远涛. 从新制度主义看中国农民身份的制度变迁——兼论中国现代化进程中的农民问题［J］. 甘肃社会科学，2014（3）.

［58］周海源. 从身份到契约：城镇化建设中农民身份的转变

[J]. 南京航空航天大学学报（社会科学版），2014（1）.

[59] 杨鑫. 生存权的基本内涵及其在人权体系中的地位[J]. 武汉科技大学学报（社会科学版），2014（2）.

[60] 温泽彬. 美国法语境下公民福利权的证成及其启示[J]. 法商研究，2014（4）.

[61] 李广博. "免于贫困的人权"的确证与反驳[J]. 哲学动态，2014（5）.

[62] 胡杰容. 公民身份与社会平等——T. H. 马歇尔论公民权[J]. 比较法研究，2015（2）.

[63] 温泽彬. 公民福利权的生成与实施路径[J]. 求是学刊，2015（6）.

[64] 彭玉. 联合国语境下的人权教育研究[J]. 人权，2016（2）.

[65] 刘翠霄. 社会保障权的基本理论问题[J]. 温州大学学报（社会科学版），2016（5）.

[66] 曾庆洪，张新民. 基因、身份、契约：平等劳动权的三重视野[J]. 西南大学学报（社会科学版），2016（3）.

[67] 姚鹏宇. 精准扶贫模式及其法律保障探析[J]. 四川行政学院学报，2016（1）.

[68] 祁占勇，康韩笑. 受教育权视域下高等教育领域司法案件的发展特点及其展望[J]. 高教探索，2017（11）.

[69] 李燕. 新型城镇化进程中农民身份转化问题及对策[J]. 理论月刊，2017（2）.

[70] 黄娟. 我国农民环境权益保护机制的建构[J]. 人权，2017（4）.

[71] 贺雪峰. 中国农村反贫困战略中的扶贫政策与社会保障政策[J]. 武汉大学学报（哲学社会科学版），2018（3）.

［72］张诚，姚志友．农民环境权与乡村环境善治［J］．长白学刊，2018（3）．

［73］姚兆余．农村社会养老服务的属性、责任主体及体系构建［J］．求索，2018（6）．

［74］赵英杰，孙瑞东．宪法视角下环境权之人权属性分析［J］．华北理工大学学报（社会科学版），2018（3）．

［75］姚松．教育精准扶贫中的政策阻滞问题及其治理策略［J］．中国教育学刊，2018（4）．

［76］闫斌，牛嫱．农村精准扶贫的法治化研究［J］．中共山西省委党校学报，2018（1）．

［77］刘航，柳海．教育精准扶贫．时代循迹、对象确认与主要对策［J］．中国教育学刊，2018（10）．

［78］周艳红．改革开放以来中国农村扶贫历程与经验［J］．当代中国史研究，2018（6）．

［79］厉潇逸．精准脱贫的法治保障［J］．法学杂志，2018（6）．

［80］李广德．健康作为权利的法理展开［J］．法制与社会发展，2019（3）．

［81］肖新喜．论农民社会保障权双重属性及其制度价值［J］．苏州大学学报（哲学社会科学版），2019（6）．

［82］龚向和，卢肖汀．论人权视野下的教育精准扶贫［J］．安徽农业大学学报（社会科学版），2019（1）．

［83］胡永平，龚战梅．精准扶贫战略中免于贫困权利的法律保障面向［J］．河北法学，2019（8）．

［84］于法稳．乡村振兴战略下农村人居环境整治［J］．中国特色社会主义研究，2019（2）．

［85］纪竞垚，刘守英．代际革命与农民的城市权利［J］．学

术月刊，2019（7）.

［86］侯国跃，刘玖林．环境权的私法之维：理论证成与制度构建［J］．苏州大学学报（哲学社会科学版），2019（6）.

［87］韩喜平．中国农村扶贫开发 70 年的历程、经验与展望［J］．学术交流，2019（10）.

［88］向鹏，张婷．法治扶贫的现实困境及机制建构——基于贵州省的考察［J］．华侨大学学报（哲学社会科学版），2020（4）.

［89］周庆智．乡村贫困及其治理．农民权利缺失的经验分析［J］．学术月刊，2020（8）.

［90］刘宇琼，余少祥．国外扶贫立法模式评析与中国的路径选择［J］．国外社会科学，2020（6）.

［91］郭杰，张桂芝．生态文明视域下环境权的内涵拓展［J］．东岳论丛，2020（10）.

［92］梁岩妍，张媛．我国贫困农民发展权法律保障现状成因及策略重构——以精准扶贫实地调研为进路［J］．江汉学术，2020（3）.

［93］陈伟．法解释学视角下的“公害”：从概念移植到本土演化［J］．湖南师范大学社会科学学报，2020（5）.

［94］王堃．社会福利保障的宪法路径选择［J］．政治与法律，2020（4）.

［95］杨朝霞．环境权的性质［J］．中国法学，2020（2）.

［96］关信平．当前我国加强兜底性民生建设的意义与要求［J］．南开学报（哲学社会科学版），2021（5）.

［97］魏晓旭．生存权的中国表达：双重向度的递进展开［J］．人权，2021（3）.

［98］黄渊基．中国农村 70 年扶贫历程中的政策变迁和治理

创新［J］. 山东社会科学，2021（1）.

［99］尹训东，等. 扶贫模式的理论逻辑和实证分析［J］. 中央财经大学学报，2021（9）.

［100］马原，常健. 生存权与发展权之间良性循环研究［J］. 人权，2021（3）.

［101］成伟. 我国兜底性民生服务体系构建——从基本保障到社会服务［J］. 南开学报（哲学社会科学版），2021（5）.

［102］苑仲达. 社会救助兜底脱贫攻坚的三重逻辑［J］. 江西社会科学，2021（10）.

［103］熊静波. 环境权概念的分析性诠释——以霍菲尔德的权利理论为分析工具［J］. 安徽大学学报（哲学社会科学版），2021（4）.

［104］蔡禾. 共同富裕的兜底标准与底线公平［J］. 探索与争鸣，2021（11）.

［105］杨立雄. 谁应兜底：相对贫困视角下的央地社会救助责任分工研究［J］. 社会科学辑刊，2021（2）.

［106］魏文松. 乡村振兴战略下农民受教育权保障研究［J］. 广西社会科学，2021（3）.

［107］胡玉鸿. 论社会权的性质［J］. 浙江社会科学，2021（4）.

［108］孙佑海，王操. 乡村振兴促进法的法理阐释［J］. 中州学刊，2021（7）.

［109］焦若水，李国权. 近十年来残疾人就业研究的热点、前沿与展望［J］. 江汉学术，2021（5）.

［110］吴莹，周飞舟. 空间身份权利：转居农民的市民化实践［J］. 学术月刊，2021（10）.

［111］胡玉鸿. 习近平法治思想中生存权理论研究［J］. 苏

州大学学报（哲学社会科学版），2021（2）.

［112］董溯战. 论作为农民工社会保障法价值的社会团结［J］. 河北法学，2021（4）.

［113］夏英，王海英. 实施《乡村振兴促进法》：开辟共同富裕的发展之路［J］. 农业经济问题，2021（11）.

［114］王晨光. 健康权理论与实践的拓展［J］. 人权，2021（4）.

［115］李广德. 社会权司法化的正当性挑战及其出路［J］. 法律科学，2022（2）.

［116］金昱茜. 论我国社会救助法中的制度兜底功能［J］. 行政法学研究，2022（3）.

四、硕博学位论文

［1］徐显明. 制度性人权研究［D］. 武汉：武汉大学，1999.

［2］胡大伟. 生存权的法理学分析——法治视野中的人权［D］. 苏州：苏州大学，2004.

［3］刘玉庆. 论生存权及其法律保障［D］. 北京：中国政法大学，2005.

［4］龚向田. 生存权的法哲学解析［D］. 长沙：中南大学，2007.

［5］丁艳波. 生存权：免于匮乏的权利［D］. 厦门：厦门大学，2007.

［6］张闯. 我国农民社会保障权研究［D］. 长春：吉林大学，2008.

［7］常玉. 新农村背景下农民生存权保障研究［D］. 武汉：中南民族大学，2008.

[8] 朱霞梅. 反贫困的理论与实践研究 [D]. 上海：复旦大学，2010.

[9] 刘晓靖. 实质自由与社会发展——阿马蒂亚·森正义思想研究 [D]. 长春：吉林大学，2010.

[10] 赵新龙. 农民最低生活保障权制度化研究 [D]. 合肥：安徽大学，2011.

[11] 尹珊珊. 农民工生存权与发展权分析 [D]. 北京：中国政法大学，2011.

[12] 许万彪. 论公民生存权救助的国家义务 [D]. 重庆：西南政法大学，2012.

[13] 相蒙. 农民生存权法律保障研究——以家庭承包经营权入股为对象 [D]. 沈阳：辽宁大学，2012.

[14] 赵大千. 宪政视野中的美国劳动权理念研究 [D]. 长春：吉林大学，2013.

[15] 李秀春. 发展型农村最低生活保障制度 [D]. 南昌：江西财经大学，2014.

[16] 吴伟娜. 健康权视野下我国农村医疗保障制度研究 [D]. 贵阳：贵州大学，2015.

[17] 杜乐其. 宪法物质帮助权效力实现路径研究 [D]. 南京：南京大学，2015.

[18] 付舒. 公平理论视阈下我国社会保障制度的分层化问题研究 [D]. 长春：吉林大学，2016.

[19] 张好婕. 医疗救助法律制度研究 [D]. 重庆：西南政法大学，2016.

[20] 李碧云. 当代中国社会发展的人权尺度 [D]. 湘潭：

湘潭大学，2017.

［21］唐梅玲．精准扶贫的行政法保障研究［D］．武汉：中南财经政法大学，2018.

［22］程玮欣．论我国农民环境权的实现路径［D］．武汉：华中科技大学，2019.

［23］黄雪骐．日本环境健康风险控制公众参与法律制度研究［D］．上海：上海师范大学，2020.

［24］刘欢．乡村振兴视域下乡风文明建设研究［D］．长春：吉林大学，2021.

［25］王菲．以人权为基础的环境保护的困境及其出路探究［D］．长春：吉林大学，2021.

五、外文文献

［1］GELLHORN WALTER. Individual Freedom and Governmental Restrain［M］. Baton Rouge：Louisiana State University Press，1956.

［2］HAGEN-BUCH W. Social Economics［M］. Cambridge：Cambridge University Press，1958.

［3］HAYEK. "Kinds of Rationalism", in Studies in Philosophy, Politics and Economics［M］. London：Routledge & Kegan Paul，1967.

［4］RAWLS JOHN. A Theory of Justice［M］. Cambridge：Harvard University Press，1971.

［5］DWORKIN RONALD. Taking Rights Seriously［M］. Cambridge：Harvard University Press，1977.

[6] HAYEK FA V. New Studies in Philosophy, politics and The History of Ideas [M]. Chicago: The University of Chicago Press, 1978.

[7] IAN SHAPIRO. The Evolution of Rights in Liberal Theory [M]. Cambridge: Cambridge University Press, 1986.

[8] STEPHEN K SANDERSON. Macrosociology: An Introduction to Human Society (Second Edition) [M]. New York: Harper Collins Publishers Inc. , 1991.

[9] BLAKE DAVID. Modeling Pension Fund Investment Behavior [M]. London: Routledge, 1992.

[10] KUNG, JAMES K S. Egalitarianism, Subsistence Provision, and Work Incentives in China Agricultural Collectives [J]. World Development, 1994, 22 (2).

[11] CHEN JIM, DANIEL J Gifford. Law As Industrial Policy: Law Review. Economic Analysis of Law In A New Key [J]. University of Memphis Summer, 1995.

[12] BARR NICHOLAS. The Economics of Welfare State [M]. Oxford: Oxford University Press, 1998.

[13] RAWLS JOHN. The Law of Peoples With "The Idea of Public Reason Revisited" [M]. Cambridge Harvard University Press, 1999.

[14] FABRE CECILE. Social Rights Under the Constitution. Government and the Decent Life [M]. Oxford: Oxford University Press, 2000.

[15] FRANK B CROSS. The Error of Positive Rights [J]. 48 UCLA L. Rev. 2001.

［16］ BERLIN ISAIAH. Liberty ［M］. London: Oxford University Press, 2002.

［17］ GILBERT N, TERREL P Dimensions of Social Welfare policy ［M］. Cambridge: Cambridge University Press, 2002.

［18］ CHRISTOPHER R KELLEY. Introduction To Federal Farm Program Payment Legislation and Payment Eligibility Law ［J］. Arkansas Law Notes, 2002.

［19］GREENE J SOLOMON. Staged Cities: Mega-Events, Slum Clearance, and Global Capital ［J］. Yale Human Rights and Development Law Journal, 2003.

［20］CONKLIN L MAEGAN. Land Reform In Russia. Unlocking The Assets of The Rural Poor ［J］. Virginia Journal of International Law. Summer, 2003.

［21］ THOMAS POGGE. Recognized Violated lay International Law: The Human Rights of the Global Poor ［J］. 18 Leiden Journal of International Law, 2005, 720.

［22］ KRAMER D LARRY. The People Themselves: Popular Constitutionalism and Judicial Review ［M］. Oxford: Oxford University Press, 2005.

［23］ KATZ LARISSA. Exclusion And Exclusivity In Property Law ［J］. University of Toronto Law Journal Summer, 2008.

［24］ KLAUSDEININGER, JIN SONGQING. Securing property rights in transition: Lessons from implementation of China's rural land contracting law ［J］. Journal of Economic Behavior& Organization, 2009.

［25］ SIGNET D WILLIAM. Grading A Revolution. 100 Years of Mexican Land Reform ［J］. Law and Business Review of The Americas, Summer, 2010.

[26] FABRE CECILE. Social Rights Under the Constitution: Government and the Decent Life [M]. Oxford: Oxford University Press, 2000.

[27] ARAMBULO KITTY. Giving Meaning to Economic, Social and Cultural Rights: A Continuing Struggle [J]. Human Rights and Human Welfare, 2003, Vol. 3.

后　记

当本书即将付梓之际，笔者思绪万千。幼年时的乡村生活场景至今历历在目。“逝者如斯夫，不舍昼夜。”笔者出生于20世纪60年代的中国内地穷乡僻壤。当时农村老家既没有电，也没有自来水，父母辛勤地耕种着贫瘠的一亩三分地，长期过着日出而作、日落而夕的农耕生活。晚上点着昏暗的煤油灯，一般到了天黑吃过晚饭便休息，次日早早起床，似乎每天都在过着重复单调的生活。那个时代，一家人生活得非常艰难，每年自己家生产的粮食等基本都无法自给自足，大概在夏季收获粮食前几个月就要借邻居多余的稻谷来维持生计。记忆中小时候一日三餐均为大米饭和稀饭，经常吃红薯，偶尔吃木薯，菜肴基本上均为青菜之类，水果基本上是不可能有的。记忆中从未喝过牛奶，也根本不可能有钱购买鱼肉、猪肉等肉制品，除非逢年过节以及一年养一头猪出售猪肉的日子。值得一提的是，由于20世纪50年代特定的历史背景，农民几乎是不可能出外打工的（就业权的缺失），也就不难想见为什么农民的生活如此之窘迫。

在笔者苦涩的记忆中，父母身体健康，几乎从不生病，当然也生不起病。从未见他们上过乡镇卫生院，实际上父母患病无钱看医生，一般都熬着似乎就渐渐好转。记得 20 世纪 70 年代有一天，父亲在过度劳累中终于被疾病折磨得受不了，还是不敢奢望去看医生，也不知道得的是什么病，母亲不知道从哪儿得到的小道消息，距当地一二十里路远的地方有一个巫婆似乎能治好父亲的疾病，便不顾辛苦两次找该巫婆来为病床上的父亲诊断病情。在巫婆装神弄鬼的把戏下，父亲身体一天天衰弱了下去，不久便上了天堂。父亲的突然过世如同晴天霹雳，无疑极大地摧毁了母亲的身心健康，笔者记得她那时天天号啕大哭。

不久，年幼的笔者从别人口中得知，母亲与本村一个单身老男人结婚了，事前母亲没有告诉当时还不谙世事的笔者，当然即使她如实告诉，笔者也未必知道半路夫妻可能对我们的未来生活潜在的含义。日子一天天在单调而重复的农活中悄然而去。20 世纪 90 年代，母亲说胸口痛，笔者多次强烈要求她去医院检查，或许她是担忧本来就贫困的家庭生存极端艰辛，没有余钱，不敢上医院，毕竟母亲深知家里一直过着寒酸而又苦涩的日子，连温饱问题都难以解决，根本看不起医生。几个月过去了，母亲的身体健康每况愈下。有一天，她实在熬不住病痛的肆虐和折磨，终于答应去看医生，这是笔者印象中她唯一一次，也是一生中最后一次去老家县城医院，在医院待了几天之后似乎也未见病情有所好转，担忧没有任何医保报销的母亲再也不想住院了，便毅然决然地回到了农村老家，之后便带着遗憾永远离开了我们。有一件笔者至今无法忘却的往事就是，好像是要离开医院回家的那天早上，看到有人提着开水瓶，她渴望喝口水，最后却连这样一个微不足道的愿望都没有得到满足。至今一想起当时的情景，笔者就不禁潸然泪下、黯然神伤……

那个时代，由于家里极度贫穷，父母亲一生都在为一家能够活着（仅能糊口）而辛勤劳碌，一生不敢生病，最终还是没能熬过来。父母不算年迈就离世印证了农民“小病去挨，大病等死”的情景，这的确是当时某些农村生活的真实写照。青少年时的苦涩追忆使笔者清晰地意识到，每个人都有可能遭遇各种天灾人祸，不知道明天和意外哪个会先降临到自己身上，社会保障的缺失对弱势群体而言，可能是人生的重大灾难，因一个偶然事件的发生，生命随时可能凋谢或者与伤残不期而遇。对芸芸众生的个体而言，生存本来是再自然不过的事件，不过，生存在人世间并不容易，活得精彩更难。作为一个人活着的最基本权利，保障人民的生存权是国家的义务和责任，理应受到高度重视并受到公权力的尊重、保障和实现。

以上就是笔者萌生写作本书的缘由。笔者生于农村，长于农村，对农村社保和医保非常熟悉。在成长过程中，残酷无情的现实告诉笔者，社会保障、医疗保障和社会救助等对个人有多么重要！现就农村生存权保障现状和未来发展提出一些个人的观点和看法。“三农”问题主要是农民权益保障、农民治理、农业可持续发展等三个方面的问题（李昌平教授所言的“农民真苦，农民真穷，农业真危险”是一种非常形象与生动的概括），并认为“中国历来并无纯粹的农业问题”，真正的问题或许就是生存权问题，即作为免于匮乏的人权保障问题。即使在今天，城乡二元对立体制下的农民生存权保障问题依然不容小觑，希望借此唤起有识之士对这一“三农”问题的重视并探究纾解“三农”困境的相关对策。

然而，有必要简要记载的是，前几个月经历的往事倒是令人欣喜。笔者和政法学院的同事们于 2022 年 7 月受惠州市农村农业局的委托，在惠州学院乡村治理研究中心的大力支持下，与社工系广大师生一道做示范镇村的监测评估工作，实地走访了惠州市一些乡村，总体感觉，今日惠州在乡村振兴战略中取得了骄人的成绩。管中窥豹，联想到笔者小时候对农村的感觉，乡村的基础设施、人居环境、农民人均收入和生活状况等均发生了翻天覆地的变化。

在写作本书的过程中，笔者内心有种正在进行时的感觉，因此最关注的往往是当下的情景，而到了本书杀青之时，体会到的可能是一整段故事带给人的错综复杂的感觉，这些酸甜苦辣汇聚在一起，凝聚成了妙不可言的滋味。构思并出版这本书，并不是作者的功劳，而是作者把父母、老师、亲友和同人，包括先哲前贤等传授给笔者的精神财富吸收后，融入自己的潜意识之中，在别人帮助下返还给社会的一种反哺行为。所以，笔者怀一颗感恩的心，感谢所有给笔者知识、给笔者正能量，引领笔者心灵成长、生命升华和人生意义视域不断拓展的人，尤其是笔者的研究生导师曾繁跃教授的人生引领，还有读研究生时的同窗好友喻中教授（现为中国政法大学博士生导师）长期以来的关心和学术上的指点。

惠州学院政法学院法律系先后获得广东省卓越法律人才培养计划、省特色学科、法学一流学科等省级立项。本书的出版荣获了这些省级项目的资助，同时本书也受到广东省教育科学“十三五”规划2020年度高校哲学社会科学专项研究项目“基于粤港澳大湾区法治建设的人才需求与协同培养研究”（项目号2020GXJK152）、“基于以国际法律职业为导向的四型卓越法治人才协同育人平台”（项目号GJXTYR2020003）、“基于需求的一化三型卓越法治人才培养模式创新研究”（项目号CXSY2020001）、

"卓越法治人才培养背景下的外国法律史课程教学模式创新研究"（项目号 WLJG2020017）的资助。本书能够得以出版离不开惠州学院出版基金的鼎力支持！在此对惠州学院同人的大力支持和指导深表谢意。最后，我还要感谢彭小华编辑对本书的出版发行给予不少帮助与关照，让这本书中一些不甚成熟的观点可以有机会与大家一起讨论。

笔者已经尽力想使本书有历史感，有立体感，有感染力。鉴于笔者才疏学浅，知识量存贮不足，理论功底太弱等原因，本书或许有许多不足之处，敬请告知，您的提醒或许是笔者成长的动力。本书期待您的阅读，并恳请您批评指正。

谢文俊

2022 年 8 月 31 日